21世纪高等教育标准教材

全程互动统计学及其实验
——基于Excel与SPSS软件

冯叔民 屈超 编著

东北财经大学出版社
Dongbei University of Finance & Economics Press
大连

图书在版编目（CIP）数据

全程互动统计学及其实验——基于 Excel 和 SPSS 软件／冯叔民，屈超编著．—大连：东北财经大学出版社，2015.1（2016.1 重印）
（21 世纪高等教育标准教材）
ISBN 978-7-5654-1788-7

Ⅰ．全…　Ⅱ．①冯…　②屈…　Ⅲ．统计学–高等学校–教材　Ⅳ．C8

中国版本图书馆 CIP 数据核字（2015）第 002497 号

东北财经大学出版社出版
（大连市黑石礁尖山街 217 号　邮政编码　116025）
教学支持：（0411）84710309
营 销 部：（0411）84710711
总 编 室：（0411）84710523
网　　址：http：／／www. dufep. cn
读者信箱：dufep @ dufe. edu. cn

大连力佳印务有限公司印刷　　　　　东北财经大学出版社发行

幅面尺寸：170mm×240mm　　　字数：460 千字　　　印张：22 1/2
2015 年 1 月第 1 版　　　　　　　　　　2016 年 1 月第 2 次印刷

责任编辑：时　博　韩敌非　刘慧美　　责任校对：王　娟　刘　洋
　　　　　　　　　　　　　　　　　　　　　　　赵　楠　刘咏宁

封面设计：潘　凯　　　　　　　　　　版式设计：钟福建

定价：36. 00 元

本书获得

东北财经大学统计学院

资助

从世界经济发展史来看，统计方法的普及程度越高，经济就越发达。有研究成果表明，日本在第二次世界大战后经济的迅速崛起，5%应归功于日本统计科学和统计事业的发展；美国一大批统计学家和懂统计的经济学家为美国国民经济保持稳定发展做出了巨大贡献，正是他们对美国经济运行情况不断地监测、分析和研究，才使得美国经济避免发生大的波动，少受外来冲击。我国20世纪50年代后期，由于统计分析方法落后，统计数字失真，并且忽视对生产力水平、人口、资源和人的需求的统计分析的理性思考而导致"大跃进"的错误。近30年来，中国的统计教育开始走向普及，中国的经济也出现了前所未有的大发展。这些都说明了科学的统计思维、统计教育是何等的重要。可以说，加强和普及统计教育，对中国经济的持续发展具有战略意义。新中国已经成立了60多年，实行了30多年的改革开放政策，使得国力不断增强，经济规模得到了空前的扩大，而随着科学技术的发展和管理水平的不断提高，特别是我国各个领域信息化程度的大幅度提高，财政、金融、税务、保险、餐饮、旅游、航空、铁路、学校、科研单位等众多领域、部门，甚至是个人都在越来越多地、普遍地应用统计分析方法，使用统计分析软件，合作搜集与分析统计信息。强化统计知识的系统教育，营造学习统计知识的社会环境，创造统计分析方法在实际工作中的应用机会，是提高国民整体素质的有效途径，也是社会主义市场经济持续发展的客观要求。

高等教育除了具有传播知识的功能外，还有培养下一代的任务，并且肩负着创新知识、创造新手段、创出新方法，为正在培养的学生提供四年或更长远的时期能用到的理论知识与实践技能的光荣使命。统计学是统计工作的理论总结，它来源于统计实践，又高于统计实践，它的最终目标是科学地指导统计实践活动。

我们都知道，统计实践工作和统计学教学工作中最经常、最基本的工作是搜集、整理、分析、表述和解释数据。但从搜集到的数据到最终科学地解释这些数据，这中间必须经过搜集、用笔（或粉笔、键盘等）记录到纸张（或黑板、软盘、U 盘、硬盘）上、整理、传输、汇总、分析、表述等环节。在互联网出现之前，我们都是采用笔和纸张等工具来完成这些工作的，采用这样的工作方式费时、费力并伴随着大量的重复劳动。如果是在不同部门（或不同教室），特别是要在不同城市之间来整理这些中间环节产生的数据资料和计算结果，要花费几分钟、十几分钟、几十分钟，甚至是几小时、几天、几个月的时间，工作效率非常低下。互联网能将人们在世界任何地方搜集到的数据，在非常短的时间内汇总到一台或多台计算机内，从而解决了海量数据的传输、存取、交换、共享等诸多问题。

21 世纪是信息化的世纪，数据是信息的重要表现形式，而统计学作为一门搜集、整理、显示和分析数据的科学，教会学生使用现代化的网络技术、统计分析软件和计算机工具来搜集、整理、显示和分析数据是统计学这门课程义不容辞的责任和分内工作。本书名为《全程互动统计学及其实验——基于 Excel 和 SPSS 软件》，是专为教授全程在计算机机房教室授课并使用网络辅助教学平台教学模式的统计学课程撰写的。本书试图将教师和学校对学生的平时考核方式转换成课内与课外网上测验考试，期中考试和期末考试均采用网上考试方式完成，授课采用网络辅助教学平台全程参与的教学方式和模式，选用的实验用统计分析软件为 Excel 和 SPSS，并将学生网上选课与正式听课、授课师生之间的全程教学交流与合作互动融为一体，填补目前这方面的教材空白。本书注意理论与实践相结合，着重培养学生综合的分析问题和解决问题的能力，培养他们的实际动手能力。借助能实时联通互联网的计算机机房教室、网上辅助教学平台、Office 软件 2003 版、SPSS 软件 16.0 版和通过教师讲授与学生学习之间建立的 24 小时全程合作互动沟通渠道及实际教学案例，紧密结合大学生社会实践活动过程，运用定量与定性相结合的统计分析基本理论和方法，分析大学生现实生活、社会经济现象的数量表现、数量关系和数量变化规律。本书尽量避开繁琐的数学公式推导，以案例为依托，结合实际例子讲清楚统计公式的应用方法。在内容上，立足于"大统计"，从统计数据出发，以统计数据的搜集、整理、处理、分析和推断为核心，并根据统计教学的实际需要构建内容体系。在方法上，力求简明易懂，注重于对统计方法思想的阐述，结合大量的实际数据和实例说明统计方法的特点、应用条件和适用场合。强调统计分析软件的使用，通过统计分析软件来实现各章节大量的统计计算和分析任务，这不仅可减轻师生的计算负担，也可以提高师生运用统计方法分析和解决现实问题的能力，更能提升学生掌握统计学基本理论与原理，利用网上辅助教学平台、Excel 软件及 SPSS 软件搜集、整理、处理、分析及推断数据的方法与能力，掌握处理社会、经济、生活中大量实际问题的统计分析能力和运用统计分析软件的技能。

本书共分为 12 章，由东北财经大学统计学院副教授冯叔民和讲师屈超编著，其中，第 3 章由屈超完成，其余各章由冯叔民完成。

在这里，要感谢东北财经大学统计学院对出版资金的全方位的扶持，感谢东北财经大学出版社领导及编辑的支持与帮助，感谢使用这本书的师生，感谢我们的家人，感谢支持我们的同事、学生以及对出版这本书提供各类支持和帮助的朋友们。

由于编者水平有限，以及不知选用本书的师生们的更多需求，因此，在教材的编写过程中，有许多不足之处，期望使用本书的师生及相关专家批评、指正。

反馈信息或批评、指正、建议等，请通过电子信箱（947250667@ qq. com）转交，或通过中国数字大学城东北财经大学网上辅助教学平台（http：//dufe. ln. nclass. org/sc8）里的"全程互动统计学及其实验——基于 Excel 和 SPSS 软件"课程（选课码：LGKX-6231）内的交流栏目"全程互动统计学及其实验——基于 Excel 和 SPSS 软件使用意见"转交。

编者
于辽宁省人文社科重点研究基地东北财经大学国民核算研究中心
2014 年 12 月

目录

第一章 导论

〔**本章学习目标**〕通过本章学习，理解全程互动统计学及其实验——基于 Excel 和 SPSS 软件教材的编写思路，了解并掌握统计的含义及统计学的定义，了解并掌握统计学的研究对象和特点、基本方法，理解和掌握统计学中的几个基本概念，为以后的学习打下一定的基础。

〔**本章重点难点**〕如何通过中国数字大学城东北财经大学辅助教学平台内的全程互动统计学及其实验——基于 Excel 和 SPSS 软件课程，建立全天 24 小时的、不分地域的互联互通渠道，为本课程的全程教学建立网上合作辅助教学平台。本章的重点和难点是统计的几个基本概念及其关系。

〔**建议学时**〕6.5 学时

第一节 我们为什么要学习统计学

学者不能离开统计而研究，政治家不能离开统计而施政，事业家不能离开统计而执业。——马寅初[1]

在现代社会里，与数字打交道是我们无法回避的现实问题，小到个人的消费，大到国家的管理，我们每时每刻都要与数字打交道，都直接或间接地用到了研究数据规律及其内涵的科学"统计学"。

下面，我们就通过教学研究案例的形式，让每位同学认识我们这门科学——统计学。

【**教学研究案例**】

有道是"吃不穷，穿不穷，算计不到就受穷"。我们每天都要进行各类消费，而消费就要与数字打交道！请问每位同学，你在校读书期间，每周收入是多少元人民币（请登陆中国数字大学城东北财经大学（http://dufe. ln. nclass. org/sc8/）网站并注册，在"本期授课"列表里，用"选课码"LGKX-6231 选择"全程互动统计学及其实验——基于 Excel 和 SPSS 软件"这门课程，选课成功后，再到"助学模块"的"公告"里，通过"问卷调查《大学生上学期生活状况调查》"提交相关数据。）

你在校读书期间，每周消费性支出又是多少元人民币？平均每人每周收入是多少元人民币？平均每人每周各类消费性支出又是多少元人民币（引例.xls第1章导论）？再比如，调查我国城镇居民家庭平均每人全年收入是多少元人民币（引例.xls第1章导论）？我国城镇居民家庭平均每人全年消费性支出是多少元人民币

---

[1] 李欣愉. 应用统计学 [M]. 北京：北京大学出版社，2000.

(引例. xls 第一章导论)？类似【教学研究案例】这类问题，在我们现实生活中随处可见。这些数据为我们提供了什么有价值的信息？如何科学挖掘这些信息？想要解答类似这类问题，离开统计学这门科学就寸步难行。

下面介绍一个统计学在商品销售过程中的著名实际应用案例。一家名为奥斯科（Osco）的连锁杂货店将强大的数据挖掘软件用在销售数据库上，得出了一个有意思的结论：那些前来为周末采购啤酒的男顾客常常会想起妻子让他们买纸尿裤，而那些周末前来购买纸尿裤的男客户会同时为自己购买啤酒，他们会将这两种商品都放入购物车里。于是连锁杂货店拉开啤酒和纸尿裤柜台的距离，让那些男顾客在寻找另一个商品的时候触发对其他商品的购买欲望，结果使销售额大增。

再比如，某些研究领域看似没有统计学的用武之地，可一旦引入统计学，就会开辟出新的天地。一个典型的例子就是利用统计学方法对文章著作进行写作风格分析，以考证作者。

20 世纪 60 年代，美国统计学家利用统计方法考证了署名"联邦主义者"的文章作者为美国第四任总统麦迪逊。20 世纪 80 年代，应用统计学方法研究《红楼梦》作者的文章问世，研究者从字、词出现频率入手，用计算机进行统计、处理、分析，并得出结论，认为《红楼梦》的前 80 回和后 40 回均为曹雪芹所作。虽然这一观点并没有得到普遍的认同，但毫无疑问的是，统计学为红学研究提供了一种新的工具。在世界文学史上有一个著名的疑案，即《静静的顿河》是否是肖洛霍夫抄袭克留科夫之作，这个疑案最终主要借助于统计学得以解决。统计学家从《静静的顿河》中随机选出 2 000 个句子，并从确认为分别属于肖洛霍夫和克留科夫的其他作品中各随机选出 500 个句子，将这三个样本输入计算机，通过分析比较句子长度、词类、句子结构等 6 个方面内容，并结合其他方面的分析，得出《静静的顿河》的真正作者是肖洛霍夫的结论。

利用统计学方法对文章著作进行写作风格分析形成了一个新的学科，称为计算风格学或统计风格学。在任何一种学科目录上，我们都可以找到许多带"统计"字样的学科，如经济统计学、社会统计学、生物统计学，以及统计天文学、统计物理学等等，这些都属于应用统计学科范畴或与统计学相交叉的边缘学科。

在任何一个领域工作，我们都不可避免地要同统计打交道。从事宏观经济管理工作，要懂得搜集和分析历史的、现实的各类数量信息，并据此对未来的价格、失业、生产增长等做出预测；社会工作者或证券研究者要对人的心理活动和行为等进行统计测量和分析；企业家要对市场供求、价格变化等情况进行分析，要了解本企业的资产结构、资金运营情况、生产能力等，从而做出正确的经营决策；生产管理者应了解质量控制统计方法，以正确地监控生产过程；会计师事务所对客户进行审计时，应当掌握抽样推断方法，用比较少的时间和费用、以一个样本账户的信息推断全部账目情况；开发研究一种新药时，惟有借助于统计实验设计方法，才可能缩短研发时间和降低研发费用。

统计学之所以有这样广的应用领域，主要原因就在于现实社会中定性和定量问题大量存在，"数量"和"随机性"随处可见，而研究与处理这类问题正是统计学及其实验的专长与优势。从这个意义上讲，统计学就像语文、数学一样，是人们生活、工作、学习不可或缺的工具，了解一些统计学知识，掌握一些统计和实验方法，对于任何一个人都是有益处的。

通过前面的介绍，你们已经知道了统计学是关于数据的科学，它是人们在工作、学习和日常生活中几乎每时每刻都要与之打交道的学科。因此，统计学是与每一个人都相关的科学，而并非只是统计学专业的学生应当学习的课程。

但是，搜集、存取统计数据与学习好统计学理论是同等重要的事情。没有统计数据我们根本无法进行统计分析工作，没有统计学理论知识的支持和指导，我们对统计数据的分析就无法深入进行。

第二节　本课程授课及教材编写思路

一、体现时代特征

我们都知道，统计实践工作和统计学教学工作中最经常、最基本的工作是搜集、整理、分析、表述和解释数据。但从搜集到的数据到最终科学地解释这些数据，这中间必须经过搜集、用笔（或粉笔、键盘等）记录到纸张（或黑板、软盘、U 盘、硬盘）上、整理、传输、汇总、分析、表述等环节。在互联网出现之前，我们都是采用笔和纸张等工具来完成这些工作的，采用这样的工作方式费时、费力并伴随着大量的重复劳动。如果是在不同部门（或不同教室），特别是要在不同城市之间来整理这些中间环节产生的数据资料和计算结果，要花费几分钟、十几分钟、几十分钟，甚至是几小时、几天、几个月的时间，工作效率非常低下。互联网能将人们在世界任何地方搜集到的数据，在非常短的时间内汇总到一台或多台计算机内，从而解决了海量数据的传输、存取、交换、共享等诸多问题。

1994 年 4 月 12 日，中国实现了与互联网的全功能接入，成为互联网家庭中的第 77 个成员。1995 年 5 月，中国开始向社会各界用户提供互联网全功能服务，中国的互联网由此进入市场化的高速发展阶段。2010 年 7 月 15 日，中国互联网络信息中心（CNNIC）在北京发布了《第 26 次中国互联网络发展状况统计报告》（以下简称《报告》）。《报告》显示，截至 2010 年 6 月底，我国网民规模达 4.2 亿人，互联网普及率持续上升增至 31.8%。手机网民成为拉动中国总体网民规模攀升的主要动力，半年内新增 4 334 万，达到 2.77 亿人，增幅为 18.6%。从历年统计数字看，我国互联网人数正处在高速增长中。随着互联网技术的提高及普及面的增大，互联网在各行各业中的应用必将变为现实。特别是目前高校教学的信息化以及类似大学数字城这类免费的网上辅助教学平台的开通和应用，互联网对院校《统计学及其实验》课程教学模式的影响正在逐年增强和显现。

2012 年 1 月 20 日，中华人民共和国教育部印发了《教育部 2012 年工作要点》

（以下简称《要点》）强调，全面提高高等教育质量，贯彻落实《关于全面提高高等教育质量的若干意见》。加强教学投入与管理，扎实推进"本科教学工程"，研究制订本科各专业类教学质量国家标准和有关专业人才培养质量评价标准，开展本科专业综合改革，建设国家精品开放课程；大力推动教育信息化，贯彻落实《教育信息化十年发展规划》，充分利用信息化手段，推进优质教育资源共享；提高教育管理信息化水平，制定"中国数字教育 2020 行动计划"，实施"优质数字教育建设与共享行动"、"学校信息化建设与提升行动"、"教育信息化基础能力建设"等专项计划。

从 2012 年 2 月 18 日开始，全国 70 万家"三上"企业和房地产开发经营企业将在统一的数据采集和处理平台上，通过互联网直接向国家数据中心或国家认定的省级数据中心报送统计数据。这是我国统计生产方式的重大变革，是统计系统更好地服务社会各界的重要举措。

国家统计局在《"十二五"时期统计发展和改革规划纲要》（以下简称《纲要》）中明确提出，把建设以"企业一套表"为核心的四大工程作为推动"十二五"统计建设与发展的重要抓手。"四大工程"是指加快建设基本单位名录库、数据采集处理软件系统、联网直报系统、企业一套表制度。四大工程"建设将有力推动统计工作的规范统一、改革创新和公开透明，统计工作将因此更加科学，统计数据的真实性将因此更有保障。"

统计部门，特别是中国国家统计部门已经开始统计信息化这方面的实践行动，教育部也提出了教育信息化，并制定了"中国数字教育 2020 行动计划"。那么，作为统计人才培养渠道之一的统计学及其实验教学，做好这方面的准备了吗？"统计学"这门课程是否达到了《要点》的要求，是否能跟上《纲要》的发展步伐呢？

由于"统计学"课程的特殊性（它要收集大量的现实生活中的数据）、统计工作的合作性（它要与多人合作收集数据和分析数据）、统计数据的共享性（多人使用同一批数据资料）、统计数据收集的时效性（它要实时处理大量的现实生活中的数据）、统计数据存储海量性（现实生活中每时每刻都在产生数据）以及统计数据分析计算机化和自动化等特殊要求，所以我们要在"统计学"课程的教学和教材编写过程中采用一种"能将人们在世界任何地方收集到的数据资料，在非常短的时间内汇总到一台或多台计算机内，还能解决由成千上万人、在任意地点收集的统计资料通过不同渠道传输、存储、提取、交换、共享等诸多问题"的授课方式和教材编写模式，以体现出时代的特征。

二、适应信息化时代的统计学教学模式

笔者从事统计教学工作已经 29 年了，在这 29 年里，笔者一直在思考这样一些问题：在讲授统计学的过程中，如何考核教与学的效果？如何实现教与学的良性互动？如何找到一种既能体现统计学课程特色、适应时代特点和未来发展方向的考试方式及方法，又能将授课内容、授课方式、授课手段、实验内容、教学软件、实践教学、网络教学平台与考试方式及方法有机地融合在一起的最具时代特点，还能起到理想教学效果的新式统计学教学方式及方法？

截止到 2014 年 5 月 6 日，笔者收集到"统计学"课程共采用过八种授课方式和方法。它们分别是第一种：普通教室授课方式和方法；第二种：多媒体教室且不能与互联网联网的授课方式和方法；第三种：多媒体教室且能与互联网联网的授课方式和方法；第四种：计算机机房教室但不能与互联网联网的授课方式和方法；第五种：计算机机房教室且能与互联网联网的授课方式和方法；第六种：利用计算机机房教室和类似我校教务处的网上辅助教学平台的授课方式和方法；第七种：利用计算机机房教室和类似中国数字大学城网上辅助教学平台的授课方式和方法；第八种：笔者将其称为全互动式授课方式和方法。

截止到 2014 年 5 月 6 日，笔者收集到"统计学实验"课程共采用过五种授课方式和方法。它们分别是第一种：计算机机房教室但不能与互联网联网的授课方式和方法；第二种：计算机机房教室能与互联网联网的授课方式和方法；第三种：利用计算机机房教室和类似我校教务处的网上辅助教学平台的授课方式和方法；第四种：利用计算机机房教室和类似中国数字大学城网上辅助教学平台的授课方式和方法；第五种：笔者将其称为全互动式授课方式和方法。

截止到 2014 年 5 月 6 日，笔者收集到"统计学实验"课程共采用过七种实验内容。它们分别是第一种：Excel 的统计实验内容；第二种：SPSS 的统计实验内容；第三种：SAS 的统计实验内容；第四种：Excel 加 SPSS 的统计实验内容；第五种：Excel 加 SAS 的统计实验内容；第六种：Excel、SPSS 加 SAS 的统计实验内容；第七种：EViews 的统计实验内容。

截止到 2014 年 5 月 6 日，笔者收集到"统计学"课程有十一种考试方式和方法。第一种：期末笔试考试方式及方法；第二种：期中加期末笔试考试方式及方法；第三种：平时考核、期中加期末笔试考试方式及方法；第四种：平时考核加期末笔试考试方式及方法；第五种：计算机房局域网机上期末考试方式及方法；第六种：平时考核加计算机房局域网机上期末考试方式及方法；第七种：计算机房互联网期末考试方式及方法；第八种：平时考核加计算机房互联网期末考试方式及方法；第九种：平时考核、期中考试加计算机房互联网期末考试方式及方法；第十种：平时考核加期末考试方式及方法全部采用计算机房互联网方式完成的；第十一种：平时考核、期中考试加期末考试方式及方法全部采用计算机房互联网方式完成的。

那么，哪种授课方式更值得推广？哪种实验内容更能让学生受益？哪种考试方式方法更科学？为此，笔者联合学院同仁共同申报了 2012 年度东北财经大学教学研究项目，并最终获得了项目名称叫"全互动式"统计学"课程授课方式、实验内容与考试方式方法的改革与探索"的改革研究项目。此项目已经于 2014 年 6 月结项。

笔者及项目组所做的这项改革、探索与研究能体现出时代的特征吗？能促进教学工作，提高教学质量吗？能更好地实现教与学的有机结合吗？能更好地实现教与学的良性互动吗？能体现出统计学课程特色和适应时代特点的授课方式、实验内容与考试方式方法吗？笔者及项目组所做的这项改革、探索与研究是"统计学"课程授课方式、实验内容与考试方式方法的未来发展方向吗？哪种授课方式将是未来若干年内"统计学"课程的主流授课方式？

笔者及项目组其他成员想通过过去、现在对"统计学"课程授课方式、实验内容与考试方式方法的实践、思考及对该研究项目的研究过程，寻找到最佳解答方案！

经过笔者研究发现，2002 年以前，第一种授课方式和方法一直是我国主流的"统计学"授课方式及方法，这种授课方式和方法的优点是完全由教师主宰课堂，有利于教师主导作用的发挥，便于教师组织、监控整个教学活动进程，有利于系统的科学知识的传授。对教学设备要求不高，只要有教材、黑板和粉笔就可以。其严重弊病则是：抄写板书，学生记笔记占用了大量授课时间，没有理论与实际结合应用的时间和机会，忽视了学生认知主体的作用；只重视知识的传授，学生只能被动的学习，忽视了学生想应用所学知识解决实际问题的需求，不利于具有创新思维和创新能力的创造型人才的培养（按这种模式培养出的绝大部分是知识型人才而非创造型人才）；教材和教学内容更新速度极慢，难以跟上时代发展的步伐；计算手段极其落后，导致教学示例只能用设例的方式，其内容严重脱离学生真实生活、社会实际和当前热点问题；无实验内容；考试方式和方法只能采用第一种，无法全面、实时掌握学生对教学内容的掌握程度及学习效果；特别是我们已经进入信息化时代，这种授课方式根本无法将信息化特点在统计学教学、实验及考试过程中体现出来。

第二种和第三种"统计学"授课方式和方法则是随着多媒体教学技术和网络技术的日益普及被逐渐引入到统计学教学中来的。这种授课方式的优点是教师主宰课堂的大部分时间，而且学生也能部分地参与到教学活动中来，有利于在教师主导教学的前提下，调动同学们的学习积极性，便于教师组织、监控整个教学活动进程，有利于系统地、科学地进行知识的传授。特别是由于多媒体教学技术能提供界面友好、形象直观的学习环境（这有利于激发学生的学习兴趣），能提供图文声像并茂的多种感官综合刺激（这有利于情境创设和大量知识的获取与保持），教师主控的计算机能够登录互联网，在教师的诱导下，同学们可以对身边熟视无睹的各类现象和全国居民生活质量等热点问题进行第一时间的统计分析，同学们能利用刚刚学到的统计学知识亲自动手分析身边现象和热点问题，加深对统计学教学知识点的认识和理解，激发学习统计学的热情，同时也培养了同学们的创新精神。

第二种和第三种"统计学"授课方式和方法的严重弊病是：对教学设备要求比较高，特别重要的一点是，这种授课方式只有教师拥有计算机，学生不能在课堂内对现实生活中存在的海量数据进行统计分析，无法体会到统计分析对现实生活的指导价值，仍然存在忽视学生的认知主体作用的问题，对培养具有创新思维和创新能力的创造型人才还存在着不利的地方。

第四、五、六、七种授课方式，笔者将其称为互动式授课方式（以强调这种教学模式既要发挥教师的主导作用，又要充分体现学生的认知主体作用；调动教与学两个方面的主动性、积极性）。它们发端于 21 世纪初，随着计算机机房教室对教学的开放，多媒体教学技术和网络技术的日益普及，辅助教学网站的大量增加，才被引进统计学教学中来的。它们主要适用于计算机机房教室授课方式。这种模式的优点是教师即能主宰课堂教学，又能让学生充分参与到教学活动中来，有利于调动师生双方的主动性和积极性。除了具有前三种教学模式的全部优点外，还具有师生互动、生生互动的特点，并能够对大量的身边现象和热点问题、海量数据进行即时分析和深入讨论。通过这种新的教学模式来优化学习过程和学习效果，就可以培养出具有高度创新能力的、具有互助合作精神的跨世纪新型人才。

但这几种授课方式的严重弊病是：对教学辅助设备、教学软件、辅助教学网站要求非常高。教师的后期时间、精力和资金投入大。

采用第四、五、六、七种授课方式后，七种统计学实验内容才逐渐被引入到统计学的教学中来。东北财经大学采用的是第一种和第二种实验内容，主要是第二种实验内容。考试方式和方法采用的主要是第一种，但也尝试采用过第七种、第八种、第十种。

经过笔者研究发现，上述几种统计学实验课程授课方式的优缺点与统计学课程授课的优缺点相同。

第八种授课方式，是笔者首次创造的授课方式和方法，笔者将其称为全程互动式授课方式和方法（以强调这种教学模式既要发挥教师的主导作用，又要充分体现学生的认知主体作用；调动教与学两个方面的主动性、积极性和创造性；并能将信息化技术完全融入到教学中来，成为教学中不能缺少，又能高效率的提升教与学的得力助手）。

它发端于 2013 年，随着计算机机房教室对教学的开放，多媒体教学技术和网络技术的日益普及，辅助教学网站的大量增加，特别是东北财经大学教务处 2013 年 9 月 5 日起开通使用的新版网络教学综合平台和中国数字大学城网上辅助教学平台的出现，才被引进到统计学及其实验授课中来的。

此种授课方式和方法的做法是：首先，通过类似东北财经大学新版网络教学综合平台，实现选课学生与授课教师在课程开始之前的师生交流。课程开始后，授课全程安排在能实时联通互联网的计算机机房教室内。在一个学期内，课程点名、授课内容的随时考核、作业布置与批改、实验内容的随时考核等都能够利用网考实现，授课教师提前出好考试题，在授课期间安排大约 10 到 15 分钟，通过中国数字大学城网上辅助教学平台的考试功能进行随堂考试。对于占用大量时间的作业或平时课程内容的测验考试，则让学生课后通过登录中国数字大学城的方式提交。期中、期末考试，由选课学生在固定的时间、在固定的能实时联网的计算机机房教室内完成。师生课内课外交流等与教与学有关的事项，通过中国数字大学城短信平台、QQ 群等互联网通讯平台完成。

第八种教学模式，除了具有前七种教学模式的全部优点外，还具有师生互动、生生互动的特点，并能够对身边大量的现象和热点问题、海量数据进行即时分析和深入讨论。通过这种新的教学模式来优化学习过程和学习效果，就可以培养出具有高度创新能力的、具有互助合作精神的跨世纪新型人才。

这种授课方式的严重弊病则是：对教学辅助设备、教学软件、辅助教学网站要求更高。教师的后期时间、精力和资金投入更大。

从 2003 年开始，笔者就在"统计学"授课过程中尝试借助计算机教室、东北财经大学教务处网上辅助教学系统和博客进行"统计学"课程授课方式和方法、统计学考试方式和方法的改革和探索，从 2010 年开始，笔者又运用了中国数字大学城、QQ 群、微博等新的信息化手段进行"统计学"课程授课方式和方法、统计学实验方式和方法、统计学考试方式和方法的改革和探索，在这个改革与探索过程中，笔者正在尝试将授课方式、教学手段与教学方法、网络辅助教学平台、题库建设、课程作业、实验内容、考试安排、课程公告、课堂讨论、学生自主学习平台建设、课程平时通知、师生全天 24 小时实时沟通方式等有机地融合在一起，为"统计学"课程教学改革与教学实践提供一个参考版本。从 2010 年开始，笔者在"统计学"授课过程中全部采用第七种授课方式和方法。它除具有前六种授课方式的特点外，还能实现授课、实验、考试等各种功能 24 小时化。从 2013 年开始，笔者在"统计学"授课过程中全部采用第八种授课方式和方法。它除具有前七种授课方式的特点外，还能实现授课、实验、统计调查、作业提交与批改、考试、师生交流、课程通知等多种功能网络化及 24 小时不间断。

通过笔者及学校同仁长达 13 年的对比实验后发现，教学中采用前七种授课方式及方法都不能真正地、全面地、完整地、系统地、互动式地完成好"统计学及其实验"课程的教学任务，而采用了第八种教学模式后，就完全满足了上述要求。

三、统计分析软件的选择

笔者曾在《统计教育》2000 年第 3 期第 28 页上发表过题为《统计教学中计算机软件选择原则与实践》的文章。在该篇文章中笔者曾写到"综观统计学在全世界的形成、发展、昌盛的历史，笔者认为，统计数据的收集、整理、加工、分析工具中，对统计学在全世界的昌盛起决定性作用的工具就是高速度的计算工具——计算机。它对统计教学也同样是极端重要的。过去我们对课程体系的改革总有一些缺憾。比较明显的一个问题是，尽管课程结构和课程名称改了，但课程实质性的内容却没有跟上形势的要求。社会经济现象错综复杂，统计分析只有贴近现实的经济运动才有用武之地，才有生存空间。可是我们在教学过程中，在教材建设中，还是采取脱离实际的设例教学模式，而不是采取结合实际的案例教学的方式，去演绎统计理论方法及其应用。由于设例简单、脱离实际，结果是学生学了几年统计学，仍然不会用统计方法收集数据、加工数据、分析数据，达不到教授统计方法和增强学生的统计技能、分析和解决实际问题能力的目的。

究其原因有四个：

1. 收集实际案例费时、费力、花费大。

2. 学校没有为"统计学"课硬性安排上机时间和上机的机房。

3. 教统计学的教师，没有受过专门的计算机操作和计算机软件使用方面的教育，对使用统计软件有畏难情绪。

4. 计算工具功能低、速度慢。

第一个原因另文探讨。本文只讨论后三个原因。

笔者针对后三个原因在该文中提出了解决方案。例如，关于第二个原因，笔者就建议学校为"统计学"课硬性安排上机时间和上机的机房。截至 2014 年 6 月 29 日，东北财经大学已经完全解决了这个问题。关于第三个原因，截至 2014 年 6 月 29 日，全国各个院校教统计学的教师都已经受过专门的计算机操作和计算机软件使用方面的教育，对使用统计软件已经没有畏难情绪了。关于第四个原因，截至 2014 年 6 月 29 日，全国各个院校都已经为统计学课程配备了各类统计分析软件，这个问题已经解决。而第一个原因，经过笔者查找相关资料、向授课学生请教、向相关网站管理人员请教这样长达 16 年的探索，分别于 2000 年年初和 2010 年 3 月，在东北财经大学统计系研究生陈立同学和中国数字大学城的鼎力支持下，部分地解决了笔者提到过的收集实际案例费时、费力、花费大的问题。截至 2014 年 6 月 29 日第一个原因也已经部分解决，它就是利用各类高校都已经建成的、有能力支持联通网络辅助教学平台的计算机机房教室。

统计分析软件的选择余地非常大，可以 Excel、SPSS、SAS、EViews 等各类软件。但由于我们的授课对象是非统计学专业的学生，我们选教学软件不仅要为统计学及其实验教学服务，还要考虑学生在学习统计学及其实验的过程及学生未来的使用频率问题。我们都知道，在中国，使用频率最高的软件是 Excel 软件。因此，我们主要选择 Excel 软件，同时考虑到相对比较高级的统计分析功能的使用，我们也选择了 SPSS 软件。

四、本教材选用的网络教学平台

目前，各类高校都建有能支持联通网络教学平台的计算机房教室，本教材就是专为采用全程互动统计学及其实验——基于 Excel 和 SPSS 软件教学模式（全程互动统计学及其实验——基于 Excel 和 SPSS 软件教学模式是指教学全程采用计算机房教室加网络辅助教学平台的授课模式、东北财经大学教务处新版网络教学综合平台、平时考核及期中考试加期末考试全程采用免费的中国数字大学城天空教室网络辅助教学平台方式完成、选用的统计分析软件为 Excel 和 SPSS、学生从网上选课开始就与教师进行全程合作互动）而撰写的教材。

计算机房教室是指课程教学的全部学时在计算机房教室完成，而网络辅助教学平台是指具备网上实时交互式教学功能、课件实时制作功能、网上协作学习功能、教学评价和数据统计功能，答疑讨论、课程作业、课程考试等多种师生互动方式网络化，课程的教学大纲、教学课件、电子教案、教学视频放在网络教学平台上，能做到学生考试实时化与网络化，授课辅导虚拟化，方便学生在不同时间、不同地点根据自己的需要进行网上自主化、个性化学习，也可以实现师生全天 24 小时的互动沟通。本教程选择免费的中国数字大学城作为网络辅助教学平台和东北财经大学教务处新版网络教学综合平台。

中国数字大学城网络辅助教学平台（http：//www.nclass.org/sc8/）诞生于2010 年 3 月 1 日，正式上线运营是 2010 年 9 月 1 日。它是面向大学、中学、小学、职业技术类学校和各类培训机构的在线教学服务平台。中国数字大学城在国内率先提出"免费注册、免费使用、免费制作"的"3F"理念，教师和学生只需要提供自己在学校的邮箱和手机联系方式，即可注册教师账号及学生账号。

中国数字大学城专门针对 Email 作业批改不方便的问题，设计了高效率的作业批改功能，实现了学生作业的高效批改，具体功能有：

（1）比 E-mail 更为方便的作业批改方式；

（2）提供了发现作业抄袭的有力工具；

（3）实现了理工科作业的在线提交和批改；

（4）系统自动长期保留学生作业，拥有自己的教学档案；

（5）提供了便利的工具，促使大学生在课堂上积极发言。

针对目前高校关注的精品课程建设，中国数字大学城提出了"从改作业入手建设精品课程网站"的新思路和基于跨校虚拟教研室的共享新平台。为教师展示自己的课程网站，提供了强大的 3D 课程和便利的 2D 课程两种不同风格的表现形式，均可实现自主建设、自主更新。

为方便地实现教师的各种教学意图，中国数字大学城为每位教师配有网上专职助教，同时，还为教师提供了课程助教的接口，便于教师自己指派助教助课。同时，对于当前教学改革的 6 大热点（①研究性学习；②新生研讨课；③通识课改革；④小组教学；⑤实践课网上管理；⑥实验课网上管理），中国数字大学城均提供了全面的支持。

我们教材选择的中国数字大学城网络辅助教学平台的网址为：http：//dufe.ln.nclass.org/sc8/。注册成为中国数字大学城用户的操作过程参照图 1-1 至图1-5。

①教师和学生通过中国数字大学城东北财经大学网络辅助教学平台的网址：http：//dufe.ln.nclass.org/sc8/，注册成为中国数字大学城的用户。其操作过程如图 1-1 至图 1-5 所示。

②注册成功后，用用户名和密码登录中国数字大学城，登录成功后教师用选课码：NYBU-5877，学生用选课码：ECMD-2342 进行选课。也可以通过 947250667@qq.com 与作者沟通。

以往教师要想检验学生对课程的理解和掌握程度，都是采用课堂布置笔答作业或课堂笔答测验的方式，学生在课堂或课后完成这些作业或者测验，再由教师批改来判定掌握程度。其弊端是：第一，信息反馈慢；第二，教师重复工作、无效劳动

图 1-1 注册中国数字大学城东北财经大学网络辅助教学平台过程 1

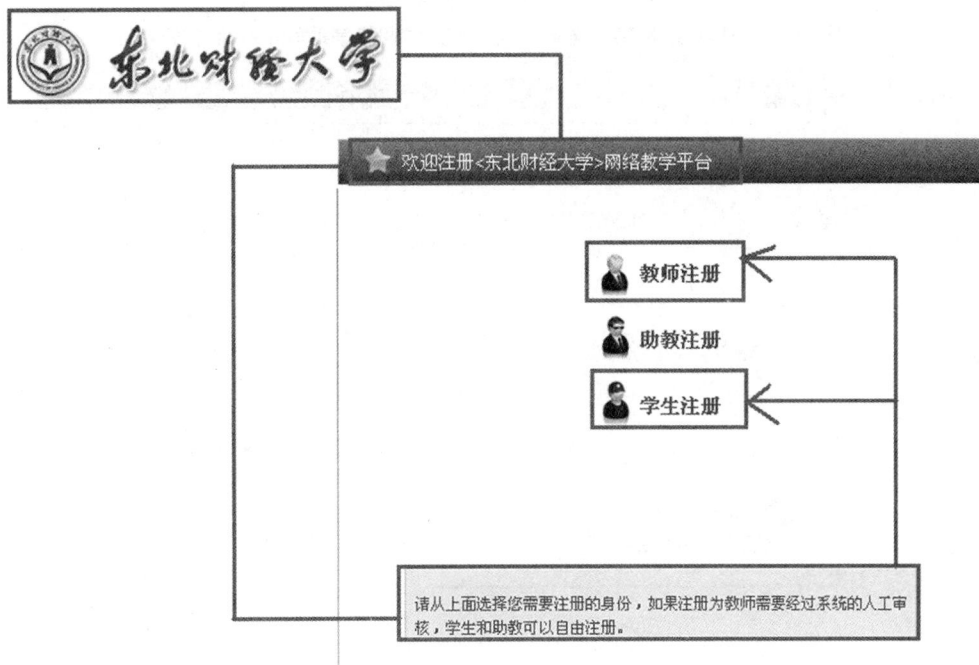

图 1-2 注册中国数字大学城东北财经大学网络辅助教学平台过程 2

强度大；第三，对大多数学生学习过程中存在的知识盲点不能及时发现，不便于教师有针对性地组织教学；第四，一个学期下来，教师分析每个学生和全班学生的学习成绩工作量太大，判定学生掌握程度不及时。

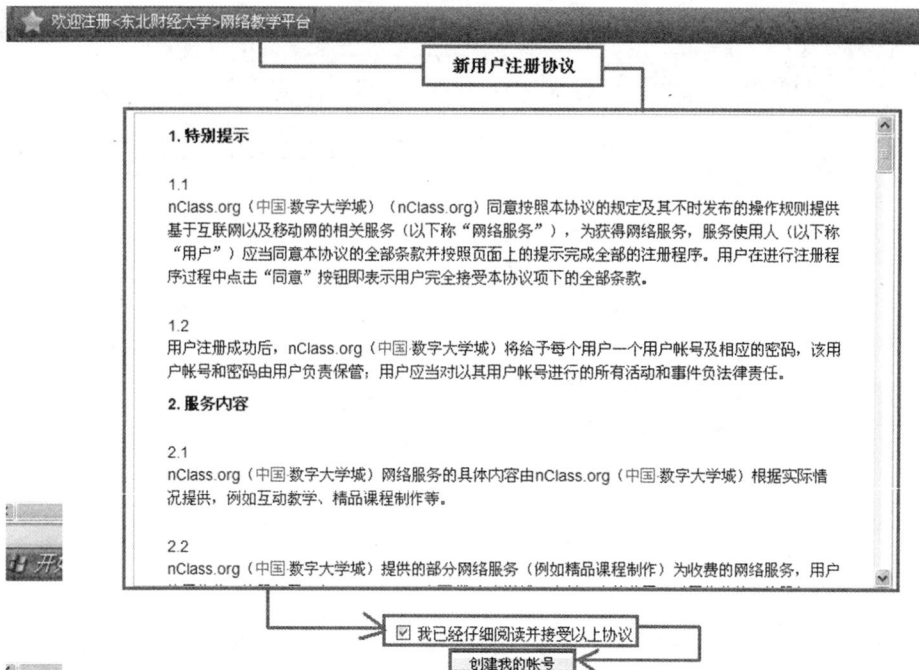

图1-3 注册中国数字大学城东北财经大学网络辅助教学平台过程3

图1-4 注册中国数字大学城东北财经大学网络辅助教学平台过程4

使用中国数字大学城网上辅助教学平台后，教师可以通过中国数字大学城布置网上考试的方式来检验学生对课程的理解和掌握程度。中国数字大学城为教师提供了两种出题方式。第一种是手动出题，教师可以在中国数字大学城辅助教学平台上

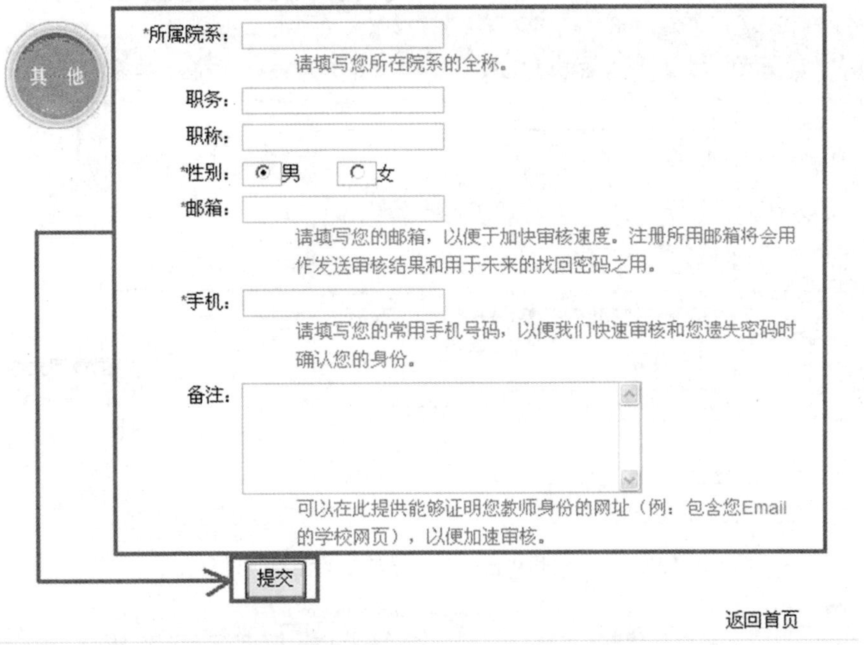

图1-5 注册中国数字大学城东北财经大学网络辅助教学平台过程5

在线直接出题。第二种是导入出题,即下载中国数字大学城 Excel 模板说明文档,离线后在任何一台电脑内先通过 Excel 模板说明文档提供的出题模板出好题,然后,再通过中国数字大学城的试题管理程序,将出好的测验题导入中国数字大学城的试题库,就可以出测试题了。利用中国数字大学城布置测验题过程如图1-6至图1-14 所示。

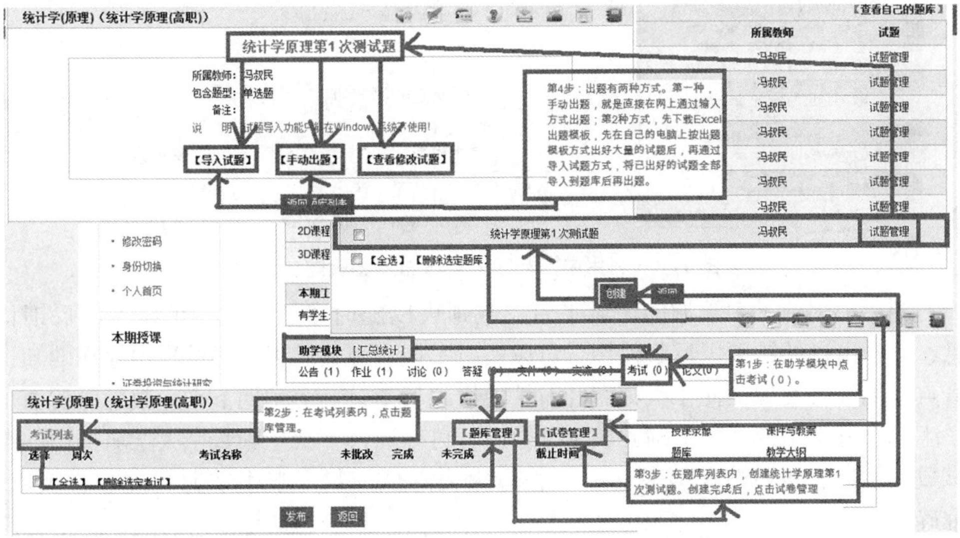

图1-6 利用中国数字大学城布置测验题过程1

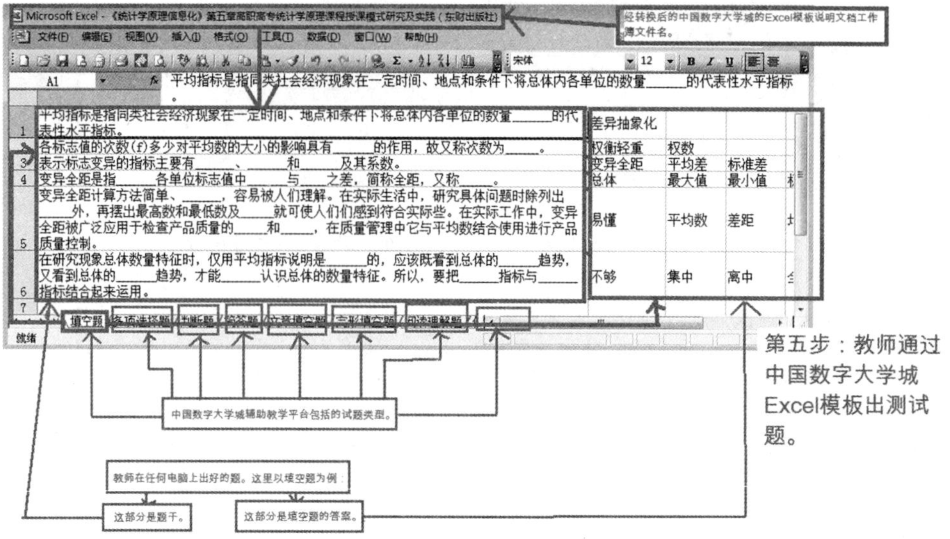

图1-7　利用中国数字大学城布置测验题过程2

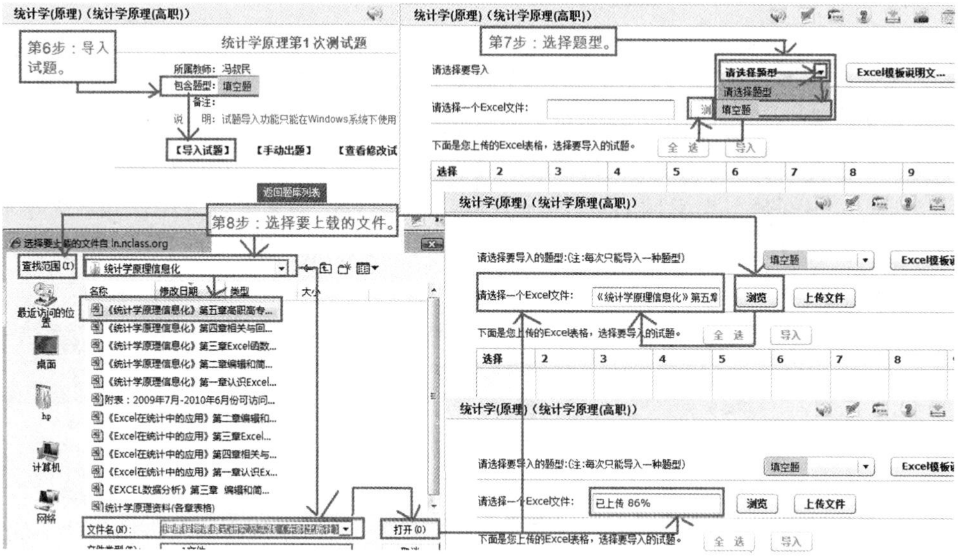

图1-8　利用中国数字大学城布置测验题过程3

利用中国数字大学城的考试平台，教师可以随时布置考试，可以实时反馈信息，已经出过的题可以反复使用，可以实时掌握大多数学生学习过程中存在的知识盲点并能及时发现，便于教师有针对性地组织教学；一个学期下来，教师分析每个学生和全班学生的学习成绩并核定分数时，可以通过下载中国数字大学城提供的考试成绩统计表进行分析及核定，工作量大大降低，判定学生掌握程度非常及时、准确。

五、本教材尽最大可能采用实例而不是设例进行教学

由于统计学是统计工作的理论总结，它来源于统计实践，又高于统计实践，其

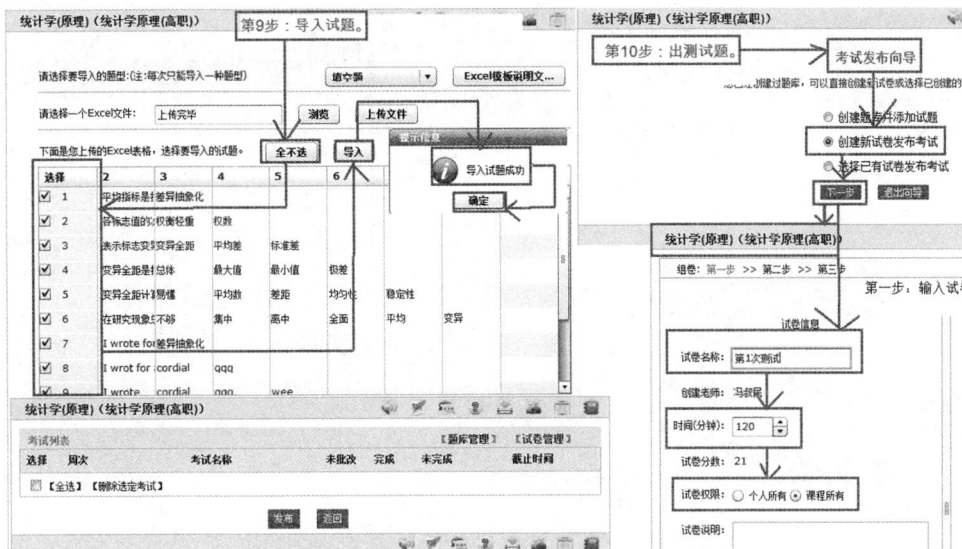

图 1-9　利用中国数字大学城布置测验题过程 4

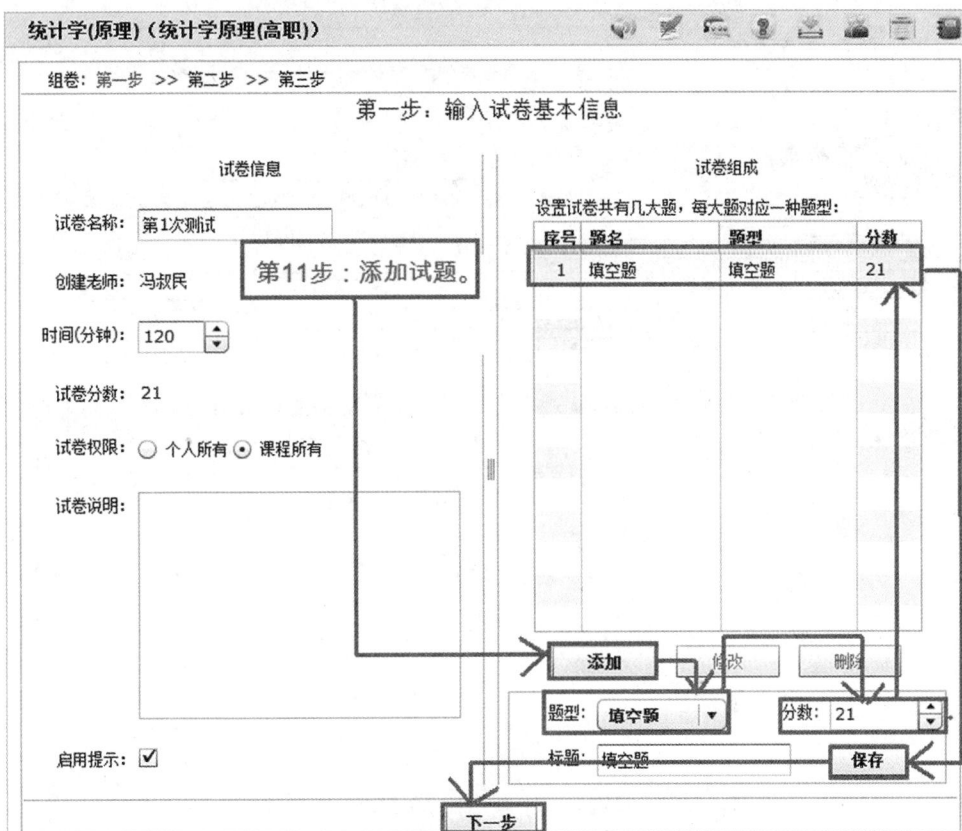

图 1-10　利用中国数字大学城布置测验题过程 5

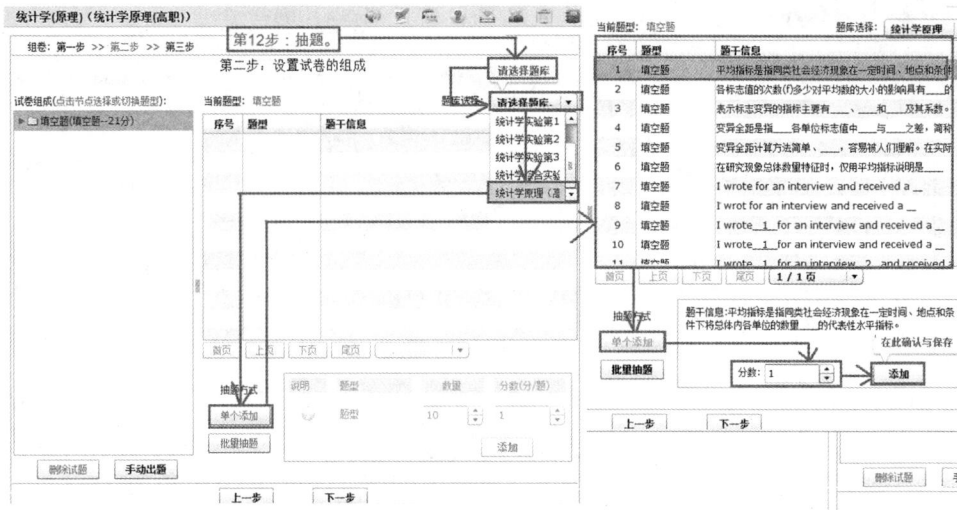

图 1-11   利用中国数字大学城布置测验题过程 6

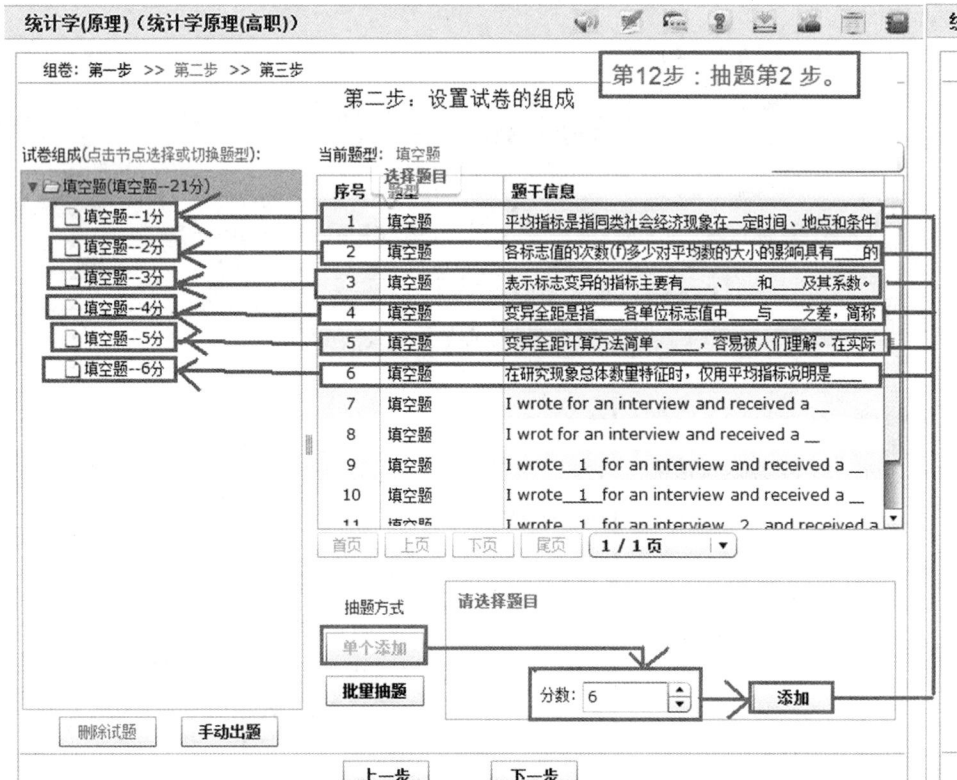

图 1-12   利用中国数字大学城布置测验题过程 7

最终目的是科学地指导统计实践活动。

从世界经济发展史来观察，统计方法的普及程度越高，经济就越发达。有研究

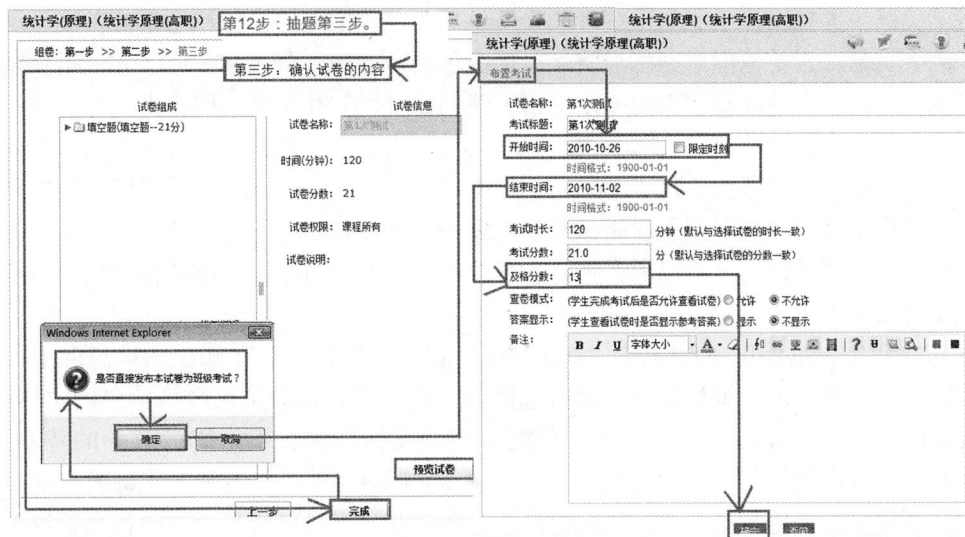

图 1-13 利用中国数字大学城布置测验题过程 8

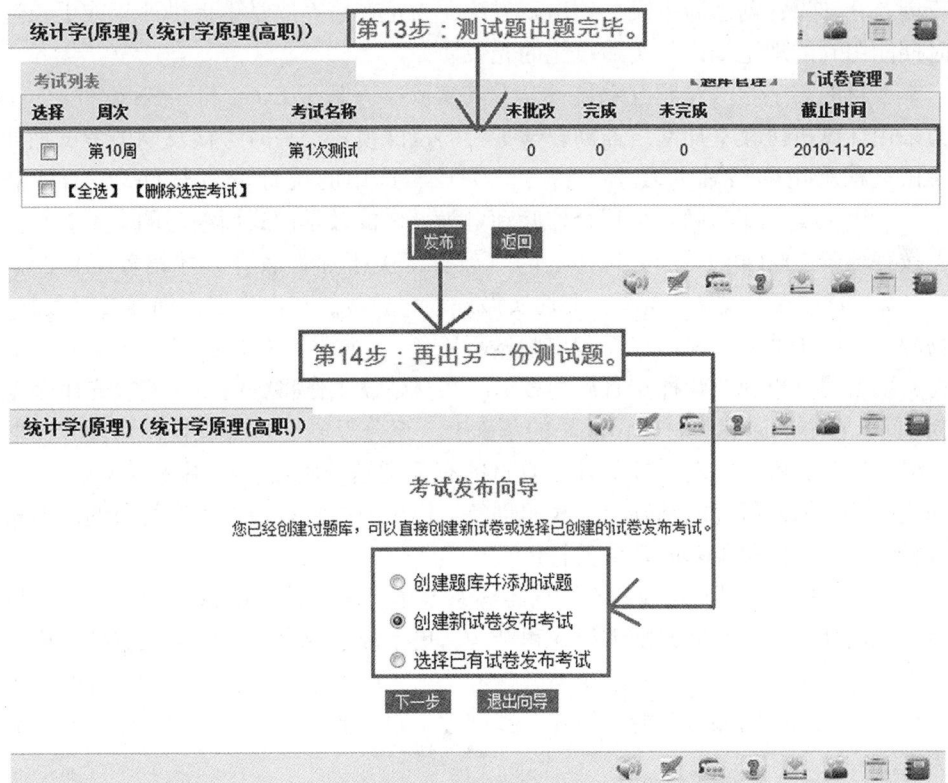

图 1-14 利用中国数字大学城布置测验题过程 9

成果表明，日本战后经济的迅速崛起，5% 应归功于日本统计科学和统计事业的发展；美国一大批统计学家和懂统计的经济学家为美国国民经济保持稳定的发展做出了巨大贡献，正是他们对美国经济运行情况不断地监测、分析和研究，才使得美国经济免于发生大的波动，少受外来冲击。我国 20 世纪 50 年代后期，由于统计分析方法的落后，统计数字的失真，由于忽视对生产力水平、人口、资源和人的需求的统计分析的理性思考而导致"大跃进"的错误。近 30 年中国的统计教育开始走向普及，中国的经济也出现了前所未有的大发展。这些都说明了科学的统计思维、统计教育是何等的重要。可以说，加强和普及统计教育，对中国经济的持续发展具有战略意义。

21 世纪，世界正在走向知识经济时代。知识经济是建立在知识和信息的生产和使用之上的经济。统计作为一个信息产业，统计信息作为国民经济信息的主体，统计的"信息、咨询、监督"三大功能的充分发挥，都有赖于统计教育的普及，有赖于计算机软件融入统计学教育，有赖于互联网融入统计，有赖于统计教育信息化。而随着信息化普及率的大幅度提高，互联网和计算机已经是新中国各个领域不可或缺的工具之一，它们在新中国得到了空前的普及和应用。

高等教育除了具有传播知识的功能外，还有培养下一代的任务，特别是它还肩负着创新新知识、创造新手段、创出新方法，为正在培养的学生提供四年或更长远的时期能用到的理论知识与实践技能的光荣使命。

本教材的名字叫《全程互动统计学及其实验——基于 Excel 和 SPSS 软件》，是专为采用计算机房教室加网络辅助教学平台的授课模式、平时考核及期中考试加期末考试全程采用网络辅助教学平台方式完成、选用的统计分析软件为 Excel 和 SPSS、学生网上选课与师生全程合作互动融为一体的教学模式而编写的一本教材。

教育部于 2000 年 1 月 17 日印发的《教育部关于加强教育人才培养工作的意见》（以下简称《意见》）强调，要切实做好教育教材的建设规划，加强文字教材、实物教材、电子网络教材的建设和出版发行工作。《意见》提出，经过 5 年时间的努力，要编写、出版 500 种左右规划教材。教材建设工作将分两步实施：先用 2 至 3 年时间，在继承原有教材建设成果的基础上，充分汲取近几年在教材建设方面取得的成功经验，解决好新形势下教育教材的有无问题。然后，再用 2 至 3 年时间，在深化改革、深入研究的基础上，大胆创新，推出一批具有中国教育特色的高质量的教材，并形成优化配套的教育教材体系。

《意见》中还强调，课程和教学内容体系改革是教学改革的重点和难点，要按照突出应用性、实践性的原则重组课程结构，更新教学内容，要注重人文社会科学与技术教育相结合，教学内容改革与教学方法、手段改革相结合。教学内容要突出基础理论知识的应用和实践能力培养，基础理论教学要以应用为目的，以必需、够用为度。

改革教学方法和考试方法，引入现代教育技术，是提高教学质量的重要手段。要因材施教，积极实行启发式、讨论式教学，鼓励学生独立思考，激发学习的主动性，培养学生的科学精神和创新意识。理论教学要在讲清概念的基础上，强化应用。要改革考试方法，除笔试外，还可以采取口试、答辩和现场测试、操作等多种考试形式，着重考核学生综合运用所学知识、解决实际问题的能力，通过改革教学方法和考试方法，促进学生个性与能力的全面发展。学校要加强对现代教育技术、手段的研究和应用，加快计算机辅助教学软件的研究开发和推广使用，要做好现代远程教育的试点工作，加速实现教学技术和手段的现代化，使之在提高整体教学水平中发挥越来越重要的作用。

过去，我们的大部分教材都采用设例的方式进行统计学及其实验教学，这样的弊端是无法将学生带进现实世界里，无法让学生成为统计学及其实验教学的实际参加者。本教材从第一章开始，尽最大可能采用实例而不是设例进行教学，是想让学生真正走进统计学及其实验课程当中来。

统计学实验：创建本课程教学用统计数据库

1. 实验目的

为本课程全程教学提供真实统计数据库。

2. 实验内容

创建新中国从 1949 年至今统计数据库和创建"大学生上学期生活状况"统计数据库。

3. 实验步骤

（1）教师给每位学生分配收集数据清单及数据收集的标准模板。

（2）每位学生根据分配到的收集数据清单进行数据收集。

（3）每位学生将收集完成的数据，按照数据收集的标准模板格式整理好后再提交给教师。

4. 实验指导

（1）创建新中国从 1949 年至今统计数据库。

具体创建步骤：

①教师可以通过中国数字大学城东北财经大学"全程互动统计学及其实验——基于 Excel 和 SPSS 软件"这门课程"助学模块"里"作业"栏目（见图 1-15），提交用 Excel 工作簿给每位学生布置的收集统计数据内容清单及标准的作业模板。

②学生再通过登录中国数字大学城东北财经大学"全程互动统计学及其实验——基于 Excel 和 SPSS 软件"这门课程"助学模块"里"作业"栏目，下载教师用 Excel 工作簿给每位学生布置的收集统计数据内容清单及标准的作业模板，然后，根据收集统计数据内容清单找到自己需要收集的统计数据内容清单的具体内容名称。

③学生找到自己需要收集的统计数据内容清单的具体内容名称后，登录到中华人民共和国国家统计局网站（http：//www. stats. gov. cn/）（见图 1-16），通过数据查询找到需要下载的数据内容名称位置（例如，下载全国总人口数，见图 1-17 至图 1-20），然后将相关的统计数据复制（目前的新版数据库）或下载（通过旧

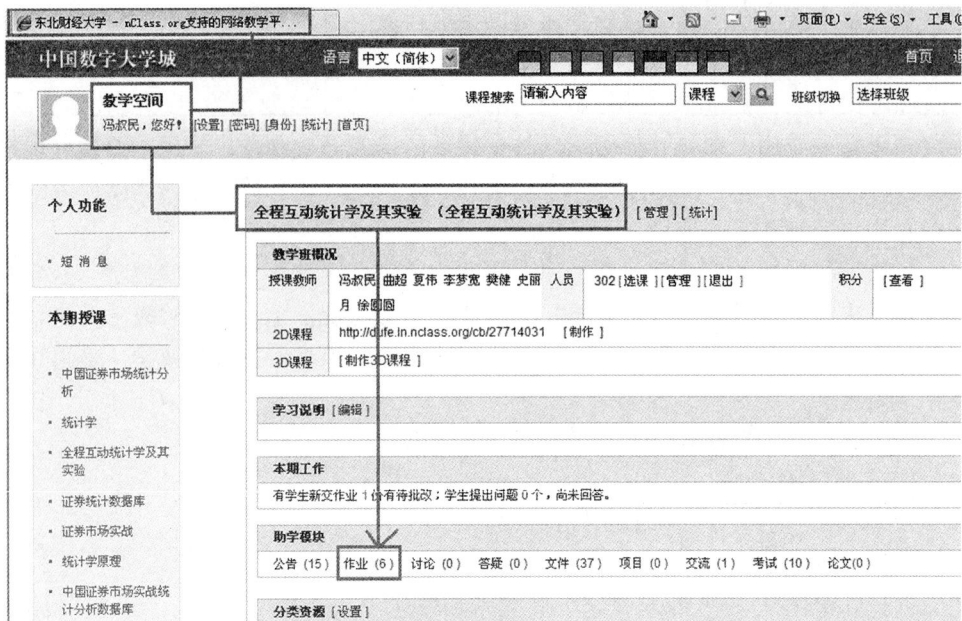

图 1-15   通过中国数字大学城东北财经大学网络辅助教学平台布置作业

版数据库）到自己的计算机内。

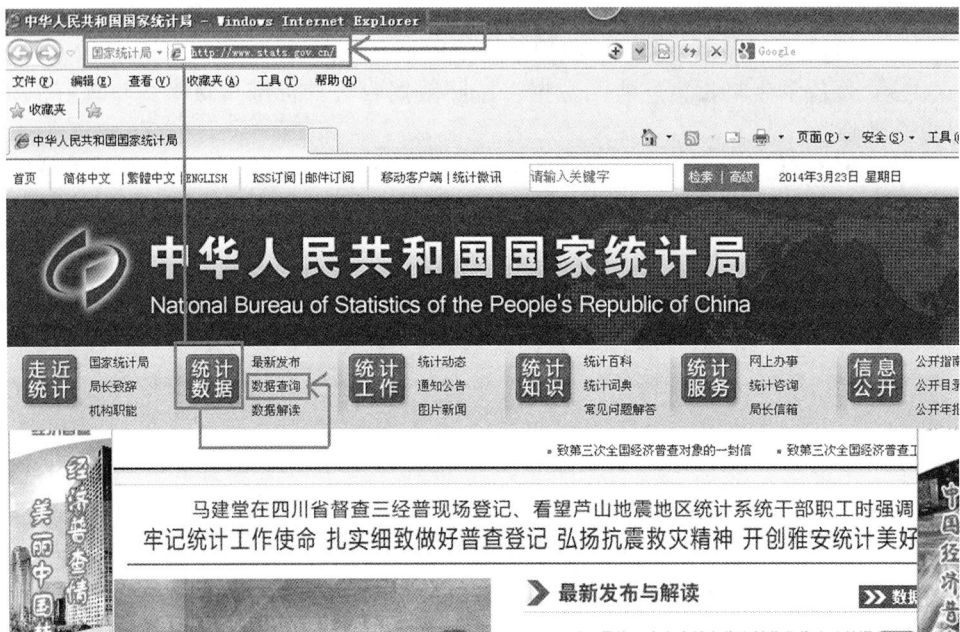

图 1-16   中华人民共和国国家统计局网站界面 1

④学生将复制或下载到自己的计算机内的相关统计数据，按教师提供的标准模板整理好后，再通过"作业"栏目提交给教师。

⑤教师通过"作业"栏目下载的方式，将学生提交的作业下载到自己的计算

图1-17 中华人民共和国国家统计局网站界面2

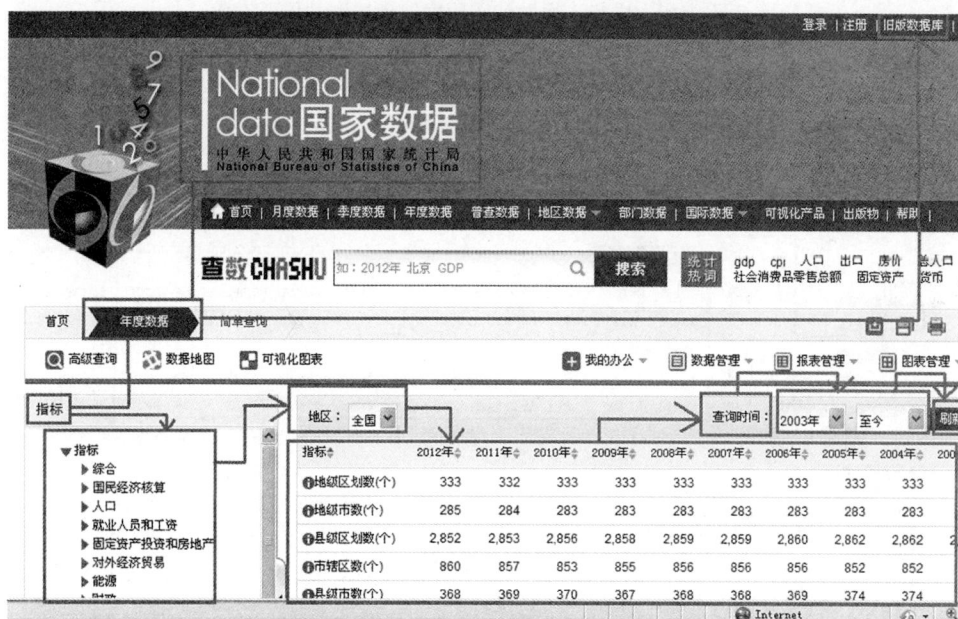

图1-18 中华人民共和国国家统计局网站界面3

机内，经过再合并与整理，就完成了创建适合本课程的"新中国从1949年至今统计数据库"工作。

⑥教师通过"作业"栏目，将合并与整理完成的"新中国从1949年至今统计数据库"上传到"作业"栏目内，供学生下载使用。

（2）创建"大学生上学期生活状况"统计数据库。

具体创建步骤：

图 1-19　中华人民共和国国家统计局网站界面 4

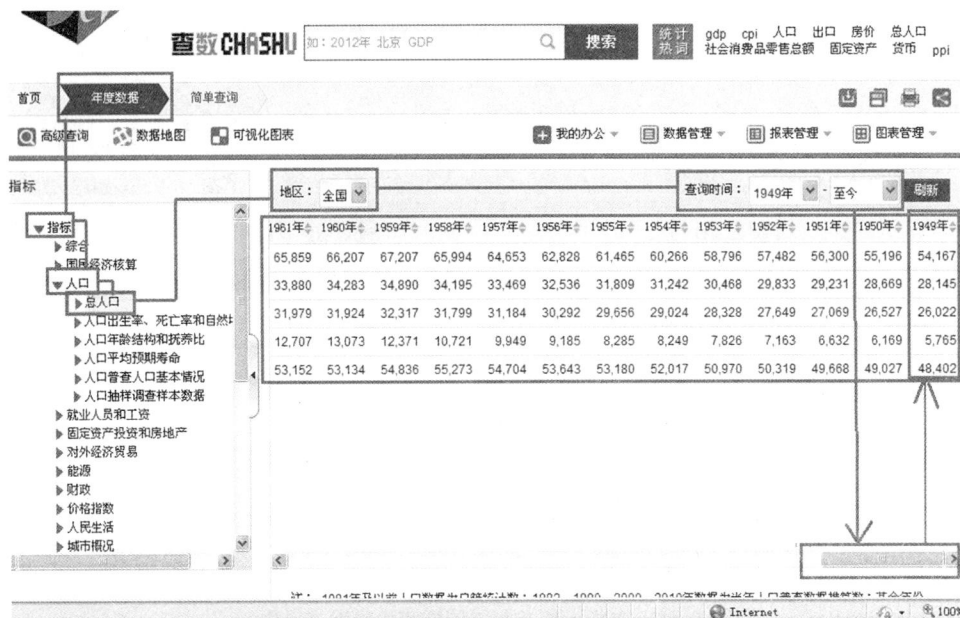

图 1-20　中华人民共和国国家统计局网站界面 5

①教师通过中国数字大学城东北财经大学"全程互动统计学及其实验——基于 Excel 和 SPSS 软件"课程"助学模块"里"公告"栏目（见图 1-15），设计大学生上学期生活状况"问卷调查"（见图 1-21 至图 1-24）。

②学生通过登录中国数字大学城东北财经大学"全程互动统计学及其实验——基于 Excel 和 SPSS 软件"课程"助学模块"里"公告"栏目，提交大学生

图 1-21　创建"大学生上学期生活状况"统计数据库界面 1

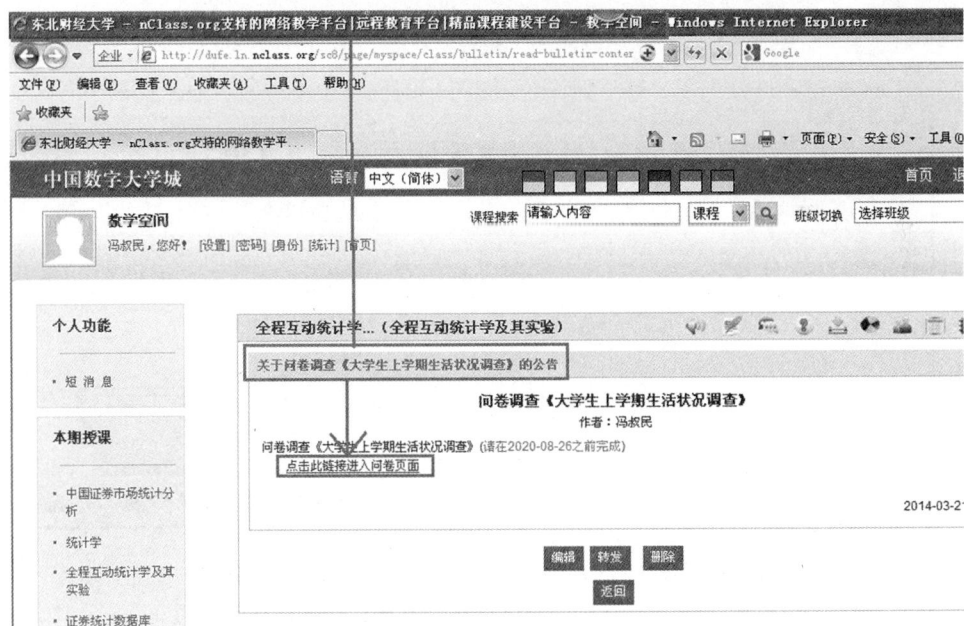

图 1-22　创建"大学生上学期生活状况"统计数据库界面 2

上学期生活状况"问卷调查"内容。

　　③教师通过大学生上学期生活状况"问卷调查"栏目的"导出调查结果"功能（见图 1-24），将学生提交的内容下载到自己的计算机内（见图 1-25）。

　　④教师经过再处理，就完成了创建适合本课程的"大学生上学期生活状况"统计数据库。

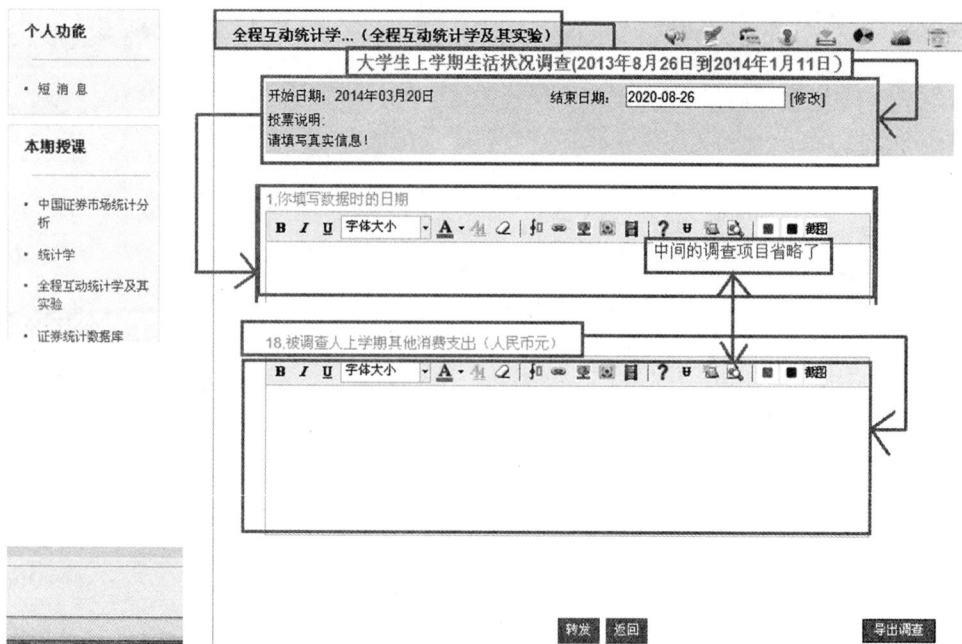

图1-23　创建"大学生上学期生活状况"统计数据库界面3

图1-24　创建"大学生上学期生活状况"统计数据库界面4

⑤教师通过大学生上学期生活状况"问卷调查"栏目，将完成的"大学生上学期生活状况"统计数据库提交上去，供学生下载使用。至此，适合本课程的"大学生上学期生活状况"统计数据库创建工作就此完成。

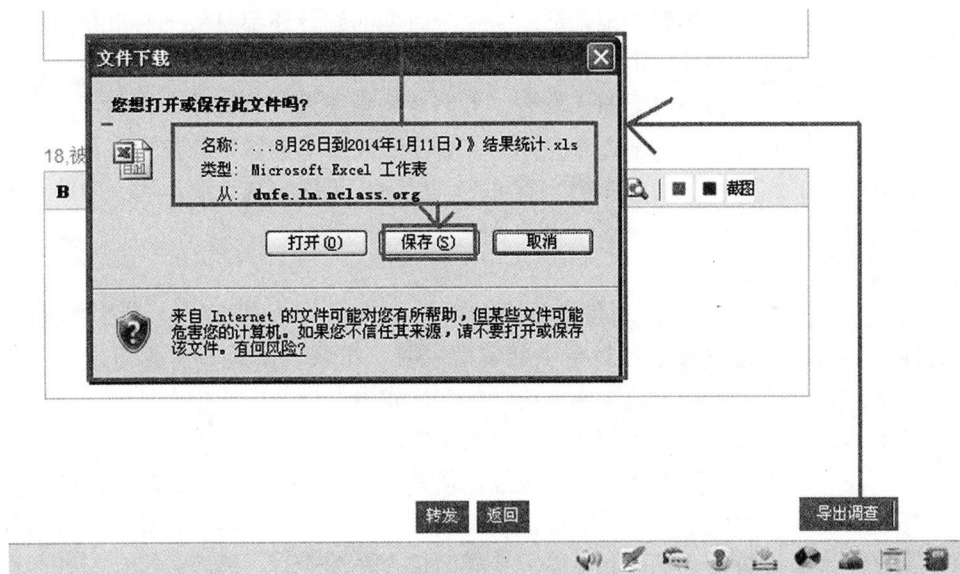

图 1-25 创建"大学生上学期生活状况"统计数据库界面 5

第三节 初识统计学

一、统计的产生与发展

统计实践活动从产生至今已有四五千年的历史，它是适应社会经济的发展和国家管理的需要而产生和发展起来的。

（一）统计的产生

统计的起源很早，早在原始社会，就有结绳记事的统计手段及方法。在古代奴隶社会，由于国家在赋税、徭役、征兵等方面的需要，就开始了人口、土地等基本国情的登记和简单的计算工作，出现了社会经济统计的萌芽。

根据历史记载，我国夏禹时代（公元前 22 世纪）就开始人口统计。《长经·禹贡篇》记述了九州的基本状况，中国分九州，人口 1 355 万，被西方经济学家推崇为"统计学最早的萌芽"。到了秦统一中国（公元前 221 年），建立了中央集权的国家，分中国为 36 郡，人口 2 000 万。自西汉末年（公元初年），人口已达到5 900万。可见我国古代已有人口统计数字。其后，唐代有计口授田统计计算；宋、明有田亩鱼鳞册土地调查制度；明、清有保甲护田登记制度等，统计实践活动有了进一步发展。在中国封建社会，户籍统计和田亩统计等都有很大的发展，其制度、方法和组织都居于当时世界先进水平。

在欧洲，古希腊罗马时代，就已经开始人口和居民财产的统计工作。中世纪（公元476 年—1640 年），许多国家利用统计收集有关人口、军队、世袭领地、居民职业、财产、农业生产等方面的资料并编制详细的财产目录。

以上这些都是人类早期的统计活动，这个时期的统计还都只限于对事物进行原始的调查登记和简单的计数汇总工作。

随着统计实践活动的广泛深入发展，人们开始系统地总结统计工作的经验，逐步形成比较系统的统计理论和方法。同时，哲学、经济学和数学的发展，对于统计理论和方法的形成也有深刻的影响。到了 17 世纪 60 年代，统计学作为一门独立的较为系统的科学正式产生。

（二）统计的发展

16 世纪以前的奴隶社会和封建社会，由于生产力较为低下，经济发展缓慢，统计实践活动仅是为奴隶主和封建王朝实现税赋、扩张、增兵等需要而进行的人口、土地、财产的登记和汇总工作。统计的广泛发展开始于资本主义社会。16、17 世纪，资本主义开始在欧洲兴起，欧洲进入了工场手工业时代，工业、商业、交通航运业以及对外贸易等都进入了空前发展的阶段，这时简单的计数和汇总的统计，已经不能适应国家的政治和经济管理需要，必须用统计调查、整理、计算、分析等各种手段，为经济与社会发展提供各种系统的综合数据资料。因而，统计实践活动得到了推动和发展，统计工作开始从国家管理领域扩张到人口、税收、土地、商业、航运、外贸、农业、工业、建筑业、金融、邮电等各个领域。从 18 世纪起，随着现代机器大工业的发展和资本主义制度的建立，各个资本主义国家都先后设立了专业的统计机关，收集国家管理和国家经济各个领域的统计资料，并定期或不定期地举行各方面的单项统计调查，同时对统计工作不断总结交流，出版统计刊物，建立国际统计组织，召开国际统计会议。统计在治国与管理中的重要作用引起了各国政府的高度重视，促进了统计实践广泛发展。

现代的统计实践活动更加广泛和深入；统计理论研究成果更加丰富；统计工作更加规范、科学；统计制度更加健全；统计的手段和技术更加先进。统计在我国社会主义市场经济建设中，发挥着十分重要的作用，已成为我国认识国情、制定国民经济和社会发展战略规划和国民经济宏观调控的重要工具；也成为企业、公司和社会团体进行管理和决策的得力助手。统计以它的工作和成果的重要性成为个人、集体、社会与国家的政治、经济和文化生活中不可缺少的重要内容。

二、统计学形成时期及其主要学派

从统计学的产生和发展过程来看，统计学经历了三个时期，即：古典统计学时期、近代统计学时期、现代统计学时期。在这三个时期内，统计学共产生过四大主要学派：政治算术学派、国势学派、数理统计学派及社会统计学派。

（一）古典统计学时期

这一时期是指 17 世纪中叶到 18 世纪中叶的统计学初创时期，是统计学的萌芽阶段。这一时期著名的学派是政治算术学派和国势学派。

（1）政治算术学派

政治算术学派起源于 17 世纪，由于当时资本主义发展较快，需要分析国家政治及经济的发展状况，英国的一些经济学家就开始运用统计方法分析研究社会政治经济问题。代表人物是威廉·配第（W. Petty，1623—1687）和约翰·格朗特（J. Graunt，1620—1674）。配第的主要著作是《政治算术》（1676 年完成，1690 年出版）。在《政治算术》中，配第列举了英、法、荷兰三国的人口、厂商、工匠、士兵和国家收入等大量资料，对以上国家的国情、国力从数量上进行了系统的分析对比。在《政治算术》中所创造和使用的统计方法，如统计分组法、平均数和相对数的分析方法，以及图表法和推算法等，都成为社会经济统计的基本原理。马克思说，"《政治算术》是《政治经济学》作为一门独立科学分离出来的最初形式"，并称配第为"政治经济学之父，在某种程度上可以说是统计学的创始人"。

配第的朋友格朗特以及其他学者，也以同样的方法对社会经济现象进行了大量的分析和研究工作，并写出了对统计学科发展有重大影响的著作，其中尤为突出的是格朗特。格朗特在 1662 年发表了一本关于人口统计的著作《对死亡率公报的自然和政治观察》，他对当时伦敦市人口的出生率、死亡率和性别比例等进行了分类计算，并根据发现的数量关系对人口发展趋势进行了推算和预测。格朗特的数量对比方法对统计学的产生起着一定的作用。

在统计学的发展史上，以配第为代表的一些学者被后人称为"政治算术学派"。由于政治算术一直未采用"统计学"这一科学命名，故人们称其为有实无名的统计学。

（2）国势学派

国势学派产生于 17 世纪的德国。主要代表人物是该学派的创始人德国西尔姆斯特大学教授康令（H. Conring，1606—1681）和他的主要继承人之一——德国哥廷根大学教授阿亨瓦尔（G. Achenwall，1719—1792）。康令的代表作是《欧洲最近国家学》，内容是各国的情况（秩序、立宪、行政、人口与经济）和组织结构。康令从 1660 年起就在西尔姆斯特大学以"国势学"为题，讲授政治活动家应具备的知识，国势学是以文字记述和比较为主要方法的，反映各国国情国力的学问。康令的研究方式颇受当时学者的欢迎，许多人因此相继在各个大学开设此课程，有关国势学的研究在德国很快流行起来，形成了一大学术派别，称为"国势学派"，也称"记述学派"。

阿亨瓦尔继承和发展了康令的学术思想，他不仅在哥廷根大学讲授国势学课程，还发表了《欧洲各国国势学引言》和《近代欧洲各国国势学纲要》。他认为国势学就是研究一国或数国显著事项的学问，"即关于国家组织、人口、军队、领土、财产、地面和地下资源等事实的学问"。1749 年阿亨瓦尔把"国势学"正式命名为"统计学"，统计学便由此得名。国势学的主要内容是以文字记述国情国力的大量实际资料，注重掌握客观事实，没有把数量对比分析作为主要内容。严格地说，这一学派的研究方法不符合统计学要求，该学派对统计学的产生和发展所起的作用主要体现在学科名称和研究对象（国家的社会经济现象）上。所以，后来人们称其为有名无实的统计学。

上述两个学派几乎同时并存，其共同的特点就是以社会经济现象作为研究对象，所以一些学者将其统称为"社会统计学派"。

（二）近代统计学时期

近代统计学时期是指 18 世纪末至 19 世纪末，这一时期统计学的派别主要有数理统计学派和社会统计学派。

（1）数理统计学派

18 世纪中末叶以后，概率论的发展和数学方法在社会经济统计方面的运用，促进了概率论与政治算术的结合，从而形成了数理统计学派。这个学派的创始人和杰出贡献者是比利时的生物学家、数学家和统计学家阿道夫·凯特勒（L. A. J. Quetelet, 1796—1874）。凯特勒首先将概率论引入社会经济现象的研究之中，发表了大量的论著，其中最主要的有《统计学的研究》、《关于概率的书信》、《社会物理学》、《犯罪倾向》、《论人类及其能力发展或社会物理学》等，他最先把古典概率应用于人口、人体测量和大量社会经济现象的研究，并对观测的数据进行误差计算和分析，论证社会现象的发展并非偶然，而是具有内在规律性。凯特勒完成了统计学和概率论的结合，从而开辟了统计学的新领域，使统计的理论和方法都有了空前的发展。在此基础上，经过许多人从多方面加以研究，逐渐形成了一门独立的学科——数理统计学。凯特勒在统计理论方法研究和推动统计工作广泛、深入发展方面所作出的重大贡献，受到后人的高度评价。他本人被誉为"近代统计学之父"。数理统计学的建立，使数理统计方法在研究自然、技术现象以及带有随机性的社会经济现象方面得到了广泛的应用，对科学技术的发展起着一定的推动作用。

凯特勒以后，一些数理统计学派的学者，如埃·费雪（R. A. Fisher）、戈塞特（W. S. Gosset）、高尔登（F. Galton）、皮尔森（K. Pearson）等，在凯特勒理论的基础上，提出了相关与回归的概念和理论，发展了抽样原理与实践，创立了有关大样本、小样本分布理论等，从而促进了统计学对社会经济现象数量关系的研究，创造了不少新的方法，使数理统计学有了新的发展。由于这一学派主要是在英美等国家发展起来的，故称为英美数理统计学派。

自凯特勒时代直到进入 20 世纪以来，数理统计学一直是西方统计理论与方法的主流，但其发展的方向也出现了被一些学者不能认同的偏差。后期的数理统计学派，不仅受到唯心主义哲学和庸俗经济理论影响，而且以概率论作为唯一的理论基础，把统计学引向抽象的数学关系的推演和分析，完全用数学方法代替社会经济关系本质的研究，存在着纯数学形式主义的倾向，限制了统计的认识作用。

（2）社会统计学派

社会统计学派的产生是在 19 世纪，几乎与数理统计学派产生于同一时期，它的发源地是德国，所以也被称为"德国社会统计学派"，创始人为克尼斯（K. G. Knies, 1821—1898），主要代表人物有乔治·蓬·梅尔（G. V. Mayr, l841—1925）和厄·恩格尔（G. L. E. Engle, 1821—1896）。由于当时德国新兴的资产阶级为了与英国等名牌资产阶级竞争，夺取海外市场和殖民地，不得不大量收集国内外的国民经济统计资料，并加以分析研究，以便制定相应的战略决策。所以他们通过大量观察法，获得大量的统计数据，并在此基础上加以处理，通过统计技术加工，揭示社会经济现象的规律。这样，社会统计学派就应运而生，并提前成熟，很快地得到了广泛的应用，在世界范围内产生了极大影响。这一学派的观点是：统计学是一门社会科学，是研究社会现象变动及原因和规律的实质性科学，其研究的对象应该是社会现象总体而不是个别事物，主张运用大量观察法等统计方法，对社会经济的数量方面进行规律性研究。这个学派对当时的俄国也产生了深刻影响，后来的苏联学者认为统计学是一门社会科学，就是受这个影响而出现的。

社会统计学派对统计学的发展贡献在于，它所从事的统计研究在对象上更加关注社会现象，更加关注对总体的数量研究，在方法上主要采用大量观察法，推动了社会经济统计理论与方法向前发展。该学派的理论和方法，经过不断发展和完善，逐渐形成了目前的社会经济统计学。

社会统计学派的另一贡献是，该学派的先驱者克尼斯，1850 年在《独立科学的统计学》一书中提出把"国势论"作为"国势学"的命名，把"统计学"作为"政治算术"的科学命名，从而结束了统计学长达两百年之久的对象研究争论。

（三）现代统计学时期

统计学的现代时期是指自 20 世纪初到现在的时期，这一时期是统计学丰富、完善并且统计学理论和方法大发展的时期。

从世界范围看，20 世纪初期，各种统计学派和观点林立，仍然存在学派之间的争论，主要的派别为数理统计学派和社会经济统计学派。经过两次世界大战后，在世界范围内形成了以英美为首的西方资本主义阵营和以苏联为首的东方社会主义阵营。由于两大阵营中各国的政治体制和经济文化制度的不同，也对统计学的发展方向产生了影响。形成了西方以数理统计学派为主流和在东方以社会经济统计学派为主流的格局。

随着时间的推移，各学派之间的争论趋于缓和。这是因为在 20 世纪中，在科学技术革命和经济管理技术革命的条件下，各种边缘学科如信息论、控制论等新的科学如雨后春笋般地不断产生。各学术领域的交叉渗透，使各学科之间已经不能严格划分，它们之间的界限被代之以一个广阔的学科交叉、渗透的领域。在这个领域中，新的学科不断涌现。统计学家们的研究重点转移到如何运用统计方法对特定的研究对象进行数量的分析和规律性研究，以及不断丰富统计学的方法与技术的研究上。逐步形成了理论统计学和各门应用统计学，构成了现代统计学的学科大家族体系。这一时期，数理统计学与社会经济统计学逐步融合成为统一的现代统计学系统。

现代统计学有几个明显的趋势特征：

第一，随着现代数学的发展，统计学广泛地吸收和应用数学方法，使统计的方法更加完善和丰富。

第二，统计学与其他学科相互渗透，不断产生新的统计学分支，统计学应用的领域更加广阔。

第三，电子计算机和网络技术，促进了统计方法和技术的发展和改革，使统计学的功效日益增强。

第四，统计的作用和功能已经从描述事物的状态、反映事物的规律，向统计推断、预测和决策方向发展，统计学已经发展成为方法论的科学。

三、统计学在中国的产生与发展

在中国，虽然早有统计活动，但在长期的封建社会中，统计学没有得到充分发展。在近代，新中国成立前的统计学都是从国外照搬过来的，也存在着数理统计学派和社会经济统计学派的争论。新中国成立以后，相当一段时间受苏联影响，认为只有社会经济统计学才是唯一的统计科学，从而根本上否定了数理统计是统计学的组成部分，阻碍了统计学的发展。

改革开放以来，人们解放思想，对统计学理论开展广泛研究。1996 年 10 月，中国统计学会、中国数理统计学会、中国现场统计学会联合举办了全国统计科学研讨会，这次会议达成了各统计学科、各统计学派之间相互借鉴、相互融合、共同发展的思想，确立了统计学体系的基本框架，肯定了统计学是包括社会经济统计学和数理统计学在内的一般方法论性质的科学。这为我国今后的统计学的发展奠定了坚实的基础。

四、统计学的定义

要想搞清楚统计学的定义，首先要研究统计的含义。

统计是应管理国家的要求产生和发展的，至今仍然在国家事务中居重要地位。准确地核算一国、一个地区的资源、生产、分配、交换、消费、积累以及国际间的经济往来等内容，对于一个国家、一个地区乃至全球的经济与社会发展进步具有重要的意义，国家或地区的政府统计机构以及联合国统计署等国际组织的统计机构承担着这一类统计任务，诸如 GDP（国内生产总值）、绿色 GDP、社会总福利等的核算都属于核算统计的范畴。

以"企业统计"中的统计一词为例，如果它指的是统计机构或与统计相关的工作，则这里的"统计"一词的含义就是统计工作，这是它的第一层含义；如果它指的是"根据统计表明，企业生产形势不容乐观"，则这里的"统计"一词的含义就是统计资料或统计数据，这是它的第二层含义。如果它指的是课程，则这里的"统计"一词的含义就是统计学、统计科学或统计方法，这是它的第三层含义；除了这三层含义外，再也没有任何其他含义了。

因此，常说的"统计"有三层含义：统计工作、统计资料、统计科学。统计活动及所形成的统计数据都具有客观性、数量性、总体性特征。

定义 1：统计工作

统计工作是人们为了认识、研究客观现象，对其数量特征进行搜集、整理、分析的实践过程。

例如：国家、地区、部门要掌握社会经济运行情况，企业要掌握市场行情，都必须进行一定的调查，搜集所需的数据。我们把对数据进行搜集、整理、分析的过程叫做统计活动。

定义 2：统计资料

统计资料是指统计工作所取得的各项数字资料及有关文字资料，一般反映在统计表、统计图、统计手册、统计年鉴、统计资料汇编和统计分析报告中。

例如：国家统计局及地方各级统计机构定期向社会公布的有关国民经济和社会发展情况的资料、各类统计年鉴和统计信息、分析报告以及有关的电子光盘等。

定义 3：统计学

统计学是指研究如何搜集、整理和分析统计资料的理论与方法。

本教材对统计学的定义是：统计学是关于数据的科学，是对研究对象的数据资料进行搜集、整理、分析和研究，以显示其总体的特征和规律性的学科。

统计学的英文单词是 statistics，它有多种含义，单数时，含义是统计学；复数时，含义是"数字"或"数据"。据考证，statistics 源于拉丁语 status 一词，意思是各种现象的状态和状况。由这个词可以组成多个名词和形容词，其中，stato 表示国家，同时也表示关于国家和国情方面的知识，而通晓这方面知识的人称为 sataista。17 世纪该词转化为德语，产生了一个形容词 statistiche，意思就是"统计的"、"统计学的"。此后，这个德文单词又被翻译成英语 statistics 沿用至今。另一种说法是 statistics 保留了 state 这个词根，意思是"国家"或"城邦"，而统计或统计学最初即是关于国家的各类知识的总称，直至 17 世纪中叶才逐渐被"政治算术"这个名词所替代，并且很快被演化为"统计学（statistics）"。

从外文单词的起源和演化情况看，统计是应管理国家的要求产生和发展的。世界各国早期的历史著作中都记载着关于土地、人口、财产等方面的数字资料。例如，我国的夏朝时期就已经有了人口数目和土地数目的登记；古希腊的亚里士多德撰写"城邦记要"，共撰写了 150 余种纪要，其内容包括各城邦的历史、行政、科学、艺术、人口、资源和财富等社会和经济情况的比较、分析等等。随着社会经济的发展，统计在国家事务中的地位也越来越重要，时至今日，统计已经是世界各国各个层次政府机构的决策支柱。关于经济的、社会的、自然的统计已经成为国际组织、政府、企业、社会团体乃至个人重点关注的对象。此外，我们还可以看出，统计的基本特征是数字。Statistics 的一种解释，就是以数字表述事实，从古至今，统计所反映的始终是社会各个领域的数量表现与特征。

统计学的定义非常多，有 180 多种。在不同的教科书上，对统计学的理解和表述也略有差别。但总体上讲，一个得到公认的理解是：统计学是关于数据的科学。各种统计学定义大体以此为基础。例如，不列颠百科全书给统计学下的定义是"统计学是收集和分析数据的科学与艺术"；美国辛辛那提大学安德森等人所著《商务与经济统计》一书的表述是："统计学是收集、分析、表述和解释数据的艺术和科学"；美国弗里德曼等人所著《统计学》一书则将统计学定义为"是对令人困惑费解的问题做出数字设想的艺术"。

统计工作、统计资料、统计学三者既有紧密联系，又有区别。它们是实践与理论的关系。统计工作的成果是统计资料，统计资料和统计学的基础是统计工作，统计学既是统计工作经验的理论概括，又是指导统计工作的原理、原则和方法。

统计是一门学问，理论、方法很多，也是实用价值很高的技术，统计分析则更是与社会科学、经济学等紧密相关。我国现在各行各业都在运用统计分析，用数字说话比空话、大话好得多。但是，统计过程还需要更加透明，那样就会更有说服力。

五、统计学研究的对象与方法

（一）统计学研究的对象

一般来说，统计学是对统计工作实践的总结并用于指导统计实践的理论。它是对客观现象的数据资料进行搜集、整理、分析和研究，以显示其总体的特征和规律性的科学。统计实践活动所研究的对象是客观现象的数量方面，目的是从对客观事物的研究总结出这种客观现象的特征和规律。而统计学虽然也研究客观现象的数量方面，但其目的是总结一套科学有效的方法和理论。

统计学的研究对象包括自然、社会经济领域中的客观现象的数量方面。本书的目的是为从事经济工作和社会管理工作的学生及人士提供基本的知识和方法，属于社会经济统计学范畴，其研究对象自然是社会经济现象的数量方面，包括数量特征、数量关系和数量界限。

统计学的性质和统计学研究对象是统计理论的中心问题之一，自从统计学诞生以来就存在不同的学术观点，国内外统计学界经过长期的争论，至今仍然存在着观点上的分歧。限于本书的篇幅，不能详细展开论述。

（二）统计学研究对象的特点

1. 数量性

社会经济统计主要是从数量方面认识社会经济现象，总结其数量特征和规律性。辩证唯物主义认为，客观存在的一切事物，都是质和量的统一体。所以要对社会经济现象数量方面进行统计研究，必须与现象的质密切结合，研究在一定质的规定下的数量表现。例如要收集某市的工业增加值数据，就必须依据工业生产活动的质的规定性，确定工业增加值的概念、范围和内容，然后规定其计量方法，收集有关资料，这样才能得出该市一定时期内工业生产总成果的数字。

由于客观事物具有质和量两个方面形成一个统一整体的特点，决定了统计要从质量和数量的辩证统一中来研究社会现象的数量方面，通过对数据的分析来达到对事物的定性的认识，分析其规律性。

2. 整体性

统计的整体性也称总体性，是指统计研究的是客观现象总的数量特征和规律，必须全面了解、研究客观事物，从而认识现象总体的综合特征。统计认识和研究社会经济现象时，一般是从个别单位、个别事物、个别现象调查研究入手的，但是统计研究的目的不仅仅在于对个别事物的了解，更在于对现象总的规律性的研究。例如人口普查，调查活动是从对每个人的具体情况入手的，但人口普查的目的，是为了研究全国的人口现象特征。所以统计要反映事物的本质和规律，必须大量收集客观现象的数字，全面了解情况，经过分析研究，从而达到对现象总体的认识。就社会经济统计工作而言，只有通过对大量的个体实际表现的认识，才能对总体的数量表现有所认识。

3. 具体性

统计研究的具体性是指在对客观现象的研究中，从客观实际出发，对总体现象的具体情况进行研究。统计学所研究的数量，不是抽象的量，这一点是统计学和数学的重要区别。数学是研究现象的抽象空间和抽象数量关系的科学，而统计所研究的数量是客观存在的、具体实在的数量现象，是实实在在的一定时间、地点、条件下的客观事物的表现。例如我们通常所说的在校生人数 6 000 人，一定是指某校、某时间点上（我国一般以 9 月 30 日为标准）的具体人数。如果抽掉具体的内容，不是在一定时间、地点和条件下进行研究，那就不能说明任何问题，就不能称其为统计，其数据也不是统计数据。

4. 社会性

这一特点是把社会经济统计与自然学科统计区分开的重要特征。社会经济统计属于社会科学，统计研究的数量是社会现象的数量，具有社会性。统计研究社会现象的对象范围是非常广泛的，包括整个社会领域。它既包括社会生产力方面的数量关系，又包括社会生产关系方面的数量关系；既包括社会经济基础方面的数量关系，也包括社会上层建筑方面的数量关系，即包括政治、经济、人口、文化、教育、军事、环境等一切社会经济现象。这些现象都是人类有意识的社会活动及其产物，在其背后蕴含了人和人的一定关系。同时，统计工作者的社会观点和经济观点也不可避免地反映到统计研究中去。因此，统计研究者必须有正确的立场、观点、方法，才能充分发挥统计认识社会经济现象的规律。

（三）统计学研究的基本方法

统计学研究对象的性质和特点，决定着统计学的研究方法。统计学根据所研究对象的性质和特点，在长期的、大量的统计实践经验的基础上，形成了专门的基本研究方法。这些基本方法主要包括：大量观察法、统计分组法、综合指标法、统计推断法等。

1. 大量观察法

大量观察法是统计学特有的方法。所谓大量观察法是指对所要研究的事物的全部或足够数量单位进行观察的方法。统计研究的总体是由许多个别单位构成的，而社会现象又是受各种因素相互影响的，因而每个单位的具体特征也存在差异，如果只选中其中一个单位或少数单位进行观察，观察的结果往往不能说明事物的总体特征。只有对总体的全部或是足够多数量的单位进行观察，并加以分析，才可使现象中的非本质的偶然因素影响相互抵消，从而反映现象总体的数量特征。

大量观察法不是统计调查的具体方法，而是进行统计调查研究时必须遵守的方法原则。它的本质意义是：经过大量观察，达到足够多的单位数量，事物的规律就会呈现出来。对社会现象运用大量观察法调查研究，可以根据对象的具体情况，采用不同的方式和方法，既可以就研究对象的所有单位进行全面调查，如普查、全面统计报表等，也可以就足以体现现象本质和规律的部分单位进行各种非全面调查，如重点调查、抽样调查、典型调查。

2. 统计分组法

统计分组法是根据统计研究的目的及任务，将总体按一定的标志划分成若干个不同性质的类型或不同性质的组。社会经济现象是错综复杂、多种多样的。因此，在统计研究中，分组法有非常重要的意义。在统计工作的各个阶段，无论是统计设计、统计调查、统计整理和统计分析中的哪一个过程，分组都是一个重要问题。借助统计分组法，可以确定社会经济现象的同质总体，并且运用统计指标揭示社会经济现象各种类型的特征，研究总体内部的结构情况，分析现象之间的联系。如果统计学研究大量社会经济的数量方面时，未把复杂多样的社会经济现象按其性质的不同加以区分，就不能反映出现象的本质特征和事物的规律性，甚至会得出错误的结论。所以说统计分组法是统计研究中重要的基本方法之一。

3. 综合指标法

综合指标法就是计算和运用各种综合指标对大量社会经济现象数量方面进行综合分析的方法。

统计工作通过对资料的收集和对所收集的资料进行整理计算、汇总，得出各种表现社会现象数量特征的统计数字。这些说明社会经济现象总体数量特征的统计数字就是统计指标，也叫统计综合指标。综合指标排除了个别的、次要的和偶然因素的影响，显现出普遍的、主要的和决定性条件发生作用的结果。

统计综合指标的表现形式有三类，即总量指标、相对指标和平均指标。在统计研究中，广泛应用综合指标对社会现象总体数量方面进行描述和分析，形成了统计学特有的方法即综合指标法。综合指标法主要包括图表描述法、平均分析法、对比分析法、动态分析法、指数分析法、统计模型法等。统计学运用上述方法，综合反映社会经济现象的规模、水平、结构、比例关系、发展速度等，从而揭示事物的本质和规律。这些方法也可以统称为统计描述法。

4. 统计推断法

统计推断法是指在统计研究中运用所占有的部分单位资料，推论总体特征的一种方法。这与统计描述方法有所不同，描述方法是占有全部资料，而推断法是在未占有全部资料的情况下，对总体作出论断。统计在研究现象总体时，有时由于条件所限，不能或不需要对全部单位的情况资料进行收集，只是根据部分资料来观察和推断总体。例如对产品质量检验，有时要进行破坏性的实验，我们只能就一部分产品得出实验数据，根据这部分产品的数据，结合推断的把握程度（置信程度）来确定全部产品的数量特征。这种在一定置信程度下，根据样本的特征，对总体特征作出估计和预测的方法就称为统计推断法。统计推断法是现代统计学的基本方法，在统计研究中有较为广泛的运用。

统计学根据自己特有的研究对象，产生和发展了上述研究方法。这些方法是统计学研究大量社会现象的方法原则，是一个完整体系，构成了统计方法论的中心内容。

第四节 统计的职能与组织

一、统计工作过程

统计工作是一种认识客观事物的实践活动，即通过搜集统计数据、整理统计数据、分析统计数据来认识客观事物。因此整个工作过程应该包括从设计统计内容、收集数据资料直至对数据资料分析完毕的全部过程。所以，一个完整的统计工作过程要经过四个阶段，即：统计设计、统计调查、统计整理、统计分析。

（一）统计设计阶段

统计设计阶段即根据统计研究目的和任务，对统计工作的各方面、各环节进行通盘考虑和安排的工作过程。

（二）统计调查阶段

它是根据统计研究的目的和任务，有组织、有计划地向客观实际搜集原始数据资料的工作过程。这个环节是整个统计工作的第二阶段，其目的是获得大量的数据资料。这是统计工作的基础环节，它的质量好坏，对以后的工作环节有非常重要的影响。

（三）统计整理阶段

它是根据统计研究的目的，对调查阶段收集的大量数据资料按一定的科学标志进行分类汇总的工作过程。目的是使粗糙的、杂乱无章的数据资料转化为条理化、系统化的统计资料，成为反映总体和各组数量特征的综合材料。这一环节是统计工作的中间环节，起到了承上启下的作用。

（四）统计分析阶段

它是指对加工整理的数据资料，应用各种统计分析和推断方法，从静态和动态方面进行分析、判断和预测的工作过程。目的是揭示客观事物的本质和规律。这是统计工作的最后阶段，也是最关键的阶段。这个阶段体现了统计工作的信息、咨询和监督职能，发挥了统计工作的作用。

二、统计的职能

统计的职能是统计实践活动实现的功能，它是统计工作作用的表现。概括地说，统计的职能有三种，即：信息职能、咨询职能和监督职能。

（一）信息职能

这是指统计部门根据科学的统计指标体系和统计调查方法，系统地搜集、处理、传递、存储和提供大量的以数据描述为基本特征的社会经济信息。信息功能是统计的最基本功能，其他的功能都是在此基础上衍生出来的，并直接受其质量好坏的影响。

（二）咨询职能

该职能是统计部门利用已经掌握的各种统计信息资源，深入开展分析和专题研究，为科学决策和管理提供各种可供选择的咨询建议和决策方案。咨询功能是对信息功能的深化和发展。

（三）监督职能

该职能是统计部门根据调查和分析，及时、准确地反映经济、社会和科技等重要情况，并进行全面的检查、监测和预警，使国民经济和社会发展的规划及国家的宏观调控得以顺利进行。该职能是信息职能和咨询职能的进一步拓展。

我国政府统计的信息、咨询、监督三大职能是彼此依存、相互作用、相辅相成的，共同构成了政府统计的整体功能。只有发挥其整体效应，才能充分体现和发挥统计工作在现代国家管理中的重要地位。

三、我国的统计组织

从我国现有的统计组织情况看，大致由以下两类组织构成。

（一）国家统计组织

世界各国政府的统计管理体制有分散型和集中型两类。分散型是指政府所需要的统计资料，是通过不同的部门来收集的。集中型是指政府所需要的统计资料是由统一的统计系统来收集的。

我国统计工作属于集中型管理。统计法明确规定："国家建立统一的统计系统，实行统一领导、分级负责的统计管理体制。"根据这一要求，我国的国家统计组织系统主要由以下三部分组成。

1. 政府的综合统计系统

政府的综合统计系统包括国家统计局和地方人民政府的统计机构。

国家统计局隶属于国务院，它是我国统计工作的最高综合统计机构，负责领导和协调全国的统计工作，包括统一制定全国性的统计制度方法、统一管理全国性的报表、统一布置和组织全国性的普查和其他调查，统一管理和提供全国性的重要统计资料。

地方政府统计机构，它是指县级以上人民政府设立的统计机构，如省统计局、市统计局、区（县）统计局等。地方政府的综合统计机构是地方政府的组成部分。它负责组织、领导和协调本行政区域内的统计工作，指导同级各部门和本区域完成国家和地方的统计调查任务。受地方政府和上级统计机关双重领导，业务上以上级统计机构为主。

2. 政府各部门的专业统计

国务院各业务部门设立统计司，各级政府的业务部门设立统计处、统计科等。这些统计机构执行本部门的统计职能，组织指导本部门及所属单位的统计工作。在业务上接受当地政府的综合统计部门的业务指导。

3. 基层统计组织

基层统计组织是指企业、事业单位和乡镇人民政府设置的统计机构和人员，负责本单位的统计工作。它的基本任务是按上级和本单位的需要，全面地收集和管理本单位的统计资料，完成上级布置的报表任务，运用统计资料对本单位的运转情况进行反映、监督，为本单位的管理和决策提供统计分析和建议。

（二）民间统计机构

民间统计机构也称民间统计调查组织，是指在国家统计、部门统计、地方统计之外，利用统计方法进行社会调查及统计信息咨询服务活动的各种企事业单位。

民间统计调查组织也就是非政府统计调查组织，它是根据国家有关政策由政府批准成立的企业事业单位、社会团体或非法人单位。这些单位以自己的名义或接受委托进行的统计调查就是民间调查活动。

民间统计机构近几年发展很快，我国各省、市人民政府已陆续出台了民间统计组织管理办法。

1. 民间统计调查和政府统计调查的主要区别

（1）政府统计调查的组织者具有行政管理的职能，调查具有强制性的特点；而民间统计调查组织者或实施者不具备行政管理职能。

（2）政府统计调查结果反映国家宏观的国情国力的基本情况；而民间统计调查的结果，反映的是微观的社会经济现象。

（3）政府统计调查的目的是为各级领导进行宏观决策和管理提供依据，并定期向社会公布，满足社会各界的需要；而民间统计以经济利益为目的，一般是为企业事业单位、社会团体及个人的生产经营或科学研究服务，并获得相应回报。

（4）政府统计调查方式必须依照统计制度和规定进行，按照统一化、标准化的指标含义、计算方法、分类目录、调查表式、统计编码等进行规范操作；而民间统计的方式方法是根据调查者或委托者本身的需要确定的，具有很大的灵活性。

（5）政府统计调查的经费由国家财政负担；而民间统计的调查经费由调查者或委托者负担，具有经费自筹、盈亏自负的特点。

2. 民间统计调查的作用

第一，民间统计调查是政府统计的必要补充。在市场经济条件下，随着社会的进步和科学的发展，单位和个人对社会经济微观信息的要求都越来越多、越来越高。作为政府统计调查，其结果反映的是宏观的社会经济信息，而且生产周期较长。同时，政府统计对经济发展运行中的大量微观信息并不予以涉及，也不可能涉及。这正好给民间统计调查以生存空间，让民间统计调查起到拾遗补缺的作用。民间统计调查活动在西方发达国家中，已经是极为普遍的经济调查现象，并在弥补政府统计不足方面所起的作用日益显著和重要。例如，英国的《金融时报》每天公布的股票价格指数，成为人们了解世界股市行情的重要参考依据。美国的《财富》杂志每年都要评选世界经济企业 500 强，它的数据已经作为世界各国政府和民间用来衡量国家经济实力和企业强弱的标准之一。

第二，民间统计是促进市场经济发展的力量。民间统计是市场和企业、居民之间的一个桥梁，主要为企业和居民提供市场微观信息。市场经济条件下，千千万万的企业面向市场，需要灵敏的市场供求信息和社会经济信息，它自身所具有的功能决定了它在市场经济条件下应有的地位。因此，发展民间统计势在必行。

第三，发展民间统计是对外开放、与国际接轨的需要。由于我国服务领域对外开放的扩大，国外一些著名的民间统计机构陆续进入我国，如美国盖洛普市场调查公司在上海设立了总部，成立了中国盖洛普市场调查公司，并在我国很多城市和农村设立了办事机构或观察站。国外民间统计调查机构的进入对中国的民间统计机构造成了冲击，同时也开阔了人们的思路。发达国家和地区的民间统计活动，对促进我国民间统计的发展发挥着促进作用，为我们提供了很多好的可以借鉴的经验。

第五节　统计学的分科

统计学是一个丰富的学科体系，在这个学科体系内，包括若干个相对独立的组成部分，各部分之间既相互区别又相互联系，分别表现出不完全相同的特点。因而，从不同的角度来看，统计学可以作不同的分类。就一般的社会经济统计学而言，按其研究内容的不同，可以分为以下四类：

一、社会经济统计学原理

社会经济统计学原理是统计学的一般方法论科学，研究各种具体的统计设计、调查、整理、分析的基本原理、原则和方法，也可以说是适用于各种具体内容的统计方法。这一学科是统计学的基础性学科，体现出了显著的一般性方法论特点。

二、部门（行业）统计学

部门（行业）统计学是关于某一部门或行业的专业统计学，研究该部门或行业的基本内容（指标）和方法等统计问题，如统计的范围、指标体系的建立和设计、计量计算方法等。需要注意的是，这里的"部门或行业"不完全是从宏观角度来讲的国民经济部门或行业，而是在此基础上，按照统计研究的具体专业领域来划分的。因此，部门统计学既包括一般意义的部门统计学，如工业统计学、农业统计学、商业统计学等，也包括部门内部某领域的统计，如工业范围内的加工工业统计学、能源统计学等，还包括对某一类特定问题的统计，如犯罪统计学。因此，部门统计学也可以叫做专业统计学。

三、国民经济宏观统计学

国民经济宏观统计学，又叫做社会经济宏观统计学，是关于国民经济或社会经济宏观统计问题的一门学科。研究范围包括统计组织制度、统计指标体系的设计、统计方法、统计法律的规范等问题。这一学科的具体内容主要是从国家角度来考虑，因此，国民经济宏观统计学的具体内容在不同国家之间会存在很大差异。例如，历史上，社会主义国家和西方主要资本主义国家在统计理论和内容、统计方法、核算范围上都有很大不同，社会主义国家以马克思主义政治经济学为理论基础，统计范围和内容主要是 MPS，即物质产品核算体系，主要采用物质产品平衡法。而西方则以资本投资收益为理论基础，统计范围包括全部国民经济活动，采用 SNA 体系，即国民经济账户体系，来进行国民经济核算。

四、统计史

统计史是关于统计和统计学发展历史的一门科学。这一学科对于不断总结经验，继承科学的统计方法及理论，不断推动统计学及实践的发展具有重要意义。

以上四个组成部分之间存在着紧密的联系，特别是统计原理、部门统计和宏观统计三者。统计原理是掌握一般统计方法的重要基础，部门统计在很大程度上要服从和体现宏观统计的要求，而宏观统计则要以部门统计为基础。

关于统计学的分科问题，按不同的观点、不同的角度，其划分的方法和结果也不一样，这里不再一一论述。

第六节　统计学中的基本概念

统计学科体系中的各个分支学科，具有许多共性特征，这是形成统计学科体系的重要基础和前提条件。这种共性表现在不同的方面，其中，一些统计专业性的规范概念在各个分支学科中的含义、应用规定性基本相同或完全相同，形成了统计学领域的基本概念范畴。准确地把握这些基本概念，对于学习和掌握统计专业知识、扩大统计知识面、举一反三、灵活运用统计分析方法、事半功倍地提高学习效率都具有重要意义。为此，我们在这里专门介绍统计学科体系中最常用、最基本的四组概念。

一、统计总体和总体单位

（一）统计总体

统计总体，简称总体，它是指客观存在的许多单位（元素或个体）在某一共同的性质基础上所形成的一个整体。

统计总体的根本意义在于确定和明确统计的范围。如果统计的范围不清，也就无法真正开展统计工作，难以保证统计资料的完整性、可比性。因此，任何一项具体的统计工作，都必须明确规定统计总体。

理解统计总体需要把握以下几个要点：一是总体及形成总体的各个单位都必须是客观存在的，抽象的事物无法进行统计，不能作为总体；二是构成总体的单位个数必须足够多，少数甚至一个单位不具有总体特征的代表性，不能成为总体；三是构成总体的各个单位至少应该具有一个共同性质。这个共同性质也就是后面将要讲到的不变标志，它是形成总体的基础和前提条件。没有共同性质的单位构不成总体。但是，构成总体的各个单位不一定只有一个不变标志，可能存在多个不变标志。同样，构成总体的各个单位也不能在所有的性质上都完全相同，即必须有可变标志。否则，就没有统计的必要。

（二）总体单位

总体单位，简称为单位，也叫个体或元素，它是指构成总体的基本单位。确定单位的根本意义在于明确具体的统计对象，即具体统计"谁"。显然，单位不明确，就无法开展具体的统计工作。

总体和单位都是在具体的研究目的基础上确定的，按照研究目的所确定的总体，不但包含许多单位，而且一般也包含许多层次，即形成总体的单位可大可小。究竟哪个层次上的划分结果才是总体单位，要根据统计研究的具体目的而定。符合统计研究目的要求的划分结果，才是真正意义上的总体单位。也就是说，按照具体的统计研究目的，总体单位只能是总体某一层次上划分的各个部分，往上合并或往下细分都不符合研究目的的要求。

在总体与单位之间，存在着各个层次上的"组"或"类"。这些组或类没有必要也不能叫做"小总体"，应该准确地称其为"组"或"类"。否则，就混淆了总体与单位的关系。因为，对于一个具体的研究目的来讲，其总体和单位的含义是唯一的。而"组"或"类"的确定和划分，则是为了更全面地说明总体特征。这些组或类在统计分析方法中不能直接作为单位来使用。例如，在计算一个地区全部企业的平均工资水平时，总体单位只能是企业每一个职工，平均的方法是每个职工的工资相加除以职工总人数，即标志总量除以单位总数。这里，显然不能用各企业（类或组）的工资总额相加去除以企业个数，也就是说不能把职工的组或类当作总体单位。因此，为了统计学理论与实践的规范和标准化，必须明确总体单位的"基本"含义。

这里需要强调的是，对于一个确定的总体，分析的内容即指标不同，总体单位也不完全相同。这是"基本"含义的要求。因为不同的分析指标，就是不同的具体研究目的，因而这些具体研究目的所要求的单位也不同。例如，统计研究一个地区全部工业企业的劳动及生产经营状况，具体分析工资水平指标时，每一个职工是总体基本单位。而具体统计分析生产经营规模时，每个工业企业才是总体基本单位。可见，确定单位要紧密联系实际，或者说要按照研究的具体目的和内容要求而定，这就是总体单位的"基本"含义。

（三）总体与单位的关系

客观存在的社会经济现象，按不同的统计研究目的，会有不同的统计属性。这种变化表现为总体与单位的关系问题。

1. 总体与单位的统计属性关系

在不同的统计研究目的中，一个完整的社会经济现象的地位会发生变化，即在一种统计目的下的总体，在另一种统计目的下可能会变成单位，反之亦然。例如，在全国范围内研究各地区的财政规模时，把各省（自治区、直辖市）作为总体单位，而在各省内研究分析这一内容的问题时，各省则变成了总体。可见，总体与单位的划分具有相对性。总体构成的层次性也可以说明这一点。

但是，必须注意，总体与单位的地位转换，是以具体的统计研究目的变化为前提的。这种变化可能是内容方面的，即对不同指标的分析，也可能是具体研究范围的扩大或缩小。我们不能简单地把总体与单位相对化。

2. 总体与单位的规模关系

总体与单位规模的大小，决定了统计调查工作量的大小。按照总体所包含单位个数的多少不同，可以把总体简单地划分为两类：一类是有限总体，即总体中包含的单位个数有限；另一类是无限总体，即总体中包含的单位个数无限多。对于有限总体，我们既可以做全面调查，也可以做非全面调查。而对于无限总体，则只能做非全面调查。

总体与单位规模的大小，从根本上讲，取决于统计研究的目的。此外，它还与统计认识对象的特点有关。某些总体的层次性有限，到一定程度就不可再往细小处划分，这种总体的单位比较容易确定，总体的类型也容易确定。例如，一个企业的职工工资统计，把全部职工按车间（分厂）、班组、个人等层次划分，到个人层次就无法再细分下去。按研究目的要求，个人也是工资统计的基本单位。因此，全部职工就是有限总体。

某些总体的划分则较为复杂，以长度、重量、面积、体积等度量衡单位来表示的总体规模，理论上可以无限地细分，单位个数可以无限多，单位规模可以无限小。研究目的要求的基本单位也具有相对性。对于这种总体，其基本单位的确定，按照可比性、指标间的相关性、分析说明的直观、方便和科学性来确定。例如，我们在统计布匹的生产量时，如果按照匹次作为统计标准，即每匹次为基本单位。显然，在这种情况下，总体是有限总体。当我们用生产的布匹长度作为基本单位时，则总体就变成了一个无限总体。

可见，总体与单位的确定，不但要考虑研究目的，还要考虑统计对象的特点。

二、单位标志与总体指标

（一）单位标志

单位标志，又叫做总体单位标志，简称为标志，是说明总体单位属性和特征的名称。显然，标志反映了单位的基本特征。

按照单位特征的性质不同，标志可以分为两种：一种叫品质标志，是指不能用数量的多少、大小来直接表示的单位特征，反映的是单位的属性。例如，以人为单位时，人的性别、民族、籍贯等特征，都属于品质标志。另一种叫数量标志，是指能用数量的大小、多少来表示的单位特征。例如，以人为单位时，人的年龄、身高、体重等，都属于数量标志。

在统计工作过程中，标志是统计调查的直接内容，也叫做调查项目。因此，确定标志的意义就在于明确调查内容，即要调查哪些问题。标志又是汇总指标的直接依据，可以说，没有标志，就没有指标。所以，标志在统计工作中具有重要意义和作用。

这里要注意标志与标志表现的区别。标志，即仅仅是名词，它反映了统计调查哪些方面的问题。而标志表现则是标志在具体单位上的体现，是统计调查的具体内容。例如，在统计调查中，"家庭人口数"、"家庭年收入总额"是两个标志，某一个家庭"3 口人"、家庭年收入总额"28 万元"则分别属于两个标志的标志表现。

标志表现也分两种：品质标志表现，它只能用文字来叙述；数量标志表现是标志值，表现为具体的数值。例如，以人为单位时，"性别"属于品质标志，某一个人的性别为"男性"就属于性别在该单位（人）上的具体表现。"年龄"是数量标志，总体各单位（人）的年龄分别是 18 岁、19 岁、20 岁等，都属于"年龄"的标志表现。

根据标志表现的变化不同，可以把标志划分为可变标志和不变标志两类。可变标志是各单位的表现可以变化的标志；不变标志是各单位的表现完全一样、不能变化的标志。不变标志也就是各单位形成总体的共同性质。可见，总体各单位必须有不变标志，且至少应该有一个，否则就没有总体。同时，总体各单位又必须有可变标志，如果全部都是不变标志，则没有统计的必要。通过上面的分析我们可以得出下面的结论，即统计总体具有大量性、同质性和变异性三个特点。

（二）总体指标

总体指标，即统计指标，简称指标。指标反映的是总体的特征，或者说指标是反映总体特征的名称或名词。

1. 指标与标志的联系

总体特征是由单位特征综合而来的，因此指标与标志有着紧密的联系：

（1）指标都是根据标志表现汇总、综合而来的，二者之间存在着从标志表现到指标的综合关系；

（2）标志和指标的划分具有相对性，指标反映总体特征，标志反映单位特征，有时二者的名称或名词完全相同。例如，商业上的"销货总额"用来说明总体（即全部商业企业）特征时，它是指标；但用于说明单位（即某个商业企业）特征时，它是标志。显然，当总体被转化为单位时，相应的指标也就变成了标志；反之，当单位被转化为总体时，相应的标志也就变成了指标。

正是由于这个原因，在实际工作中，人们习惯把标志也叫做指标，这并没有根本性的错误。特别是名称完全相同的指标和标志，除了统计范围上的大小不同以外，在计算方法、时空限制等其他方面几乎完全一样。从这一点来看，与指标同名的标志也可以叫做指标。统计上之所以区分指标与标志，是为了叙述问题的方便和层次上的有序。

2. 指标与标志的区别

从指标和标志的定义也可以看出二者之间的区别：

（1）指标反映总体特征，是统计的直接目的。统计的内容是社会经济现象的数量方面，因此，所有的指标都能用数值表示。而标志是统计调查的直接内容，存在着不能用数值表示的品质标志。二者在表现形式的可能性上不完全一样。

（2）指标反映总体特征，而标志反映单位特征。二者说明的对象不同。

关于指标的定义，理论和实际统计工作的定义方法不完全一样。理论上所研究的是要统计哪些问题即指标、如何统计等问题，因此把指标定义为"名称"或"名词"。按照这一定义，指标应包括名称（含义和内容）、计量单位和计算方法三个要素。而在实际统计工作中，统计的主要、直接目的和任务就是统计指标数值，有了数值才是一个完整的指标。因此，实际工作中把指标定义为"名称加数值"。按照这一定义，指标除了要包括名称、计量单位、计算方法三个要素外，还要包括时间限制、空间限制和数值三个要素。从一般的方法论来讲，指标数值是具体问题的表现，不具有一般性。所以，指标的基本要素是指除数值以外的其他五个要素。可以看出，两种定义方法都是正确的，不同点在于所应用的领域不同。

（三）指标体系

所谓指标体系，是指表明同一总体的各个指标在内在联系的基础上所形成的一个整体。

指标体系的形成，是社会经济现象特征的客观反映。社会经济现象即统计总体的特征，具有复杂多样性，不同的特征形成不同指标，同一总体的各个指标，分别从不同角度反映总体特征，都用来说明同一总体。这种内在联系性使各个指标客观上成为一个整体。在这个整体中，各个指标的地位、作用不同，有些是基础性、本源性的，有些是派生出来的，这种不同构成指标群体的层次性、结构性和逻辑顺序性，这样，反映同一总体的指标群就形成一个体系，即指标体系。

统计作为一种认识工具，也要求建立统计指标体系。这是因为，一个指标只能说明总体一个方面的特征，只有从不同的角度、运用多个指标来说明，才能对总体有一个全面的认识。因此，建立指标体系也是统计认识问题的客观要求。

可以看出，统计总体客观上存在指标体系，但在现实工作中，指标体系都是围绕一定的统计目的和任务建立的。因此，指标体系所包含的指标个数可多可少，要根据研究目的和任务而定。例如，综合反映国民经济运行结果的指标体系，包含众多的指标，而专题性的指标体系，如金融、投资、居民生活等，所含的指标个数比国民经济综合指标体系中的指标个数少得多。

建立指标体系，不但要考虑统计目的和任务的需要，还要考虑统计调查分析的可能性。有关这方面的内容将在后续章节中叙述。

（四）统计指标的分类

统计指标是统计工作的核心，从理论上准确地把握和理解指标的特点、性质等问题，对于学习和实践工作都具有重要意义。

不同的指标，在性质、作用、方法等方面表现出不同的特点，从而形成不同的指标类型。通过分类，可以更好地掌握指标在统计、计算、分析应用上的基本原则。这种方法，也是各学科的一般性学习方法。

按照不同的标准，统计指标可以作不同的分类，从而划分为不同的类型。这里只是从统计学科体系中的一般性统计分析方法角度进行指标分类，以方便学习者尽快掌握统计方法。

1. 总量指标、相对指标和平均指标

按表现形式的不同，统计指标可以分为总量指标、相对指标和平均指标三种类型。在整个统计学科体系中，把统计指标划分为总量指标、相对指标和平均指标是最基本的分类方法。三种指标的统计方法、计算方法及要求、应用分析的原则等都不完全相同，并且都具有内在的规律性。因此，熟练掌握三种指标的统计方法和特点，是学习统计的基础性内容。三种指标的有关内容将在后续章节中详细论述。

2. 数量指标和质量指标

按照指标说明问题的性质不同，统计指标可以划分为数量指标和质量指标两类。

（1）数量指标

数量指标是指反映统计总体的总规模、总水平的指标，表现为绝对数或总量形式。它所说明的是总体的大小、多少等问题，是总体或研究对象所直接表现出来的数量特征，其数值的大小直接取决于总体范围、规模的大小，一般呈同向变动，即总体越大，指标数值越大；总体越小，指标数值越小。例如，国民经济统计指标体系中的国民生产总值、国内生产总值、各种主要产品总产量、财政收入总额、基本建设投资总额等。

（2）质量指标

质量指标是说明总体内部数量关系或各单位一般水平的指标，表现为相对数或平均数。即相对指标和平均指标都属于质量指标。这类指标是通过两个指标对比而得到的，它消除了总体规模大小的影响，所以质量指标的数值大小与总体范围的大小没有直接的关系。例如，在工业统计指标体系中，产品销售率、计划完成程度、劳动生产率、资本收益率、平均工资水平、平均成本水平等都属于质量指标。

在理解质量指标时要注意，统计上划分的数量指标与质量指标中的"质量"二字，与一般日常工作中衡量新产品、工作好坏时讲的"质量"不同。或者说，作为统计原理所讲的质量指标与衡量产品优劣的质量指标不是一个概念。简单地讲，统计上的质量指标在含义、应用范围、研究说明对象等方面，要比产品的质量指标广得多。它既可用于统计分析产品、工作质量，也可用于评价、分析社会经济现象；既可用于微观领域，也可用于宏观领域。统计上的质量指标主要说明这类指标在计算、分析方法上的规律、原则，"质量"二字仅仅是一种命名方式。而衡量工作、产品优劣好坏时所讲的质量指标，主要是在微观领域应用，重点在于说明的内容而不是指标本身。当然，二者之间也存在着一定的联系。评价产品、工作好坏时所讲的质量指标，大多数都采用统计上的质量指标形式，即一般用相对数或平均数的形式表示，如产品合格率、优质产品率或废品率、返修率等。

统计指标的上述分类，是从计算、分析方法的原则规律性划分的。按照上述分类，不同的指标，在计算分析应用时的要求不同，同类指标具有方法上的原则一致性。因此，上述分类是一般统计原理性理论，属于这种分类的还有各种指标的进一步划分，如总量指标，按反映总体内容的不同划分为单位总量和标志总量，按时间性质不同划分为时期和时点指标；相对指标按表现形式分为有名数和无名数，无名数进一步划分为系数、倍数、百分数、成数等。这种分类的目的和意义主要是便于论述、说明指标的一般原则性方法。

除了上述分类以外，还可以按实际工作中对指标的要求或作用的不同进行各种分类。例如，按管理上的要求不同，统计指标分为考核指标和核算指标；按制定和适用范围的不同，统计指标分为综合指标、部门指标、基层统计指标（体系）；按其作用和功能不同，统计指标分为描述性指标、评价性指标和预警性指标等。这些分类一般都是侧重于指标的内容和具体作用，体现了具体性的特点。

三、变异与变量

（一）变异

统计学所讲的变异，指的是标志和指标具体表现的不同。品质标志的变异表现为总体各单位在属性上的变化，数量标志和指标的变异，表现为具体数值的变化。

变异是统计的前提条件，如果没有变异，也就不需要统计。从这个角度讲，统计就是对变异的统计，包括对各种变异的调查、计算、分析等一系列内容。

变异是一种客观存在，因而也是总体的一类特征。这种特征有其隐蔽性，需要通过分组、汇总等手段和方法才能进行统计分析；在统计分析方法上，不但要考虑统计内容的特殊性，还要考虑指标和方法的科学性、合理性。因此，变异分析是统计分析的重要内容之一，有其特定的方法。

在社会现实中，变异决定了问题的复杂程度和问题的性质。不同的人，站在不同的立场上，对待变异的态度也不同。例如，价格的变化，在同一时间、同等条件下，卖方希望价格上升，买方希望价格下降。同一现象的变异，其变化的幅度不同，作用结果也不同。例如，收入分配问题，在一定幅度内的高低起伏，会有助于调动劳动积极性，但高低起伏太大，则会导致贫富悬殊，引起社会的不稳定。因此，对待变异要具体问题具体分析，有些现象是有变异好，而有些现象则是没有变异好；在某些工作阶段是变异越大越好，而某些工作环节则是变异越小越好。

社会经济中的变异是客观存在的普遍现象，控制和运用这种变异，是各行各业的共同管理内容。为此，必须了解和掌握变异的基本状况、程度等现象。通过计算和分析，为制定政策、决策和各种管理提供科学的依据，因此，变异分析具有重要的实践意义。

（二）变量

变量，就是可变的量。但在统计学中，变量特指以数量、数值来反映的现象特征，包括数量标志和所有的统计指标。由于指标都是由标志综合而来的，所以在统计学领域，变量的基本含义是数量标志。

当代统计学的主流越来越趋向推断统计，它既有从标志到指标的推断，也有从过去、现在推断未来的从指标到指标的预测。因此，一般的统计变量应包括数量标志和所有的统计指标。

统计就是用数量来反映现象特征的。因此，变量既是统计的目的和内容，也是统计分析的对象和依据。同时，它也是统计认识问题的手段和工具。了解变量的含义、基本规律和基本特点，对于掌握统计知识非常重要。例如，变量分组、变量分配数列等，都是以变量为基础的统计方法。

这里，要注意变量与变量值的关系。统计变量是数量标志和指标，是名称（名词）。变量值是变量的具体表现，即具体取值。例如，一个企业的劳动统计，"职工总人数"、"平均职工人数"、"工资水平"、"劳动生产率"是 4 个变量；职工总人数期初为 2 800 人，期末为 2 750 人，是"职工总人数"这一变量的两个变量值。显然，变量值是在某一个变量上的具体取值，不能把变量个数与变量值混淆。

变量个数是指数量标志或指标的个数，只有在研究分析变量之间的关系时，才用到变量个数这一概念。所以，既要区别变量与变量值的关系，也要区别变量个数与变量值个数。在叙述表达上要特别注意准确性。例如，计算 10 个工人的平均工资水平，工资是变量，每人的工资水平是变量值。所以，可以说是 10 个变量值（10 个工人的工资）的平均，但不能说是 10 个变量的平均。

在整个统计学领域，变量的类型很多，不同的变量有不同的特点，可以用来反映不同的问题，在计算、分析方法及要求上也不完全一样。其中，在两种分类上的变量类型，具有统计学一般方法论意义，对于统计学领域中的许多分析方法都起着基础性作用。以下分别说明这些变量类型。

（三）变量的分类

1. 离散型变量和连续型变量

按照变量取值的特点不同，变量可以分为离散型变量和连续型变量。

（1）离散型变量

变量值的取值个数是可数的，我们称其为离散型变量。例如，总人数、国民经济基本单位总个数、全国地市（或县、乡）级政府机构总个数等，都属于离散型变量。

（2）连续型变量

变量值的取值可以连续不断，而任意两个取值之间都可作无限分割，这样的变量，我们称为连续型变量。

区分离散型变量和连续型变量，对于掌握统计方法具有重要意义。例如，在统计变量分组时，连续型变量一般只能作组距式分组。又如，在计算组中值、中位数、众数时，都需要根据变量的类型，采用不同的计算方法。

2. 确定性变量和随机性变量

按照变量的性质不同，变量可以分为确定性变量和随机性变量。

（1）确定性变量

确定性变量，是指由某种因素决定，取值按一定方向呈规律性变化的变量。对于这类变量，人们可以通过控制决定性因素来达到调节变量数值的目的。从内容上讲，可以有意识地利用决定性因素，来调节社会经济的运行状况。由于确定性变量的取值呈现规律性变化，又有决定性因素（变量），所以确定性变量的可控制性强，因而成为基本的统计指标。通过对这类变量取值的规律性进行分析，不但可以了解和认识过去的社会经济现象特征，而且可以预测未来的发展趋势。因此，确定性变量是进行统计推断和统计预测的主要依据。

（2）随机性变量

随机性变量则是另一种性质的变量，即受多种因素影响、取值具有偶然性的变量。这种变量在取值上没有规律。例如，抽样调查一批产品的耐用时间指标，耐用时间这一变量在各单位上的表现就是一种随机性现象。

对于随机性变量所反映的问题，要想认识其特征，必须采用科学的方式和方法，通过调查研究才能归纳出总体的数量特征。由于随机性变量的偶然性太强，可控制性较差，调查结果不能直接用来说明总体，需要采用科学、合理的方法和手段。在计算、分析的基础上，用计算、分析出来的综合指标来推断总体数量特征。因此，随机性变量一般不作为社会经济基本统计指标。这类变量的关键问题在于其科学的调查、推断方法。

四、分布与概率

（一）分布

从狭义上讲，分布也叫次数分布，是指在统计分组的基础上，形成的总体各单位在各组之间的分配状况。从广义上讲，总体各个方面的指标值在各组之间的分配状况都可以叫做分布。由于其他指标都要通过总体单位才能汇总到各个组，所以，一般讲的分布都是指狭义的分布。可以看出，分布是在分组的基础上形成的。有关的方法性问题将在后续章节中作详细说明。

分布状况是总体的重要特征之一，在分布的基础上，计算分析总体各方面的结构性、比例性等指标，可以具体说明总体特征的决定因素，揭示更深层次的问题。例如，居民储蓄存款，按个人（家庭）存款额的大小分组所形成的总体分布状况，可以揭示出社会财富分配中存在的贫富悬殊问题。如果没有分组和分布，仅从居民储蓄存款总规模（储蓄存款余额）是看不出这种结构性特征的。

分布问题是许多统计分析方法的重要依据。例如，对组距式数列的变量分析，基本上都是在假定均匀分布的前提条件下进行的；在抽样推断统计中的概率保证，也是通过分布的规律性来实现的。在这些统计分析中，对分布的处理既有偶然性、随机性，又有其客观必然性。忽视任何一个方面都会影响对总体特征的准确认识。因此，准确、全面地理解分布的规律、基本特征和含义，是学习和掌握统计分析方法的重要基础，也是认识社会经济现象特征的重要环节。

（二）概率

概率的原始含义是一个数学概念，是指随机事件出现的可能性。把这一概念引入统计学领域，就是统计变量取某一个取值的可能性，即变量某一个取值的概率。从统计的综合分析来看，它还包括变量的全部可能数值以及与它相适应的概率，也就是概率分布问题。从统计认识总体特征的目的来看，上述内容都只是分析的方法和过程，最终的目的是要对总体特征的推断结果提供概率保证。没有这种保证，推断统计结果就没有科学性可言。因此，概率对于统计方法及其结果的科学性具有重要意义，它是建立统计方法，扩大统计认识范围，充分发挥统计职能和作用的重要方法论基础。这一作用体现在以下两个方面：

1. 概率论是推断统计的重要理论和方法论基础

社会经济特征是客观存在的，但是，这种特征有些是不能直接统计的，即不可能全面调查。要想认识这种性质的总体特征，只能通过非全面调查进行推断。这里既存在着具体的方法问题，也存在推断结果的真实性和可靠性问题。在概率论引入统计之前，传统的统计方法无法从根本上解决这些问题的科学性。正是概率论的有关理论、方法在社会经济统计领域的应用，才从根本上解决了推断统计的科学性，进而发展成为推断统计学科。

2. 概率论是统计假设的重要理论基础

统计分析中很多方面要用到假设。例如，在计算组距式数列有关分析指标时，对组内分布的均匀假设，对总体估计的无偏性、有效性和一致性的假设等等。这些假设是否成立，直接决定着统计结果的正确与否。概率论为这些假设提供了证明方法，并证明了这些假设的正确性。

现代统计学的主流越来越趋向于推断统计，而概率论是推断统计的主要理论基础和方法论基础。因此，熟练掌握概率论等数学知识，是学习和掌握当代统计方法，把握当代统计学发展方向的重要基础。

网上测验考试

1. 课堂内的网上测验考试

在 15 分钟内，通过中国数字大学城东北财经大学全程互动统计学及其实验——基于 Excel 和 SPSS 软件课程的考试平台，完成课堂内的网上测验考试。

2. 课堂外的网上测验考试

课后，通过中国数字大学城东北财经大学全程互动统计学及其实验——基于 Excel 和 SPSS 软件课程的考试平台，完成课后网上测验考试。

思考练习题

1. 统计都有什么含义？
2. 简述统计学的产生过程。
3. 在统计学的发展过程中，主要产生了哪些学派？
4. 统计工作过程包括哪些工作阶段？
5. 统计学的研究对象是什么？
6. 统计分析的基本方法有哪些？

7. 统计的职能和作用是什么？

8. 什么是统计总体？它在统计实践上有什么意义？

9. 什么是总体单位？它在统计实践上有什么意义？

10. 统计总体与总体单位是什么关系？

11. 单位标志与总体指标是什么关系？

12. 统计指标应包括哪些要素？

13. 什么是变异？变异分析的意义何在？

14. 概率在统计中的意义和作用是什么？

第二章 统计设计与统计调查

〔**本章学习目标**〕通过本章学习，了解统计设计的一般原则；会自编及运用 Excel 软件编制统计表，并会根据具体问题进行统计调查方案和调查问卷的设计；会运用多种统计调查方法和组织方式进行统计数据的搜集工作。掌握 Excel 软件的基本操作，并能运用 Excel 软件中的公式及个别函数进行简单统计计算，为后续课程的学习打下一定的基础。

〔**本章重点难点**〕重点掌握自编及运用 Excel 软件编制统计表的技能，并会根据具体问题进行统计调查方案和调查问卷的设计；掌握 Excel 软件的基本操作，并能运用 Excel 软件中的公式、单元格地址及 SUM 和 SUMIF 函数进行简单统计计算。难点包括运用多种统计调查方法和组织方式进行统计数据的搜集工作，以及 SUMIF 函数的运用。

〔**建议学时**〕7.5 学时

第一节 统计设计的概念、种类和内容

一、统计设计的概念和意义

统计设计是根据统计研究对象的性质和研究目的，对统计工作各个方面和各个环节通盘考虑和安排，制订各种设计方案的过程。这里的统计工作各个方面，是指统计研究对象的各个组成部分；统计工作的各个环节，是指统计工作具体进行时的各个阶段，包括统计资料搜集，统计资料的汇总与整理，统计资料的分析研究、提供、保存和公布等。

统计设计作为一个独立阶段，是由社会经济发展和统计研究的进步所决定的。只有进行统计设计，才能保证统计工作协调、统一、顺利进行，避免统计标准不统一；只有进行统计设计，才能按需要与可能，分清主次，采用各种统计方法，避免重复和遗漏，使统计工作有秩序地进行。

二、统计设计的种类

统计设计，从不同角度来考察，有其不同的分类。现分述如下：

（一）整体设计和专项设计

按统计设计所包括的研究对象的范围，可分为整体设计和专项设计。

（1）整体设计。整体设计是以研究对象为一个整体，对整个统计工作进行的全面设计。整体设计的范围可大可小：就微观而言，是针对具体部门的统计工作的全面设计；就宏观而论，是针对整个国家层面的统计工作的全面设计等。

（2）专项设计。专项设计是对研究对象的某一部分的统计设计，如一个企业的有关人力、物资、资金、生产、供应、销售的统计设计就是专项设计。就全国来

说，工业、农业、交通运输等的统计设计，也是专项设计。

整体设计是主要的，专项设计从属于整体设计。整体设计和专项设计的划分是相对的，如从全社会看，农业统计设计是专项设计，但将农业作为独立研究对象来说，农业统计设计则是整体设计。

（二）全过程设计和单阶段设计

按统计设计所包括的工作阶段，可分为全过程设计和单阶段设计。

（1）全过程设计。全过程设计是从确立统计任务、内容、指标体系到分析研究的全过程的通盘安排。

（2）单阶段设计。单阶段设计是就统计工作过程中的某一阶段的安排，如统计调查的设计、统计整理的设计、统计专题分析的设计等。

全过程设计和单阶段设计，各有分工，各有侧重。全过程设计偏重于安排各阶段的联系，单阶段设计则要细致地安排工作进度和方法。两者相比，全过程设计是主要的，单阶段设计是在全过程设计的基础上进行的。

（三）长期设计、短期设计和中期设计

按统计设计包括的时期，可分为长期设计、短期设计和中期设计。这种划分和前两种划分不同，是从具体设计的组织工作安排考虑的。长期设计是指五年以上的统计设计；短期设计是一年或年度内的统计设计；除此之外的统计设计则可称为中期统计设计。

三、统计设计的内容

统计设计的涉及面非常广泛，包括整个统计工作过程的全部内容。然而，许多内容不可能在统计工作开始阶段就设计妥当，要根据工作的进程适当地进行调整和充实。而且，统计设计的内容又由于设计的种类不同而有所不同。尽管如此，它们也有许多共同之处。一般来说，按认识对象范围划分的整体设计和专项设计，只有范围大小之差，其设计内容类似。按工作阶段划分的全过程设计和单阶段设计的内容也大致相同，只是详略有别。这里仅就统计设计属于共性方面的内容，作以概略说明。

（一）明确规定统计研究的目的和任务

统计设计的首要环节是明确规定统计研究的目的和任务，这是确定统计内容和方法的出发点。目的不明，任务不清，就无法确定研究什么和怎样研究。其结果可能是使当前不是迫切需要的特征得到充分反映，而当前迫切需要的特征却得不到充分反映。所以，明确规定统计研究的目的和任务是统计设计的首要工作。

（二）确定统计指标和统计指标体系

统计指标和统计指标体系是认识客观事物的工具，所以，也是统计设计的中心内容。无论整体设计或专项设计，也无论全过程设计或单阶段设计，都要解决统计指标和指标体系的设计问题。

（三）确定统计分类和分组

与统计指标和统计指标体系相联系，确定统计分类和分组也是统计设计的重要内容。这里说的分类和分组，指的是社会经济现象本身的分类和分组，如生产资料所有制的分类、国民经济部门分类、城乡分类、人口的职业分类、人口按年龄的分组、家庭按人均收入的分组等。

统计分类是一件很重要的工作，有些统计分类是很复杂的，需要统计设计人员具有广博的理论和实践知识。统计分类实际上是一种定性认识活动。要搞好它，常常需要邀请有关方面的专家、学者及实际工作经验丰富的人员共同讨论研究，制定出统一的分类目录，规定对各种复杂情况的处理方法。

（四）研究设计统计表

为科学有序地表现统计资料，必须根据统计研究的任务，设计统计表。

（五）确定统计分析研究的内容

在整个统计工作过程中，统计分析研究一般是在统计资料整理之后；但在统计设计过程中，对统计分析研究内容的考虑，通常是放在明确统计目的、任务并确定统计指标、指标体系及分类分组体系之后的。同时，统计分析研究内容的确定，还可以进一步对既定的统计指标和指标体系起核查校对作用。统计指标及其体系如不能满足统计分析研究的要求，还可以修改和充实。统计分析研究内容的设计，最主要的是科学地选定分析研究的目标。确定了目标之后，还要考虑用什么分析方法。

统计分析的设计还要考虑分析结果的表达形式。它可以是比较系统的书面分析报告，也可以是简明扼要的文字说明，还可以是鲜明生动的图表。表达形式要根据统计指标的性质和服务对象来确定。

（六）制订统计调查方案

为了保证在调查过程中统一认识，必须制定统计调查方案，这是统计设计的重要内容。

（七）制订统计整理方案

制订统计整理方案是统计设计的重要内容之一。所谓统计整理，是指根据统计研究的目的，将统计调查所得的原始资料（也称初级资料）进行科学的分类和汇总，为统计分析准备系统化和条理化的综合资料的工作过程。这一工作是一种汇总性的工作。制订整理方案实际上也就是制定统计分析需要的设计统计汇总的具体内容，对整个汇总过程作出统一的安排。

（八）规定各个阶段的工作进度和时间安排

暂且不论统计工作的全部，只就某一项统计工作而言，其过程也是由若干大阶段和许多小环节、细节构成的。在设计时，要对它们严格规定。例如，统计调查阶段包括资料登记、复查、质量抽查等工作；统计整理阶段包括资料审核、汇总等工作；统计分析阶段包括资料的公布、报告等工作。这些工作都要规定完成的期限。为使各个阶段、各个环节的工作能够互相衔接、相互联系、协调配合顺利地进行，按时、保质、保量地完成，还要设计出"工作进度图"、"统筹图"、"流程图"，明确起止日期。

（九）考虑各部门和各阶段的配合与协调

仅仅统一指标体系和统计分类、分组还是不够的，因为各个部门、各级组织对统计指标的口径、分类粗细等要求不同。为了满足各方面的要求，必须考虑如何处理这些问题。

在统计工作全过程中，统计调查、统计整理和统计分析是互相联系的环节，不同的指标又有不同的搜集资料的方法，有不同的时间要求，从而也就有不同的整理方法。而这些又取决于统计分析研究的目的和内容。因此，需要考虑各个阶段之间的关联。

（十）统计力量的组织与安排

统计力量的组织和安排是保证统计工作顺利进行的一个重要的统计设计内容。就广义而言，它包括专业统计机构的组织，包括统计机构与领导机关和其他业务机构的关系，包括非统计事物中统计活动和各种业务资料的利用。也就是说，包括统计机构与非统计机构的整个统计力量的组织和安排。

就狭义而论，统计力量的安排，则指专业统计机构的组织和统计力量的安排。就是说，如何组织专业统计机构，各项工作如何分工，各安排多少人，各负什么职责，怎样既有分工又有合作，是否有必要定期轮换等。

第二节　初识 Excel 软件

美国微软公司拥有目前全世界使用频率最高的一个计算机系统——Windows 系统，他在该系统内提供了一个软件包——Microsoft Office，它是应用最为广泛的一个软件包，用"风靡全球"形容也并不过分。在这个软件包内，有一个软件对我们统计工作、统计教学非常适用，它就是公认的功能最强大、技术最先进、使用最方便的软件之一——Excel 软件。Excel 软件是一种功能强大的表格式数据综合管理与分析系统，它以"表格"方式进行数据处理，工作方便直观，特别适合非计算机专业人员使用。它提供了丰富的函数，可以进行各种统计数据分析。它具有强大的制图制表功能，实现了数、表、图、文四者之间的完美结合。他还提供了经济预测、多方案模拟等经济数学模型；提供了宏功能，可以方便地实现日常工作的自动化。它对从事统计、保险、税务、审计、财务、金融、财政、生产、贸易、农业、医疗、旅游、交通运输、科研、经济和行政管理等等行业工作的人们的帮助更为明显。几千年以来，名目繁多的表格、繁琐的数据计算曾经难煞了多少既聪明又细心的人。而今你只要借助 Excel 软件，向计算机中敲入原始数据，一切要求都能快速、准确、及时完成。如果需要，还可以方便地把计算机中的"电子"表格变为印刷精美的印刷品表格。Excel 的很多功能是一般的制表人员根本做不到的。总之，Excel 干活可谓"多、快、好、省"。

一、安装、启动和退出 Excel 软件

（一）安装 Excel 软件

Excel 是 Office 的电子表格组件，它不是独立的软件，安装 Excel 软件，就需要安装 Office 软件。安装 Office 软件的方法是找到 Office 软件光盘，按光盘给出的提示，选择完全安装就可以了。

（二）启动 Excel

启动 Excel 通常使用以下三种方法。

1. 常规启动法。

初学者可用此方法启动 Excel。

【例2-1】如何用常规启动法启动 Excel。

［具体讲解］首先用鼠标点击"开始"按钮（见图2-1），从"开始"菜单中选择"程序"项，再从打开的子菜单中选择 Microsoft Excel，即可启动 Excel 软件（见图2-2）。

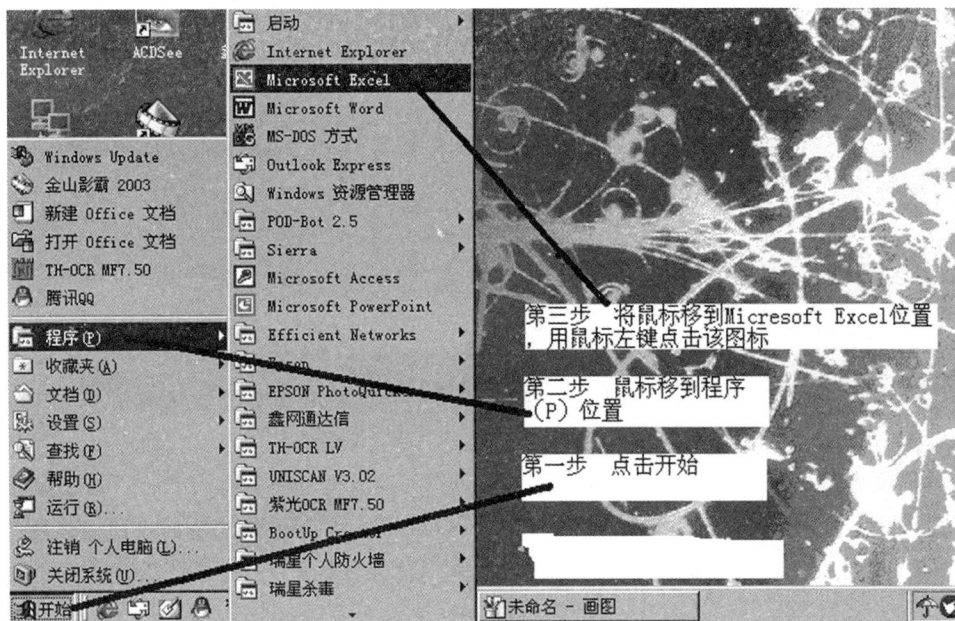

图2-1 启动 Excel（1）

2. 快捷图标启动法。

如果经常使用 Excel，可在桌面上设置 Excel 图标，双击该图标启动。

【例2-2】如何用快捷图标启动法启动 Excel。

［具体讲解］首先单击"开始"按钮，打开"程序"选项，进入"Windows 资源管理器"。在资源管理器左侧列表中选择 Program Files 文件夹，然后在右侧列表中选择 Microsoft Office 文件夹，再在右侧列表中选择 Office 文件夹，再在 Office 文件夹右侧列表中找到 Excel 程序；然后将鼠标指向 Excel. exe 图标，并按住鼠标左

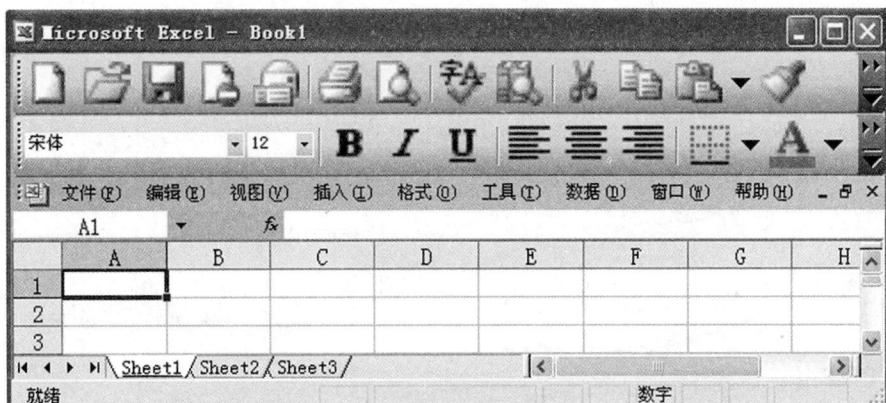

图 2-2　启动 Excel（2）

键将图标拖至最右边文件夹列表框的桌面图标位置放开，然后，点击桌面图标 Excel 图标即呈现在桌面上。

3. 已存在文件启动法。

假如已经创建了 Excel 文件，则直接打开这个文件，就可以启动 Excel。

【例 2-3】如何用已存在文件启动法启动 Excel。

［具体讲解］假如已经创建了 Excel 文件，并将它存储在 C 盘的"我的文档"中，文件名叫 Book1. xls，可首先双击桌面上"我的电脑"图标，然后双击 C 盘图标右侧列表中的 My Documents 文件夹，用鼠标左键双击该文件夹后会出现文件名叫 Book1. xls 的文件，双击该文件图标，就可以启动 Excel 文件。

（三）退出 Excel

通常使用以下两种方法。

1. 常规退出法。

如果使用者在使用 Excel 过程中想退出，初学者可用常规方法退出。

【例 2-4】如何用常规退出法退出 Excel。

［具体讲解］在 Excel"文件"菜单中，选择"退出"选项即可。

2. 常用退出法。

如果使用者在使用 Excel 过程中，想退出使用，经常使用者可用常用方法退出。

【例 2-5】如何用常用退出法退出 Excel。

［具体讲解］单击 Excel 窗口右上角的关闭图标即可。

二、Excel 软件用户界面介绍

Excel 软件用户界面是进入 Excel 内部的第一道关口，我们将来对 Excel 的所有操作都将在这个界面内完成和实现。它可以划分为以下五个区域：标题栏、菜单栏、工具栏、编辑栏、滚动条及状态栏（见图 2-3）。其中一些区域会根据需要出现或隐藏。

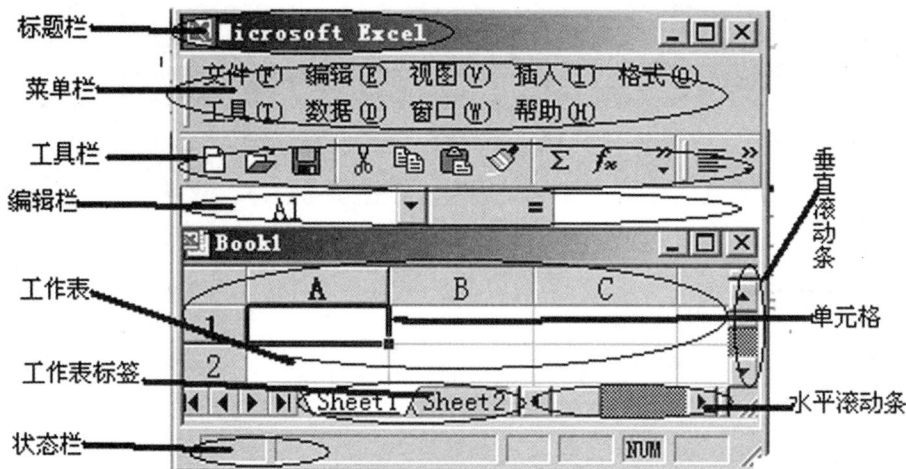

图 2-3　Excel 用户界面

（一）工作簿及标题栏

1. 工作簿。

工作簿是工作表、图表及宏表的集合。它以文件的形式存放在计算机的外存储器中。每个工作簿包含一张或多张工作表。对于新创建的工作簿，Excel 将自动给其命名，形如 Book1，Book2……（见图 2-3）。用户可以重新赋予工作簿一个有意义的名字，如将工作簿 Book1 赋予"统计学及其实验"这个名字（见图 2-4 和图 2-5）。

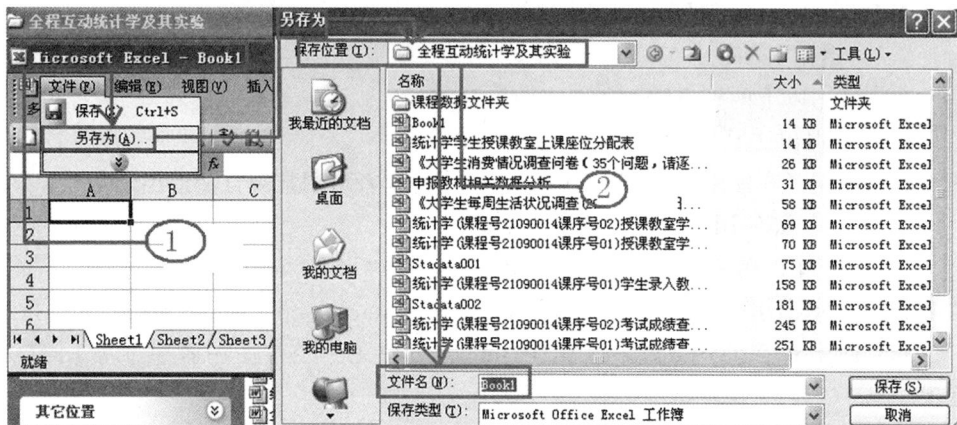

图 2-4　Excel 工作簿窗口标题栏

【例 2-6】如何将工作簿 Book1 赋予"统计学及其实验"这个名字。

[具体讲解] 首先，用鼠标左键点击文件（F）菜单，然后，在此菜单列表内找到另存为（A），用鼠标左键点击它，会出现另存为对话框，在此对话框内的文件名（N）对话框内，输入"统计学及其实验"，再用鼠标左键点击保存（S）按钮，将工作簿 Book1 赋予"统计学及其实验"这个名字的操作过程就完成了。

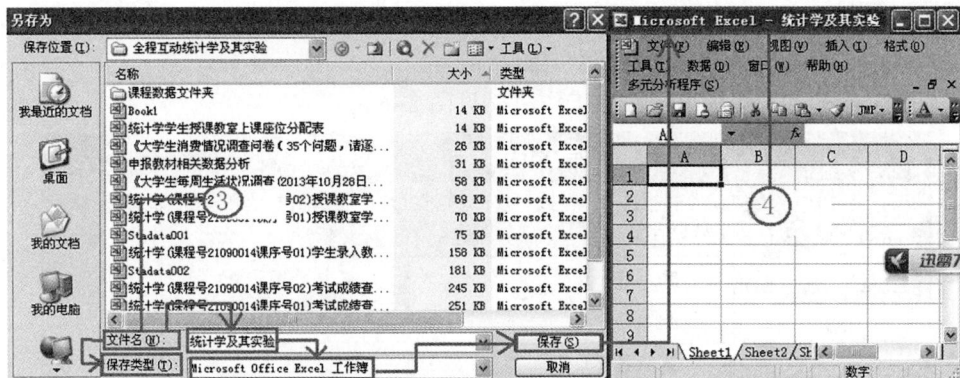

图 2-5　Excel 工作簿窗口标题栏

2. 标题栏。

标题栏给出创建当前窗口的程序及工作簿文档名称。可以通过用鼠标拖动程序标题栏来移动窗口。

（二）菜单栏

菜单栏是 Excel 的命令集合。菜单栏采用人机交互方式，几乎所有的 Excel 功能都可以通过菜单来执行。Excel 功能很多，需要从功能上分类并在每一类中进一步划分出子类，直至最低一层功能。因此，菜单就分为主菜单（第一级分类，其中每一个类别称为菜单项）、子菜单（第二级分类，也称下拉菜单）等。

（三）工具栏

工具栏是一些常用的 Excel 工具集合。工具栏也采用人机交互方式。工具栏能实现的功能，用菜单都可以实现，但使用工具栏更加方便。

（四）编辑栏

编辑栏用于向单元格内输入数据（或公式）。同直接向单元格内输入数据（或公式）相比，它的优点主要是视野开阔，较长的数据或复杂的公式均可全部显示出来。

（五）状态栏

它在 Excel 窗口底部，给出当前命令执行情况或键盘等信息。

（六）滚动条

用鼠标单击水平、垂直滚动条，可以上下左右翻阅表格内容。

（七）工作表标签

工作表是用于编辑、显示和分析一组数据的表格，它由排列成行和列的单元格组成。每个工作表由 65 536 行、256 列单元格构成。工作表总是存储在工作簿中。新建工作簿时，Excel 自动给工作表命名，形如 Sheet1，Sheet2……用户可以重新命名。每个标签代表一个工作表。标签名称就是工作表名称，多个工作表标签就构成标签队列，通过鼠标单击标签，可以切换至相应工作表进行显示或编辑。

【例 2-7】将"统计学及其实验"Excel 软件工作簿中的 Sheet4 工作表标签改

写成'1.2 初识 Excel 软件'。

[具体讲解] 工作表标签改写步骤：

①打开统计学及其实验 . xls 工作薄（见图 2-6）。

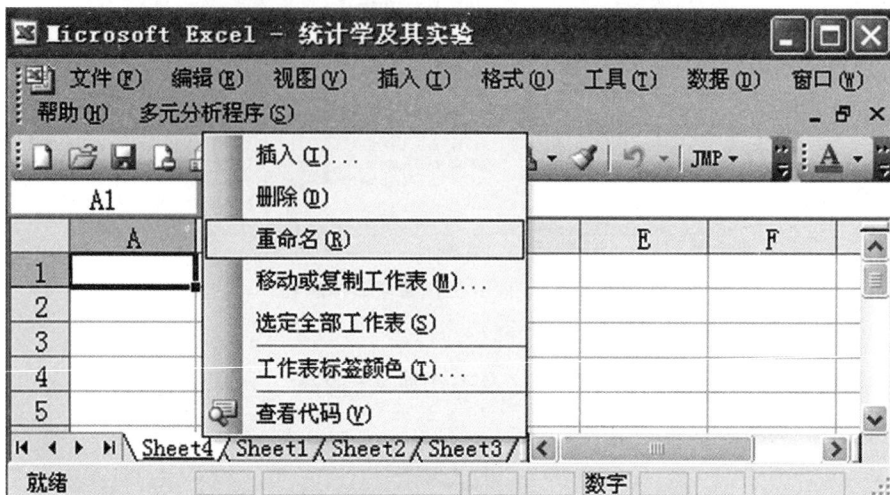

图 2-6　工作表重命名（1）

②用鼠标右键点击'Sheet4'，然后选中重命名（R），点击它（见图 2-7）。

图 2-7　工作表重命名（2）

③将'Sheet4'改写成'1.2 初识 Excel 软件'后，点击保存。

三、Excel 中的基本概念

（一）单元格及单元格地址

1. 单元格。

单元格是构成工作表的基本元素，用于输入、显示和计算数据，一个单元格内只能存放一个"数据"。如果输入的是文字或数字，则原样显示，若输入的是公式或函数，则显示其结果。

2. 单元格地址。

单元格地址是用来标识一个单元格的坐标，它由列号和行号组合而成。其中，列号用 A，B，C，…，IV 表示，行号用 1，2，3，…，65 536 表示。单元格地址必须先写列号，后写行号。单元格地址分为相对地址、绝对地址和混合地址三种。

（1）相对地址。相对地址是以 Excel 工作表左上角为参照标准，用来指明当前单元格所处的位置。要表示若干连续单元格的相对地址，可以用首尾单元格的相对地址描述。

【例 2-8】请写出第 1 列第 3 行单元格的相对地址；第 8 列第 5 行单元格的相对地址；第 1 列第 1 行到第 5 列第 5 行的单元格相对地址。

［具体讲解］第 1 列第 3 行单元格相对地址是 A3；第 8 列第 5 行单元格相对地址是 H5；第 1 列第 1 行到第 5 列第 5 行的单元格相对地址用 A1：E5 表示。

（2）绝对地址。绝对地址是以 Excel 工作表内某个指定的单元格为参照标准，用来指明该单元格所处的位置。要表示若干连续单元格的绝对地址，可以用首尾单元格的绝对地址描述。绝对地址的书写方式是在相对地址列字母前和行数字前均填上美元符号 $（操作说明：在具体单元格内填加方式如下，在键盘上，先按住 shift 键，再按下键盘 E 上方的数字 4 键，美元符号 $ 就填加到你想填加的位置上了）。

【例 2-9】请写出第 1 列第 3 行单元格的绝对地址；第 8 列第 5 行单元格的绝对地址；第 1 列第 1 行到第 5 列第 5 行的单元格绝对地址。

［具体讲解］第 1 列第 3 行单元格绝地址是 A3；第 8 列第 5 行单元格地址是 H5；第 1 列第 1 行到第 5 列第 5 行的单元格地址用 A1：E5 表示。

（3）混合地址。混合地址是以 Excel 工作表内某个指定行或列内的单元格为参照标准，用来指明该单元格所处的位置。要表示若干连续单元格的混合地址，可以用首尾单元格的混合地址描述。混合地址的书写方式是在相对地址列字母前或行数字前填上美元符号 $，但只能二选一。

【例 2-10】请写出第 1 列第 3 行单元格的混合地址；第 8 列第 5 行单元格的混合地址；第 1 列第 1 行到第 5 列第 5 行的单元格混合地址。

［具体讲解］第 1 列第 3 行单元格混合地址共有两种书写方式：第一种是 $A3，第二种是 A$3；第 8 列第 5 行单元格混合地址也有两种书写方式：第一种是 $H5，第二种是 H$5；第 1 列第 1 行到第 5 列第 5 行的单元格混合地址共有四种书写方式：第一种是 $A1：$E5；第二种是 $A1：E$5；第三种是 A$1：$E5；第四种是 A$1：E$5。

（二）当前单元格

选定当前单元格的方法有两种。一种是用鼠标单击某一单元格（见图 2-8）；另一种是用光标移动键（↑、↓、←、→），使光标移动到某一单元格上来选定当前单元格。当前单元格的四周有一黑色边框做为标识（见图 2-8）。

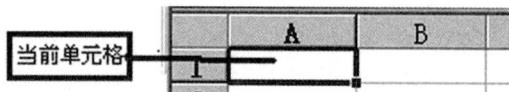

图 2-8　当前单元格

四、公式与函数

（一）公式

公式是 Excel 的核心功能之一，它使工作表具备了"计算"能力，用户只需输入原始数据，进一步的计算由公式来实现，准确、快速又方便。

1. 组成公式的要素。

公式由以下三要素组成：

（1）"="号：这是公式的标志。若想对数值进行计算，必须在数值运算公式前加等号。

（2）数：引用的单元格地址、函数及常数。

（3）操作符：表示执行哪种运算。运算符包括+（加）、−（减）、*（乘）、/（除）、^（乘方）、（）（括号）、%（百分比）等。

2. 不同工作表间单元格的引用。

对同一工作簿内工作表单元格引用格式如下：

工作表名！单元格引用

例如，在同一工作簿中，将工作表 Sheet1 的单元格 B5、Sheet2 的单元格 B5、Sheet3 的单元格 B5 求和，结果放到 Sheet4 的单元格 B5 中，则在工作表 Sheet4 的单元格 B5 中输入公式如下：

=Sheet1！B5+Sheet2！B5+Sheet3！B5

3. 使用公式。

（1）编写公式。

【例 2-11】以学生一学期各类成绩为例，计算每位同学的考试总分数（见光盘"全程互动统计学及其实验——基于 Excel 和 SPSS 软件"数据文件夹"引例"工作簿的"学生一学期各类成绩"工作表，以后简称"全程互动统计学及其实验——基于 Excel 和 SPSS 软件"数据文件夹为"全程"文件夹，"学生一学期各类成绩"工作表简称"学生成绩"工作表，下同）。

具体操作步骤：

①打开光盘，找到"全程"文件夹，打开"全程"文件夹"统计学及其实验第一章　导论"工作簿的"学生成绩"工作表，打开它（见图 2-9）。

②按姓名（2）为主要关键字和考试名称为次要关键字进行排序，排好后拖动下方滚动条，找到"计算个人总分"所在列（即 AJ 列）（见图 2-10）。选定单元格 AJ2，在单元格 AJ2 中输入公式"=AI2+AI3+AI4+AI5+AI6+AI7+AI8+AI9+AI10+AI11+AI12+AI13+AI14+AI15+AI16"，按回车键，就将姓名（2）列中的第 1 位同学 a1 的个人总分计算出来了（见图 2-11）。在本例中，第 1 位同学 a1 的个人总分

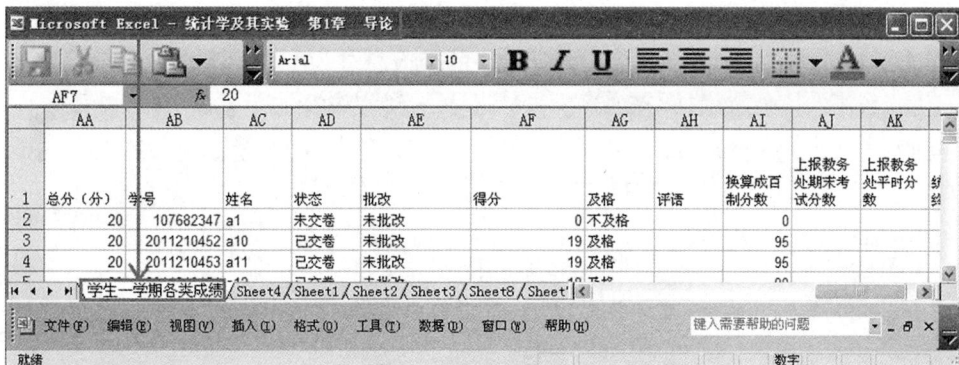

图2-9　编写公式（1）

为0分（见图2-11）。

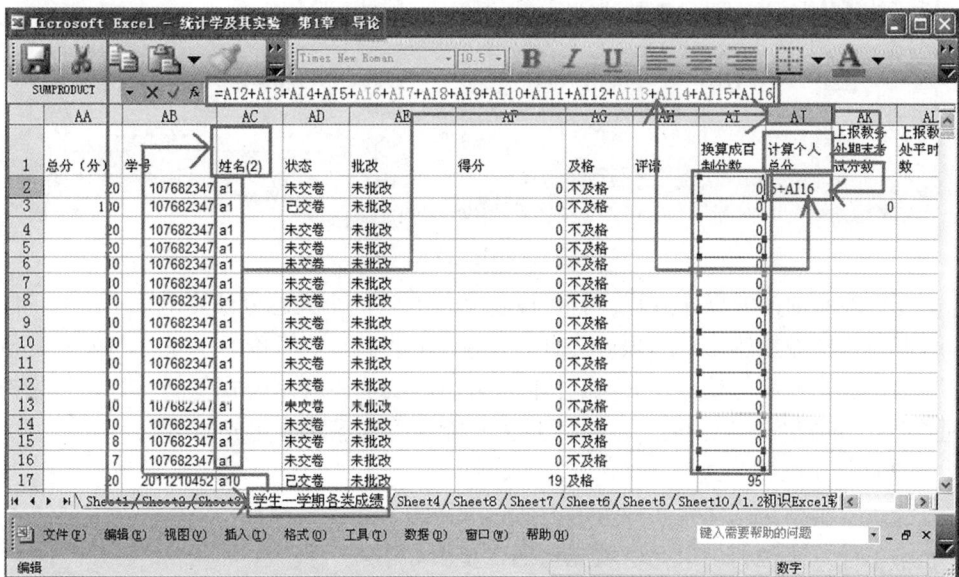

图2-10　编写公式（2）

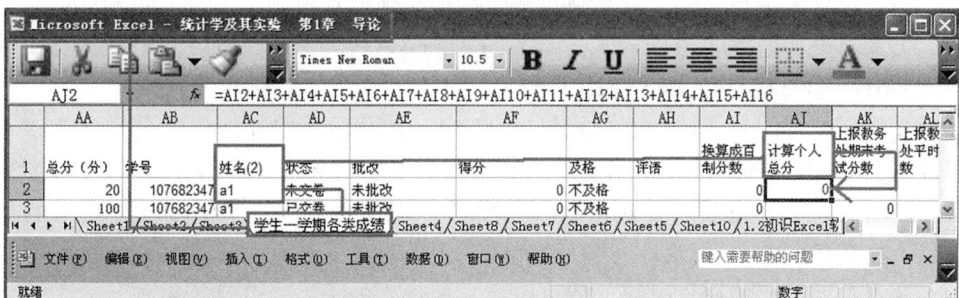

图2-11　编写公式（3）

③再选定单元格 AJ17，在单元格 AJ17 中输入公式"= AI17+AI18+AI19+AI20 +AI21+AI22+AI23+AI24+AI25+AI26+AI27+AI28+AI29+AI30+AI31+AI32"（见图

2-12），按回车键，就将姓名（2）列中的第 2 位同学 a10 的个人总分计算出来了（见图 2-12）。在本例中，第 2 位同学 a10 的个人总分为 1 424 分。

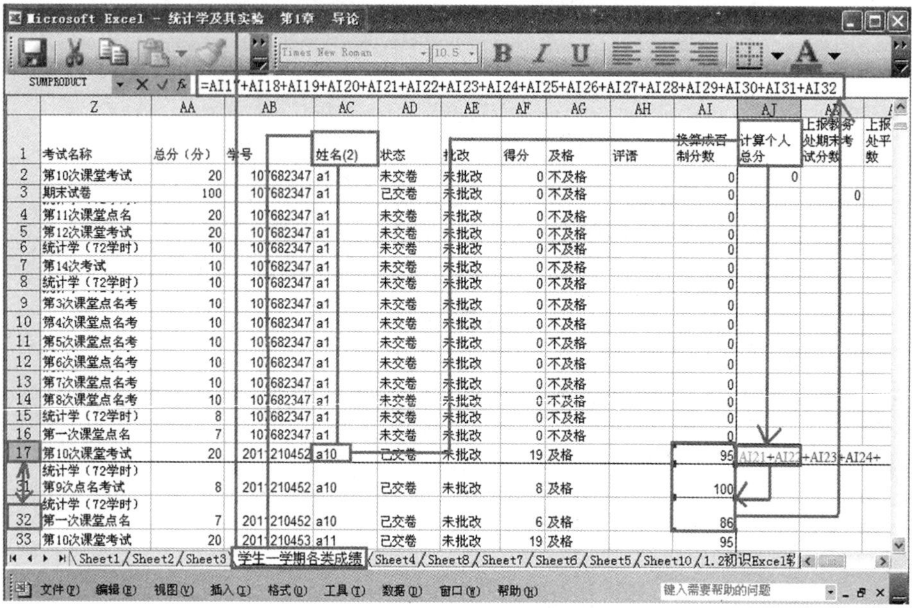

图 2-12　编写公式（4）

④再参照前面的操作过程，就可以将其他同学的个人总分计算出来了。

但是这样做显然比较麻烦。为此，Excel 提供了非常简单的手段，即公式复制与粘贴。公式复制与粘贴是 Excel 中非常著名的功能，利用公式复制与粘贴使带有"重复性"的操作得以简化，实现了过去只能编写程序才能完成的功能。

（2）复制粘贴公式。

公式复制粘贴操作有两种常用方法。

第一种方法是利用单元格填充句柄，步骤如下：

用鼠标指向单元格 AJ2 的填充句柄，向下复制粘贴。

第二种方法是利用单元格复制和粘贴操作实现公式复制粘贴，步骤如下：

①复制单元格 AJ2 内的公式" = AI2 + AI3 + AI4 + AI5 + AI6 + AI7 + AI8 + AI9 + AI10 + AI11 + AI12 + AI13 + AI14 + AI15 + AI16"。

②将复制好的公式粘贴到单元格 AJ17 中，粘贴后该单元格中的公式变为" = AI17 + AI18 + AI19 + AI20 + AI21 + AI22 + AI23 + AI24 + AI25 + AI26 + AI27 + AI28 + AI29 + AI30 + AI31"，点击回车键后，公式粘贴就完成了（但请注意，由于学生成绩记录的行数是不完全相同的。因此，公式粘贴完成后还要对公式粘贴结果进行修正）。

③再参照前面的操作过程，就可以将其他学生的个人总分计算出来了。

注意：公式必须以" = "开始。如果公式输入不正确，则 Excel 会报错。

书写上面的计算公式我们已经感觉比较长了，如果需要对几百、几千，甚至上万单元格的内容进行合并计算，那样的话，公式书写就几乎是不可能的事情了。

这时该如何处理？使用 Excel 函数。Excel 为用户提供了多种常用的函数，如统计、财务、金融等函数。用户只需写出函数名并加以调用，Excel 将自动计算结果。

（二）函数

1. 组成函数的要素。

函数由以下四个要素组成：

（1）"="：表示是函数（也可以是一般的公式）。

（2）函数名：每个函数都有一个专有名称。

（3）括号"（ ）"：表示函数的参数部分。

（4）参数：函数运算所需的数据，一般是常数、单元格引用，也可以是另外一个函数。

2. 使用函数。

【例 2-12】以学生一学期各类成绩为例，请用 Excel 函数计算所有同学的考试总分数（见光盘"全程"文件夹"引例"工作簿的"学生成绩"工作表）。

第一种使用 Excel 函数计算所有同学的考试总分数具体操作步骤：

（1）打开光盘，找到"全程"文件夹"引例"工作簿的"学生成绩"工作表，打开它（见图 2-9）。

（2）选择输入函数的单元格（本例中是单元格 AJ924），在单元格 AJ924 中输入函数"=SUM（AI2：AI923）"（见图 2-13），按回车键，就将所有同学的考试总分数计算出来了。在本例中，所有同学的考试总分数为 76 809 分（见图 2-14）。

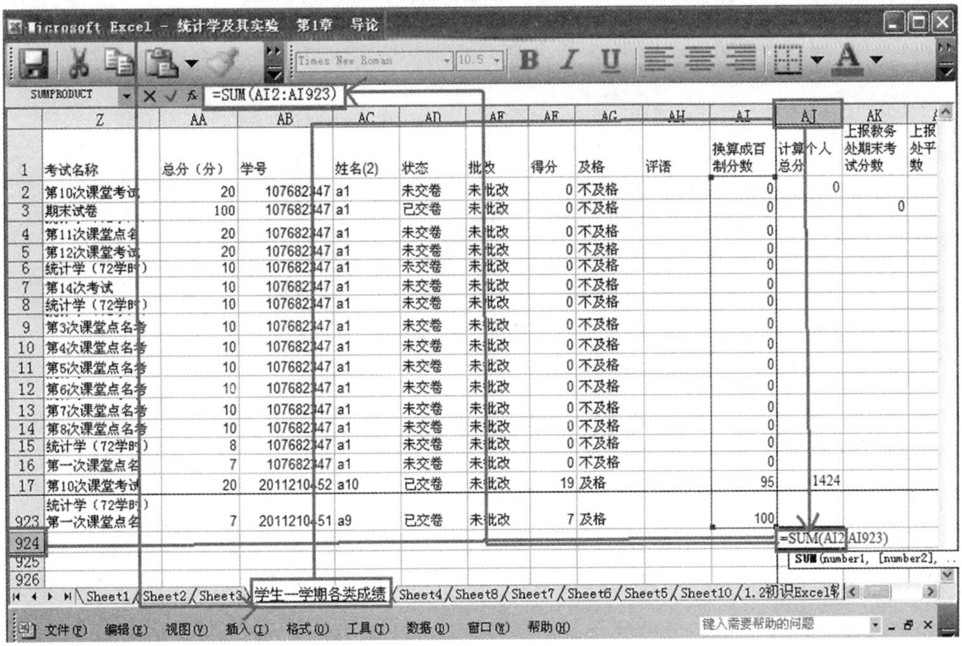

图 2-13　使用 SUM 函数（1）

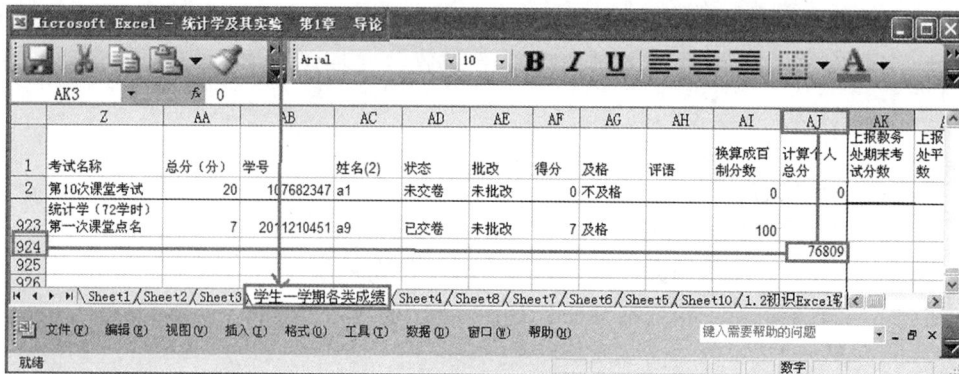

图 2-14　使用 SUM 函数（2）

第二种使用 Excel 函数计算所有同学的考试总分数具体操作步骤：

（1）打开学生一学期各类成绩工作表（见图 2-9）。

（2）选择输入函数的单元格 AJ924，单击"插入"菜单（见图 2-15），选择"函数"选项，弹出"粘贴（或插入）函数"对话框（见图 2-15），在"或选择类别（C）"中选择"全部"（见图 2-16①）；在"选择函数"列表框内选择"SUM"函数（见图 2-16②）（SUM 函数被称为求和函数），单击"确定"按钮，弹出 SUM"函数参数"对话框（见图 2-16③）。

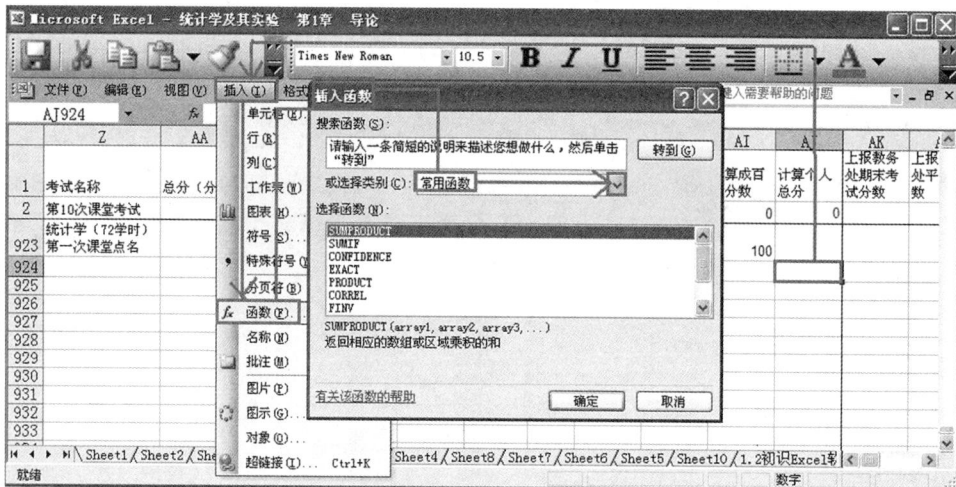

图 2-15　使用 SUM 函数（3）

（3）在函数参数对话框中输入参数 AI2：AI923（求和的单元格区域）（见图 2-16④），单击"确定"按钮，计算完成（见图 2-16⑤）。

注意：如果对所使用的函数不了解，你可以点击"有关该函数的帮助（H）"（见图 2-16④），以更好地理解所使用的函数。

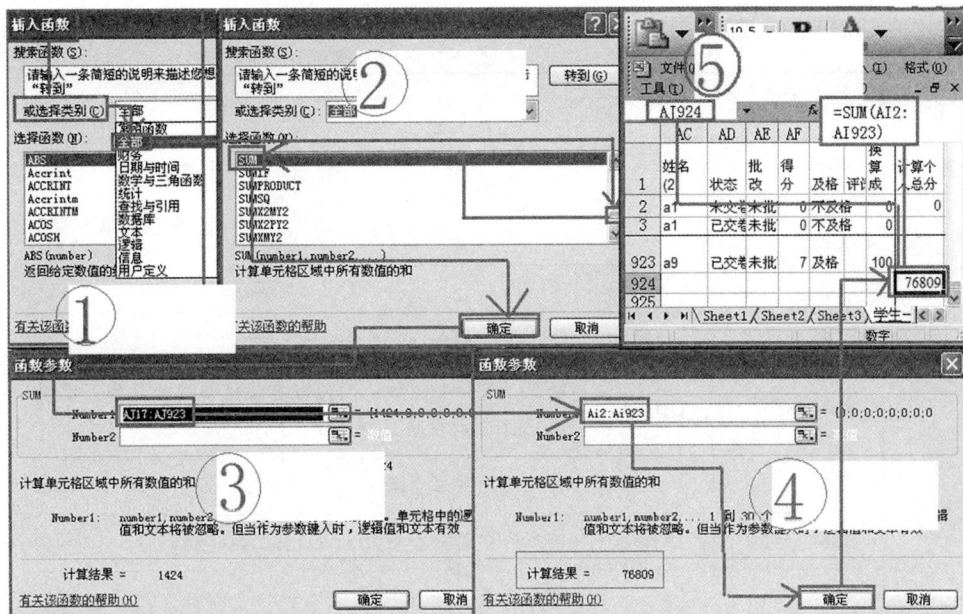

图 2-16　使用 SUM 函数 (4)

指导　　　　　　　Excel 软件内求和 SUM 函数的使用说明

①函数的含义。

计算某一单元格区域中所有数值的和。

②函数表达式。

SUM（number1，number2，…）

Number1，number2，… 为 1 到 30 个需要求和的参数。

③使用说明。

Ⅰ．直接键入到参数表中的数字、逻辑值及数字的文本表达式将被计算。

Ⅱ．如果参数为数组或引用，则只有其中的数值被计算。数组或引用中的空白单元格、逻辑值、文本或错误值将被忽略。

Ⅲ．如果参数为错误值或为不能转换成数字的文本，将会导致错误。

④示例及操作方法见表2-1。

表 2-1　　　　　　　　　SUM 函数示例

	A	
	数据	
1	-5	
2	15	
3	30	

续表

	A	
	数据	
4	'5	
5	TRUE	
6	公式	说明（结果）
	= SUM（3，2）	将 3 和 2 相加（5）
	= SUM（"5"，15，TRUE）	将 5、15 和 1 相加，因为文本值被转换为数字，逻辑值 TRUE 被转换成数字 1（21）
	= SUM（A2：A4）	将此列中前三个数相加（40）
	= SUM（A2：A4，15）	将此列中前三个数之和与 15 相加（55）
	= SUM（A5：A6，2）	将上面最后两行中的值之和与 2 相加。因为引用非数值的值不被转换，故忽略上列中的数值（2）

再比如，我们前面举的【例2-11】，以学生一学期各类成绩为例，计算每位同学的考试总分数。我们当时用的是公式计算方式，工作量非常大，能否利用 Excel 函数计算出每一位学生的考试总分数，以减轻我们的工作强度？回答是确定的。但需要选用另一个函数，就是条件求和函数 SUMIF。下面我们来点出"有关该函数的帮助（H）"（点出方式参照 SUM 函数）。

指导　　　　Excel 软件内条件求和 SUMIF 函数的使用说明

①函数的含义。

根据指定条件对若干单元格求和。

②函数表达式。

SUMIF（range，criteria，sum_range）

Ⅰ. Range：为用于条件判断的单元格区域。

Ⅱ. Criteria：为确定哪些单元格将被相加求和的条件，其形式可以为数字、表达式或文本。例如，条件可以表示为 32、"32"、">32" 或 "apples"。

Ⅲ. Sum_range：是需要求和的实际单元格。

③使用说明

Ⅰ. 只有在区域中相应的单元格符合条件的情况下，sum_range 中的单元格才求和。

Ⅱ. 如果忽略了 sum_range，则对区域中的单元格求和。

Ⅲ. Microsoft Excel 还提供了其他一些函数，它们可根据条件来分析数据。例如，如果要计算单元格区域内某个文本字符串或数字出现的次数，则可使用 COUNTIF 函数。如果要让公式根据某一条件返回两个数值中的某一值（例如，根据指定销售额返回销售红利），则可使用 IF 函数。

④示例及操作方法见表2-2。

表2-2　　　　　　　　　　　　　SUMIF 函数示例

	C	D
	属性值	佣金
69	100 000	7 000
70	200 000	14 000
71	300 000	21 000
72	400 000	28 000
73	公式	说明（结果）
	= SUMIF（C69：C72,″＞160000″, D69：D72）	属性值超过 160 000 的佣金的和（63 000）

⑤提醒。

Ⅰ. 函数名后的括号必须成对使用。

Ⅱ. 有的函数要求必须输入参数，有的则可省略。

Ⅲ. 参数的次序不能颠倒。

Ⅳ. 单元格内直接输入函数必须清楚函数的格式要求。

【例2-13】以学生一学期各类成绩为例，请用 Excel 函数计算每位同学的考试总分数（见光盘"全程"文件夹"引例"工作簿的"学生成绩"工作表）。

用 Excel 函数计算每位同学的考试总分数具体操作步骤：

①打开学生一学期各类成绩工作表（见图2-9）。

②选择输入函数的单元格 AK2，单击"插入"菜单，选择"函数"选项，弹出"粘贴（或插入）函数"对话框，在"或选择类别（C）"中选择"全部"；在"选择函数"列表框内选择"SUMIF"函数（SUMIF 函数被称为条件求和函数），单击"确定"按钮，弹出 SUMIF"函数参数"对话框（见图2-17①）。

③在函数参数对话框中的 Range 输入框内输入参数 AC＄2：AC＄923（用于条件判断的单元格区域）（见图2-17②），在函数参数对话框中的 Criteria 输入框内输入参数 P2（用于确定哪些单元格将被相加求的条件单元格区域）（见图2-17②），在函数参数对话框中的 Sum_ range 输入框内输入参数 ＄AI＄2：＄AI＄923（用于需要求和的实际单元格区域）（见图2-17②），单击"确定"按钮，姓名叫 a1 的学生的考试总分数就计算完成了（见图2-17③），结果是 0 分。

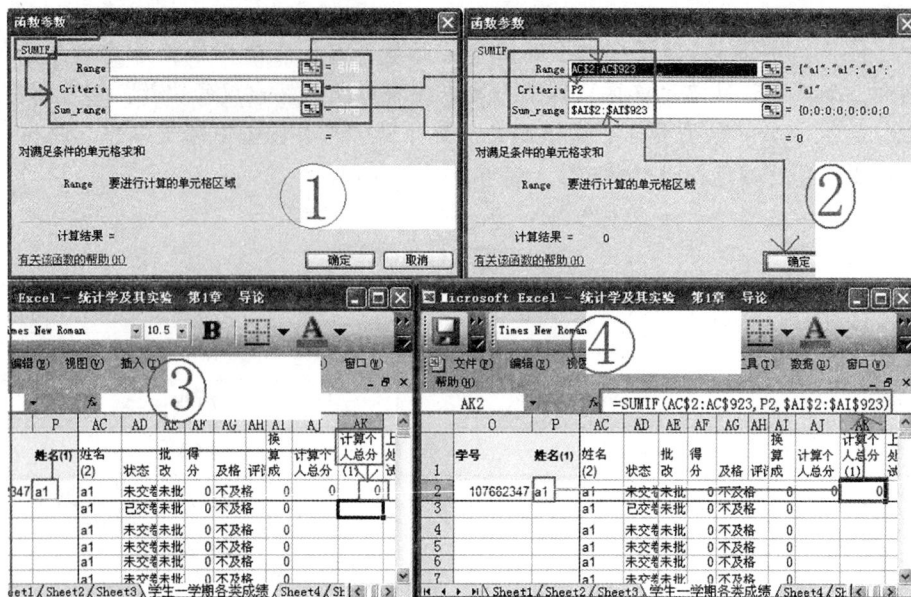

图 2-17　使用 SUMIF 函数（1）

④再用鼠标点击 AK2（见图 2-17④），将 AK2 编辑窗口内的公式"＝SUMIF（AC＄2：AC＄923，P2，＄AI＄2：＄AI＄923）"复制粘贴到下一位需要计算考试总分数学生的计算个人总分（1）对应的单元格位置（本例是粘贴到 AK47 单元格）（见图 2-18①），然后将 AK47 单元格内的函数"＝SUMIF（AC＄2：AC＄923，P2，＄AI＄2：＄AI＄923）"中的 P2 改写成 P17（见图 2-18②），其他不变，点击回车键后，姓名叫 a10 的学生的考试总分数就计算完成了（见图 2-18③），结果是 1 424 分。

⑤参照复制粘贴到 AK47 单元格函数的方法，将其他需要计算考试总分数学生的计算个人总分（1）对应的单元格位置复制粘贴正确的函数。比如，我们计算最后一名学生考试总分数，用鼠标点击 AK908（见图 2-18④），将函数"＝SUMIF（AC＄2：AC＄923，P2，＄AI＄2：＄AI＄923）"粘贴 AK908 单元格内，然后将 AK908 单元格内的函数"＝SUMIF（AC＄2：AC＄923，P2，＄AI＄2：＄AI＄923）"中的 P2 改写成 P908，其他不变，点击回车键后，姓名叫 a9 学生的考试总分数就计算完成了，结果是 1 313 分。至此，所有计算完成。

在 AK908 单元格内的函数"＝SUMIF（AC＄2：AC＄923，P2，＄AI＄2：＄AI＄923）"中，我们使用了类似 AC＄2：AC＄923，P2，＄AI＄2：＄AI＄923 这样的单元格地址，这些单元格地址叫做单元格引用。下面，我们就介绍单元格引用的技巧。

五、单元格引用技巧

（一）单元格相对引用技巧

相对引用就是在复制粘贴公式时，被复制的公式中的某些单元格地址是相对地

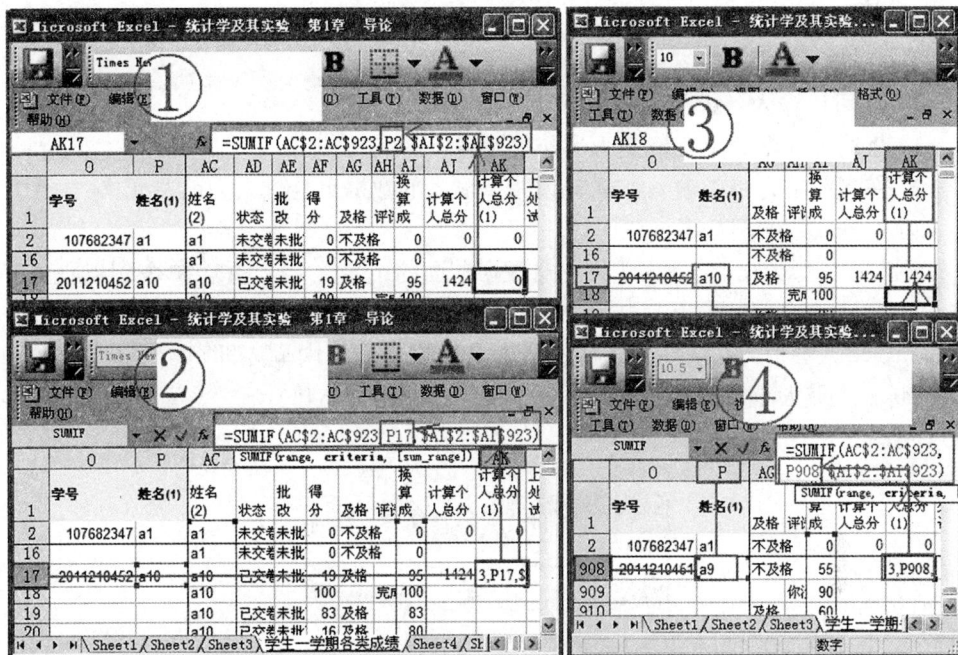

图 2-18　使用 SUMIF 函数 (2)

址，在粘贴到新的单元格位置后，Excel 将自动调整复制公式中的单元格相对地址，在新的单元格内公式所用单元格地址是引用相对于当前公式位置的其他单元格地址。例如，在上面的示例中，单元格 AK2 中含有相对引用公式，当将其复制粘贴到 AK47 单元格后，单元格的引用就是相对引用。

（二）单元格绝对引用技巧

如果在复制粘贴公式时希望粘贴公式后单元格坐标不随着引用位置不同而发生变化，那么应使用绝对引用。绝对引用的格式是在被引用公式内使用绝对地址。

继续上述例子，在单元格 AK2 中输入公式 "= SUMIF（AC $ 2：AC $ 923，P2，$ AI $ 2：$ AI $ 923）"，再将单元格 AK2 中的公式复制粘贴到单元格 AK47 内，此时，单元格 AK47 中的公式就变成了 "= SUMIF（AC $ 2：AC $ 923，P47，$ AI $ 2：$ AI $ 923）"。公式中 $ AI $ 2：$ AI $ 923 就是绝对引用。

（三）混合引用

在某些情况下，复制粘贴公式时只想保留公式里某些单元格地址的行号固定不变或者是列标记固定不变，这时，可以使用混合引用，即使用混合地址。

继续上述例子，单元格 AK47 中公式里的 AC $ 2：AC $ 923 就是混合引用。

通过前面的举例我们发现，相对引用、混合引用和绝对引用各有利弊，如果使用恰当，会使计算效率成倍提高。

提问：如果我们求每位学生的考试平均分，我们该怎样做？这留到讲平均数时我们再介绍。

六、输入和填充数据

（一）输入数据

Excel 可以输入各种类型的数据，具体步骤如下：

1. 将输入数据的单元格变为当前单元格。

2. 在当前单元格中输入数据（说明：输入的数据只会进入当前单元格）。

（1）输入数值型数据。

输入数值型数据时，Excel 将忽略数字前面的正号（+），并将单个句点视作小数点。Excel 中全部的数字只能由 0 ~ 9、正负号、小数点、百分号（%）等组成。例如，要输入数值-6.27，直接通过键盘向当前单元格内输入即可（见图 2-19）。Excel 将太大或太小数据用科学计数法表示，如将 987654321012 表示为 9.87654E+11（见图 2-20）。

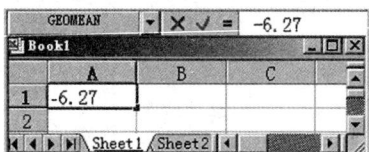

图 2-19　输入数值型数据

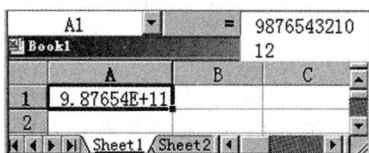

图 2-20　数据用科学计数法表示

如果想输入 1/5，请在要输入数字的单元格内按下列顺序输入以下内容：0 空格键 1/5。

如果直接在要输入数字的单元格内按下列顺序输入以下内容：1/5，则显示的结果不是分数，而是日期：1 月 5 日。

①对齐数字。在默认状态下，所有数字在单元格中均右对齐。如果要改变其对齐方式，应单击"格式"菜单"单元格"命令，再单击"对齐"选项卡，并从中选择所需的选项。

②数字的显示方式。单元格中的数字格式决定 Excel 在工作表中显示数字的方式。如果在"常规"格式的单元格中键入数字，Excel 将根据具体情况套用不同的数字格式。例如，如果键入 $14.73，Excel 将套用货币格式。如果要改变数字格式，应选定包含数字的单元格，再单击"格式"菜单上的"单元格"命令，然后单击"数字"选项卡，再根据需要选定相应的分类和格式。

"常规"数字格式：如果单元格使用默认的"常规"数字格式，Excel 会将数字显示为整数（789）、小数（7.89），或者当数字长度超出单元格宽度时以科学记数法（7.89E+08）表示。采用"常规"格式的数字长度为 11 位，其中包括小数

点和类似 "E" 和 "+" 这样的字符。如果要输入并显示多于 11 位的数字，可以使用内置的科学记数格式（指数格式）或自定义的数字格式。

③数据精度为 15 位。无论显示的数字的位数如何，Excel 都只保留 15 位的数字精度。如果数字长度超出了 15 位，Excel 则会将多余的数字位转换为零（0）。

（2）输入文本型数据。

所有数值型数据以外的其他数字与非数字的组合均做文本处理。在单元格中，文本自动左对齐。文本型数据可由汉字、字母、数字及其他符号组成。例如，输入"居民收入"（见图 2-21）。

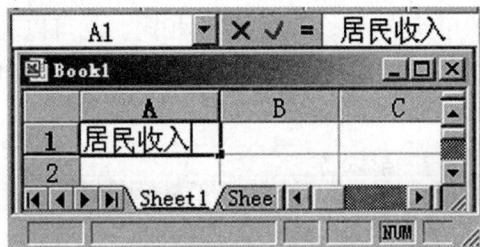

图 2-21　向当前单元格内输入文本型数据

①要在单元格中输入文本，执行以下步骤：单击要输入文本的单元格，然后输入要输入的文字。

②将数字作为文本输入。如果要将类似于学号之类的数字解释为文本，需要先将空单元格设置为"文本"格式，再输入数字。如果单元格中已经输入了数字，只需在数字前面加单撇号（'）。

③输入日期或时间型数据。输入日期型数据：一般用斜线（/）或减号（-）作日期分隔符。例如，输入日期可以键入"2014/12/1"或"2014-12-1"（见图 2-22）。输入时间型数据：一般用冒号（:）做时间分隔符。例如，输入时间 13：08（见图 2-23）。如果按 12 小时制输入时间，请在时间数字后空一格，并键入字母 a（上午）或 p（下午）。如果要输入当天的日期，请按 CTRL+;（分号）。如果要输入当前的时间，请按 CTRL+SHIFT+:（冒号）。

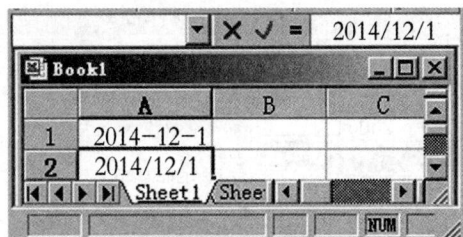

图 2-22　向当前单元格内输入日期型数据

注意：输入的日期及时间必须是 Excel 可识别的，否则将认为是文字型数据（文字类型无法进行时间的加、减运算）。其默认显示格式由"控制面板"、"区域设置"中日期与时间格式决定。若在同一单元格内同时输入日期和时间，在其间

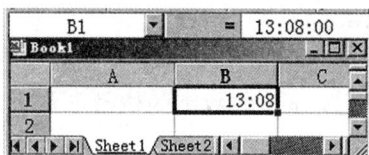

图 2-23　向当前单元格内输入时间型数据

必须输入空格加以分隔。

（二）填充数据

1. 相同数据。

若在相邻行或列的单元格中输入的数据都相同，就可以利用 Excel 提供的数据填充功能来完成此项工作。例如，在 A1：G2 单元格内输入的数据都是"居民收入"（见图 2-24）。

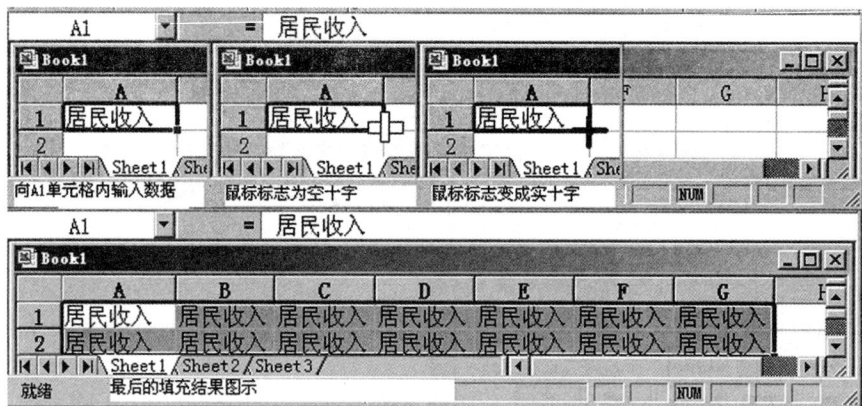

图 2-24　向相邻行或列的单元格内填充相同数据

2. 等差或等比数列。

例如，在 A1：G1 单元格内输入的数据是等差数列：2000，2001，…，2006；而在 B2：G2 单元格内输入的数据是等比数列：8，24，72，…，1944（见图 2-25 至图 2-27）。

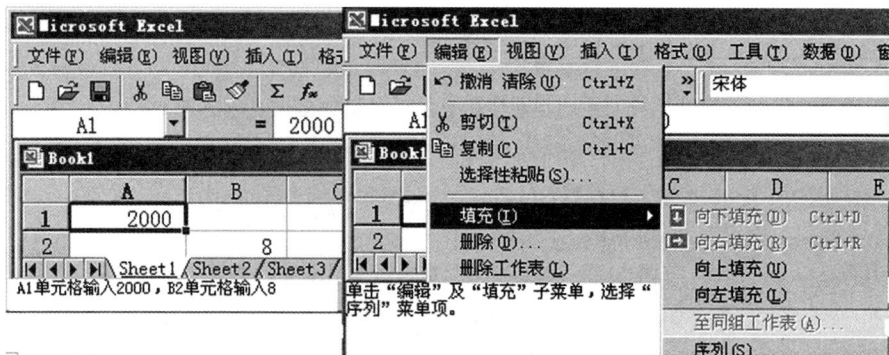

图 2-25　确定每个数列中第一个数据及所在位置后，选择各个菜单项

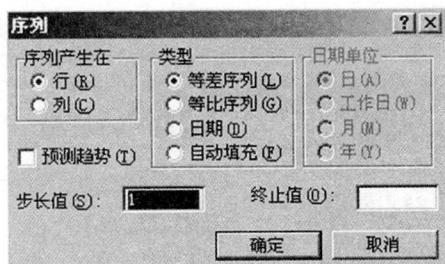

图 2-26　序列菜单对话框

图 2-27　等差和等比数列生成结果

七、管理工作表

一个工作簿最多可以包含 255 个工作表，用户可随意对工作表进行增、删或重命名等操作。

（一）插入、删除工作表

（1）插入工作表步骤。在工具栏内，找到"插入（I）"命令条（见图 2-28），点击该命令条内的"工作表"图标（见图 2-29），就可以插入一个新的工作表。

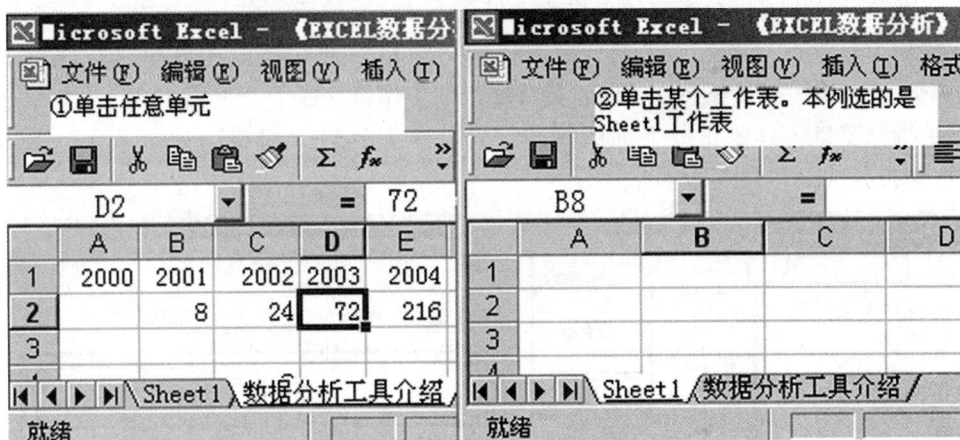

图 2-28　单击任意一个单元格或某工作表标签

（2）删除工作表。首先，选中要删除的工作表（见图 2-30），然后，在"编辑"命令条内找到"删除工作表（L）"图标，点击它，就可以删除你想删除的工作表。

（二）工作表窗口的拆分、冻结和撤销

根据需要可以将当前屏幕分成几个平铺的窗口，每个窗口中都显示同一个工作表。

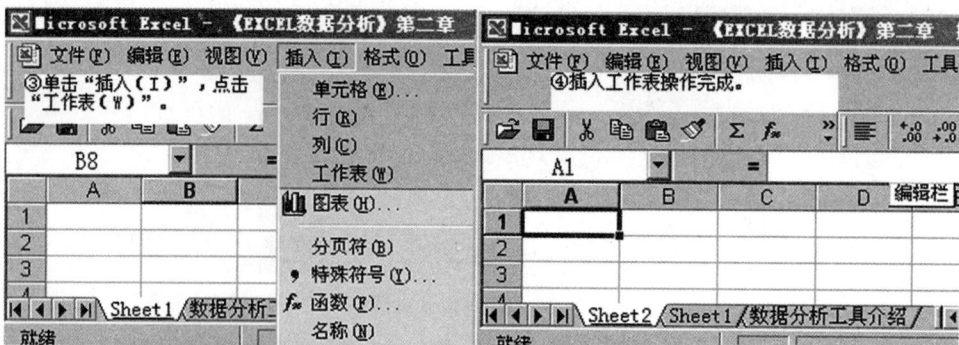

图 2-29　单击"插入"菜单，完成插入"工作表"

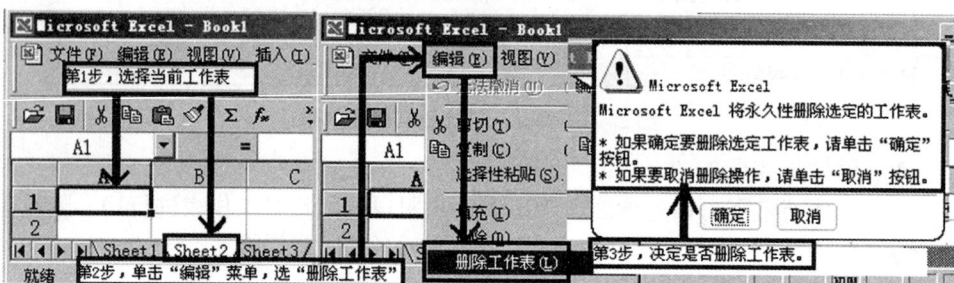

图 2-30　删除工作表

1. 工作表窗口的拆分和撤销步骤。

首先，选中要拆分窗口的工作表（见图 2-31），然后，在工作表内选中一个单元格作为分割点，之后，在工具栏内找到"窗口"命令条，在该命令条内点击"拆分（S）"图标（见图 2-31），拆分窗口的工作就完成了（见图 2-31）。如果想撤销拆分窗口，只要重复上面的操作，只是在工具栏"窗口"命令条内，点击"取消拆分（S）"图标就可以了。

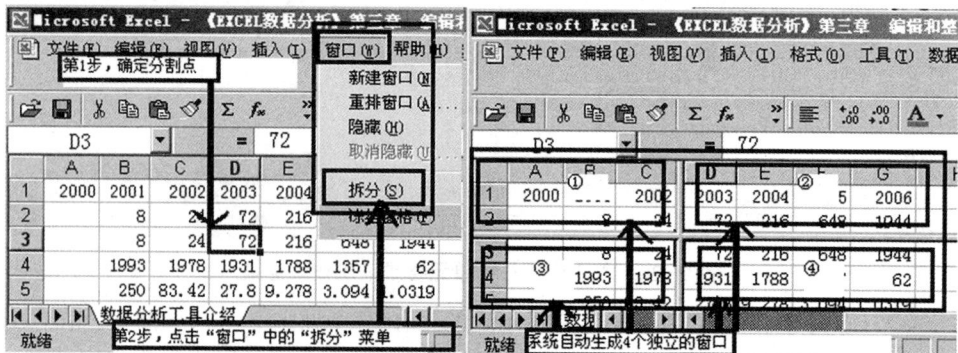

图 2-31　工作表窗口的拆分

2. 工作表窗口的冻结和撤销步骤。

首先，选中要冻结窗口的工作表（见图 2-31），然后，在工作表内选中一个单元格作为分割点，之后，在工具栏内找到"窗口"命令条，在该命令条内点击

"冻结窗格（F）"图标（见图2-31），冻结窗口的工作就完成了。如果想撤销冻结窗口，只要重复上面的操作，只是在工具栏"窗口"命令条内，点击"取消冻结窗格（F）"图标就可以了。

八、保存和关闭工作簿

（一）保存工作簿

首先，选中要保存的工作簿（见图2-32），然后，在工具栏内找到"文件（F）"命令条，在该命令条内点击"保存（S）"图标（见图2-32至图2-34），保存工作簿工作就完成了。

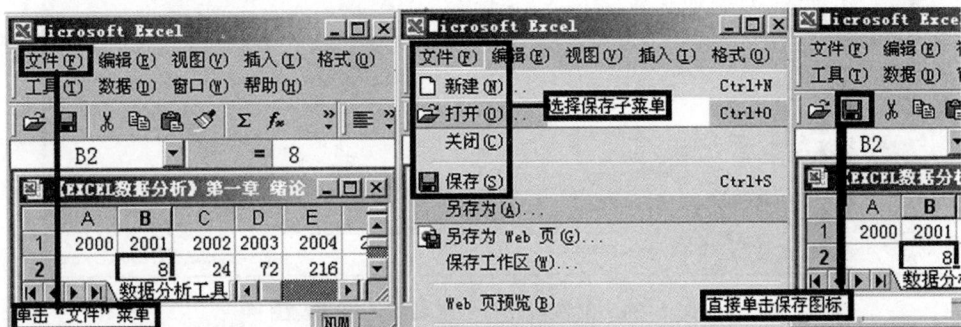

图2-32　保存工作簿操作示意图

图2-33　第一次保存工作簿对话框示意图

（二）关闭工作簿

直接点击 Excel 工作簿右上角的叉号就可以关闭 Excel 工作簿。

统计学实验

（1）安装、启动和退出 Excel 软件。

图 2-34　文件与已有的重名对话框示意图

（2）创建并保存属于学生自己的 Excel 工作簿。

（3）建立并保存学生自己搜集的统计资料 Excel 工作表。

第三节　统计表及其设计

统计表是统计活动的工具，是统计资料的一种表现形式，是统计设计的重要内容。想要科学地设计好统计表，必须先了解统计表的意义、构成、种类和设计原则。

一、统计表的定义与构成

（一）统计表的定义

定义 2.1：统计表是以纵横交叉的线条所绘制的表格来表现统计资料的一种形式。广义的统计表包括活动各个阶段中所用的一切表格，在搜集资料、整理资料、积累资料和分析资料时都要用到。

统计表是表现统计资料最常用的形式。其显著优点是：①能科学地、合理地组织统计资料；②能使统计资料的排列条理化、系统化、标准化；③一目了然；④便于阅读、对照比较和分析。

（二）统计表的构成

从形式上看，统计表主要由总标题、横行标题、纵栏标题和指标数值四部分组成（见图 2-35）。总标题是统计表的名称，一般位于表的上端中央，用来概括说明统计表所反映的统计资料的内容；横行标题是横行的名称，一般位于表的左方，用来表明统计资料反映总体及其分组的名称；纵栏标题是纵栏的名称，一般位于表的上方，用来表明统计指标的名称；指标数值列在各横行标题和各纵栏标题的交叉处，具体反映其数字状况。此外，有些统计表还增列补充资料、注解、资料来源、填表时间、填表单位等表脚。

表2-5		按三次产业分就业人员数及比重			←总标题
	指标	年份	绝对数（万人）	比重(%)	
横行标题	（甲）	（1）	（2）	（3）	←纵栏标题
	就业人员	2012	76,704.00	100.00	指标数值
	第一产业就业人员	2012	25,773.00	33.60	
	第二产业就业人员	2012	23,241.00	30.30	
	第三产业就业人员	2012	27,690.00	36.10	
表脚	资料来源	中华人民共和国国家统计局网站			

图 2-35 统计表构成示例图

从内容上看，统计表由主体栏和叙述栏两部分组成，主体栏是反映统计表所要说明的单位、总体及其分组；叙述栏则说明主体栏的各种统计指标。例如，在图2-35中，（甲）栏是主体栏，（1）、（2）、（3）栏是叙述栏。一般来说，统计表的主体栏列在横行标题的位置，叙述栏列在纵栏标题的位置，但有时为了合理安排或阅读方便，也可以互换位置。

二、统计表的种类

（一）调查表、汇总表或整理表和分析表

按用途，统计表分为调查表、汇总表或整理表和分析表。

1. 调查表

它是指在统计调查中用于登记、搜集原始统计资料的表格（见表2-3和表2-4）。调查表只记录调查单位的特征，不能综合反映统计总体的数量和特征。

表 2-3　　　　**年末职工家庭就业人口调查表（单一表式举例）**

家庭人口 ＿＿＿＿人 就业人口 ＿＿＿＿人

姓名	与户主关系	性别	年龄	工作单位	职业	职务职称	备注

被调查户主姓名 　　　 填表人 　　　 填表日期

（此表也可以制成卡片式）

表 2-4　　　　**身体发育状况调查表（一览表式举例）**

编号＿＿＿＿＿

检查序号	姓名	性别	出生年月日	年龄（周岁）	身高（cm）	体重（kg）	胸围（cm）	呼吸差（cm）	肺活量（ml）	坐高（cm）

填表人 　　　　　 填表日期

2. 汇总表或整理表

它是在统计汇总或整理过程中用于表现统计汇总或整理结果的表格，如各种汇总表、统计台账、手册、年鉴等。它由两部分组成：一部分是统计分组；另一部分是用来说明统计分组综合特征的统计指标（见表 2-5）。这类表格能够综合说明统计总体的数量特征，是提供资料的基本表式。

表 2-5　　　　　　按三次产业分就业人员数及比重（汇总表或整理表举例）

指标	年份	绝对数（万人）	比重（%）
（甲）	（1）	（2）	（3）
第一产业就业人员	2012	25 773.00	33.60
第二产业就业人员	2012	23 241.00	30.30
第三产业就业人员	2012	27 690.00	36.10
合计	—	76 704.00	100.00

资料来源　中华人民共和国国家统计局网站

3. 分析表

它是在统计分析中用于对整理所得的统计资料进行定量分析的表格（见表 2-5）。分析表通常是整理表的延续，它能够更加深刻地揭示社会经济现象的本质和规律性。表 2-5 第（3）列内容就是在表 2-5 第（2）列的基础上，用各个产业的"就业人员"分别除"合计"得出了各个产业就业人员"比重"指标，从而更加深入地反映各个产业的人员构成状况。

（二）空间数列表、时间数列表和时空数列结合表

按统计数列的性质，统计表分为空间数列表、时间数列表和时空数列结合表。

1. 空间数列表

它是反映在同一时间条件下，不同空间范围内的统计数列的表格，用以说明静态条件下社会经济现象在不同空间的数量分布，又称静态表（见表 2-6）。

表 2-6　　　　　　　　2012 年城镇居民家庭人均支出

项目	人均消费支出（元）	比重（%）
现金	16 674.30	100.00
食品	6 040.90	36.23
衣着	1 823.40	10.94
居住	1 484.30	8.90
家庭设备及用品	1 116.10	6.69
医疗保健	1 063.70	6.38
交通和通信	2 455.50	14.73
文教娱乐	2 033.50	12.20
其他	657.10	3.94

资料来源　中华人民共和国国家统计局网站.

2. 时间数列表

它是反映在同一空间条件下不同时间的统计数列的表格（见表2-7），可用以说明在空间范围不变的条件下社会经济现象在不同时间上的数量变动。

表2-7 我国国民总收入 单位：亿元

年份	国民总收入	年份	国民总收入	年份	国民总收入
2012	516 810.05	2000	98 000.45	1988	15 036.82
2011	468 562.38	1999	88 479.15	1987	12 050.62
2010	399 759.54	1998	83 024.28	1986	10 274.38
2009	340 319.95	1997	78 060.85	1985	9 040.74
2008	316 030.34	1996	70 142.49	1984	7 243.75
2007	266 422.00	1995	59 810.53	1983	5 985.55
2006	215 904.41	1994	48 108.46	1982	5 330.45
2005	183 617.37	1993	35 260.02	1981	4 889.46
2004	159 453.60	1992	26 937.28	1980	4 545.62
2003	134 976.97	1991	21 826.20	1979	4 062.58
2002	119 095.69	1990	18 718.32	1978	3 645.22
2001	108 068.22	1989	17 000.92		

资料来源 中华人民共和国国家统计局网站.

3. 时空数列结合表

它是同时反映上述两方面内容的统计表（见表2-8），既说明社会经济现象在不同空间上的数量分布，又说明它们在不同时间上的数量变动。

表2-8 我国部分地区生产总值 单位：亿元

地区 ＼ 年份	2012	2011	2010	2009
北京市	17 879.4	16 251.93	14 113.58	12 153.03
天津市	12 893.88	11 307.28	9 224.46	7 521.85
河北省	26 575.01	24 515.76	20 394.26	17 235.48
山西省	12 112.83	11 237.55	9 200.86	7 358.31
内蒙古自治区	15 880.58	14 359.88	11 672	9 740.25
辽宁省	24 846.43	22 226.7	18 457.27	15 212.49
吉林省	11 939.24	10 568.83	8 667.58	7 278.75
黑龙江省	13 691.58	12 582	10 368.6	8 587

资料来源 中华人民共和国国家统计局网站.

（三）简单表、简单分组表和复合分组表

按分组情况，统计表分为简单表、简单分组表和复合分组表。

1. 简单表

它是统计总体未经任何分组的统计表，只将总体单位简单排列或将现象的指标按时间顺序排列（见表 2-7）。

2. 简单分组表

它是指统计总体按一个标志进行分组后形成的统计表（见表 2-6）。

3. 复合分组表

它是指统计总体按两个或两个以上的标志分组后形成层叠式的统计表（见表 2-9）。

表 2-9　　　　　　　　　2012 年我国按年龄和性别分人口数　　　　　　　　单位：人

按年龄组分	人口数（样本数）	男性	女性
0-59 岁	963 530	497 744	465 786
60 岁及以上	161 130	78 609	82 522
合计	1 124 661	576 354	548 307

资料来源　中华人民共和国国家统计局网站.

三、统计表的设计

就广义而言，统计表包括调查表、汇总表或整理表和分析表。但就狭义而论，统计表多指资料整理后的表格。本书既阐述了资料整理后的统计表的设计，同时也阐述了调查表的设计。

（一）统计表设计的一般原则和要求

设计统计表时，一般应遵循科学、实用、简明、美观的原则，力求做到：

1. 总标题和纵横标题能准确、简明扼要地反映统计资料的内容。

2. 纵、横栏的排列内容要对应，尽量反映它们的逻辑关系。

3. 根据统计表的内容，全面考虑表的布局，合理安排主体栏和叙述栏，避免出现统计表过长、过短、过宽、过窄的现象，使表的大小适度、比例恰当、醒目美观。

4. 统计表中的指标数值都是有计量单位的，必须标写清楚。计量单位都相同时，将其写在表的右上角；横行的计量单位相同时，在横行标题后列计量单位栏；纵栏的计量单位相同时，将其标在纵栏标题下方或右方。

5. 统计表中的横线要清晰，顶线和底线要粗些，各部分的界限宜粗些，其他线条要细些，表的左右侧可不划封口线。

6. 当表的栏数较多时，要统一编写序号，一般是主体栏部分用甲、乙、丙等文字表明，叙述栏部分用（1）、（2）、（3）等数字序号编号。

（二）调查表的设计

调查过程中用以搜集、登记原始资料的表格是调查表。它一般由表头、表体和表脚三部分构成：（1）表头部分，包括调查表的名称、调查单位（填报单位）的名称及隶属关系等内容，这些内容主要用于核实和复查。（2）表体部分，包括调查项目名称、栏号、计量等。（3）表脚部分，包括填报单位和填表人的签名、调查日期等。

调查表式一般有单一表（见表 2-2）和一览表（见表 2-3）两种。单一表是在一张调查表上只登记一个调查项目，它可以容纳较多的调查项目。一览表是在一张调查表上登记若干个单位的项目。调查项目较多时，宜使用单一表，调查项目不多时，宜使用一览表。

为了保证调查资料的科学性和统一性，在设计调查表时，必须附以必要的填表说明，其内容包括调查表中有关项目的含义、所属范围、计算方法以及填表时应该注意的事项等。填表说明要简明、清楚、易于理解。

（三）整理表的设计

它的主要特点是紧紧依据整理方案，根据分析研究的要求，以统计调查的内容为基础，进行系统、全面的设计。

（四）分析表的设计

它的设计主要是根据分析研究的要求，要清晰、明确、科学、合理，以便于从中剖析事物的本质，揭示矛盾和规律性。

设计统计表极为特重要，但编制填列统计数字也不容忽视。它贯穿于统计工作各个阶段。填写统计数字和文字时，书写要工整、清晰，当数字与其左、右或上、下相同时，仍要填写完整，不能填"同左"、"同右"或"同上"、"同下"等文字。数字对齐时数位要对准，计算要按统计表的规定填写；表中不能留下空白；当数字为 0 时也要填写出来；要科学运用有关符号。在我国统计实践中，一般用"…"或"—"表示数据不足该表规定的最小单位数；用"×"表示免填的统计数据；用空格表示该项指标数据不详或无该项数据；用"#"表示其中的主要项。

四、用 Excel 软件修饰工作表

要想制作一张清晰、美观、符合规范的工作表，必须对工作表进行修饰。

【例 2-14】以表 2-7 为例，讲解用 Excel 软件修饰工作表的全过程。

［讲解与操作］

（一）数字修饰

Excel 可以对工作表内数字进行各种修饰，其具体操作步骤如下：

1. 打开引例工作簿的第 2 章统计设计与统计调查工作表，找到表 2-8（如图 2-36 所示）。

2. 选择要进行修饰的单元格区域（见图 2-36）。单击"格式"菜单，选择"单元格"选项（见图 2-37①），屏幕上弹出"单元格格式"对话框（见图 2-37②）。

3. 选择对话框中的"数字"页面（见图 2-37②），从"分类"列表中选择合适的数字格式类型（见图 2-37②）。

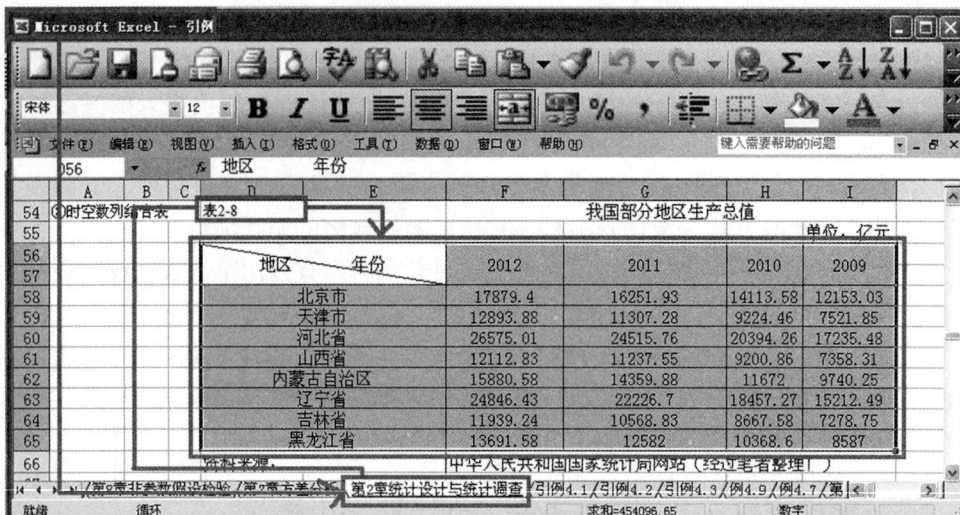

图 2-36　用 Excel 软件修饰工作表（1）

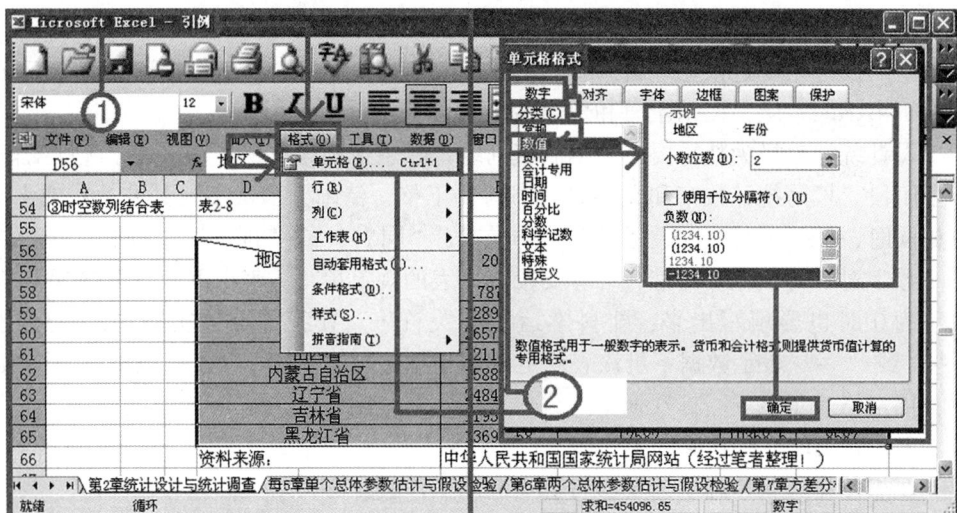

图 2-37　用 Excel 软件修饰工作表（2）

4. 如果对所选数字格式类型满意（此时对话框右侧出现相应示例）（见图 2-37②），则单击"确定"按钮。

（二）修改列宽与行高

在新创建的工作表中，所有单元格都具有相同的宽度和高度。太长的数据在单元格中可能会显示不下。对文字类型数据而言，超长的数据显示不完整；对数值类型数据而言，将会显示为"######"，表示数值超过显示宽度。因此，有时需要改变行高和列宽。

1. 改变列宽。

改变列宽的第一种操作步骤如下：

（1）鼠标指向工作表中某两列的坐标的垂直线上（如 A 列和 B 列之间的垂直线）。

（2）当鼠标形状变为十字时，拖动该边界垂直线左右移动。

改变列宽的第二种操作步骤如下：

（1）单击鼠标所在列任意单元格。

（2）在"格式"菜单中，选择"列"（见图2-38①），在从下拉列表中选择"列宽"（见图2-38①），出现"列宽"对话框（见图2-38②），输入新的列宽值（例如24）后（见图2-38③），点击确定（见图2-38③），就可以改变列宽（见图2-38④）。

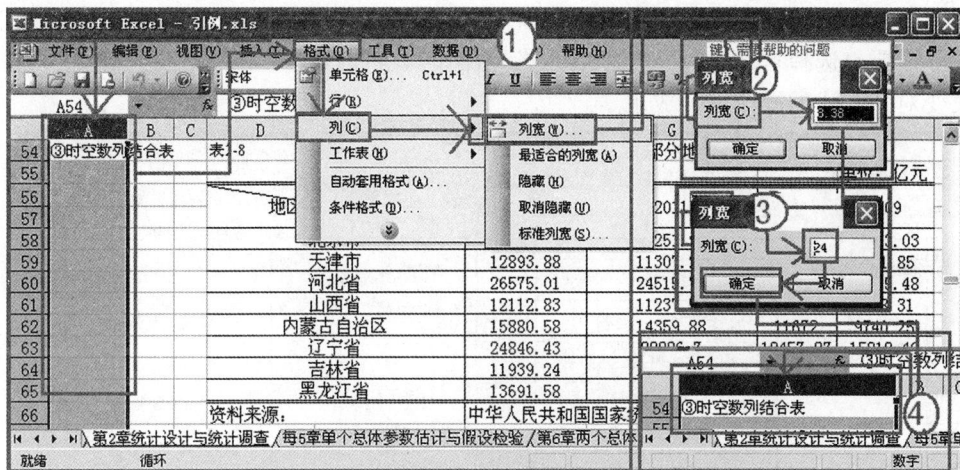

图2-38 用 Excel 软件修饰工作表（3）

2. 改变行高。

改变行高与改变列宽相似。第一种操作步骤如下：

（1）用鼠标指在工作表中某两行的坐标水平线上。

（2）当鼠标形状变为十字时，拖动该边界垂直线上下移动。

第二种操作步骤如下：

（1）单击鼠标所在行任意单元格。

（2）在"格式"菜单中，选择"行"，在从下拉列表中选择"行高"，出现"行高"对话框，输入新的行高值，就可以改变行高。

（三）改变对齐方式

用户使用 Excel 时，如果没有设定格式，输入单元格内的数据都将按照默认的格式显示，即文字左对齐，数字右对齐。根据需要，可以改变上述设置。常用的对齐方式有四种，即：左对齐、右对齐、居中、合并及居中。

1. 左对齐：数据在单元格内靠左端放置。

2. 右对齐：数据在单元格内靠右端放置。

3. 居中：数据在单元格内放置在中间。

4. 合并及居中：将所选范围内的单元格合并，形成一个"大"的单元格，数据放置在此单元格中间。

5. 设置对齐方式的操作步骤。

设置数据的对齐方式，操作步骤如下：

（1）选择要改变对齐方式的单元格区域。例如，选择要改变对齐方式的单元格区域为 D58∶I65（见图 2-39）。

（2）单击"格式"菜单，选择"单元格"选项（见图 2-39），屏幕上弹出"单元格格式"对话框，单击"对齐"图标（见图 2-39）。

（3）在文本对齐方式的按水平对齐及垂直对齐选择框内（见图 2-39），可以按实际需要，选择左对齐、右对齐、居中方式中的某一种；在文本控制内，可以按实际需要，选择自动换行、合并单元格等操作。全部选择完成后，按"确定"键，改变对齐方式的操作就完成了。

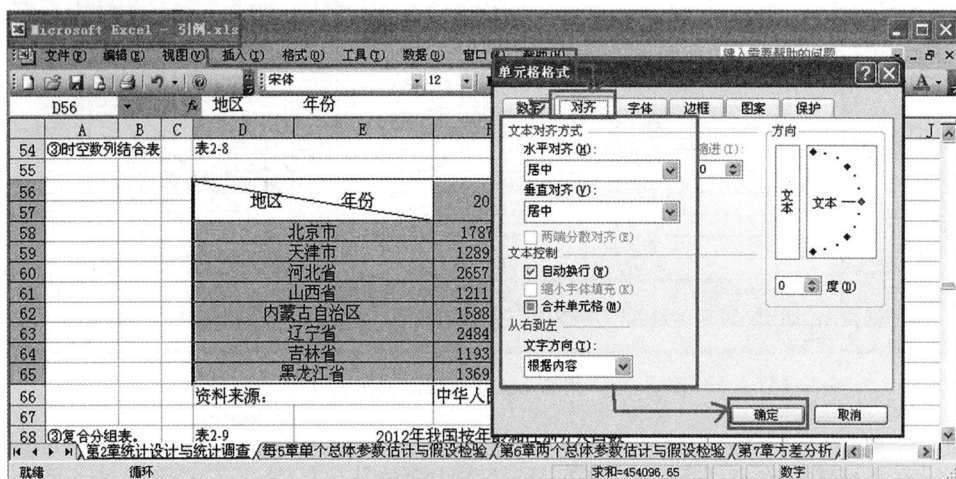

图 2-39　用 Excel 软件修饰工作表（4）

（四）边框和颜色

在编辑 Excel 工作表时看到的浅色表格线，是 Excel 为了便于操作设置的，打印时不会出现。在一般的报表中，需要把报表设计成各种各样的表格形式，使表格内容更加清晰，直观。利用边框和颜色设置可以突出工作表上重要的信息。

1. 设置单元格边框。

设置单元格边框操作步骤如下：

（1）选择设置边框的单元格区域。例如，选择要改变对齐方式的单元格区域为 D58∶I65。

（2）单击"格式"菜单，选择"单元格"选项，屏幕上弹出"单元格格式"对话框，单击"边框"图标。

（3）对线型进行设置（注意：可以设置斜线），单击边框按钮，然后在边框区域中进行设置。

2. 设置单元格颜色。

颜色设置包括：文字颜色、单元格背景色等。通过工具栏中的有关按钮可以设置颜色。

（1）选择设置颜色的单元格区域，单击工具栏中"填充颜色"按钮（或"字体颜色"按钮），弹出调色板对话框（见图2-40①）。

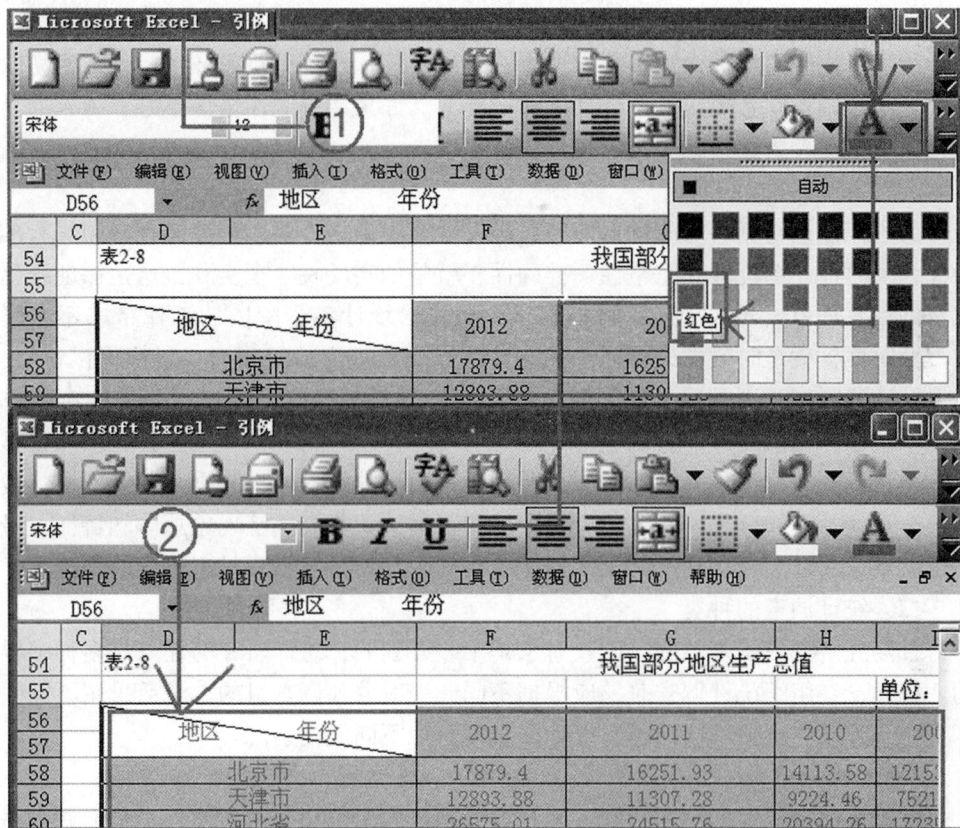

图 2-40 用 Excel 软件修饰工作表（5）

（2）选择对应颜色即可完成背景颜色的填充（或字体颜色的改变）。本例选择的是红颜色。

第四节 统计调查的概念和种类

一、统计调查的概念、地位和要求

（一）统计调查的概念

统计调查，就是根据统计研究的目的、要求和任务，运用各种科学的调查方法，有计划、有组织地搜集有关现象的各个单位的资料，对客观事实进行登记，取得真实可靠的调查资料的活动过程。统计调查所涉及的资料有两种：一种是直接向调查单位搜集的未经初步加工、整理的资料，一般称为原始资料，又称为初级资料；另一种是根据研究目的，搜集经初步加工、整理过的，能够在一定程度上说明总体现象的资料，一般称为次级资料，或称为第二手资料。统计调查一般指的是对原始资料的搜集，并将其进行加工整理、汇总，使其成为从个体特征过渡到总体特征的资料，但有时也包括对次级资料的搜集。

（二）统计调查的地位

统计工作中的统计设计、统计调查、统计整理、统计分析等环节是彼此密切联系的，统计调查则是决定整个统计工作的环节。如果调查工作做得不好，得到的材料残缺不全或有错误，就会影响整个统计工作。

（三）统计调查的要求

为了保证调查资料的质量，使其正确反映客观事物，要求统计调查必须具有准确性、及时性、系统性和完整性。准确性，就是如实反映客观实际，这是保证统计质量的首要环节。如果统计资料不真实，必将给统计各个阶段的工作带来不良影响。及时性，就是时效性，即要求在统计调查方案规定的时间内，尽快提供资料，如果统计资料搜集不及时，就会耽误统计整理分析的时间，使统计失去应有的作用。系统性，是指搜集的资料有条理，合乎逻辑，不杂乱无章，便于汇总。完整性，是指调查单位不重复、不遗漏、所列调查项目的资料搜集齐全。若统计资料残缺不全，就不可能反映所研究对象的全貌和正确认识社会经济现象总体和特征，最终也就难以对社会经济现象的规律性做出明确的判断，甚至会得出错误的结论。

二、统计调查的种类

社会经济现象是复杂的，调查对象是千差万别的，统计研究的任务是多种多样的。因此，在组织统计调查时，应根据不同调查对象和调查目的，灵活采用不同的调查方式方法。根据不同情况，统计调查可分为不同的类别。

（一）全面调查和非全面调查

按调查对象包括的范围不同，调查可分为全面调查和非全面调查。全面调查是指对调查中的全部单位，无一例外地都进行登记或观察。普查、全面统计报表，都是全面调查。非全面调查是指只对调查对象总体中的一部分单位进行登记或观察。这种调查方式的调查单位少，可以用较少的人力、物力、财力和时间调查较多的内容，搜集到较深入、细致的情况和资料。但它未包括全面资料，因此常常需要与全面调查结合起来使用。

（二）经常性调查和一次性调查

按调查登记时间是否有连续性，调查可分为经常性调查和一次性调查。经常性调查，就是按研究现象不断变化，连续不断地进行登记或观察，以反映事物在一定时期内的全部发展过程。一次性调查，就是对被研究现象在某一时刻（或瞬间）的状况进行一次性登记，以反映事物在一定时点上的发展水平。

（三）统计报表和专门调查

按组织方式不同，调查可分为统计报表和专门调查。统计报表是按照统一规定的表示要求，自上而下地统一布置、自下而上地统一提供统计资料的一种调查组织方式。专门调查是为研究某些专门问题，由进行调查的单位专门组织的调查，这种调查属于一次性调查，如人口普查、劳动力调查、科技普查等。实践证明，对经济情况多组织专门的统计调查，可满足各级领导部门制定各种有关方针、政策和领导工作的需要。所以，专门调查在我国统计中占有重要的地位。专门调查可以有多种形式，如普查、重点调查、抽样调查和典型调查等。

（四）搜集资料的方法

按搜集资料的方法不同，调查可分为直接观察法、访问调查法、报告报表法、问卷调查法、卫星遥感法和互联网调查法

1. 直接观察法。

这是指调查人员亲自到现场对调查单位的调查项目直接清点、测定、计量以取得资料的一种统计方法，如为了及时了解农作物的产量而进行产量抽样调查时，调查人员亲自参加抽选样本、实割实测、脱粒、晾晒、保管、过秤计量；为了解工业企业期末的在制品数量，调查人员深入到生产现场进行观察、计数、测量等。直接观察法取得的资料，具有较高的准确性，但需要大量的人力、物力、财力和时间。因此，它的应用受到一定条件的限制。

2. 访问调查法。

这是由调查活动的组织者派调查人员向被调查者提问（分为个别访问和开调查会），根据被询问者的答复来搜集统计资料的一种调查方法。这种调查法可搜集到详细而深入的信息，准确程度也比较高，但是，这种调查法费用大、时间长，对调查人员的素质要求高。

3. 报告报表法。

这是由报告单位根据一定的原始记录、统计台账，依据统计报表的格式和要求，按隶属关系，逐级向有关部门提供统计资料的一种调查方法。如果报告系统健全，原始记录和核算工作完整，采用此法就可以取得比较精确的资料。

4. 问卷调查法。

问卷调查法是为特定目的，以问卷形式提问，发给被调查者，由被调查者自愿、自由回答的一种采集资料的方法。通常是在初步分析调查对象的基础上，从调查对象总体中随机的或有地选择若干调查单位，发出问卷，要求被调查者在规定时间内以不记名（也可记名）方式反馈信息，以形成对调查对象总体的认识。想要科学地进行问卷调查，必须精心设计，问题要简明扼要。在实施上，要尽量避免回答率低或答案质量不高的问题（详见本章第六节）。

5. 卫星遥感法。

卫星遥感法是一种使用卫星高度分辨辐射提供地面资料的方法，主要用来估计农作物产量。这种方法的覆盖面较广，一般用三条轨道的绿度资料就可基本上覆盖我国北方11个省、自治区、直辖市的2 000多万公顷小麦产区。卫星遥感资料要与地面其他资料相印证，以便做出综合分析。地面资料包括类型抽样定点所形成的

面积监测网络资料，还包括统计、农业、气象、农业科研等部门以其他调查方法取得的资料。

6. 互联网调查法。

互联网调查法是借助于各种网络技术所提供的各种工具，搜集、传输有关数据资料。现已显现出诸如网络数据传输的即时性、信息形式的多样性、发布范围的广泛性等许多优越性。现实中的许多调查和统计报表均采用互联网调查法。

第五节　统计调查方案

无论采用什么调查方式搜集资料，都要事先根据需要和可能，对被研究对象进行定性分析，设计出调查方案。统计调查方案是统计设计阶段的一项重要内容，是保证统计调查顺利进行的前提，也是准确、及时、系统、完整地取得调查资料的重要条件。一份完整的调查方案，应包括以下基本内容。

一、确定调查目的和任务

统计调查，总是为一定的研究任务服务的，制定调查方案的首要问题是明确调查的目的和任务。不同的研究目的和任务，决定着不同的调查内容和范围。目的不明，任务不清，就无法确定向谁调查，调查什么，怎样调查，整个调查工作就会陷入盲目混乱，造成人力、物力、财力的浪费。调查目的和任务，主要是根据我国现代化建设的实际需要，并结合调查对象本身特点来确定的。

二、确定调查对象和调查单位

确定调查对象和调查单位，是为了回答和谁调查、由谁来具体地提供统计资料的问题。调查对象，就是在某项调查中需要进行调查研究的社会现象的总体，它是由性质相同的许多个别单位组成的。确定调查对象，首先要根据调查目的，对研究现象进行认真分析，掌握其主要特征，科学地规定调查对象的含义；其次要明确规定调查对象总体的范围，划清它与其他社会现象的界限。只有调查对象的含义确切、界限清楚，才能避免登记的重复或遗漏，保证资料的准确。调查单位的确定取决于调查目的和调查对象，如调查目的在于了解城市职工家庭收支的基本情况，那么全部城市职工家庭就是调查对象，这就需要先划清城市职工与非城市职工的界限，然后明确职工家庭的含义，而每一户城市职工家庭就是调查单位。明确调查单位还需要把它和报告单位区分开。报告单位是一般在行政上、经济上具有一定独立性的单位，而调查单位可以是人、企事业单位，也可以是物。根据调查目的，调查单位与报告单位有时一致，有时不一致，如工业企业普查，每个工业企业既是调查单位又是报告单位，而工业企业生产设备状况的普查，调查单位是工业企业的每台生产设备，而报告单位则是每个工业企业。

三、确定调查项目，设计调查表式

（一）确定调查项目

调查项目就是调查中所要登记的调查单位的特征，这些特征在统计上又称标志。

确定调查项目所要解决的问题是：向调查单位调查什么。反映调查单位特征的标志是多种多样的。在调查中确定哪些调查项目，应根据调查目的和调查单位的特点而定，要紧紧围绕调查目的，从现象之间的相互联系，从现象的过去、现在和未来发展等方面出发，做周详的考虑。

（二）设计调查表式

将反映调查单位特征的调查项目，按一定的顺序排列在一定的表格上，就构成了调查表。调查表是调查方案的核心部分，它是容纳调查中搜集到的原始资料的基本工具。利用调查表进行调查，不仅能够条理清晰地填写需要搜集的资料，便于调查后对资料进行汇总整理。

四、确定调查的时间、空间和方法

调查时间包括三个方面的含义。首先是指调查资料所属的时间，如果所调查的是时期现象，就要明确规定反映的调查对象从何年何月何日起到何年何月何日止的资料；如果所要调查的是时点现象，就要明确规定统一的标准时点。其次是指调查工作进行的时间，即指对调查单位的标志进行登记的时间。最后是指调查期限，即整个调查工作的时限，包括搜集资料及报送资料的整个工作所需要的时间。为了保证资料的及时性，对调查期限的规定，要在保证资料准确性的前提下尽可能缩短。确定调查空间是指确定调查单位在什么地方接受调查，如人口普查要具体规定是常住人口还是现有人口等。调查方法，包括调查的组织形式和搜集资料的具体方法，也都要进行正确的选择。

五、制订调查工作的组织实施计划

为了保证整个统计调查工作顺利进行，在调查方案中还应该有一个周密考虑的组织实施计划。其主要内容应包括：调查工作的领导机构和办事机构；调查人员的组织；调查资料报送办法；调查前的准备工作，包括宣传教育、干部培训、调查文件的准备、调查经费的预算和开支办法、调查方案的传达布置、试点及其他工作等。

第六节 调查问卷的设计

调查问卷是调查者根据调查目的和要求设计的，是由一系列问题、备选答案、说明以及代码表组成的一种调查形式，是用来搜集调查数据、获取信息的一种工具。采用问卷进行调查始于 20 世纪 30 年代的美国，它主要用于搜集政治生活中的民意信息资料。我国从改革以来，此种方法已广泛应用于各个领域，并被纳入统计制度范围。

调查问卷设计的好坏直接影响到数据的质量和分析结论。一份设计优良的调查问卷应该能有效地搜集数据、获取信息，尽可能减少误差和矛盾，并能减少搜集和处理数据所花费的费用和时间。

本节主要介绍有关调查问卷设计中的问题。

一、调查问卷的设计要求

调查问卷设计的主要问题是：问卷中提什么问题，这些问题如何表述以及如何编排才能获得调查所需要的信息。成功的问卷设计必须满足两个条件：一是问卷所列的问题要能让被调查者清楚无误地理解，愿意并易于回答；二是调查者所获得的信息是所要了解的完整、准确的信息，并适合于统计数据的处理。因此，调查问卷设计的基本要求主要有以下几点：

（一）调查问卷的主题必须突出

问卷题目的拟定应围绕调查的主题。问卷中的问题应该符合调查的信息需求，目的明确、重点突出。

（二）问题的表述必须清楚、准确、易于理解

调查问卷中要尽量避免使用专业术语及不规范的简称，应使被调查者能够清楚无误地理解。问卷中语气要亲切，使被调查者愿意回答。

（三）问题的排列顺序要符合逻辑

调查问卷中问题的排列要有一定的逻辑顺序，符合被调查者的思维顺序，层次分明。一般应先易后难，先简后繁，先问事实、后问态度和意向方面的问题，能引起被调查者兴趣的问题放在前面，这样可引起他们回答问卷的兴趣和注意力。对于一些较敏感的问题可放在问卷的最后，以利于调查的顺利进行，否则会引起被调查者的反感，影响被调查者的回答。

（四）避免诱导性提问

问卷的问题不能带有倾向性，应保持中立。诱导性问题能误导被调查者并影响调查结果。有强烈暗示性答案的问题，容易诱导被调查者选择并非自己真实想法的答案，如"很多人认为购买国债是最保险的一种投资方式，你觉得怎么样？"

（五）避免使用双重否定

问卷中应避免使用包含双重否定的句子结构，因为被调查者可能不知道他们的肯定回答是表示同意，还是表示不同意。例如："你赞不赞成政府不允许便利店出售酒的规定？"

（六）尽量避免敏感性问题

敏感性问题是指被调查者不愿意让别人知道答案的问题。例如，个人收入问题、个人生活问题、政治方面的问题等。问卷中要尽量避免提问敏感性问题或容易引起人们反感的问题。对于这类问题，被调查者可能会拒绝回答，或者采用虚报、瞒报的方法来应付回答，从而影响整个调查的质量。若采用匿名问卷的方式，被调查者则会倾向于如实回答较为敏感的问题。

二、调查问卷的基本结构

调查问卷的主要内容是关于调查事项的若干问题和答案，但有这些内容提要是不够的。一份完整的调查问卷，通常是由问卷的题目、说明信（又称封面信）、被调查者的基本情况、调查事项的问题和答案、填写说明和解释（又称指导语）等

五个主要部分组成。

（一）调查问卷的题目

调查问卷的题目是问卷的主题。题目非常重要，应该准确、醒目、突出。要能准确而概括地表达问卷的性质和内容；观点新颖，句式构成上富有吸引力和感染力；言简意赅，明确具体；不要给被调查者以不良的心理刺激。

（二）说明信

说明信一般在问卷的开头，是致谢被调查者的一封短信。这是调查者与被调查者的沟通媒介，目的是让被调查者了解调查的意义，引起被调查者足够的重视和兴趣，争取他们的支持与合作。说明信要说明调查者的身份，调查的中心内容及要达到的目的，选样原则和方法，调查结果的使用和依法保密的措施与承诺等，有时还需要将奖励的方式、方法及奖金奖品等有关问题叙述清楚。说明信必须态度诚恳，口吻亲切，以打消被调查者的疑虑，取得真实资料。访问式问卷与自填式问卷的说明信有所不同，前者还应有对调查员的具体要求。写好说明信，取得被调查者的合作与支持，是问卷调查取得成功的保证。

（三）被调查者的基本情况

被调查者的基本情况是对调查资料进行分类研究的基本依据。一般而言，被调查者包括两大类，一类是个人，另一类是单位。如果被调查者是个人，则其基本情况包括姓名、性别、民族、年龄、文化程度、职业、职务或技术职称、个人或家庭收入等项目；如果被调查者是单位，则其基本情况包括单位名称、经济类型、行业类别、职工人数、规模、资产等项目。若采用不记名调查，被调查者的姓名可在基本情况中省略。

（四）调查事项的问题和答案

调查事项的问题和答案是调查问卷最主要、最基本的组成部分，调查资料的搜集主要是通过这一部分来完成的，它也是使用问卷的目的所在。这一部分设计的好坏关系到该调查有无价值和价值的大小。通常在这一部分既提出问题，又给出回答方式。问题从形式上看，有开放式与封闭式之分；从内容上看，又有背景问题、行为问题、态度问题与解释性问题之别。问题的内容取决于调查目的和调查项目，比较容易确定，这里仅就问题的形式予以阐述。

1. 开放式问题。

开放式问题只提出问题而不向被调查者提供任何具体的答案，由被调查者根据自己的想法自由填写，设计时在问题之后要留有足够大的空白以便回答。例如，下面的问题就是开放式问题：

（1）您喜欢看什么电视节目？

（2）您过去从事什么工作？

（3）您对商品房价格居高不下有何看法？

（4）您对您未来收入的最高估计是多少？

（5）您对个人住房贷款利率上调有何看法？

开放式问题的优点是：问题比较灵活，适合搜集深层次的信息。一般来说，欲了解被调查者的真实呼声，或对某一问题的看法、感觉、要求、评价等均宜采用开放式问题提问。开放式问题能扩展答案的范围，可为被调查者提供自我表达的机会。被调查者使用自己的语言来回答问题，可以充分地按个人的想法与方式发表意见而不受任何限制。因此开放式问题所搜集到的资料往往比较生动，信息量大。通过开放式问题往往能搜集到调查者未考虑到或忽略的信息，因此适用于潜在的答案类型较多的问题，有利于被调查者充分发挥自己的主观能动性。

开放式问题的缺点是：答案各异、复杂多样，有时甚至出现答非所问的情况，给调查后的资料整理、分类、汇总带来一定的困难；描述性的回答较多，难以定量处理；受被调查者表述能力的影响较大，由此会造成一些调查性误差。

2. 封闭式问题。

封闭式问题是在提出问题的同时，给出问题的若干可能答案，由被调查者从中进行选择。

封闭式问题的回答方法主要有：两项选择、多项选择、排序选择、等级评定和双向列联等。

（1）两项选择法。

两项选择题的答案只有两项，被调查者任选其一，是封闭式问题中最简单的一种。

例如，您家有电脑吗？　A. 有　　　B. 无

两项选择的特点是：被调查者容易回答，调查后的数据处理方便。但只限于对简单事实的调查，对于既不肯定，又不否定的答案就无法表示。

例如，您家是否打算近期购买一台电脑，答案会有多种，即"是"、"否"和"没想好"等。

（2）多项选择法。

多项选择法是列出三个或三个以上的答案，由被调查者从中选择。根据答案的多少不同，有三种选择类型：

①单选

单选题要求被调查者选择一项答案。

例如，请问您的年龄是多大？

A. 60 岁以下　　　　　　B. 60 岁 ~ 69 岁　　　　　C. 70 岁 ~ 79 岁

D. 80 岁 ~ 89 岁　　　　　E. 90 岁 ~ 99 岁　　　　　F. 100 岁及以上

②多选

多选题要求被调查者选择两个或以上的答案。被调查者可以在所给出的答案中，选出自己认为合适的，数量不限。

例如，请问您选购商品受哪些因素的影响？

A. 广告　　　　　　　　B. 亲朋、好友的介绍　　　C. 自己的感觉

D. 推销人员的介绍　　　E. 价格因素　　　　　　　F. 其他

③限选

限选题会在问卷上注明被调查者可任选几项。

例如，您认为家庭耐用消费品中最重要的是哪些？（限选三项）

A. 洗衣机	B. 电冰箱	C. 彩色电视机
D. 热水器	E. 空调	F. 摄像机
G. 移动电话	H. 家用汽车	I. 家用电脑
J. 健身器材		

（3）排序选择法。

排序选择法是在列出的多个答案中，由被调查者对所选的答案按要求的顺序进行排序。

例如，你上大学确定专业方向时考虑的因素有哪些？（按考虑因素的先后顺序排序）

A. 个人兴趣	B. 就业率	C. 发展方向
D. 预期收入	E. 别人的建议	F. 工作安稳舒适

这种方法不仅可以反映所要调查的内容，而且可以反映被调查者对某一问题的态度或倾向。

（4）等级评定法。

等级评定法是列出不同等级的答案，答案由表示不同等级的形容词组成，让被调查者选择。

例如，您对我们提供的客户服务的满意程度如何？

A. 非常满意	B. 满意	C. 较满意
D. 不满意	E. 很不满意	

在等级评定中，常用的等级形容词有：很好、好、较好、一般、较差、差、很差；非常喜欢、喜欢、比较喜欢、无所谓、不喜欢等。

（5）双向列联法。

此种方法是将两类不同的问题综合到一起，通过表格来表现，又称列表评定（或称列表调查）法。表的横向（行）为一类问题（通常为评定主体）；表的纵向（列）为另一类问题（通常为评定要素、说明、评定项目）。

此方法可以反映两方面因素的综合作用，提供单一类型问题无法提供的信息，还可节省问卷的篇幅。例如，请在你赞同的项目对应的空格内画"√"或打分（见表2-10）。

封闭式回答方式的优点是：问题清楚具体，应答者容易回答，节约回答时间，材料可信度较高，答案标准，整齐划一，填写方便，容易整理，适于定量分析。

封闭式回答方式的缺点是：由于事先规定了备选答案，应答者的创造性受到约束，不利于发现问题；对比较复杂的问题或不太清楚的问题，很难把答案设计周全，如有缺陷，被调查者就难以正确回答，从而影响调查的质量。因此，在设计封闭式问题的答案时，要尽可能列出给定问题的所有答案，避免遗漏。如难以做到则应加上"其他"，使被调查者有选择的余地。

表 2-10 养老院情况调查表

赞同的项目 养老院名称	环境优良	费用合理	生活舒适	活动方便	服务周到
幸福养老院					
松鹤养老院					
绿波养老院					
兴华敬老院					
莲花老人院					

为了克服封闭式问题的缺陷，也可采用半封闭式回答方式。半封闭式问题是指在对一个问题的回答中，既有封闭式又有开放式。常见形式为先进行封闭式问题的选择，然后回答开放式问题。

例如，您最喜欢的运动是什么？

A. 球类运动　　　　　　B. 跳绳　　　　　　　C. 游泳

D. 滑冰　　　　　　　　E. 体操　　　　　　　F. 太极拳

G. 走步　　　　　　　　H. 其他（请用文字注明）

为了使计算机能对问卷进行定量分析，往往需要对调查事项的问题和答案进行编码，即用事先规定的"代号"（阿拉伯数字）来表示某些事物及其不同状态的信息。开放式问题一般是在问卷回收后进行编码，因为开放式问题的答案数只有在问卷回收后才能知道。封闭式问题一般采取预编码，即在问卷设计的同时进行编码。编码应尽量做到准确、唯一和简短。

（五）填写说明和解释

填写说明和解释包括填写问卷的要求、调查项目的含义、被调查者应注意的事项等，其目的在于明确填写的要求和方法。

除了上述五个基本部分以外，问卷的最后也可以写上几句话，表示对被调查者的感谢，或征求被调查者对问卷设计和问卷调查的意见和感受。如果是访问式问卷还可以加上作业证明，其主要内容包括调查人员姓名、调查时间、作业完成情况。这可以明确调查人员的责任，并便于检查、修正调查资料。

三、调查问卷设计的程序

调查问卷设计的程序一般来说有以下步骤：

（一）根据调查目的确定调查资料

根据调查主题的要求，研究调查内容，初步列出调查主题所需要的全部信息，从中分析哪些是主要信息，哪些是次要信息，哪些是可要可不要的信息，然后删除不必要的信息。再分析哪些信息需要通过问卷调查来取得，以及需要向谁进行调查等，最后确定调查的对象、时间和地点。

（二）分析调查对象的特征

根据上一步骤拟定的调查对象群体，分析他们的社会环境、行为习俗、文化水平、理解能力等基本特征，并根据这些特征来拟定问题。

（三）参考以前的问卷

参考相同或相似主题的其他调查所使用过的问卷，可为将要调查的问题打下良好的基础。在某些情况下，如不同时期数据的比较，可以使用同样的问题，但要注意总体、概念是否一致。

（四）草拟编排问题

编排问题是问卷设计中的关键。在设计时要考虑以下因素：

1. 数据的搜集方法。

问题用什么方式提出取决于数据的搜集方法。调查问卷的长度也是如此。调查人员面访卷最长，自填式问卷稍短，电话访问问卷最短。自填式和调查人员面访可以使用更多的选项。

2. 考虑被调查者的特点。

面向普通公众的调查问卷，所问的问题要简明易懂、能为被调查者理解；面向专业人员的调查问卷，所问的问题可以使用专业语言。

3. 列出最合适的问题。

每个问题都必须有其写入问卷的理由，尽可能列出最合适的问题。

4. 提高问卷调查的质量。

必要时需加以注释、说明，这样可以帮助被调查者准确地回答问题，提高问卷调查的质量。

（五）审议、测试、定稿

这一步指对初步设计的问卷进行认真审议，从中发现问题并加以更正；然后选择小部分群体进行问卷测试，以确保质量；最后定稿印制。

第七节　统计调查的组织方式

统计调查是整个统计工作的基础，只有通过切实地统计调查取得真实的客观材料，才能充分发挥统计的作用。所以，必须科学地确定统计调查的组织方式，才能保证统计调查获得反映客观实际的材料。而组织方式要适应客观形势要求。随着社会主义市场经济体制的建立和发展，面对多种经济成分、多种经济类型、多种经营方式等复杂多样的调查对象，在经济结构复杂和利益主体多元化的格局下，我们充分考虑到各种调查方法的特点和局限性，总结了统计调查的实践经验，借鉴了国际上成功的做法，按照建立社会主义市场经济体制的要求，进行了一系列的改革。我国统计调查是以周期性普查为基础，以经常性的抽样调查为主体，以必要的统计报表、重点调查和综合分析为补充，搜集、整理基本统计资料的统计调查方法体系。

一、普查

（一）普查的意义

普查是根据统计任务的特定目的（如为详细了解国情、国力）而专门组织的一次性全面调查。它主要用来搜集某些不能够或者不适宜用其他方式搜集的统计资料，一般用来调查属于一定时点的社会经济现象的总量，如全国人口、全部生产设备、科技人员总数、第三产业状况等。普查也可以用来反映一定时期的社会现象的总量，如出生人口数、死亡人口数等。

普查是一种很重要的调查方式，是其他方式不可代替的。虽然有些情况下可以通过经常性的统计报表搜集全面的基本统计资料，但它不能代替普查。因为有些社会经济现象，如人口增长及其构成变化、物资库存、耕地面积、工业设备等情况，不可能也不需要组织经常性的全面调查，而国家为了进行社会主义建设，又必须掌握这方面比较全面详细的资料，这就需要通过普查来解决。为了搞清有关国情、国力的重要数字，要分期、分批进行专项普查。根据社会主义现代化建设的需要，我国于 1977 年进行了全国职工人数普查，1978 年进行了全国科学技术人员和基本建设项目普查，1982 年进行第三次全国人口普查，1990 年进行了第四次全国人口普查，2004 年又进行了第一次全国经济普查。2007 年 10 月国家发布了《全国污染源普查条例》（第 508 号国务院令），规定每 10 年进行一次全国污染源普查，标准时点为普查年份的 12 月 31 日。

（二）普查的组织方式

普查的组织方式，基本上有两种：一种是通过专门组织的普查机构，配备一定数量的普查人员，对调查单位直接进行登记；另一种是利用调查单位的原始记录和核算资料，派发一定的调查表格，由调查单位进行核实填报来进行。但是，后一种方式也需组织一个普查机构，配备一定的专门人员，对整个普查工作进行组织领导。

普查是一次性全面调查，多在全国或很大范围内进行，涉及面广，工作量大，调查内容要求高、时效性强，通常需要动员和组织许多人力、物力和财力，组织工作是很繁重的。普查工作必须有统一领导、统一要求和统一行动。在具体组织普查时必须遵循以下几个基本原则：

1. 确定标准时间。

要确定一个统一的调查时点，也叫标准时间，所有调查资料都必须反映这一时点上的状况。标准时间的选择，要根据研究对象性质和实际条件来决定。

2. 同时行动。

在普查范围内的各调查单位或调查点要同时行动，在方法、步调上保持一致，要力求在最短的期限内完成，以保证调查材料的时效性，避免发生重复或遗漏。

3. 统一的规定。

普查项目要有统一的规定，不能任意改变或增减，以免影响汇总和综合，降低资料质量。性质相同的普查，其各个时期的普查项目也应尽可能保持相同，便于对比分析。

4. 最适合的普查时间。

根据普查任务，选择最适合的普查时间。普查时间的间隔，应当尽可能保持一定的周期，以便进行动态分析，观察现象的发展变化情况及其规律性。

二、抽样调查

抽样调查是按随机原则，从总体中抽选部分单位进行观察，并根据这部分单位的调查材料，从数量方面推断总体指标的一种非全面调查。对于无限总体单位分散的调查来说，抽样调查有着其他调查无法代替的优越性。

三、统计报表

统计报表是依照国家有关法规的规定，自上而下地统一布置，以一定的原始记录为依据，按照统一的表式，统一的指标项目，统一的报送时间和报送程序，自下而上地逐级定期提供基本统计资料的一种方式（现实报表传送方式是以电子邮件的形式在网上直接传输）。统计报表所包括的范围比较全面，项目比较系统，分组比较齐全，指标的内容和调查周期相对稳定。因此，它也是我国统计调查体系中一种重要的取得统计资料的调查方式。

（一）统计报表的特点和局限性

在各种统计调查的组织方式中，统计报表的显著特点是：

1. 统计报表可以根据研究任务事先布置到基层填报单位，基层单位可以根据报表要求，建立健全各种原始记录。这种方式可以使统计报表的资料来源建立在可靠的基础上，保证统计资料的准确、及时、系统、完整、方便。基层单位也可以利用统计报表资料，对生产、经营活动进行科学管理。

2. 由于统计报表是逐级上报、汇总，各级领导部门都能得到管辖范围内的统计报表资料，可以经常了解本地区、本部门经济和社会发展情况。

由于统计报表属于经常性调查，内容相对稳定，有利于经常搜集和积累资料，可以系统进行历史资料的对比，研究经济建设和社会发展变化的规律性。

但是，我们必须正视统计报表的局限性。随着社会主义市场经济的发展，统计调查单位的变动频繁，加之决策主体和利益主体的多层次化，各方面对统计数字真实性的干扰，都在很大程度上影响了统计数据的准确性。所以，在充分认识统计报表的优点的同时，要科学地对待统计报表，要将其和其他方式、方法结合起来运用。

（二）统计报表的种类

按照不同的角度，统计报表可进行各种分类：

1. 按调查范围不同，统计报表分为全面调查的统计报表和非全面调查的统计报表。全面调查的统计报表要求调查对象的全部单位填报；非全面调查的统计报表只需要调查对象中的部分单位填报。非全面调查的统计报表又可采用重点的、抽样的和典型的调查方式。

2. 按报送周期不同，统计报表分为定期报表和年报。日报、旬报、月报、季报、半年报均属于定期统计报表。

3. 按报送的方式不同，统计报表分为邮寄报表和电讯报表两种。电讯报表又可分为电报、电话、电传和网络数据传输等方式。

4. 按填报单位不同，统计报表分为基层报表和综合报表。基层报表主要由基层企业、事业单位填报，它是统计调查的基本资料；由主管部门根据基层报表逐级汇总填报表即为综合统计报表。填报基层报表的单位被称为基层填报单位，填报综合报表的单位被称为综合单位。

5. 按实施的范围不同，统计报表分为国家统计报表、部门统计报表和地方统计报表。

6. 按性质和内容不同，统计报表分为基本统计报表和专业统计报表。基本统计报表由国家统计部门编制，在全国范围内执行，用来搜集整个国民经济与社会发展的基本资料。专业统计报表是由各业务主管部门为适应本部门业务管理的需要而制定的，主要用来搜集本部门系统内的统计资料。

（三）统计报表制度

统计报表按国家统计法制定、实施和管理的一整套办法，称为统计报表制度。为提高统计报表质量，制定统计报表制度，首先，要在遵循适用与精简的基础上，既能满足统计任务要求，适应经济建设需要，又要力求简明扼要，切实可行；其次，统计报表的制发，只能由统计部门或业务部门的综合统计机构统一组织，严禁滥发报表，避免各搞一套；再次，基层统计报表应逐步做到统一、配套，并保持相对稳定；最后，对已审核的统计报表必须严格执行，要严肃填报纪律，凡统计报表中的有关规定，各填报单位不得擅自更改，应如实填写，不允许弄虚作假，虚报瞒报。

（四）统计报表资料来源

统计报表资料来源于基层单位的原始记录。从原始记录到统计报表，中间还要经过统计台账和企业内部报表。原始记录是基层单位通过一定的表格形式，对生产经营活动的具体内容和状况进行的最初的数字和文字记载。统计台账是基层单位根据统计报表要求和基层经营管理需要而按时间顺序设置的一种系统积累统计资料的表册。

四、重点调查

（一）重点调查的意义

重点调查是指在调查对象中，只选择一部分重点单位进行的非全面调查。这些单位可能数目不多，但就标志值来说，却在总体标志总量中占有很大比重。调查这部分单位的情况，即可反映被研究现象的基本情况和基本趋势。可见，重点调查中的重点单位并非是战略目标的重点建设项目、重点工程的单位。这里的重点单位是从现象数量方面考虑的，即这些单位的标志值之和占总体全部单位标志总量的绝大部分。例如，要及时了解全国原油生产的基本情况，只要调查占全国原油产量比重很大的大庆油田、大港油田、胜利油田等油田的原油产量即可，虽然只有几个单位，但原油产量却占很大比重。重点调查由于调查单位少，因此比全面调查省时、省力，能用较少的代价搜集到总体的基本情况和基本趋势。重点调查的重点单位，虽然不完全等于工作重点，但这些单位的基本情况对全局工作的发展却有举足轻重的作用。因此，重点调查对于领导及时了解情况，掌握基本趋势指导全局有重要的意义。

（二）重点调查的方法

重点调查的具体做法可以根据调查任务的需要灵活选择。当调查任务只要掌握基本情况、基本趋势，调查对象又具有明显的重点单位时，一般即可能采用重点调查的方法。它既可以用于一次性调查，即对重点单位的某些数量标志值组织专门机构进行调查，也可以用于经常性调查，即对重点单位布置统计报表，经常取得资料，以便作系统的观察和研究。重点单位的选择确定，应着眼于调查目的和调查单位本身的条件。重点单位可以是一些单位，也可以是一些城市或地区。重点单位选多选少，要根据调查任务来确定。一般来说，选出的单位数量应尽可能少些，而其标志值在总体标志问题总量中所占比重应该尽可能大些。选中的单位，管理应比较健全，统计力量应比较充实，统计基础应比较稳固，这样才能准确、及时地取得资料。

五、典型调查

典型调查是根据调查目的和要求，在对所研究总体进行全面分析的基础上，有意识地从中选择少数具有典型性的单位进行深入调查研究的一种非全面调查。其特点是：（1）调查单位是根据调查目的有意识选择出来的少数具有典型性的单位，从典型入手便于认识事物一般性和普遍性。（2）典型调查单位少，调查方法机动灵活，省时省力，提高调查效果。（3）典型调查是一种深入、细致的调查，通过深入细致地调查，既可以搜集有关数字资料，又可以掌握具体、生动的情况，事物发展的规律性。

在统计工作中，典型调查既可以作为统计搜集资料的一种调查方式，也可以进行分析研究。其主要作用是：（1）可用以研究新生事物，抓住苗头，认真地进行调查研究，探索它们的发展方向，形成预见，加以推广；（2）可以补充全面调查的不足；（3）可以利用典型资料，结合基本统计数字，估计推算有关数据。搞好典型调查的关键是根据研究目的选择具有典型性的单位。通常可选先进典型、后进典型和一般典型。搜集典型材料的方法很多，其中最主要、最基本的方法是调查人员深入实际，邀请一部分切实了解情况的人开展讨论式的研究，搜集丰富的感性认识材料。

六、其他调查和综合分析方法

为保证取得各方面所需的正确的高质量的统计资料，人们还广泛运用其他诸如科学估算、专家评估等现代调查统计分析方法。但是，这些只能作为一种必要的补充。

此外，根据实际需要，有关方面还可以利用民间统计调查资料。民间统计调查，是指我国具有行政管理职能的国家机关所组织的政府统计调查、部门统计调查和地方统计调查以外的，由不具有行政管理职能的其他组织和个人所组织的各种统计调查活动。民间统计调查活动的出现，统计信息咨询等多种形式的信息有偿服务的兴起，对扩大统计信息的数量、加快统计信息市场的培育和发展，发挥了一定的积极作用，应该通过法律规范，鼓励和支持其合法、健康地发展，同时，也对其加强规范、引导和管理，使其成为我国统计体系的重要力量。

七、各种调查组织方式的结合运用

前文中我们分别介绍了各种不同统计调查方式、方法。这些方式、方法各有其特点和作用。在实际统计工作中，并非单用一种方式、方法，而是要多种调查方式、方法结合作用。其理由是：（1）随着社会主义市场经济体制的发展，统计调查对象日趋复杂，经济结构多样化，利益主体多元化，国民经济门类众多，变化多端，必须用多种多样的统计调查组织方式、方法，才能搜集到丰富的统计资料。（2）任何一种统计调查方法都有它的优越性与局限性，各有不同的实施条件，只用一种统计调查方法，不能充分地反映社会经济现象的真实情况。为适应社会主义市场经济体制的建立和发展，必须在我国原有的一些统计调查方式、方法的基础上，创建一套具有中国特色的、科学合理的统计调查体系，有意识地采用多种多样的调查方式、方法，把各种统计调查方式、方法有机地结合起来运用，力求做到统计信息准确、全面、迅速，发挥统计的信息、咨询和监督作用。

如何结合运用呢？主要视具体情况而定。就我国来说，整个统计工作是以普查为基础，抽样调查为主体，辅之以其他方式，取得统计资料。具体方法是：（1）建立周期性的普查制度，掌握重要的反映国情、国力的最重要的、最基本的指标。（2）大力普及、广泛采用抽样调查技术，依部分单位资料，推断总体的有关数据。（3）适当采用全面统计报表掌握全面情况，继续发挥重点调查和其他科学推算方法的作用，更广泛、深入、更具体地掌握情况。各种方式、方法结合运用搜集统计资料，既可以掌握全面的基本资料，又可以搜集到重点的或典型的资料；既可以观察到事物数量变化的情况，又有助于深入研究事物发展变化的规律性。

八、统计调查误差及其防止

（一）统计调查误差的概念和种类

统计调查误差，就是调查结果所得的统计数字与调查总体实际数量表现的差别。统计调查误差有两种：一种是登记误差，另一种是代表性误差。登记误差又叫调查误差，它是由于调查过程中各个有关环节的失误造成的，主要包括计量错误、记录错误、计算错误、抄录错误、在逐级上报过程中的汇总错误、被调查者所报不实或调查者有意瞒报或虚报以及调查方案的规定不明确等。这种误差，在全面调查和非全面调查中都会产生。代表性误差，只有在非全面调查的抽样调查中才有，全面调查不存在这类误差。抽样调查从总体中抽出一部分单位进行观察，并用这部分的标志值来估计总体的标志值，这同总体的实际标志值会有一定的差别，这就是代表性误差产生的原因。代表性误差又可分为两种：一种是偏差，它一般是由于总体中抽选调查单位没有按照随机原则而造成的。但在抽样调查中，即使严格按照随机原则，消除了偏差，也存在另一种不可避免的代表性误差，即抽样误差。这种误差是由抽样随机性带来的，在抽样调查中无法避免和消除，但可以控制。

（二）统计调查误差的防止

为了取得准确的统计资料，必须采取各种措施，防止可能发生的统计调查误差，并把它降低到最低限度。

第一，要正确制订统计调查方案，设计调查问卷，详细说明指标含义和计算方法，合理选定调查方法，使之符合调查对象的实际，并使调查人员或填报人员能够明确执行，不致产生歧义。

第二，有了科学的统计调查方案，还要切实抓好调查方案的贯彻执行工作：①加强对统计人员的培养训练，使每个统计人员都能严格地执行统计制度。②扎扎实实地搞好统计基础工作。建立统计机构，配备必要的统计人员。建立健全原始记录、统计台账、班组核算等制度，使统计资料的来源准确、可靠。③在统计调查过程中，加强对数字填报质量的检查。

网上测验考试

1. 课堂内的网上测验考试

在 15 分钟内，通过中国数字大学城东北财经大学全程互动统计学及其实验——基于 Excel 和 SPSS 软件课程的考试平台，完成课堂内的网上测验考试。

2. 课堂外的网上测验考试

课后，通过中国数字大学城东北财经大学全程互动统计学及其实验——基于 Excel 和 SPSS 软件课程的考试平台，完成课后网上测验考试。

第三章 统计整理与相对指标分析

〔**本章学习目标**〕通过本章学习，了解统计整理的意义和步骤；了解统计分组的意义、原则及方法；掌握具体的数据分组方法；会用经验公式编制等距数列。了解并掌握相对指标分析法，为后续课程的学习打下良好基础。

〔**本章重点难点**〕重点是了解统计整理的意义，了解统计分组的意义、原则及方法；掌握具体的数据分组方法；会用经验公式编制等距数列，特别是要掌握"上组限不计入"原则，斯特基斯经验公式的使用，中位数的确定方法及计算公式，Excel 的 SMALL 函数、CEILING 函数和 FREQUENCY 函数的含义、使用方法及使用技巧。了解并掌握相对指标分析法，为后续课程的学习打下良好基础。

统计调查得到的资料，是巧妇手中之米；对统计资料进行整理，是去除米中杂质，把不同的米精选、分装，为烹制佳肴做准备的过程。统计整理为跨越统计调查与统计分析之间的鸿沟架起一座桥梁，它在统计研究中起着承前启后的作用。

〔**建议学时**〕4.5 学时

【引例3-1】请对东北财经大学 100 名在校大学生每月的消费情况现场调查数据（金额单位：元），进行整理，并进行初级统计分析（见表 3-1，即"全程"文件夹"引例"工作簿的"第三章统计整理与相对指标分析"工作表，以下简称"第三章"工作表）。

表 3-1　　　　　　100 名在校大学生每月的消费情况现场调查数据　　　　　金额单位：元

689	998	1 133	1 276	1 329	1 563	1 980
697	998	1 138	1 279	1 329	1 577	1 987
739	999	1 139	1 284	1 329	1 600	2 100
795	1 034	1 168	1 287	1 349	1 609	2 198
853	1 037	1 168	1 291	1 372	1 620	2 301
870	1 073	1 169	1 297	1 380	1 642	2 310
880	1 088	1 182	1 298	1 394	1 669	2 319
928	1 100	1 184	1 299	1 398	1 683	2 384
938	1 107	1 198	1 300	1 398	1 713	2 646
948	1 109	1 200	1 300	1 400	1 720	3 728
948	1 109	1 200	1 320	1 409	1 737	
977	1 120	1 200	1 320	1 437	1 752	
983	1 129	1 209	1 320	1 450	1 779	
984	1 130	1 243	1 328	1 532	1 884	
992	1 132	1 269	1 328	1 540	1 930	

资料来源　通过中国数字大学城东北财经大学网站收集.

【问题讨论】你能否读懂上述资料？该资料有何特点？如何整理与分析？本章将回答以上问题。

第一节 统计整理的意义和步骤

一、统计整理的意义

（一）概念

定义 3.1：统计整理即"统计资料整理"，是指根据统计研究的任务与要求，对统计调查所搜集到的原始资料进行分组、汇总，使其条理化、系统化的工作过程。广义地说，统计整理也包括对次级资料进行的再加工。

统计整理是统计工作的第三个阶段，是统计调查的继续和发展，是统计分析的前提和条件，在整个统计工作过程中起承上启下的作用。因为，统计调查所搜集到的原始资料是零碎的、分散的、不系统的，是反映个体特征的，不能反映总体的综合数量特征和事物的规律性。只有通过统计整理，去伪存真，去粗存精，将分散零碎的个体资料进行归纳和概括，才能得到系统的、反映总体数量特征和规律性的统计资料，才能认识总体。

（二）意义

统计整理在整个统计研究中占有重要的地位。统计整理的正确与否，将直接影响和决定着整个统计研究的任务能否完成。如果采用不科学不完整的整理方法，即使搜集到准确、全面的统计资料，也往往使这些资料失去应用价值，掩盖客观现象的本质，难以得出正确的结论。因此，必须十分重视统计整理工作。

统计整理实现了从个别单位的标志值向说明总体数量特征的指标值的过渡，是人们对社会经济现象从感性认识上升到理性认识的过渡过程，为统计分析提供基础，它在统计研究中起着承前启后的作用。

【思考】拿到统计调查的第一手资料后，在整理之前应该做好哪些准备工作，以免做无用功？

二、统计整理的步骤

（一）制订统计整理方案

统计整理方案是根据统计调查目的，获得预期的统计资料的整理流程计划。确定统计资料整理方案包括两方面的设计工作：一是对总体资料的处理方法（例如：如何分组）；二是确定用哪些具体的统计指标来说明总体。

统计整理方案和工作计划所围绕的核心是保证统计数据的整理结果的质量。一些重大的统计调查工作，如人口普查等，统计整理方案中还应包括一些工作细则，如原始资料的审核细则、计算机处理细则等。

（二）对调查资料进行审核和更正

统计调查过程中由于种种原因难免会出现一些差错。为了保证统计资料的质量，在统计资料进入数据处理过程之前，必须对调查取得的资料进行审核。

1. 审核。

审核的内容主要包括两个方面：准确性审核和完整性审核。

（1）准确性审核。准确性审核包括两个方面：一是检查数据资料是否真实地反映了调查单位的实际情况，内容是否符合实际；二是检查数据是否有错误，计算是否正确等。

①逻辑检查主要是审查各资料是否符合逻辑、内容是否合理、有关项目之间是否存在矛盾的地方。

②计算检查是检查数据的计算结果是否有错误。计算检查主要用于对定量（数量）资料的审核。

（2）完整性审核。完整性审核主要是检查应调查的单位是否有遗漏，应调查的内容是否齐全，应收到的调查表是否按规定已收齐等。

2. 更正。

对审核中发现的问题要及时进行更正，以保证数据的完整性和准确性。

（三）统计分组、编制分配数列

统计整理的关键是统计分组，统计分组是统计汇总的重要前提。关于统计分组的内容我们将在本章第二节详细阐述。

（四）统计汇总

统计整理的中心内容是统计汇总。统计汇总的方法有手工汇总和计算机汇总两种。

手工汇总就是将原始资料中的数据，按照整理表和综合表的要求，进行记录和计算，求出单位数与合计数，计算一些综合指标。

计算机数据汇总则须先将数据通过录入设备记载到磁盘等介质上，然后进行汇总处理。

（五）编制统计表，显示整理结果

统计表是统计整理的结果。为了使统计整理的结果更直观，通常还把统计整理的结果绘成统计图。

第二节　统计分组

一、统计分组的概念

统计分组就是根据统计研究的需要，将统计总体按照一定的标志分为若干个组成部分的一种统计方法。例如，将某一班级的全体同学按照性别划分为男、女两个组；对某市 100 家大型零售商店按照零售额、职工人数进行分组等。

统计分组具有两个方面的含义：对总体而言，是"分"，即将同质总体区分为性质有别的不同组成部分；对总体单位而言，它是"组"，即将性质相同或相近的不同总体单位组合在一起，构成一个组。

例如，要了解我国人口状况，只知道总人口数量是不够的，而应将人口总体按照年龄、性别、民族、城乡、文化程度等分组，才能进一步地深入了解我国人口总体的年龄结构、性别比例、民族构成等。

二、统计分组的作用

统计分组的作用在于使数据条理化。合理的分组将总体单位划分为组间差异较大、组内差异较小或没有差异的若干组，以便于下一步的分析研究。

三、统计分组的方法

统计分组的关键问题是正确地选择分组标志与划分各组界限。前者主要是指品质标志分组，后者主要是指数量标志分组。

（一）分组标志选择的原则

1. 要选择能够反映事物本质或主要特征的标志。

2. 应根据研究的目的与任务选择分组标志。

3. 根据现象所处的历史条件的变化选择分组标志。

（二）统计分组的方法

1. 按品质标志分组。

按照品质标志分组就是将用来反映事物的属性、性质的标志作为分组标志，可以将总体单位划分为若干性质不同的组成部分。例如，人口按性别、文化程度、民族、籍贯等标志分组；企业按经济类型、轻重工业、隶属关系、企业规模等标志分组等。

2. 按数量标志分组。

按数量标志分组就是将用来反映事物数量差异的标志作为分组标志，将总体各单位划分为若干个组。例如，地区经济按国内生产总值分组、企业按销售收入分组等。

四、统计分组体系

分组体系有下列形式：

（一）简单分组与平行分组体系

社会经济总体只选择一个标志分组称为简单分组。对同一总体选择两个或两个以上的标志分别进行简单分组，排列起来，即成为平行分组体系。

（二）复合分组与复合分组体系

复合分组是将两个或两个以上分组标志重叠起来对总体进行的分组。例如，将人口先按"性别"分成男、女两组，然后在男性和女性两组中分别按照"文化程度"划分为大学生及大学以上、高中、初中、半文盲及文盲五组。

第三节　分配数列

一、分配数列的概念与种类

分配数列定义：在统计分组的基础上，总体中的所有单位按其所属的组别归类整理，并且按照一定的顺序排列，形成总体单位数在各组分布的一系列数字，称为分配数列，又称次数分配或次数分布。

分配数列中，分布在各个组的总体单位数叫次数，又称频数。

如果将分组标志序列与各组相对应的频率按照一定的顺序排列，就形成频率分布数列。

分配数列有两个组成要求：一是分组；另一个是次数或比率。根据分组标志的性质不同，它可以分为品质数列与变量数列。

（一）品质数列

它是按品质标志分组的数列，用来观察总体单位中不同属性的单位分布情况，如表 3-2 所示。

表 3-2　　　　　　　　　　2012 年我国人口性别构成情况

人口性别分组	人口数（万人）	占人口的比重（%）
男	69 395	51.25
女	66 009	48.75
合计	135 404	100.00
（分组名称）	（次数）	（频率）

品质数列的编制比较简单，但要注意分组时，应包括分组标志的所有表现，不能有遗漏，各组表现相互独立，不得相融。

（二）变量数列及其编制

变量数列是将总体按数量标志分组，将分组后形成的各组变量值与该组中所分配的单位次数或频数，按照一定的顺序相对应排列所形成的分配数列。变量数列分为单值数列和组距数列两种。

1. 单值数列及其编制。

（1）单值数列。单值数列就是将每一个变量值作为分组标志所得到的变量数列。

（2）单值数列的编制。单值数列的编制比较明确、容易、简单，只要将每一个变量值及其出现的次数统计出来，然后编制成类似表 3-3 形式的表格就可以了。

表 3-3　　　　　　　　　某工厂生产车间工人按日产量分布

日产量（件）	工人数	比率（%）
20	3	10.0
21	7	23.3
22	10	33.3
23	6	20.1
24	4	13.3
合计	30	100.0
（各组变量值）	（次数）	（频率）

2. 组距数列及其编制。

（1）组距数列。用连续变量分组来编制分配数列时，或者虽是离散变量，但数值很多，变化范围很大时，单值数列就不能适用了，而应考虑采用组距数列的形式。组距数列就是将每一个数值区间作为分组标志所得到的变量数列。表 3-4 这样的表格属于组距数列。

表 3-4　　　　　　　　　　　　某班级统计学成绩分布表

考试分数	人数（人）	频率（%）
60 以下	6	9. 52
60 ~ 70	9	14. 29
70 ~ 80	15	23. 81
80 ~ 90	21	33. 33
90 ~ 100	12	19. 05
合计	63	100. 00
（各组变量值）	（次数）	（频率）

在组距式变量数列中，需要明确以下概念：

①组限。组限为组距数列中每组区间两端的数值。在每一组的两个组限中，较大者叫上限，较小者叫下限，如果组限都齐全，称为闭口组；组限不齐全，即缺下限或缺上限，称为开口组。

②组距。组距为每组下限与上限之间的距离，即：组距＝上限-下限

③等距数列和异距数列。如果所有组的组距都相同，称为等距数列，其余的都称为异距数列。

④组中值。每组区间中点位置上对应的数值，称为组中值。

（2）组距数列的编制。根据【例 3-1】所给数据编制等距数列。

具体编制步骤如下：

第 1 步：计算全距 R。

将各变量值由小到大排序（见"第三章"工作表中 J2：J101 单元格区域），确定最大值，最小值，并计算全距。

指导　　　　　　　Excel 软件内最小值 SMALL 函数的使用说明

①函数的含义。

返回数据集中第 k 个最小值。使用此函数可以返回数据集中特定位置上的数值。

②函数表达式。

SMALL（array，k）

Array：为需要找到第 k 个最小值的数组或数字型数据区域。

K：为返回的数据在数组或数据区域里的位置（从小到大）。

③使用说明。

Ⅰ. 如果 array 为空，函数 SMALL 返回错误值 #NUM！。

Ⅱ. 如果 k ≤ 0 或 k 超过了数据点个数，函数 SMALL 返回错误值 #NUM！。

Ⅲ. 如果 n 为数组中的数据点个数，则 SMALL（array，1）等于最小值，SMALL（array，n）等于最大值。

变量的最大值是 3 728（=SMALL（＄A＄2：＄G＄16，I2）），最小值是 689（=SMALL（＄A＄2：＄G＄16，I101））。

全距 R＝最大值-最小值＝3 728-689＝3 039。

第 2 步：确定组数 m 和组距 d。

组数可以根据实际需要进行确定，但我们这里采用的是斯特基斯经验公式：

m＝1+3. 322log（N）

其中 N 是单位总数。

本题 N＝100，所以，本题的组数

m＝1+3. 322log（N）＝1+3. 322log（100）＝7. 644≈8（=CEILING（J106，1））

注意：我们组数的取法是向上取整法。

指导　　　　　　Excel 软件内向上舍入 CEILING 函数的使用说明

①函数的含义。

将参数 Number 向上舍入（沿绝对值增大的方向）为最接近的 significance 的倍数。

②函数表达式。

CEILING（number，significance）

Number：向上舍入的数值，即不采用四舍五入，而是小于向上舍入的基准数的尾数就需要进位的那个数值。

Significance：是需要向上舍入的基准数。

③使用说明。

Ⅰ. 如果参数为非数值型，CEILING 返回错误值 #VALUE！。

Ⅱ. 无论数字符号如何，都按远离 0 的方向向上舍入。如果数字已经为 Significance 的倍数，则不进行舍入。

Ⅲ. 如果 Number 和 Significance 符号不同，CEILING 返回错误值 #NUM！。

计算组距如下：

$d = R/m = 3\ 039/8 = 379.\ 385 \approx 380$（= CEILING（J108，1））

注意：我们组距的取法也是向上取整法。

第3步：确定组限。

关于组限的确定，应注意如下几点：

第一，最小组的下限（起点值）应不高于最小变量值，最大组的上限（终点值）应不小于最大变量值。

第二，组限的确定应有利于表现出总体分布的特点，应反映出事物质的变化。

第三，为了方便计算组限应尽可能取整数，最好是5或10的整倍数。

第四，由于变量有连续型变量和离散型变量两种，其组限的确定方法是不同的。

第4步：编制频数（频率）分布表（如表3-5）。

"上组限不计入"原则，即每一组变量值包括的范围是大于等于其下限、小于其上限的所有变量值。

注意：表3-5内的频数可以利用Excel的FREQUENCY函数间接计算出来。

表3-5　　　　　100名在校大学生每月的消费情况现场调查数据分组　　　　金额单位：元

消费组编号	消费区间下限	消费区间上限	频数（个）	频率（%）	组中值
1	689	1 069	20	20	879
2	1 069	1 449	52	52	1 259
3	1 449	1 829	16	16	1 639
4	1 829	2 209	6	6	2 019
5	2 209	2 589	4	4	2 399
6	2 589	2 969	1	1	2 779
7	2 969	3 349	0	0	3 159
8	3 349	3 729	1	1	3 539
合计	—	—	100	100	—

例如，第一组的频数20，可以使用Excel函数表达式"= FREQUENCY（J \$ 2：J \$ 101，M2）"计算出来（见"全程"文件夹"引例"工作簿的"第三章统计整理与相对指标分析"工作表的O2单元格）；第二组的频数52，可以使用Excel函数表达式"= FREQUENCY（J \$ 2：J \$ 101，M3）-FREQUENCY（J \$ 2：J \$ 101，M2）"计算出来（见"全程"文件夹"引例"工作簿的"第三章统计整理与相对指标分析"工作表的O3单元格）；其它各组的频数计算方法模仿第二组计算频数的方法即可。

指导   **Excel 软件内频数 FREQUENCY 函数的使用说明**

①函数的含义

以一列垂直数列计算某个区域中数据的累计频数。

②函数表达式

FREQUENCY （data_ array，bins_ array）

③使用说明

Ⅰ. Data_ array 为对一组数值的引用，用来计算频率。如果 data_ array 中不包含任何数值，则函数 FREQUENCY 得到零数组。

Ⅱ. Bins_ array 为对上组限的引用。如果 bins_ array 中不包含任何数值，则函数 FREQUENCY 返回 data_ array 中元素的个数。

第 5 步：计算组中值。

组距数列的每一组变量值都是一个区间，无法进行直接的分析计算，因此，需要为每一个区间确定一个代表性的变量值。通常的做法是假定变量值在组内的分布是均匀的，即从下限值均匀地变化至上限值，进而取位于中间的变量值为该组代表性的数值，这就是组中值。

组中值的计算公式为：

$$组中值 = \frac{本组上限 + 本组下限}{2}$$

由于开口组只有一个组限，无法直接计算其组距，因此规定，开口组以相邻组的组距为其组距。比如，某个组距数列的第一组上限为 80，缺少下限，而该组的邻组组距为 4，则该组的下限应当是 80−4＝76，因此，该组的组中值应当是（80＋76）÷2＝78。

组中值通常用来参与各类计算。由于组中值的确定以组内变量值均匀分布为假设条件，而通常情况下组内变量值的分布是不均匀的，因此，以组中值为每一组的代表性数值往往与实际情况有出入，这样，基于组距数列进行分析计算得到的结果只能是一个近似值，而不是实际值。

第 6 步：计算累计频数和累计频率。

为了更详细地认识变量的分布特征，还可以计算累计频数和累计频率，编制累计频数和累计频率数列。累计频数和累计频率有向上累计频数（频率）和向下累计频数（频率）两种。

以变量值大小为依据，由变量值小的组向变量值大的组累计频数和频率，成为向上累计频数和向上累计频率。向上累计数的意义是：小于变化值大的组的该组上限的各组的频数或频率之和。相反，由变量值大的组向变量值小的组累计各组的频数或频率，称为向下累计频数或向下累计频数。

向下累计数的意义是：大于及等于变化值小的组下限的各组的频数或频数或频率之和。根据 100 名在校大学生每月的消费情况现场调查分组数据资料编制的向上累计频数（频率）和向下累计频数（频率）分布如表3-6。

表3-6　　　　100名在校大学生每月的消费情况现场调查数据累计分组　　　金额单位：元

消费组编号	消费区间下限	消费区间上限	向上累计频数（个）	向上累计频率（%）	向下累计频数（个）	向下累计频率（%）
1	689	1 069	20	20	100	100
2	1 069	1 449	72	72	80	80
3	1 449	1 829	88	88	28	28
4	1 829	2 209	94	94	12	12
5	2 209	2 589	98	98	6	6
6	2 589	2 969	99	99	2	2
7	2 969	3 349	99	99	1	1
8	3 349	3 729	100	100	1	1
合计	—	—	—	—	—	—

第四节　相对指标分析

相对程度是两个有联系的指标的比率，如国民收入计划完成程度、性别比例、消费类别比例等。反映相对程度的统计分析指标共分为六类：计划完成程度相对指标、结构相对指标、比例相对指标、比较相对指标、动态相对指标和强度相对指标。

一、计划完成程度相对指标

计划完成程度相对指标简称计划完成百分数，它是以现象在某一段时间内的实际完成数与计划任务数对比，用来检查、监督计划执行情况，观察计划完成程度的。计算公式如下：

$$计划完成程度相对指标 = \frac{实际完成数}{计划任务数} \times 100\%$$

【例3-1】某公司利润额2012年计划数为200万元，实际完成数为215万元，问计划执行情况如何？

【解】计划完成程度相对指标 $= \dfrac{215}{200} \times 100\% = 107.5\%$

计算结果表明，该公司2012年利润额计划完成程度为107.5%，超计划完成7.5%，实际利润额比计划利润额增加15万元。

在实际计划工作中，有时用动态相对指标下达计划，如计划任务为劳动生产率增长百分之几，成本水平降低百分之几等，在计算计划完成程度相对指标时就要把上期实际水平考虑进去。

【例3-2】某公司劳动生产率计划规定比上年提高5%，实际比上年提高10%。

问计划执行情况如何？

【解】计划完成程度相对指标 $=\dfrac{1+10\%}{1+5\%}\times100\%=104.76\%$

计算结果表明，该公司劳动生产率计划完成度为 104.76%，超计划完成 4.76%。

【例3-3】某产品单位成本计划比上月降低 5%，实际比上月降低 3%。问计划执行情况如何？

【解】计划完成度相对指标 $=\dfrac{1-3\%}{1-5\%}\times100\%=102.11\%$

计算结果表明，某产品单位成本计划完成程度为 102.11%，未完成计划；或表述为只完成任务的 97.89%。

分析：例 2 结果是 104.76%，则超计划完成 4.76%；为什么例 3 结果是 102.11%，就不是超计划完成 2.11% 呢？

分析提示：例 2 和例 3 的指标性质不同。例 2 的生产率是产出指标，越高越好；而例 3 的单位成本，则是投入指标，越低越好。

二、结构相对指标

结构相对指标是表明总体内部的各个组成部分在总体中所占比重的综合指标，也叫比重指标。用以研究总体内各组成部分的比重情况，从而深刻认识事物各个部分在总体中的地位。计算公式如下：

结构相对指标 $=\dfrac{\text{总体部分数值}}{\text{总体全部数值}}\times100\%$

结构相对指标一般用百分数或系数表示。由于分子指标数值是分母指标数值中的一部分，因此，各部分结构相对指标数值之和等于 100% 或 1。

【例3-4】根据国家统计局网站公布的按三个产业分就业人员数（见"全程"文件夹"引例"工作簿的"第二章统计设计与统计调查"工作表内的表 2-6，以下简称"第二章"工作表内的表 2-6），计算 2012 年三个产业就业人员的结构相对指标数值。

【解】2012 年第一产业就业人员的结构相对指标数值 $=\dfrac{25\ 773}{76\ 704}\times100\%=33.60\%$

2012 年第二产业就业人员的结构相对指标数值 $=\dfrac{23\ 241}{76\ 704}\times100\%=30.30\%$

2012 年第三产业就业人员的结构相对指标数值 $=\dfrac{27\ 690}{76\ 704}\times100\%=36.10\%$

计算结果表明，2012 年第一、二、三产业就业人员占总就业人员的比例比较接近，只是第三产业就业人数略多些。这说明中国社会目前处于一个相对比较发达的社会形态之中。

三、比例相对指标

比例相对指标是反映总体内部各个组成部分之间的数量对比关系的综合指标。计算公式如下：

$$比例相对指标=\frac{总体中某一部分数值}{总体中另一部分数值}$$

比例相对指标能够反映事物内部各部分之间的数量联系程度和比例关系，因而应用广泛，如储蓄与消费的比例关系、三次产业的比例关系、轻重工业的比例关系等。比例相对指标通常用比的形式表示。如 2010 年人口普查显示中国 0~4 岁儿童男女性别比为 119.3∶100。

【例 3-5】根据【例 3-4】数据，计算 2012 年三个产业就业人员的比例相对指标数值。

【解】2012 年三个产业就业人员的比例相对指标数值为：

= （25 773∶23 241∶27 690）÷25 773＝100∶90.18∶107.44

计算结果表明，以第一产业就业人员数为比较基础，2012 年第二产业就业人员数比第一产业就业人员数下降约 10 个百分点，而第三产业就业人员数比第一产业就业人员数上升约 7 个百分点。这说明中国社会目前处于一个相对比较发达的社会形态之中。

四、比较相对指标

比较相对指标是同一时间（或地点）同类现象在不同总体之间的对比，用来表明同类事物在不同空间条件下的数量对比关系的综合指标。计算公式如下：

$$比较相对指标=\frac{某总体的某类指标数值}{另一总体的同类指标数值}$$

比较相对指标通常也用比的形式表示。

【例 3-6】根据国家统计局网站公布的我国部分地区生产总值数据（见"第三章"工作表内的表 2-9（1）），计算 2012 年北京市、天津市、河北省、山西省、内蒙古自治区地区生产总值的比较相对指标数值。

【解】2012 年北京市、天津市、河北省、山西省、内蒙古自治区地区生产总值的比较相对指标数值

= （17 879.4∶12 893.88∶26 575.01∶12 112.83∶15 880.58）÷17 879.4

=100∶72.12∶148.63∶67.65∶88.82

计算结果表明，以北京市地区生产总值数值为比较基础，2012 年天津市比北京市低大约 28 个百分点；河北省比北京市高出大约 48 个百分点；山西省比北京市低大约 33 个百分点；内蒙古自治区比北京市低大约 12 个百分点。

比较相对指标与比例相对指标的区别，在于判断同类指标的分子、分母是否在同一总体。分属两个总体的同类指标对比是比较相对指标，属于同一总体的同类指标对比则是比例相对指标。

五、动态相对指标

动态相对指标是表明同类现象在不同时间上的对比关系，用来说明现象在时间上发展变化的方向和程度的综合指标，也称为发展速度。计算公式如下：

$$动态相对指标=\frac{报告期指标数值}{基期指标数值}\times100\%$$

报告期是我们所要研究的时期，基期是与之对比的时期。通常报告期发生的时间在后，基期发生的时间在前。

【例3-7】根据【例3-6】提供的数据，计算2012年北京市地区生产总值的动态相对指标数值（％）。

【解】2012年北京市地区生产总值的动态相对指标数值如下：

第1个动态相对指标数值：17 879.4÷16 251.93×100%＝110.01%

第2个动态相对指标数值：17 879.4÷14 113.58×100%＝126.68%

第3个动态相对指标数值：17 879.4÷12 153.03×100%＝147.12%

计算结果表明，2012年北京市地区生产总值比2011年增长10.01%，比2010年增长26.68%，比2009年增长47.12%。

动态相对指标在统计分析中应用广泛，我们会在时间序列分析中一章中详细介绍，这里就不再详述。

六、强度相对指标

强度相对指标是两个性质不同、但有一定联系的总量指标之比，用以表明现象强度、密度和普遍程度的综合指标。计算公式如下：

$$强度相对指标＝\frac{某一现象总量指标数值}{另一有联系而性质不同的现象总量指标数值}$$

强度相对指标是由性质不同的指标进行对比，这和上面提到的相对指标是不同的；按照全国人口计算的人均国内生产总值、人均粮食产量等指标，这些具有普遍意义的强度相对指标虽有"平均"的含义，但本质上是相对指标；某些强度相对指标分子、分母可以互换，形成同样说明问题的正、逆指标，如某地区居民拥有医护人员数，这是正指标，越大越好，而医护人员居民服务数，这是逆指标，越小越好；强度相对指标的单位有两种：一是用分子与分母指标的计量单位所构成的复名数，如人口密度是人/平方千米；二是百分数或千分数表示，如人口死亡率往往用‰。

【例3-8】根据国家统计局网站提供的2012年北京市地区生产总值数值17 879.4亿元及人口数2 069万人，计算2012年北京市人均国内生产总值的强度相对指标数值。

【解】2012年北京市人均国内生产总值的强度相对指标数值＝17 879.4÷2 069＝8.64（万元/人）

计算结果表明，2012年北京市人均国内生产总值的强度相对指标数值为8.64万元/人。

七、相对指标应用的原则

上述六种相对指标是从不同角度反应现象之间的数量对比关系的，正确计算和运用各类相对指标需要遵循下列原则：

（一）可比性原则

1. 正确选择对比基数。

相对指标是通过指标之间的对比来反应现象之间的联系的，而现象的联系是由现象本身的性质和特点决定的。因此，一个指标选择什么样的基数作为对比指标，取决于现象本身的性质、特点及分析研究的目的。不合理的对比基数会歪曲现象之间的真实对比关系。

2. 保持对比指标的可比性。

相对指标是两个有联系的指标相比较而产生的，因此，保持两个对比指标的可比性是正确计算相对指标的前提条件。它涉及面很广，包括指标在经济内容、总体范围、计算口径、计算方法、计算单位等方面的可比。

（二）相对指标与总量指标结合运用原则

总量指标能够反映事物发展的总规模和总水平，却无法显示事物差别的程度；相对指标反映了现象之间的数量对比关系和差异程度，却又将现象的具体规模和水平抽象了。因此，只有将相对指标和总量指标结合起来使用，才能克服认识上的片面性，达到对客观事物的全面认识。

（三）多种相对指标结合运用原则

一种相对指标，只能从一个角度出发说明问题的一个方面，要使问题能够得到更全面、更深刻的说明，就必须注意把多种相对指标结合运用。

网上测验考试

1. 课堂内的网上测验考试

在 15 分钟内，通过中国数字大学城东北财经大学全程互动统计学及其实验——基于 Excel 和 SPSS 软件课程的考试平台，完成课堂内的网上测验考试。

2. 课堂外的网上测验考试

课后，通过中国数字大学城东北财经大学全程互动统计学及其实验——基于 Excel 和 SPSS 软件课程的考试平台，完成课后网上测验考试。

第四章　数据的描述性分析

〔**本章学习目标**〕通过本章学习，掌握如何用量化的指标数值描述数据的集中趋势、离中趋势及分布形态等描述性统计分析方法，为后续课程的学习打下良好基础。

〔**本章重点难点**〕重点是掌握众数、分位数、平均数、极差、四分位差、方差、标准差、离散系数、峰度及偏度等指标的含义、计算方法及应用条件；掌握Excel 的 MODE、MEDIAN、AVERAGE、SUMPRODUCT、HARMEAN、GEOMEAN、PRODUCT、POWER、AVEDEV、VARP、VAR、STDEVP 及 STDEV 等函数的含义、使用方法及使用技巧。掌握用 EXCEL 数据分析工具计算各种描述性指标数值的操作方法，掌握利用 SPSS 软件的 "Frequencies" 命令计算各种描述性指标数值的操作方法。难点是分位数的计算方法、分组数列各种指标数值的计算方法、SPSS 软件对分组数列权数的赋值操作方法等。

〔**建议学时**〕9.5 学时

【**引例4-1**】为了了解和分析在校大学生每月的消费情况，及时为在校大学生提供必要的服务，现从某大学的学生中随机抽取 100 名学生进行现场调查，调查结果见第三章【案例3-1】提供的表 3-1 中的数据，请对其进行描述性分析。

【**引例4-2**】为了了解和分析我国上海证券交易所上市公司按股票价格分布的数量特征，我们收集了 2014 年 11 月 14 日的交易数据，并按交易价格进行了分组（见表4-1），请对其进行描述性分析。

表 4-1　　　　　上海证券交易所上市公司按股票价格形成的频数分布

(2014 年 11 月 14 日)

股票价格（元）	公司数（家）	频率（%）
5 以下	163	6.7495
5—10	754	31.2215
10—20	974	40.3313
20 以上	524	21.6977
合计	2 415	100.0

【**引例4-3**】已知某只基金购买上海汽车股票共 278 万股，其资料见表4-2，请对其进行描述性分析。

表 4-2　　　　　　　　　某基金所购上海汽车股票价格分布表

每股价格（元）	成交量（万股）	向上累计数（万股）	向下累计数（万股）
6.8	26	26	278
7.2	76	102	252
7.6	83	185	176
8.1	56	241	93
8.8	37	278	37
合计	278	——	——

要想科学、合理、公正地了解和分析上述问题，就要借用统计学中的描述性统计分析知识，下面我们就讲解相关知识及其应用。

第一节　集中趋势的描述

统计数据通过图表、次数、频率和累计频率的描述，只反映出总体分布的大致概况，还有大量的数据分布特征和规律性没有被描述出来，其中一个就是数据的集中趋势，它是描述统计数据分布特征的一类代表性数值。

度量集中趋势就是寻找数据一般水平的代表值或中心值。相对于由数据组成的总体而言，每个单位都有区别于其他单位的特征，这些特征表现在具体的数据量上，就是大小不一、高低有别，但绝大多数总体各单位数据的次数分布都是正态分布或近似正态分布，即很小或很大的数值出现次数较少，而越接近中间数据值出现的次数越多，并且以中间数据值为中心，两侧呈对称分布，我们把这种总体中各数据值的次数分布从两边向中间集中的趋势叫做集中趋势（central tendency），也叫趋中性。作为中心的变量值就是平均指标。

定义 4.1：集中趋势就是反映各数据向其中心值靠拢或聚集的程度。

平均指标一般用平均数形式来表示，其特点就是把同质总体中各单位某一数据量上的差异抽象化，用一个数值来表明这一标志在具体时间、地点条件下的一般水平。

定义 4.2：平均指标是指同质总体中各单位某一数据在一定时间、地点、条件下所达到的一般水平。

我们从低层次的度量数据开始逐步介绍集中趋势的各个度量值。一般低层次数据的集中趋势度量值也适用于高层次的数据度量，但高层次数据的集中趋势度量值并不适用于低层次的数据度量。因此，选用哪一个度量值来反映数据的集中趋势，要根据我们所掌握的数据类型来确定。

根据取得这个中心值的方法不同，我们把描述集中趋势的指标分为两类：位置平均数和数值平均数。

一、位置平均数

位置平均数分为两类，一类是众数，另一类是分位数。

（一）众数

众数属于位置平均数，它是确定数据分布集中位置的一种常用手段。不同观测值在样本数据中出现的次数是不尽相同的，出现次数最多的观测值，就是该数据的众数。

定义 4.3：众数是一组数据中出现次数最多的变量值，用 m_0 表示。

众数主要是用来测度定类数据的集中趋势的，当然也适用于作为定序数据以及定距和定比数据集中趋势的测度值。

注意：如果数据集中每一个观测值出现的次数都相同，这时，称此数据没有众数。如果经过计算有多个众数值可供选择，选最小的数值为最终众数值（下同）。

1. 根据定类数据确定众数。

由定类数据确定众数的方法比较简单，只需找出出现次数最多的标志值即为众数。

2. 根据单项式分组数列确定众数。

将原始数据分组（见表 4-3）：

表 4-3   **原始数据**

变量 x_i	x_1	x_2	...	x_m
频数 f_i	f_1	f_2	...	f_m

对于单值分组数列，其众数的计算公式为：

①如果 $f_s = f_j$，s、j = 1，2，…，m，则没有众数；

②如果至少有两个频数值 f_s 和 f_j，使得 $f_s \neq f_j$，j = 1，2，…，m，并且 $f_s = \max\limits_{1 \leq i \leq m} f_i$，s = 1，2，…，k ≤ m，则众数数值 $m_0 = \min\limits_{1 \leq s \leq k} x_s$。   (4.1)

【例 4-1】请根据【引例 4-1】的数据，计算出这 100 名大学生消费数据的众数。

【题意分析】由题意知，本题共有三种解法：

（1）直接计算法；

（2）Excel 函数计算法；

（3）SPSS 函数计算法。

【解】（1）直接计算法。

第 1 步，打开"全程"文件夹"引例"工作簿的"第四章数据的描述性分析"工作表的表 3-1，以下简称"第四章"工作表的表 3-1；

第 2 步，在 N1 单元格内输入每月的消费（单位：人民币元），再将数据录入到 N2 到 N101 单元格内，录入完成后将数据从小到大进行排序；

第 3 步，找出数据出现次数最多的消费额，它们分别是：1 200、1 320 和 1 329；它们都出现了 3 次。

第 4 步，由于在 1 200、1 320 和 1 329 之间，1 200 是最小的，因此，我们计算出这 100 名大学生学生消费数据的众数为 1 200 元。

（2）Excel 函数计算法。

第 1 种：自己编写 Excel 程序的方法。

第1步、第2步与直接计算法的第1步、第2步完全相同;

第3步,在O1单元格输入"判断条件"四个字,将N2到N101单元格内的数据复制到O2单元格到O101单元格内;

第4步,在P1单元格输入"次数"两个字,在P2单元格内输入函数:"=COUNTIF(N$2:N$101,O2)",再用填充的方式将P2单元格内的公式填充到P3单元格到P101单元格内;

第5步,找出数据出现次数最多的消费额,它们分别是:1 200、1 320和1 329;

第6步,至此,我们就计算出了这100名大学生消费数据的众数为1 200元。

第2种:用Excel函数的方法。

第1步与直接计算法的第一步完全相同;

第2步,在R1单元格内输入"众数"两个字,然后在R2单元格内的输入函数"=MODE(N2:N101)",点击回车键,就计算出了众数,其值为1 200。

指导   **Excel软件内众数MODE函数的使用说明**

①函数的含义

返回在某一数组或数据区域中出现频率最多的数值。

②函数表达式

MODE(number1,number2,…)   (4.2)

Number1,number2,…,是用于众数计算的1到30个参数,也可以使用单一数组(即对数组区域的引用)来代替由逗号分隔的参数。

③使用说明

Ⅰ.参数可以是数字,或者是包含数字的名称、数组或引用。

Ⅱ.如果数组或引用参数包含文本、逻辑值或空白单元格,则这些值将被忽略;但包含零值的单元格将计算在内。

Ⅲ.如果数据集合中不含有重复的数据,则MODE数返回错误值"#N/A"。

第3种:用Excel软件的数据分析工具的方法。

第1步,打开"第4章"工作表的表3-1;

第2步,选择数据分析工具对话框内的描述统计(见图4-1数据分析工具(1)),在描述统计选择框内将输入区域、分组方式等内容选择好(见图4-2数据分析工具(2));

第3步,点击描述统计选择框内的确定按钮,会出现描述统计输出结果(见图4-3数据分析工具(3)),找出众数值,其值为1 200。

(3)SPSS函数计算法。

第1步,打开"第四章"工作表的表3-1,创建"将表3-1数据转换成SPSS数据集"工作表;

第2步,将"将表3-1数据转换成SPSS数据集"工作表转换成SPSS数据集,

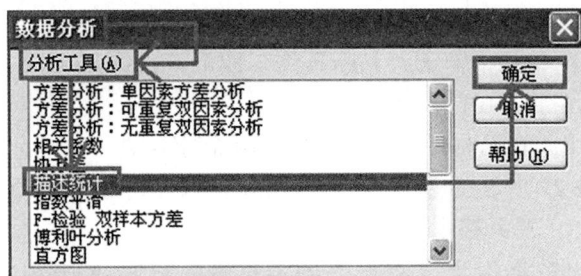

图 4-1   数据分析工具 (1)

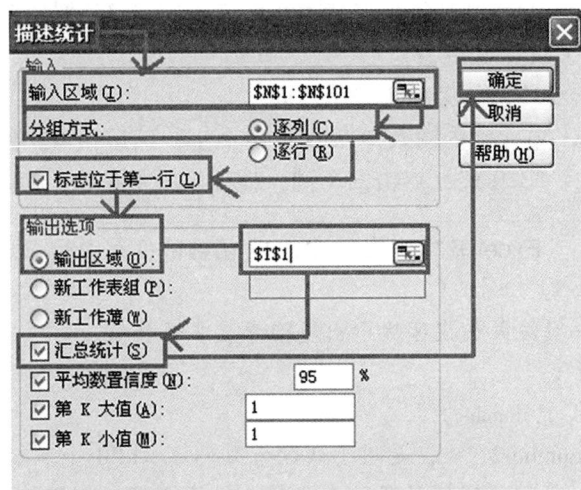

图 4-2   数据分析工具 (2)

图 4-3   数据分析工具 (3)

名字叫 exadata4.1；

第 3 步，在 Analyze 列表条内，找到 Descriptive Statistics 命令，在此命令的列表条内找到 Frequencies ... 子命令，点击它（见图 4-4），出现 Frequencies ... 子命令操作窗口（见图 4-5）；

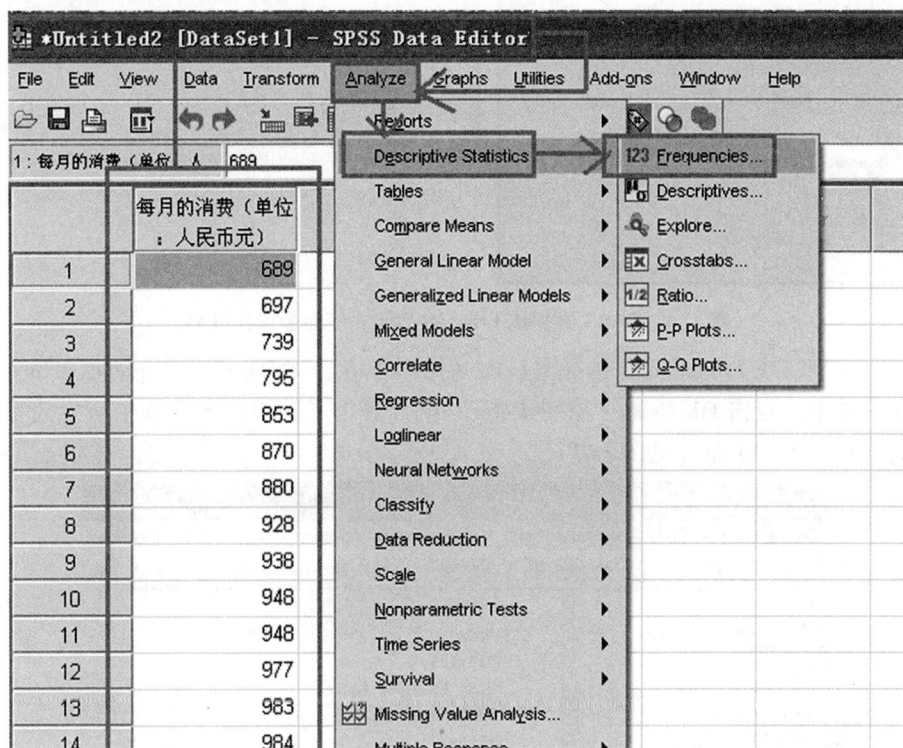

图 4-4　SPSS 数据集 Frequencies ... 子命令操作（1）

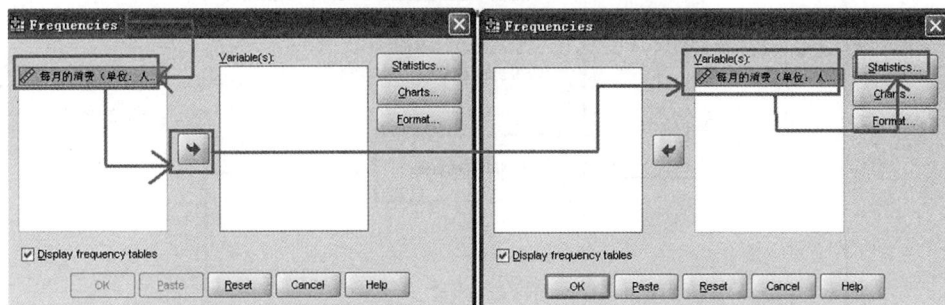

图 4-5　SPSS 数据集 Frequencies ... 子命令操作（2）

第 4 步，在 Frequencies ... 子命令操作窗口内，将每月的消费（单位：人民币元）移入到 Variable（s）窗口内（见图 4-5）；

第 5 步，在 Frequencies：Statistics 选择窗口内，将 Central Tendency 选择框内的 Mode 选中（见图 4-6）后，点击 Continue 按钮；

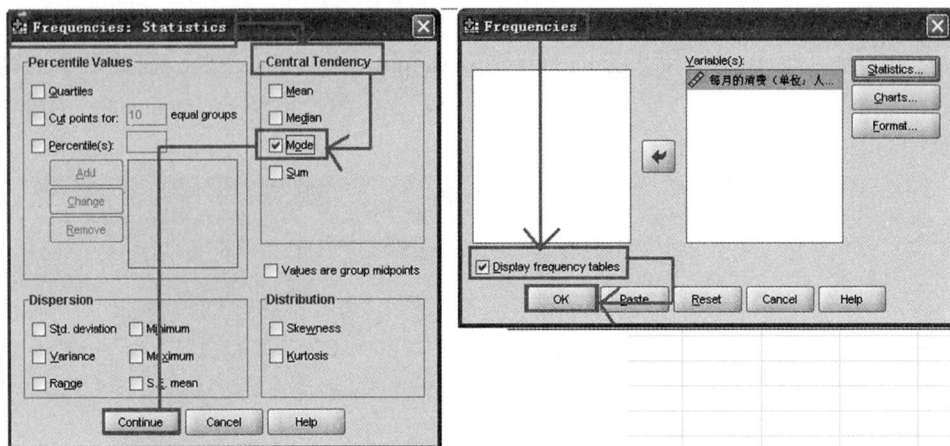

图 4-6　SPSS 数据集 Frequencies ⋯⋯子命令操作（3）

　　第 6 步，在 Frequencies 选择窗口内（见图 4-6），将 Display frequency tables 选择框内选中，点击 OK 按钮（见图 4-6），就计算出了这 100 名大学生学生消费数据的众数为 1 200 元（见图 4-7）。

图 4-7　SPSS 数据集 Frequencies ⋯⋯子命令操作（4）

3. 根据组距数列计算众数。

设组距数列原始数据如表4-4所示：

表4-4　　　　　　　　　　　　　　　**组距数列原始数据**

分组序号	下组限	上组限	频数
1	x_0	x_1	f_1
2	x_1	x_2	f_2
⋮	⋮	⋮	⋮
i	x_{i-1}	x_i	f_i
⋮	⋮	⋮	⋮
m	x_{m-1}	x_m	f_m

其中，$x_i < x_{i+1}$，$i = 0$，1，2…，$m-1$。

由组距数列计算众数，首先要确定众数所在组。其确定的依据是：（1）若出现次数最多的组只有一个组，则出现次数最多的组就是众数所在组。也就是，若 $f_k = \max\limits_{1 \le i \le m} f_i$，$1 \le k \le m$，则第 k 组就是众数所在组。（2）若出现次数最多的组有多个，则从出现次数最多的组中选上组限数值最小的组作为众数所在组。也就是，若 $f_k = \max\limits_{1 \le i \le m} f_i$，其中，$k = k_1$，$k_2$，$\cdots$，$k_s$，$k_1 < k_2 < \cdots < k_s$，$k_p \le m$，$p = 1$，2，$\cdots$，s，则第 k_1 组就是众数所在组。然后，利用下组限公式或上组限公式计算出众数数值。

具体的计算公式为：

下组限公式：$M_0 = L_i + \dfrac{\Delta_1}{\Delta_1 + \Delta_2} \times d_i$ 　　　　　　　　　　　　　　　　（4.3）

上组限公式：$M_0 = U_i - \dfrac{\Delta_2}{\Delta_1 + \Delta_2} \times d_i$ 　　　　　　　　　　　　　　　　（4.4）

其中，i 为众数所在组的分组序号，众数所在组的频数为 f_i，与众数所在组相邻的低值组的频数为 f_{i-1}，与众数所在组相邻的高值组的频数为 f_{i+1}，L_i 为众数所在组的下组限，U_i 为众数所在组的上组限，d_i 为众数所在组的组距，即 $d_i = U_i - L_i$；Δ_1 为众数所在组的频数与众数所在组相邻的低值组的频数之差，即 $\Delta_1 = f_i - f_{i-1}$；Δ_2 为众数所在组的频数与众数所在组相邻的高值组的频数之差，即 $\Delta_2 = f_i - f_{i+1}$。

【例4-2】根据【引例4-2】提供的数据，计算出我国上海证券交易所上市公司股票价格的众数值。

【解】由于这是一个组距数列计算众数的问题，因此，先确定众数所在的组。根据【引例4-2】提供的表4-1数据，我们查知，10~20这一组出现的频数最多，为974，所以该组就是众数所在组。

再根据表4-1提供的数据，我们可以得到下列数值：

$f_i = 974$，$f_{i-1} = 754$，$f_{i+1} = 524$，$L_i = 10$，$U_i = 20$

利用以上数值，我们可以计算出下列数值：

$\Delta_1 = f_i - f_{i-1} = 974 - 754 = 220$

$\Delta_2 = f_i - f_{i+1} = 974 - 524 = 450$

$d_i = U_i - L_i = 20 - 10 = 10$

最后，根据下组限公式计算出众数值：

$$M_0 = L_i + \frac{\Delta_1}{\Delta_1 + \Delta_2} \times d_i = 10 + \frac{220}{220 + 450} \times 10 = 10 + 0.32836 \times 10 = 13.2836 \text{（元）}$$

或根据上组限公式计算出众数值：

$$M_0 = U_i - \frac{\Delta_2}{\Delta_1 + \Delta_2} \times d_i = 20 - \frac{450}{220 + 450} \times 10 = 20 - 0.67164 \times 10 = 13.2836 \text{（元）}$$

众数主要用来测度定类数据的集中趋势，当然也适用于作为定序数据以及定距和定比数据集中趋势的测度值。对于变量数列来说，众数作为一种位置平均数，不受数列中各单位标志值的影响，当数列存在异常标志值，能够较准确地代表总体各单位的一般水平。

（二）分位数

1. 中位数。

概念：将原始数据的极差等分为 2 份，处于中点位置上的数值，就称为中位数，用 m_e 表示。

（1）计算未分组数据的中位数。

【例 4-3】请根据【引例 4-1】的数据，计算出这 100 名大学生消费数据的中位数。

【解】计算未分组数据的中位数步骤：

①将原数据从小到大排序。将【引例 4-1】的原始数据从小到大排序，排序后的数据分别为 689，697，…，1 291，1 297，…，3 728。

抽象：设原始数据为 x_1，x_2，…，x_i，…，x_n，将原始数据从小到大排序后为 x_1^1，x_2^1，…，x_i^1，…，x_n^1；

②确定中位数位置。根据所给排序后的数据，确定中位数位置的计算公式为：

$$\text{中位数位置} = \frac{n+1}{2} \tag{4.5}$$

其中，n 为单位总数或样本点个数；

根据【引例 4-1】的数据，由于 $n = 100$，因此，本例中确定中位数位置的计算结果为：

$$\frac{n+1}{2} = \frac{100+1}{2} = 50.5 \text{（将计算公式改写成} \left[\frac{100+1}{2}\right] + \left(\frac{100+1}{2} - \left[\frac{100+1}{2}\right]\right) \text{）}$$

抽象：根据所给排序后的数据，确定中位数位置的计算结果为：

$$\frac{n+1}{2} = \left[\frac{n+1}{2}\right] + \left(\frac{n+1}{2} - \left[\frac{n+1}{2}\right]\right) \tag{4.6}$$

> **指导**　　　　　　　**Excel 软件内取整 INT 函数的使用说明**
>
> ①函数的含义。
>
> 将数字向下舍入到最接近的整数。
>
> ②函数表达式。
>
> INT（number）
>
> Number 就是需要进行向下舍入取整的实数。

本例中，我们取 50.5 的整数结果为：

$$\text{INT }(\frac{100+1}{2}) = \text{INT }(50.5) = 50$$

抽象：取 $\frac{n+1}{2}$ 的整数结果为：

$$\text{INT }(\frac{n+1}{2}) = \left[\frac{n+1}{2}\right] \text{ 和 INT }(\frac{n+1}{2}) +1 = \left[\frac{n+1}{2}\right]+1 \tag{4.7}$$

③先找出中位数位置取整后的位置上的对应数值。根据【引例 4-1】的数据，先将排序后的处于第 50 位和第 51 位的数据找出来（见图 4-8），即 $x'_{50} = 1\,291 = x'_{\left[\frac{n+1}{2}\right]}$ 和 $x'_{51} = 1\,297 = x'_{\left[\frac{n+1}{2}\right]+1}$。

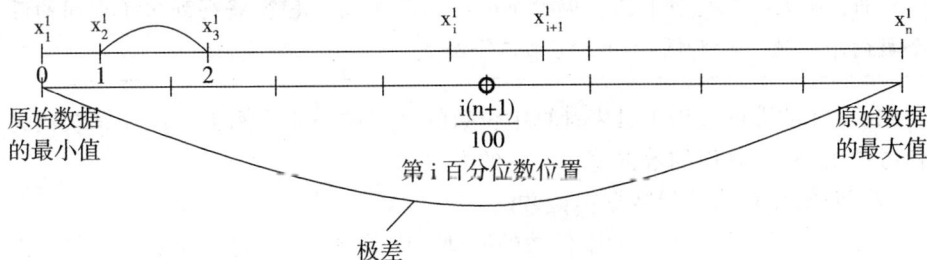

图 4-8　分位数推导示意图

抽象：将排序后的处于第 $\left[\frac{n+1}{2}\right]$ 位和第 $\left[\frac{n+1}{2}\right]+1$ 位位置的对应数据找出来，即 $x'_{\left[\frac{n+1}{2}\right]}$ 和 $x'_{\left[\frac{n+1}{2}\right]+1}$。

根据【引例 4-1】的数据，用 Excel 函数 SMALL 计算出排序后处于第 50 位和第 51 位的对应数据，即 SMALL（AN2：AN101，50）= 1 291 和 SMALL（AN2：AN101，51）= 1 297。

④计算中位数。根据【引例 4-1】排序后的数据，我们可以得到求中位数的计算公式为：

$$m_e = x'_{50} + (x'_{51} - x'_{50}) \times (\frac{100+1}{2} - \left[\frac{100+1}{2}\right])$$

$$= 1\,291 + (1\,297 - 1\,291) \times (50.5 - 50)$$

$$= 1\,291 + 6 \times 0.5 = 1\,291 + 3 = 1\,294$$

抽象：根据排序后所给数据，可以得到求中位数的计算公式为：

$$m_e = x' \left[\frac{n+1}{2}\right] + \left(x' \left[\frac{n+1}{2}\right]_{+1} - x' \left[\frac{n+1}{2}\right]\right) \times \left(\frac{n+1}{2} - \left[\frac{n+1}{2}\right]\right) \tag{4.8}$$

也可以用 Excel 函数 MEDIAN 计算中位数。本例中为 $m_e = $ MEDIAN（N2：N101）$= 1\ 294$。

指导　　　　　　Excel 软件内中位数 MEDIAN 函数的使用说明

①函数的含义。

返回给定数值集合的中值。中值是在一组数据中居于中间的数，即在这组数据中，有一半的数据比它大，有一半的数据比它小。

②函数表达式。

MEDIAN（number1，number2，…）

Number1，number2，…　　要计算中值的 1 到 30 个数值。

③使用说明。

Ⅰ. 参数应为数字，或者是包含数字的名称、数组或引用。Excel 会检查每一数组参数或引用中的所有数字。

Ⅱ. 如果数组或引用参数包含文本、逻辑值或空白单元格，则这些值将被忽略；但包含零值的单元格将计算在内。

Ⅲ. 如果参数集合中包含偶数个数字，函数 MEDIAN 将得到位于中间的两个数的平均值。请参阅示例中的第二个公式。

用 Excel 的数据分析工具来计算中位数的计算过程见【例4-1】计算众数的第三种方法用 Excel 软件的数据分析工具的方法。

（2）计算单项式分组数据中位数。

①计算单项式分组数据的中位数的原理。由单项式分组数列确定中位数时因资料经过整理已编制成标志值按大小顺序排列的变量数列，因此可直接用公式 $\frac{\sum f + 1}{2}$ 确定中位数的位次，再根据位次用向上累计或向下累计次数的方法将累计次数刚刚超过中位数位次的组确定为中位数组，该组的标志值即为中位数。

②计算单项式分组数据的中位数。

【例4-4】请根据表 4-2 数据，确定该股票购买价格的中位数。

【解】中位数的位次 $\frac{\sum f + 1}{2} = \frac{278 + 1}{2} = 139.5$（万股）

从向上累计次数来看，第一组和第二组的累计次数为 102 万股，小于 139.5 万股，到第三组的累计次数为 185 万股，大于 139.5 万股，因此中位数必然在第三组，即该组的标志值 7.6 元即为中位数；向下累计法的道理与此相同，也在第三组，中位数也是 7.6 元。

（3）计算组距数列中位数。

①计算组距数列中位数的原理。由组距数列确定中位数时因资料经过整理已编

制成标志值按从小到大的顺序排列的变量数列，因此可直接用公式 $\dfrac{\sum f + 1}{2}$ 确定中位数的位次，再根据位次用向上累计或向下累计次数的方法将累计次数刚刚超过中位数位次的组确定为中位数组，再计算该组的中位数。

②计算组距数列的中位数。下组限公式：

$$M_e = L_i + \dfrac{\dfrac{\sum\limits_{i=1}^{m} f_i}{2} - S_{i-1}}{f_i} \times d_i \tag{4.9}$$

上组限公式：

$$M_e = U_i - \dfrac{\dfrac{\sum\limits_{i=1}^{m} f_i}{2} - S_{i+1}}{f_i} \times d_i \tag{4.10}$$

其中，设中位数所在的组为第 i 组，中位数所在组的频数为 f_i，与中位数所在组相邻的低值组的向上累计频数为 S_{i-1}，与中位数所在组相邻的高值组的向下累计频数为 S_{i+1}，L_i 为中位数所在组的下限，U_i 为中位数所在组的上限，d_i 为中位数所在组的组距，$d_i = U_i - L_i$。

【例 4-5】根据【引例 4-2】提供的数据，计算出我国上海证券交易所上市公司股票价格的中位数数值。

【解】由于这是一个组距数列计算中位数的问题，数据已经从小到大进行了排序，因此，先确定中位数所在组的位次，根据【引例 4-2】提供的数据，中位数所在组的位次 $\dfrac{\sum f + 1}{2} = \dfrac{2\,415 + 1}{2} = 1\,208$，再计算向上累计或向下累计次数，经过计算，发现用向上累计或向下累计次数的方法，累计次数刚刚超过中位数位次的组都是 10～20 这一组，因此，该组就是中位数组；再根据表 4-2 提供的数据，求出中位数。

具体计算过程如下：

$f_i = 974$，$S_{i-1} = 917$，$S_{i+1} = 524$，$L_i = 10$，$U_i = 20$，$\sum\limits_{i=1}^{4} f_i = 2\,415$，$\dfrac{\sum\limits_{i=1}^{4} f_i}{2} = 1\,207.5$

根据下组限公式计算出中位数数值：

$$M_e = L_i + \dfrac{\dfrac{\sum\limits_{i=1}^{m} f_i}{2} - S_{i-1}}{f_i} \times d_i = 10 + \dfrac{1\,207.5 - 917}{974} \times 10 = 10 + 0.298\,25 \times 10 = 12.982\,5 \text{（元）}$$

或根据上组限公式计算出中位数数值：

$$M_e = U_i - \dfrac{\dfrac{\sum\limits_{i=1}^{m} f_i}{2} - S_{i+1}}{f_i} \times d_i = 20 - \dfrac{1\,207.5 - 524}{974} \times 10 = 20 - 0.701\,75 \times 10 = 12.982\,5 \text{（元）}$$

中位数是一个位置代表值，它主要用于测度定序数据的集中趋势，当然也适用于定距数据和定比数据的集中趋势，但不适用于定类数据。中位数的大小仅取决于它在变量数列中的位置，因此也同样不受极端数值的影响，在总体标志值差异很大的情况下，中位数具有较强的代表性。

2. 四分位数。

概念：将原始数据的极差等分为 4 份，处于第 i 四分位点上的数值，就称为第 i 四分位数，用 Q_i 表示。其中，i = 0，1，2，3，4。Q_1 称为第 1 四分位数，或称为下四分位数；Q_2 称为第 2 四分位数，也就是中位数；Q_3 称为第 3 四分位数，或称为上四分位数；Q_0 就是最小值，Q_4 就是最大值。

【例 4-6】请根据【引例 4-1】的数据，计算出这 100 名大学生消费数据的四分位数。

【解】计算四分位数步骤：

①将原数据从小到大排序。见【例 4-3】计算未分组数据的中位数步骤①。

②确定第 i 四分位数位置。根据所给排序后的数据，确定第 i 四分位数位置的计算公式为：

$$第 i 四分位数位置 = \frac{i \times (n+1)}{4} \tag{4.11}$$

其中，n 为单位总数或样本点个数。

根据【引例 4-1】的数据，由于 n = 100，确定第 1 四分位数（下四分位数）位置的计算结果为：

$$\frac{1 \times (100+1)}{4} = 25.25$$

确定第 2 四分位数（中位数）位置的计算结果为：

$$\frac{2 \times (100+1)}{4} = 50.5$$

确定第 3 四分位数（上四分位数）位置的计算结果为：

$$\frac{3 \times (100+1)}{4} = 75.75$$

即本例中确定第 i 四分位数位置的计算结果为：

$$\frac{i \times (100+1)}{4} = 25.25i \left(= \left[\frac{i \times (100+1)}{4}\right] + \left(\frac{i \times (100+1)}{4} - \left[\frac{i \times (100+1)}{4}\right]\right)\right)$$

抽象：根据所给排序后的数据，确定第 i 四分位数位置的计算公式为：

$$\frac{i \times (n+1)}{4} \left(= \left[\frac{i \times (n+1)}{4}\right] + \left(\frac{i \times (n+1)}{4} - \left[\frac{i \times (n+1)}{4}\right]\right)\right) \tag{4.12}$$

③先找出四分位数位置取整后的位置上的对应数值。根据【引例 4-1】的数据，先将排序后的处于第 25 位、第 26 位、第 50 位、第 51 位、第 75 位和第 76 位的对应数据找出来，即 $x'_{25} = 1\ 109 = x'_{\left[\frac{100+1}{4}\right]}$、$x'_{26} = 1\ 109 = x'_{\left[\frac{100+1}{4}\right]+1}$、$x'_{50} = 1\ 291 = x'_{\left[\frac{2 \times (100+1)}{4}\right]}$、$x'_{51} = 1\ 297 = x'_{\left[\frac{2 \times (100+1)}{4}\right]+1}$、$x'_{75} = 1\ 540 = x'_{\left[\frac{3 \times (100+1)}{4}\right]}$ 和 $x'_{76} = 1\ 563 = x'_{\left[\frac{3 \times (100+1)}{4}\right]+1}$。

抽象：将排序后的处于第 $\left[\dfrac{1\times(n+1)}{4}\right]$ 位、第 $\left[\dfrac{1\times(n+1)}{4}\right]+1$ 位、第 $\left[\dfrac{2\times(n+1)}{4}\right]$ 位、第 $\left[\dfrac{2\times(100+1)}{4}\right]+1$ 位、第 $\left[\dfrac{3\times(n+1)}{4}\right]$ 位和第 $\left[\dfrac{3\times(n+1)}{4}\right]+1$ 位的对应数据找出来，本例为 $x'_{\left[\frac{n+1}{4}\right]}$、$x'_{\left[\frac{n+1}{4}\right]+1}$、$x'_{\left[\frac{2\times(n+1)}{4}\right]}$、$x'_{\left[\frac{2\times(n+1)}{4}\right]+1}$、$x'_{\left[\frac{3\times(n+1)}{4}\right]}$ 和 $x'_{\left[\frac{3\times(n+1)}{4}\right]+1}$。

④计算分位数。根据【引例4-1】排序后的数据，我们可以得到求出第1四分位数的计算公式为：

$$Q_1 = x'_{25} + \left(x'_{26} - x'_{25}\right) \times \left(\dfrac{100+1}{4} - \left[\dfrac{100+1}{4}\right]\right)$$
$$= 1\ 109 + (1\ 109 - 1\ 109) \times (25.25 - 25)$$
$$= 1\ 109$$

可以得到求出第2四分位数的计算公式为：

$$Q_2 = x'_{50} + \left(x'_{51} - x'_{50}\right) \times \left(\dfrac{2\times(100+1)}{4} - \left[\dfrac{2\times(100+1)}{4}\right]\right)$$
$$= 1\ 291 + (1\ 297 - 1\ 291) \times (50.5 - 50)$$
$$= 1\ 291 + 6 \times 0.5 = 1\ 291 + 3 = 1\ 294$$

可以得到求出第3四分位数的计算公式为：

$$Q_3 = x'_{75} + \left(x'_{76} - x'_{75}\right) \times \left(\dfrac{3\times(100+1)}{4} - \left[\dfrac{3\times(100+1)}{4}\right]\right)$$
$$= 1\ 540 + (1\ 563 - 1\ 540) \times (75.75 - 75)$$
$$= 1\ 540 + 23 \times 0.75$$
$$= 1\ 540 + 17.25$$
$$= 1\ 557.25$$

抽象：根据排序后所给数据，我们可以得到求出第i四分位数的计算公式为：

$$Q_i = x'_{\left[\frac{i\times(n+1)}{4}\right]} + \left(x'_{\left[\frac{i\times(n+1)}{4}\right]+1} - x'_{\left[\frac{i\times(n+1)}{4}\right]}\right) \times \left(\dfrac{i\times(n+1)}{4} - \left[\dfrac{i\times(n+1)}{4}\right]\right) \qquad (4.13)$$

其中，i=0，1，2，3，4。我们这里规定 $x^1_{n+1} = x^1_{n+2} = x^1_n$。

特别提示：用 Excel 的 QUARTILE 函数计算四分位数的结果是错误的。

3. 百分位数。

概念：将原始数据的极差等分为 100 份，处于第 i 百分位点上的数值，就称为第 i 百分位数，用 $perc_i$ 表示。

其中，i=0，1，2，…，99，100。$perc_0$ 就是最小值，$perc_{25}$ 就是下四分位数，$perc_{50}$ 就是中位数，$perc_{75}$ 就是上四分位数，$perc_{100}$ 就是最大值。

【例4-7】请根据【引例4-1】的数据，计算出这 100 名大学生消费数据的第 i 百分位数。

【解】计算第 i 百分位数步骤：

①将原数据从小到大排序。见【例4-3】计算未分组数据的中位数步骤①。

②确定第 i 百分位数位置。根据所给排序后的数据，确定第 i 百分位数位置的

计算公式为：第 i 百分位数位置 $= \dfrac{i \times (n+1)}{100}$ 　　　　　　　　　　　　(4.14)

其中，n 为单位总数或样本点个数。

根据【引例 4-1】的数据，由于 n = 100，确定第 1 百分位数位置的计算结果为：

$$\frac{1 \times (100+1)}{100} = 1.01 \ \left(= \left[\frac{1 \times (100+1)}{100} \right] + \left(\frac{1 \times (100+1)}{100} - \left[\frac{1 \times (100+1)}{100} \right] \right) \right)$$

推广得，本例中确定第 i 百分位数位置的计算结果为：

$$\frac{i \times (100+1)}{100} = 1.01i \ \left(= \left[\frac{i \times (100+1)}{100} \right] + \left(\frac{i \times (100+1)}{100} - \left[\frac{i \times (100+1)}{100} \right] \right) \right)$$

抽象：根据所给排序后的数据，确定第 i 百分位数位置的计算公式为：

$$\frac{i \times (n+1)}{100} \ \left(= \left[\frac{i \times (n+1)}{100} \right] + \left(\frac{i \times (n+1)}{100} - \left[\frac{i \times (n+1)}{100} \right] \right) \right)$$ 　　　(4.15)

③先找出第 i 百分位数位置取整后的位置上的对应数值

推导出计算第 1 百分位数的公式，然后再找出计算第 i 百分位数的计算公式。

由于 n = 100，因此，本例确定第 1 百分位数位置的计算公式为：

$$\frac{1 \times (100+1)}{100} = 1.01$$

先找到排在第 1 个百分位数位置取整后的位置上的对应数值，即 $x_1^1 = 697$，再找到排在第 2 个百分位数位置取整后的位置上的对应数值，即 $x_2^1 = 739$，则第 1 百分位数的计算公式为：

$$\begin{aligned}
\text{perc}_1 &= x_{\frac{1 \times (100+1)}{100}} \\
&= x^1_{\left[\frac{1 \times (100+1)}{100}\right]} + \left(x^1_{\left[\frac{1 \times (100+1)}{100}\right]+1} - x^1_{\left[\frac{1 \times (100+1)}{100}\right]} \right) \times \left(\frac{1 \times (100+1)}{100} - \left[\frac{1 \times (100+1)}{100} \right] \right) \\
&= x_1^1 + \left(x_2^1 - x_1^1 \right) \times \left(\frac{1 \times (100+1)}{100} - \left[\frac{1 \times (100+1)}{100} \right] \right) \\
&= 697 + (739 - 697) \times 0.01 \\
&= 697.42
\end{aligned}$$

我们再求第 i 百分位数。

由于 n = 100，确定第 i 百分位数位置为：$\dfrac{i \times (100+1)}{100}$。

先找到排在第 i 个百分位数位置取整后的位置上的对应数值，即 $x^1_{\left[\frac{i \times (100+1)}{100}\right]}$，再找到排在第 i+1 个百分位数位置取整后的位置上的对应数值，即 $x^1_{\left[\frac{i \times (100+1)}{100}\right]+1}$，则第 i 百分位数的计算公式为：

$$\text{perc}_i = x_{\frac{i \times (100+1)}{100}} = x^1_{\left[\frac{i \times (100+1)}{100}\right]} + \left(x^1_{\left[\frac{i \times (100+1)}{100}\right]+1} - x^1_{\left[\frac{i \times (100+1)}{100}\right]} \right) \times \left(\frac{i \times (100+1)}{100} - \left[\frac{i \times (100+1)}{100} \right] \right)$$

其中，i = 0，1，2，…，100。我们这里规定 $x_{101}^1 = x_{102}^1 = x_{100}^1$。

特别提示：用 Excel 的 PERCENTRANK 函数计算百分位数的结果是错误的。

抽象：根据所给排序后的数据，计算第 i 百分位数。

确定第 i 百分位数位置为：$\dfrac{i\times(n+1)}{100}$。

先找到排在第 i 个百分位数位置取整后的位置上的对应数值，即 $x^1_{\left[\frac{i\times(n+1)}{100}\right]}$，再找到排在第 i+1 个百分位数位置取整后的位置上的对应数值，即 $x^1_{\left[\frac{i\times(n+1)}{100}\right]+1}$，则第 i 百分位数的计算公式为：

$$\text{perc}_i = x_{\frac{i\times(n+1)}{100}} = x^1_{\left[\frac{i\times(n+1)}{100}\right]} + \left(x^1_{\left[\frac{i\times(n+1)}{100}\right]+1} - x^1_{\left[\frac{i\times(n+1)}{100}\right]}\right) \times \left(\dfrac{i\times(n+1)}{100} - \left[\dfrac{i\times(n+1)}{100}\right]\right)$$

其中，i=0，1，2，…，100。

特别提示：我们这里规定 $x^1_{n+1} = x^1_{n+2} = x^1_n$。

二、数值平均数

数值平均数是总体内各个个体某一数量标志值在一定时间、地点、条件下所达到的一般水平，是反映现象总体综合数量特征的重要指标，又称为平均指标。

数值平均数有三种形式：算术平均数、调和平均数和几何平均数。

（一）算术平均数

定义 4.4：算术平均数（arithmetic mean）是总体中各个个体的某个数量标志值的总和与总体单位数的比值，一般用符号 $\bar{x}$ 表示。

它主要适用于定距数据和定比数据，不适用于定类数据和定序数据。根据所掌握数据的不同，算术平均数分为简单算术平均数和加权算术平均数。

1. 简单算术平均数。

简单算术平均数是根据未分组资料计算的算术平均数，即将未分组资料中各个个体的某个数量标志值总和除以总体单位总数。

【例4-8】请根据【引例4-1】的数据，计算出这 100 名大学生的平均消费额。

【解】根据【引例4-1】的数据，计算这 100 名大学生的平均消费额：

$$\bar{x} = \frac{689+697+\cdots+3\,728}{100} = \frac{137\,188}{100} = 1\,371.88\text{（元）}$$

抽象：设原始数据为 x_1，x_2，…，x_i，…，x_n 则简单算术平均数的计算公式为：

$$\bar{x} = \frac{x_1+x_2+\cdots+x_n}{n} = \frac{\sum\limits_{i=1}^{n} x_i}{n} \tag{4.16}$$

简单算术平均数之所以简单，就是因为各个变量值出现的次数均相同，【例4-8】中每个变量值出现的次数都是 1，因此，只要把各项变量值简单相加再用项数去除就可求出平均值。

指导　　　Excel 软件内简单算术平均数 AVERAGE 函数的使用说明

①函数的含义。

返回参数的简单算术平均值。

②函数表达式。

AVERAGE（number1，number2，…）

Number1，number2，…为需要计算平均值的 1 到 30 个参数。

③使用说明。

Ⅰ.参数可以是数字，或者是包含数字的名称、数组或是数据的单元格区域。

Ⅱ.如果数组或引用参数包含文本、逻辑值或空白单元格，则这些值将被忽略；但包含零值的单元格将计算在内。

Ⅲ.提示：当对单元格中的数值求平均值时，应牢记空白单元格与含零值单元格的区别，尤其在"选项"对话框中的"视图"选项卡上已经清除了"零值"复选框的条件下，空白单元格不计算在内，但计算零值。若要查看"选项"对话框，单击"工具"菜单中的"选项"。

　　用 Excel 的数据分析工具来计算简单算术平均数。计算过程见【例 4-1】计算众数的第三种方法：用 Excel 软件的数据分析工具的方法。

2. 加权算术平均数。

根据分组整理的数据计算平均数。

【例 4-9】请根据【引例 4-3】的数据，计算出某基金所购上海汽车股票的平均价格。

【解】根据【引例 4-3】的数据，计算某基金所购上海汽车股票的平均价格：

$$\bar{x}=\frac{6.8\times26+7.2\times76+\cdots+8.8\times37}{26+76+\cdots+37}=\frac{2\ 134}{278}=7.68（元）$$

抽象：设原始数据为 x_1，x_2，…，x_i，…，x_m，对应次数为 f_1，f_2，…，f_i，…，f_m，则加权算术平均数的计算公式为：

$$\bar{x}=\frac{x_1f_1+x_2f_2+\cdots+x_mf_m}{f_1+f_2+\cdots+f_m}=\frac{\sum\limits_{i=1}^{m}x_if_i}{\sum\limits_{i=1}^{m}f_i} \tag{4.17}$$

　　事实上，计算加权算术平均数运用的变量数列资料有两种：单项变量数列和组距变量数列。单项变量数列如【例 4-9】；组距变量数列需要先求出各组变量值的组中值，然后，对组中值进行加权平均计算。

指导　　Excel 软件内乘积之和 SUMPRODUCT 函数的使用说明

①函数的含义。

在给定的几组数组中，将数组间对应的元素相乘，并返回乘积之和。

②函数表达式。

SUMPRODUCT（array1，array2，array3，…）

Array1，array2，array3，…为 2 到 30 个数组，其相应元素需要进行相乘并求和。

③使用说明

Ⅰ.数组参数必须具有相同的维数，否则，函数 SUMPRODUCT 将得出错误值 #VALUE!。

Ⅱ.函数 SUMPRODUCT 将非数值型的数组元素作为 0 处理。

【例4-10】请根据【引例4-2】的数据，计算出 2014 年 11 月 14 日上海证券交易所上市公司股票的平均价格。

【解】先求出每组的组中值（见表4-5）。

表4-5　　　　　　　　　　平均价格计算过程表

股票价格（元）	公司数（家）	组中值	股票金额（元）
5 以下	163	2.5	407.5
5—10	754	7.5	5 655
10—20	974	15	14 610
20 以上	524	25	13 100
合计	2 415		33 772.5
平均			13.9845

根据公式（4.19），计算出 2004 年 4 月 12 日上海证券交易所上市公司股票的平均价格：

$$\bar{x}=\frac{\sum_{i=1}^{n}x_if_i}{\sum_{i=1}^{n}f_i}=\frac{2.5\times163+7.5\times754+15\times974+25\times524}{163+754+974+524}=\frac{33\ 772.5}{2\ 415}=13.9845\ （元）$$

从以上计算过程可以看出，次数 f 的作用：当比较大的变量值次数多时，平均数就接近于变量值大的一方；当比较小的变量值次数多时，平均数就接近于变量值小的一方。可见，次数对变量值在平均数中的影响起着权衡轻重的作用，因此次数又被称为权数。但是，如果各组的次数（权数）均相同时，即：$f_1=f_2=f_3=\cdots\cdots=f_n$ 时，则权数的权衡轻重作用也就消失了。这时，加权算术平均数会变成简单算术平均数。即：

$$\bar{x}=\frac{\sum_{i=1}^{n}x_if_i}{\sum_{i=1}^{n}f_i}=\frac{f\sum_{i=1}^{n}x_i}{f\cdot n}=\frac{\sum_{i=1}^{n}x_i}{n} \tag{4.18}$$

可见，简单算术平均数实质上是加权算术平均数在权数相等条件下的一个特例。

简单算术平均数其数值的大小只与变量值的大小有关。加权算术平均数其数值的大小不仅受各组变量值大小的影响，而且还受各组变量值出现的次数即权数大小的影响。

权数既可以用绝对数表示，也可以用相对数（比重）来表示。因此，加权算术平均数也可用以下形式：

$$\bar{x} = \sum_{i=1}^{n} x_i \left(\frac{f_i}{\sum_{i=1}^{n} f_i} \right) \tag{4.19}$$

公式（4.20）和公式（4.21）告诉我们，针对原始资料的不同形式，我们可以选择不同的公式形式，但计算结果往往异曲同工。比如，用比重（频率）公式计算出来的平均数与原来用绝对数次数做权数计算的结果是完全相同的。

3. 算数平均数的数学性质。

算数平均数在统计学中有着重要的地位，它是进行统计分析和统计推断的基础，下面两个有关算术平均数的命题是其两个重要的数学性质。

（1）各标志值与算术平均数的离差之和等于零。即：

未分组资料：$\sum_{i=1}^{n} (x_i - \bar{x}) = 0 \tag{4.20}$

分组资料：$\sum_{i=1}^{m} (x_i - \bar{x}) f_i = 0 \tag{4.21}$

（2）各标志值与算术平均数的离差平方和最小。即：

未分组资料：$\sum_{i=1}^{n} (x_i - \bar{x})^2 = \min_{a\text{为任意实数}} \sum_{i=1}^{n} (x_i - a)^2 \tag{4.22}$

分组资料：$\sum_{i=1}^{m} (x_i - \bar{x})^2 f_i = \min_{a\text{为任意实数}} \sum_{i=1}^{m} (x_i - a)^2 f_i \tag{4.23}$

证明如下：由于未分组资料是分组资料的特例，因此，我们只证明分组资料的结论。

①各标志值与算术平均数的离差之和等于零。

$$\sum_{i=1}^{m} (x_i - \bar{x}) f_i = \sum_{i=1}^{m} x_i f_i - \sum_{i=1}^{m} \bar{x} f_i = \sum_{i=1}^{m} x_i f_i - \bar{x} \sum_{i=1}^{m} f_i$$

$$= \sum_{i=1}^{m} x_i f_i - \left(\frac{\sum_{i=1}^{m} x_i f_i}{\sum_{i=1}^{m} f_i} \right) \times \sum_{i=1}^{m} f_i = \sum_{i=1}^{m} x_i f_i - \sum_{i=1}^{m} x_i f_i = 0$$

②各变量值与其平均数离差平方之和等于最小值。

$$\sum_{i=1}^{m} (x_i - a)^2 f_i = \sum_{i=1}^{m} ((x_i - \bar{x}) + (\bar{x} - a))^2 f_i$$

$$= \sum_{i=1}^{m} (x_i - \bar{x})^2 f_i + 2 \sum_{i=1}^{m} (x_i - \bar{x})(\bar{x} - a) f_i + \sum_{i=1}^{m} (\bar{x} - a)^2 f_i$$

$$= \sum_{i=1}^{m} (x_i - \bar{x})^2 f_i + 2(\bar{x} - a) \sum_{i=1}^{m} (x_i - \bar{x}) f_i + \sum_{i=1}^{m} (\bar{x} - a)^2 f_i$$

$$= \sum_{i=1}^{m} (x_i - \bar{x})^2 f_i + \sum_{i=1}^{m} (\bar{x} - a)^2 f_i \geq \sum_{i=1}^{m} (x_i - \bar{x})^2 f_i$$

至此，证明了 $\sum\limits_{i=1}^{m}(x_i - \bar{x})^2 f_i = \underset{a \text{为任意实数}}{\min} \sum\limits_{i=1}^{m}(x_i - a)^2 f_i$。

（二）调和平均数

1. 调和平均数计算公式。

调和平均数（harmonic mean）是另一种计算平均数的方法，我们用 $\bar{x}_H$ 来表示调和平均数。

【例4-11】调查沃尔玛超市某种蔬菜在早、中、晚市的每1 000g的单价，分别为1.5元、1.2元、1.1元，若早、中、晚市各花一元钱购买，其平均价格是多少？

【解】计算方法应先把总重量计算出来，然后再将总金额除以总重量。即：

$$平均价格 = \frac{购买的总金额}{购买的总重量}$$

$$= \frac{1+1+1}{\dfrac{1}{1.5}+\dfrac{1}{1.2}+\dfrac{1}{1.1}} = \frac{3}{2.4091} = 1.25 \text{（元）}$$

上述计算的平均数，我们称为简单调和平均数。

抽象：设原始数据为 x_1，x_2，$\cdots$，x_i，$\cdots$，x_n，则简单调和平均数的计算公式为：

$$\bar{x}_H = \frac{n}{\dfrac{1}{x_1}+\dfrac{1}{x_2}+\cdots+\dfrac{1}{x_n}} = \frac{n}{\sum\limits_{i=1}^{n}\dfrac{1}{x_i}} \qquad (4.24)$$

指导　　Excel 软件从简单调和平均数 HARMEAN 函数的使用说明

①函数的含义。

得出数据集合的调和平均值。调和平均值与倒数的算术平均值互为倒数。

②函数表达式。

HARMEAN（number1，number2，$\cdots$）

Number1，number2，$\cdots$ 是用于计算平均值的 1 到 30 个参数，也可以不使用这种用逗号分隔参数的形式，而用单个数组或数组引用的形式。

③使用说明。

Ⅰ. 参数可以是数字，或者是包含数字的名称、数组或引用。

Ⅱ. 如果数组或引用参数包含文本、逻辑值或空白单元格，则这些值将被忽略；但包含零值的单元格将计算在内。

Ⅲ. 如果任何数据点小于或等于 0，函数 HARMEAN 得出错误值 #NUM!。

Ⅳ. 调和平均值总小于几何平均值，而几何平均值总小于算术平均值。

【例4-12】在沃尔玛超市，某种蔬菜早、中、晚市每1 000g的单价分别为1.5元、1.2元、1.1元，某顾客在早、中、晚市各购买了3元、5元和4元该种蔬菜，求其平均价格是多少？

【解】计算方法应先把购买的总重量计算出来，然后再用购买的总金额除以总重量。即：

$$平均价格 = \frac{购买的总金额}{购买的总重量}$$

$$= \frac{3+5+4}{\frac{3}{1.5}+\frac{5}{1.2}+\frac{4}{1.1}} = \frac{12}{9.803} = 1.22 \text{（元）}$$

上述计算的平均数，我们称为加权调和平均数。

抽象：设原始数据为 x_1，x_2，…，x_i，…，x_m，对应次数为 f_1，f_2，…，f_i，…，f_m，则加权调和平均数的计算公式为：

$$\bar{x}_H = \frac{f_1+f_2+\cdots+f_m}{\frac{1}{x_1}f_1+\frac{1}{x_2}f_2+\cdots+\frac{1}{x_n}f_m} = \frac{\sum\limits_{i=1}^{m} f_i}{\sum\limits_{i=1}^{m} \frac{f_i}{x_i}} \tag{4.25}$$

事实上，简单调和平均数是权数相等条件下的加权调和平均数的特例。

2. 调和平均数的应用。

调和平均数一般作为算术平均数的变形来应用的，即它的计算内容需服从于总体标志总量除以总体单位总数这一基本要求。当已知分组数列的各组标志值和标志总量时，可采用调和平均数法计算平均指标。需要注意的是，当数据中出现 "0" 值时，不能计算调和平均数。

3. 调和平均数是算术平均数的变形。

调和平均数是算术平均数的变形，推导如下：

$$\bar{x}_H = \frac{\sum\limits_{i=1}^{m} f_i}{\sum\limits_{i=1}^{m} \frac{f_i}{x_i}} = \frac{\sum\limits_{i=1}^{m} x_i m_i}{\sum\limits_{i=1}^{m} \frac{x_i m_i}{x_i}} = \frac{\sum\limits_{i=1}^{m} x_i m_i}{\sum\limits_{i=1}^{m} m_i} \tag{4.26}$$

调和平均数与算术平均数在本质上是一致的，不同的原始资料条件在计算平均数时，可以选择不同的公式。

（三）几何平均数

1. 几何平均数计算公式。

几何平均数（geometric mean）也是一种计算平均数的方法，我们用 $\bar{X}_G$ 来表示几何平均数。

【例 4-13】某产品生产需要经过六道工序，每道工序的合格率分别为 98%、91%、93%、98%、98%、91%，求该产品的平均合格率。

【解】由于某产品生产需要经过六道工序，因此，成品的合格率等于各道工序产品合格率的连乘积，而产品的平均合格率就要在连乘积基础上开 6 次方，所以该产品的平均合格率计算公式为：

$$\sqrt[6]{98\% \times 91\% \times 93\% \times 98\% \times 98\% \times 91\%} = 94.78\%$$

上述计算的平均数，我们称为简单几何平均数。

抽象：设原始数据为 x_1，x_2，$\cdots$，x_i，$\cdots$，x_n，则简单几何平均数的计算公式为：

$$\bar{x}_G = \sqrt[n]{x_1 x_2 x_3 \cdots x_n} = \sqrt[n]{\prod_{i=1}^{n} x_i} \qquad (4.27)$$

指导　　　　　Excel 软件内几何平均值 GEOMEAN 函数的使用说明

①函数的含义。

计算正数数组或区域的几何平均值。例如，可以使用函数 GEOMEAN 计算可变复利的平均增长率。

②函数表达式。

GEOMEAN（number1，number2，⋯）

Number1，number2，⋯ 是用于计算平均数的 1 到 30 个参数，也可以不使用这种用逗号分隔参数的形式，而用单个数组或数组引用的形式。

③使用说明。

Ⅰ. 参数可以是数字，或者是包含数字的名称、数组或引用。

Ⅱ. 如果数组或引用参数包含文本、逻辑值或空白单元格，则这些值将被忽略；但包含零值的单元格将计算在内。

Ⅲ. 如果任何数据点小于 0，函数 GEOMEAN 得出错误值 #NUM！。

指导　　　　　Excel 软件内乘积 PRODUCT 函数的使用说明

①函数的含义。

将所有以参数形式给出的数字相乘，并得出乘积值。

②函数表达式。

PRODUCT（number1，number2，⋯）

Number1，number2，⋯ 为 1 到 30 个需要相乘的数字参数。

③使用说明。

Ⅰ. 当参数为数字、逻辑值或数字的文字型表达式时可以被计算；当参数为错误值或是不能转换成数字的文字时，将导致错误。

Ⅱ. 如果参数为数组或引用，只有其中的数字将被计算。数组或引用中的空白单元格、逻辑值、文本或错误值将被忽略。

Ⅲ. 如果任何数据点小于 0，函数 GEOMEAN 得出错误值 #NUM！。

指导　　　　　Excel 软件内幂函数 POWER 函数的使用说明

①函数的含义。

计算给定数字的乘幂。

②函数表达式。

POWER（number，power）

Number：底数，可以为任意实数。

Power：指数，底数按该指数次幂乘方。

③使用说明。

可以用"^"运算符代替函数 POWER 来表示对底数乘方的幂次，例如 5^2。

【例4-14】某基金公司投资证券市场 10 年来其收益率分别为：第 1 至第 2 年为 5%；第 3 至第 5 年为 8%；第 6 至第 8 年为 10%；第 9 至第 10 年为 12%，求平均年收益率。

【解】设基金公司投资证券市场最初资金总额为 a 元。

第 1 年年末本利合计为：a+a×5%，即 a（1+5%）^{1}；

第 2 年年末本利合计为：a（1+5%）^{2}；

第 3 年年末本利合计为：a（1+5%）^{2}（1+8%）^{1}；

第 10 年年末本利合计为：a（1+5%）^{2}（1+8%）^{3}（1+10%）^{3}（1+12%）^{2}；

由于计算的是平均年收益率，这时，可以将最初资金总额元设想成 1 元。故平均年利收益率为：

$$\sqrt[10]{1.05^2 \times 1.08^3 \times 1.10^3 \times 1.12^2} \times 100\% = 108.77\%$$

所以，某基金公司投资证券市场 10 年来其平均年收益率 = 108.77% – 1 = 8.77%。

抽象：设原始数据为 x_1，x_2，…，x_i，…，x_m，对应次数为 f_1，f_2，…，f_i，…，f_m，则加权几何平均数的计算公式为：

$$\bar{x}_G = \sqrt[\sum\limits_{i=1}^{m} f_i]{x_1^{f_1} x_2^{f_2} x_3^{f_3} \cdots x_m^{f_m}} = \sqrt[\sum f]{\prod_{i=1}^{n} x_i^{f_i}} \tag{4.28}$$

因此，几何平均数（geometric mean）是 n 个变量值连乘积的 n 次方根。

2. 几何平均数的应用。

几何平均数是计算平均比率和平均速度最适用的一种方法。需要注意是，当数据中出现零值或负值时不宜计算几何平均数。

尽管由同一数据所计算出来的均值、中位数和众数，可能会略有差异，但都不失为寻找和确定数据分布集中位置的合理方法。均值是通过计算得出的，中位数与众数则都是通过寻找特定位置而确定下来的。因此，均值通常被称为计算平均数，而中位数与众数则被称为位置平均数。

三、算术平均数、中位数和众数的比较

1. 算术平均数、中位数和众数的关系。

可以这样来概括：算术平均数是全体观测值的重心，众数是全体观测值的重点，中位数是全体观测值的中心。

在单峰分布条件下，算术平均数、中位数和众数之间一般具有以下比较确定的关系（参见图4-9）：

（1）对称分布。算术平均数＝中位数＝众数。

（2）左偏分布。算术平均数<中位数<众数。

（3）右偏分布。算术平均数>中位数>众数。

经验表明，频数分布偏斜程度较低时，大体有：$(m_o - m_e) = 2(m_e - \bar{x})$。

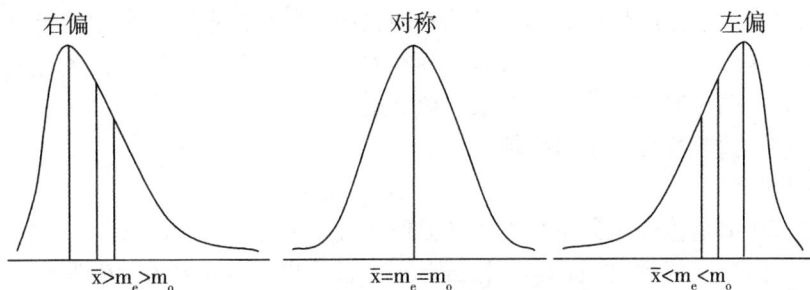

右偏 $\bar{x} > m_e > m_o$　　　对称 $\bar{x} = m_e = m_o$　　　左偏 $\bar{x} < m_e < m_o$

图4-9 算术平均数、中位数、众数的关系

2. 众数、中位数和算术平均数的特点与应用场合。

（1）众数是一组数据分布的峰值，是位置代表值。其优点是易于理解，不易受极端值的影响。当数据的分布具有明显的集中趋势时，尤其是对于偏态分布，众数的代表性比算术平均数要好。

（2）中位数是一组数据中点位置上的代表值，也是位置代表值。其特点是不易受极端值的影响。对于具有偏态分布的数据，中位数代表性要比算术平均数好。

（3）算术平均数是由全部数据计算所得，因此一般情况下算术平均数要比中位数和众数具有更好的综合性，它具有优良的数学性质，是实际中应用最广泛的集中趋势测度值。然而，算术平均数的这一优点同时却又是它的缺点，当数据中存在偏大或偏小的极端值时，均值的计算结果也将随之偏大或偏小，易受极端值的影响，这是其主要缺点。对于偏态分布的数据，算术平均数的代表性较差。作为算术平均数变形的调和平均数和几何平均数是适用于特殊数据的代表值。调和平均数主要用于不能直接计算算术平均数的数据，几何平均数则主要用于计算比例数据的平均数，这两个测度值与算术平均数一样，易受极端值的影响。

一般说来，收入往往是右偏的，有时候偏得很严重，因此用算术平均数计算出的平均收入往往是偏高的。如果要找一个国家或一个地区的收入代表值，用中位数要合理些。

由此可见，数据处理活动中算术平均数、中位数和众数的选用，通常都是视具体情况而相互参照使用的。

第二节 离散程度的描述

分析总体现象的数量特征，集中趋势只是数据分布的一个特征，它所反映的是各变量值向其中心值聚集的程度。而各变量值之间的差异状况如何呢？这就需要考察数据的离散程度。数据的离散程度是数据分布的另一个重要特征，它所反映的是各变量值远离其中心值的程度，为此也称为离中趋势。通常我们知道，集中趋势的各测度值是对数据水平的一个概括性度量，它对一组数据的代表性程度，取决于该组数据的离散水平。数据的离散程度越大，集中趋势的测度值对该组数据的代表性就越差，离散程度越小，其代表性就越好。而离中趋势的各测度值是对数据离散程度所作的描述。根据所依据数据类型的不同，描述数据离散程度采用的绝对指标主要有极差、四分位差、平均差、方差、标准差、峰度和偏度，此外，还有描述数据离散程度采用的相对指标的离散系数等统计指标。

一、描述离散程度的绝对指标

（一）极差

概念：极差也称全距，是数据中最大值与最小值之差，记作 R。

【例 4-15】请根据【引例 4-1】的数据，计算出这 100 名大学生学生消费数据的极差。

【解】根据【引例 4-1】的数据（见"第四章"工作表的表 3-1），这 100 名大学生学生消费数据的极差为：

$$R = \max \{1\ 291,\ 1\ 737,\ \cdots,\ 1\ 132\} - \min \{1\ 291,\ 1\ 737,\ \cdots,\ 1\ 132\}$$
$$= 3\ 728 - 689 = 3\ 039\ （元）$$

抽象：设原始数据为 x_1，x_2，$\cdots$，x_i，$\cdots$，x_n，则该数据的极差 R 的计算公式为：

$$R = \max_{1 \leqslant i \leqslant n} (x_i) - \min_{1 \leqslant i \leqslant n} (x_i) \tag{4.29}$$

特别提示：若根据组距数列计算极差，可用数列中最高一组的上限或假定上限减去最低一组的下限或假定下限求得全距的近似值。

极差可以说明总体中标志值变动的范围，极差越大，说明总体中标志值变动范围越大，从而说明总体各单位标志值差异越大，反之则越小。

用极差测定标志离散程度的优点是计算方法简单，缺点是易受极端数值的影响，不能全面反映所有标志值的差异大小及分布状况，准确程度较差。因此，极少被单独使用。在生产实践中人们根据极差与标准差的关系，应用它来绘制产品的质量控制图，并配合抽样方法来检验产品质量，从而实现对产品的质量控制。

（二）四分位差

概念：数据中的上四分位数与下四分位数之差称为四分位差，记作 Q_d。其计算公式为：

$$Q_d = Q_3 - Q_1 \tag{4.30}$$

式中：Q_3 和 Q_1 分别代表上四分位数和下四分位数。

【例 4-16】请根据【引例 4-1】的数据，计算出这 100 名大学生学生消费数据的四分位差。

【解】根据【例 4-6】的计算结果知，这 100 名大学生学生消费数据的下、上四分位数分别为：$Q_1 = 1\,109$ 和 $Q_3 = 1\,557.25$。因此，这 100 名大学生学生消费数据的四分位差为：

$$Q_d = Q_3 - Q_1 = 1\,557.25 - 1\,109 = 448.25 \text{（元）}$$

四分位差给出了全体观测值中处于中间位置的 50% 观测值的变动范围，其数值越小，说明中间的数据越集中；数值越大，说明中间的数据越分散，从而间接地反映出数据整体的离散程度。

四分位差避免了极差的缺陷，不再受最大值与最小值极端情况的影响。而且，由于中位数正处于上下四分位数之间，所以它能够在一定程度上说明中位数代表性的强弱。但由于四分位差也是基于数据中的两个特殊观测值而得出的，所以它与极差一样，缺乏对全体观测值离散状态的全面的概括能力。例如，表 4-6 中的两组数据：

表 4-6　　　　　　　　两个离散程度不同的样本数据

数据 1	1	1	2	2	3	3	3	4	4	4	5
	5	5	6	6	6	7	7	8	9	9	-
数据 2	1	2	3	3	3	3	4	4	4	4	5
	5	5	5	5	6	6	6	7	8	-	

经过计算可知，数据 1 与数据 2 的极差是相同的，都是 8；四分位差也是相同的，都是 3。然而从图 4-10 中却可以清楚看出，两个数据的离散程度并不相同，数据 1 的离散程度明显大于数据 2。这表明无论是极差，还是四分位差，都没能完整概括全体观测值的差异情况。

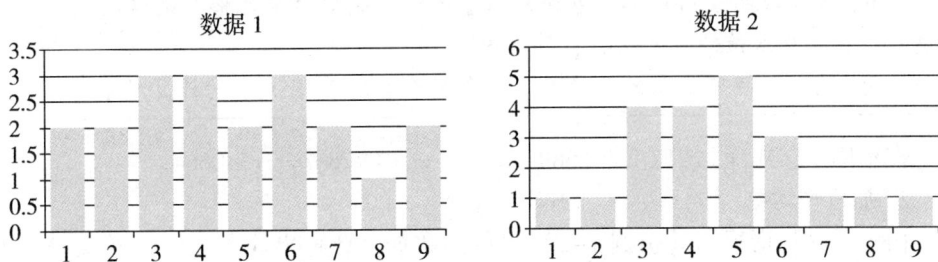

图 4-10　两个离散程度不同的样本数据

（三）平均差

平均差是变量数列中各单位标志值对其算术平均数离差绝对值的平均数，用 M_D 表示。它反映了各单位标志值对其算术平均数的平均离差。平均差越大，说明各单位标志值的差异程度越大；反之，则说明其差异程度越小。

1. 简单平均差。

【例 4-17】请根据【引例 4-1】的数据，计算出这 100 名大学生学生消费数据的平均差。

【解】根据【引例 4-1】的数据（见"第四章"工作表的表 4-1），这 100 名大学生学生消费数据的平均差为：

$$M_D = \frac{|\,689-1\,371.88\,|+|\,697-1\,371.88\,|+\cdots+|\,3\,728-1\,371.88\,|}{100}$$

$$= \frac{682.88+674.88+\cdots+2\,356.12}{100} = \frac{31\,506.64}{100} = 315.0664 \text{（元）}$$

抽象：设原始数据为 x_1，x_2，$\cdots$，x_i，$\cdots$，x_n，则该数据的简单平均差的计算公式为：

$$M_D = \frac{\sum\limits_{i=1}^{n}|\,x_i-\bar{x}\,|}{n} \tag{4.31}$$

指导　　　　　　Excel 软件内简单平均差 AVEDEV 函数的使用说明

①函数的含义。

计算一组数据与其均值的绝对偏差的简单算术平均值，ADEDEV 用于评测这组数据的离散度。

②函数表达式。

AVEDEV（number1，number2，$\cdots$）

Number1，number2，$\cdots$ 用于计算绝对偏差平均值的一组参数，参数的个数可以有 1 到 30 个，可以用单一数组（即对数组区域的引用）代替用逗号分隔的参数。

③使用说明。

Ⅰ. 参数可以是数字，或者是包含数字的名称、数组或引用。

Ⅱ. 如果数组或引用参数包含文本、逻辑值或空白单元格，则这些值将被忽略；但包含零值的单元格将计算在内。

Ⅲ. 输入数据所使用的计量单位将会影响函数 AVEDEV 的计算结果。

在本例中，$M_D = $ AVEDEV（689，697，$\cdots$，3 728）$= 315.0664$。

2. 加权平均差。

【例4-18】请根据【引例4-2】提供的数据，计算出我国上海证券交易所上市公司股票价格的平均差。

【解】根据【引例4-2】提供的数据，计算我国上海证券交易所上市公司股票价格的平均差过程如下（见"第四章"工作表的表4-7）：

$$M_D = \frac{|\,2.5-13.9845\,|\times163+|\,7.5-13.9845\,|\times754+|\,15-13.9845\,|\times974+|\,25-13.9845\,|\times524}{163+754+974+524}$$

$$= \frac{11.4845\times163+6.4845\times754+1.0155\times974+11.0155\times524}{2\,415}$$

$$= \frac{1\,871.9735+4\,889.313+989.097+5\,772.122}{2\,415} = \frac{13\,522.5055}{2\,415} = 5.5994 \text{（元）}$$

计算结果表明，2 415 家上市公司股票价格与其平均价格 13.9845 元，平均相差 5.5994 元。

抽象：设原始数据为 x_1，x_2，$\cdots$，x_i，$\cdots$，x_m，对应次数为 f_1，f_2，$\cdots$，f_i，$\cdots$，f_m，则加权平均差的计算公式为：

$$M_D = \frac{\sum_{i=1}^{n} |x_i - \bar{x}| f_i}{\sum_{i=1}^{n} f_i} = \frac{|x_1 - \bar{x}| f_1 + |x_2 - \bar{x}| f_2 + \cdots + |x_m - \bar{x}| f_m}{\sum_{i=1}^{m} f_i} \tag{4.32}$$

平均差以均值作为衡量各个观测值离散程度的标准，计算出各个观测值相对于均值的离差并取绝对值，再就离差绝对值取均值，其计算结果可理解为全体观测值相对于均值的平均离散程度。

在可比的情况下，平均差的数值越大，则其平均数的代表性越小，说明该组变量值分布越分散；反之，平均差的数值越小，则其平均数的代表性越大，说明该组变量值分布越集中。

与极差和四分位差相比较，平均差不受极端数值的影响，能综合地反映全部单位标志值对其算术平均数的实际差异情况；同时以绝对离差的形式来直观地表现各单位标志值与其平均数存在的平均差异，含义明确；平均差全面而完整地反映了数据整体离散程度的高低，应当说，已经算是比较完美的测量指标了，但由于其计算过程中包含着取绝对值的步骤，这非常不便于进一步的数学推导，所以仍有加以改进的必要。

（四）方差与标准差

方差是总体各单位标志值与其算术平均数离差平方的算术平均数。标准差是总体各单位标志值与其算术平均数离差平方的算术平均数的平方根。方差和标准差的涵义与平均差基本相同，也表示各标志值对算术平均数的平均距离，也是一个有量纲的量，标准差与标志值具有相同的计量单位。

1. 简单式。

（1）有偏简单样本方差。有偏简单样本方差是各个观测值与其均值离差平方的均值，记作 s_0^2。

【例 4-19】请根据【引例 4-1】的数据，计算出这 100 名大学生学生消费数据的有偏样本方差。

【解】根据【引例 4-1】的数据，计算这 100 名大学生学生消费数据的有偏样本方差（见"第四章"工作表 4-1）：

$$s_0^2 = \frac{(689 - 1\,371.88)^2 + (697 - 1\,371.88)^2 + \cdots + (3\,728 - 1\,371.88)^2}{100}$$

$$= \frac{466\,325.1 + 455\,463 + \cdots + 5\,551\,301}{100} = \frac{20\,348\,461}{100} = 203\,484.61 \ (\text{元}^2)$$

抽象：设原始数据为 x_1，x_2，$\cdots$，x_i，$\cdots$，x_n，则该数据的有偏简单样本方差的计算公式为：

$$s_0^2 = \frac{\sum_{i=1}^{n} (x_i - \bar{x})^2}{n} \tag{4.33}$$

> **指导　　　Excel 软件内有偏简单样本方差 VARP 函数的使用说明**
>
> ①函数的含义。
>
> 计算各个观测值与其均值离差平方的均值，即有偏简单样本方差。
>
> ②函数表达式。
>
> VARP（number1，number2，…）
>
> Number1，number2，… 为对应于样本总体的 1 到 30 个参数。
>
> ③使用说明。
>
> Ⅰ．函数 VARP 假设其参数为样本总体。如果数据只是代表样本总体中的一个样本，请使用函数 VAR 计算方差。
>
> Ⅱ．逻辑值（TRUE 和 FALSE）和文本将被忽略。如果不能忽略逻辑值和文本，请使用 VARPA 工作表函数。

在本例中，s_0^2VARP（689，697，…，3 728）= 203 484.61。

（2）无偏简单样本方差。无偏简单样本方差是各个观测值与其均值离差平方和与样本容量减 1 之差的商，记作 s^2。

【例4-20】请根据【引例4-1】的数据，计算出这 100 名大学生学生消费数据的无偏样本方差。

【解】根据【引例4-1】的数据，计算这 100 名大学生学生消费数据的无偏简单样本方差（见"第四章"工作表4-1）：

$$s^2 = \frac{(689-1\ 371.88)^2 + (697-1\ 371.88)^2 + \cdots + (3\ 728-1\ 371.88)^2}{100-1}$$

$$= \frac{466\ 325.1 + 455\ 463 + \cdots + 5\ 551\ 301}{99} = \frac{20\ 348\ 461}{99} = 205\ 540.01\ （元^2）$$

抽象：设原始数据为 x_1，x_2，…，x_i，…，x_n，则该数据的无偏简单样本方差的计算公式为：

$$s^2 = \frac{\sum_{i=1}^{n}(x_i - \bar{x})^2}{n-1} \tag{4.34}$$

> **指导　　　Excel 软件内无偏简单样本方差 VAR 函数的使用说明**
>
> ①函数的含义。
>
> 计算各个观测值与其均值离差平方和与样本容量减 1 之差的商，即无偏简单样本方差。
>
> ②函数表达式。
>
> VAR（number1，number2，…）
>
> Number1，number2，… 为对应于总体样本的 1 到 30 个参数。
>
> ③使用说明。
>
> 逻辑值（TRUE 和 FALSE）和文本将被忽略。如果不能忽略逻辑值和文本，请使用 VARA 工作表函数。

在本例中，s^2 = VAR（689，697，…，3 728）= 205 540.01。

样本方差保持了平均差全面而完整的优点，又通过取离差平方的方式避免了取绝对值过程，因而方便了今后的数学推导。

应当指出，无偏样本方差计算公式中的分母不是样本容量 n，而是 n-1。n-1 称为样本的自由度。所谓样本自由度，简而言之，就是样本的全体观测中可以自由取值的观测的个数。若要计算样本方差分子中的离差平方和 $\sum\limits_{i=1}^{n}(x_i-\bar{x})^2$，必须首先给出样本均值，相对于各个观测来讲，样本均值是一个给定的数，在样本均值给定的前提下，样本的 n 个观测中就只有 n-1 个观测是可以自由取值的，而不是 n 个。所以，样本自由度为 n-1。

如果仅仅是出于对样本数据离散程度的单纯描述目的，以离差平方和 $\sum\limits_{i=1}^{n}(x_i-\bar{x})^2$ 除以样本容量 n 来计算样本方差也是合理的。但如果目的是要以样本方差来推断总体方差，则分母必须取样本自由度 n-1。因为，数理统计的研究表明，分母为自由度 n-1 的样本方差是总体方差的无偏估计量；而分母为样本容量 n 的样本方差则是有偏的。有关这方面的具体内容请参见第 5 章单个总体参数估计与假设检验。

（3）简单总体方差。总体方差是用以描述总体数据离散程度的参数。其简单总体方差计算公式为：

$$\sigma^2 = \frac{\sum\limits_{i=1}^{N}(X_i-\mu)^2}{N} \tag{4.35}$$

式中：σ^2 代表总体方差；μ 代表数学期望或总体均值；N 代表总体容量；X_i 代表总体中的各个测量值。

（4）有偏简单样本标准差。有偏简单样本标准差是各个观测值与其均值离差平方的均值的平方根，记作 s_0。

【例4-21】请根据【引例4-1】的数据，计算出这 100 名大学生学生消费数据的有偏简单样本标准差。

【解】根据【引例4-1】的数据，计算这 100 名大学生学生消费数据的有偏简单样本标准差（见"第四章"工作表4-1）：

$$s_0 = \sqrt{\frac{(689-1\,371.88)^2+(697-1\,371.88)^2+\cdots+(3\,728-1\,371.88)^2}{100}}$$

$$= \sqrt{203\,484.61} = 451.09 \text{（元）}$$

抽象：设原始数据为 x_1，x_2，…，x_i，…，x_n，则该数据的有偏简单样本标准差的计算公式为：

$$s_0 = \sqrt{\frac{\sum\limits_{i=1}^{n}(x_i-\bar{x})^2}{n}} \tag{4.36}$$

指导　　Excel 软件内有偏简单样本标准差 STDEVP 函数的使用说明

①函数的含义。

计算各个观测值与其均值离差平方的均值的平方根，即有偏简单样本标准差。

②函数表达式。

STDEVP（number1，number2，…）

Number1，number2，… 为对应于样本总体的 1 到 30 个参数。也可以不使用这种用逗号分隔参数的形式，而用单个数组或对数组的引用。

③使用说明。

文本和逻辑值（TRUE 或 FALSE）将被忽略。如果不能忽略逻辑值和文本，则请使用 STDEVPA 工作表函数。

在本例中，$s_0 = $ STDEVP（689，697，…，3 728）$= 451.09$。

（5）无偏简单样本标准差。无偏简单样本标准差是各个观测值与其均值离差平方和与样本容量减 1 之差的商的平方根，记作 s。

【例4-22】请根据【引例4-1】的数据，计算出这 100 名大学生学生消费数据的无偏样本标准差。

【解】根据【引例4-1】的数据，计算这 100 名大学生学生消费数据的无偏简单样本标准差（见"第四章"工作表4-1）：

$$s = \sqrt{\frac{(689-1\ 371.88)^2 + (697-1\ 371.88)^2 + \cdots + (3\ 728-1\ 371.88)^2}{100-1}}$$

$$= \sqrt{205\ 540.01} = 453.37\ (元)$$

抽象：设原始数据为 x_1，x_2，…，x_i，…，x_n，则该数据的无偏样本标准差的计算公式为：

$$s = \sqrt{\frac{\sum_{i=1}^{n}(x_i - \bar{x})^2}{n-1}} \tag{4.37}$$

指导　　Excel 软件内无偏简单样本标准差 STDEV 函数的使用说明

①函数的含义。

计算各个观测值与其均值离差平方和与样本容量减 1 之差的商的平方根，即无偏简单样本标准差。

②函数表达式。

STDEV（number1，number2，…）

Number1，number2，… 为对应于样本总体的 1 到 30 个参数。也可以不使用这种用逗号分隔参数的形式，而用单个数组或对数组的引用。

③使用说明。

文本和逻辑值（TRUE 或 FALSE）将被忽略。如果不能忽略逻辑值和文本，则请使用 STDEVA 工作表函数。

在本例中，s＝STDEV（689，697，…，3 728）＝453.37。

（6）简单总体标准差。简单总体标准差是总体方差的平方根。其计算公式为：

$$\sigma = \sqrt{\frac{\sum_{i=1}^{N}(x_i - \mu)^2}{N}} \tag{4.38}$$

2. 加权式。

【例4-23】请根据【引例4-2】提供的数据，计算出我国上海证券交易所上市公司股票价格的有偏和无偏样本方差和标准差。

【解】（1）计算有偏样本方差过程如下（见"第四章"工作表的表4-7）：

$$S_0^2 = \frac{(2.5-13.9845)^2 \times 163 + (7.5-13.9845)^2 \times 754}{163+754+974+524} + \frac{(15-13.9845)^2 \times 974 + (25-13.9845)^2 \times 524}{163+754+974+524}$$

$$= \frac{131.8937 \times 163 + 42.0487 + 754 + 1.0312 \times 974 + 121.3412 \times 524}{2\ 415}$$

$$= \frac{21\ 498.6731 + 31\ 704.7198 + 1\ 004.3888 + 63\ 582.7888}{2\ 415}$$

$$= \frac{117\ 790.5705}{2\ 415} = 48.7746（元^2）$$

计算结果表明，2 415 家上市公司股票价格的样本方差为48.7746元^2。

抽象：设原始数据为 x_1，x_2，…，x_i，…，x_m，对应次数为 f_1，f_2，…，f_i，…，f_m，则加权有偏样本方差的计算公式为：

$$s_0^2 = \frac{|x_1 + \bar{x}|^2 f_1 + |x_2 - \bar{x}|^2 f_2 + \cdots + |x_m - \bar{x}|^2 f_m}{\sum_{i=1}^{m} f_i} = \frac{\sum_{i=1}^{m} |x_i - \bar{x}|^2 f_i}{\sum_{i=1}^{m} f_i} \tag{4.39}$$

（2）计算无偏样本方差过程如下（见"第四章"工作表的表4-7）：

$$s^2 = \frac{(2.5-13.9845)^2 \times 163 + (7.5-13.9845)^2 \times 754}{163+754+974+524-1} + \frac{(15-13.9845)^2 \times 974 + (25-13.9845)^2 \times 524}{163+754+974+524-1}$$

$$= \frac{131.8937 \times 163 + 42.0487 \times 754 + 1.0312 \times 974 + 121.3412 \times 524}{2\ 415-1}$$

$$= \frac{21\ 498.6731 + 31\ 704.7198 + 1\ 004.3888 + 63\ 582.7888}{2\ 414}$$

$$= \frac{117\ 790.5705}{2\ 414} = 48.7948（元^2）$$

计算结果表明，2 414 家上市公司股票价格的样本方差为48.7948元^2。

抽象：设原始数据为 x_1，x_2，…，x_i，…，x_m，对应次数为 f_1，f_2，…，f_i，…，f_m，则加权有偏样本方差的计算公式为：

$$s^2 = \frac{|x_1 - \bar{x}|^2 f_1 + |x_2 - \bar{x}|^2 f_2 + \cdots + |x_m - \bar{x}|^2 f_m}{\sum\limits_{i=1}^{m} f_i - 1} = \frac{\sum\limits_{i=1}^{m} |x_i - \bar{x}|^2 f_i}{\sum\limits_{i=1}^{m} f_i - 1} \qquad (4.40)$$

（3）计算有偏样本标准差过程如下（见"第四章"工作表的表 4-7）：

$$s_0 = \sqrt{\frac{(2.5-13.9845)^2 \times 163 + (7.5-13.9845)^2 \times 754 + (15-13.9845)^2 \times 974 + (25-13.9845)^2 \times 524}{163 + 754 + 974 + 524}}$$

$$= \sqrt{\frac{131.8937 \times 163 + 42.0487 \times 754 + 1.0312 \times 974 + 121.3412 \times 524}{2\ 415}}$$

$$= \sqrt{\frac{21\ 498.6731 + 31\ 704.7198 + 1\ 004.3888 + 63\ 582.7888}{2\ 415}}$$

$$= \sqrt{\frac{117\ 790.5705}{2\ 415}} = \sqrt{48.7746} = 6.9839（元^2）$$

计算结果表明，2 415 家上市公司股票价格的样本标准差为 6.9839 元²。

抽象：设原始数据为 x_1，x_2，…，x_i，…，x_m，对应次数为 f_1，f_2，…，f_i，…，f_m，则加权有偏样本标准差的计算公式为：

$$s_0 = \sqrt{\frac{|x_1 - \bar{x}|^2 f_1 + |x_2 - \bar{x}|^2 f_2 + \cdots + |x_m - \bar{x}|^2 f_m}{\sum\limits_{i=1}^{m} f_i}} = \sqrt{\frac{\sum\limits_{i=1}^{m} |x_i - \bar{x}|^2 f_i}{\sum\limits_{i=1}^{m} f_i}} \qquad (4.41)$$

（4）计算无偏样本标准差过程如下（见"第四章"工作表的表 4-7）：

$$s = \sqrt{\frac{(2.5-13.9845)^2 \times 163 + (7.5-13.9845)^2 \times 754 + (15-13.9845)^2 \times 974 + (25-13.9845)^2 \times 524}{163 + 754 + 974 + 524 - 1}}$$

$$= \sqrt{\frac{131.8937 \times 163 + 42.0487 \times 754 + 1.0312 \times 974 + 121.3412 \times 524}{2\ 415 - 1}}$$

$$= \sqrt{\frac{21\ 498.6731 + 31\ 704.7198 + 1\ 004.3888 + 63\ 582.7888}{2\ 414}}$$

$$= \sqrt{\frac{117\ 790.5705}{2\ 414}} = \sqrt{48.7948} = 6.9853（元^2）$$

计算结果表明，2 414 家上市公司股票价格的样本标准差为 6.9853 元²。

抽象：设原始数据为 x_1，x_2，…，x_i，…，x_m，对应次数为 f_1，f_2，…，f_i，…，f_m，则加权无偏样本标准差的计算公式为：

$$s = \sqrt{\frac{|x_1 - \bar{x}|^2 f_1 + |x_2 - \bar{x}|^2 f_2 + \cdots + |x_m - \bar{x}|^2 f_m}{\sum\limits_{i=1}^{m} f_i - 1}} = \sqrt{\frac{\sum\limits_{i=1}^{m} |x_i - \bar{x}|^2 f_i}{\sum\limits_{i=1}^{m} f_i - 1}} \qquad (4.42)$$

二、描述离散程度的相对指标

方差及标准差继承了平均差的优点，并具备便于数学推导的优良性质，因而在数据处理活动中被广泛应用，但通常情况下，它们只适用于对一个变量数列数据离散程度的描述，如果我们需要比较不少于两个变量数列数据的离散程度，或者是我们需要比较不少于两个不同性质变量数列数据的离散程度，方差及标准差还是有缺陷的。

从方差及标准差计算公式上看，有三个因素决定着方差及标准的计算结果，一是数据的离散程度，数据的离散程度越高，计算出来的数字结果就会越大；而离散程度越低，计算出来的数字结果就会越小。二是参与运算的全体观测值本身的数值大小，观测值本身的数值越大，计算出来的数字结果就会越大；观测值本身的数值越小，这个数字结果就会越小。三是参与运算的全体观测值的计量单位，不同的变量类型，其计量单位可能会不相同，这时，计算出来的结果之间根本没有可比性。显然，第二个和第三个因素与离散程度的高低是无关的，因此，须从方差及标准差中剔除第二个和第三个因素的影响，才能更为精确地显示出数据离散程度本身的高低，同时，也就能对不少于两个变量数列数据的离散程度进行评价。

下面，我们构造一种新的指标，它叫离散系数，是离散指标与其平均值之比，记作 $v_{离散指标}$。其计算公式为：

$$v_{离散指标} = \frac{离散指标}{\bar{x}} \tag{4.43}$$

根据上面的构造，离散系数包括极差系数、平均差系数、标准差系数等。比如，标准差系数就是标准差与平均数之比，记作 v_σ。其计算公式为：

$$v_\sigma = \frac{\sigma}{\bar{x}} \tag{4.44}$$

离散系数将作为全体观测数值大小的代表性水平值——均值，从离散指标数值中剔除，在精确地显示了离散程度的同时，还消除了计算结果中的计量单位，适用于不同观测值水平或不同计量单位变量数列数据之间的离散程度的比较。其使用原则是：离散系数越小，其变量数列数据的离散程度越低，离散系数越大，其变量数列数据的离散程度就越高。其引申含义是：离散系数越小，其变量数列数据的平均数代表性就越强（高），离散系数越大，其变量数列数据的平均数代表性就越弱（低）。

【例4-24】今调查了男女青年体重，得两组数据如下：

男青年数据：$\bar{x} = 55.58kg$，$\sigma = 4.15kg$

女青年数据：$\bar{x} = 48.53kg$，$\sigma = 4.02kg$

请计算两组数据的标准差系数，并分析哪组数据的离散程度低。

【解】根据标准差系数计算公式，得：

男青年数据标准差系数：$v_{男\sigma} = \frac{\sigma_男}{\bar{x}_男} = \frac{4.15kg}{55.58kg} = 0.07$

女青年数据标准差系数：$v_{女\sigma} = \frac{\sigma_女}{\bar{x}_女} = \frac{4.02kg}{48.53kg} = 0.08$

计算结果表明，男青年体重数据的离散程度低。但如果采用标准差来直接进行比较，则会得出相反的错误结论。

一般情况下，没有必要就一个变量数列数据计算离散系数；在变量性质及平均值都相同的两个或多个变量数列数据之间，也不必计算离散系数，可以直接通过离散指标进行比较来研究各组数据平均数代表性强弱的问题。

第三节　分布形态的描述

一、偏度

偏度是衡量频数分布形态对称性的统计量，记作 SK。其计算公式为：

$$SK = \frac{n\sum_{i=1}^{n}(x_i - \bar{x})^3}{(n-1)(n-2)s^3} \tag{4.45}$$

偏度指标数值的含义及使用说明：①如果偏度指标数值为 0，表明频数分布的形态是对称的；②如果偏度指标数值小于 0，则表明频数分布的形态是左偏；③如果偏度指标数值大于 0，则表明频数分布的形态是右偏；④偏度指标数值的绝对值越大，表明左偏或右偏的程度越大，特别是当偏度指标数值的绝对值大于 1 时，通常被认为是高度偏态。

【例 4-25】请根据【引例 4-1】的数据，计算出这 100 名大学生消费数据的偏度。

【解】根据【引例 4-1】的数据，计算这 100 名大学生消费数据的偏度（见"第四章"工作表）：

$$SK = \frac{n\sum_{i=1}^{n}(x_i - \bar{x})^3}{(n-1)(n-2)s^3}$$

$$= \frac{(689-1\,371.88)^3 + (697-1\,371.88)^3 + \cdots + (3\,728-1\,371.88)^3}{(100-1)\times(100-2)\times453.37^3}$$

$$= 2.02$$

计算结果表明这是一种高度的右偏。应当注意的是，右偏指的是在频数分布图形的右边拖出一条长长的尾巴；左偏是指在频数分布图形的左边拖出一条长长的尾巴（如图 4-11 所示）。

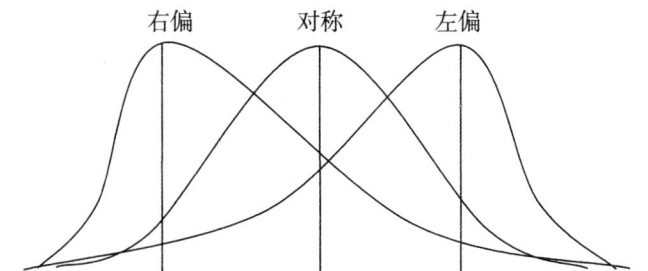

图 4-11　频数分布的对称性

指导	Excel 软件中偏度 SKEW 函数的使用说明
①函数的含义。 偏度反映以平均值为中心的分布的不对称程度。	

②函数表达式。

SKEW（number1，number2，…）

Number1，number2，… 为对应于样本总体的 1 到 30 个参数。也可以不使用这种用逗号分隔参数的形式，而用单个数组或对数组的引用。

③使用说明。

I. 参数可以是数字，或者是包含数字的名称、数组或引用。

II. 如果数组或引用参数包含文本、逻辑值或空白单元格，则这些值将被忽略；但包含零值的单元格将计算在内。

III. 如果数据点个数少于 3 个，或样本标准偏差为零，函数 SKEW 得到错误值#DIV/0！。

在本例中，SK＝SKEW（689，697，…，3 728）＝2.0168。

二、峰度

峰度是衡量频数分布形态尖削或陡峭程度的统计量，记作 KU。其计算公式为：

$$KU = \frac{n(n+1)\sum_{i=1}^{n}(x_i-\bar{x})^4 - 3\left[\sum_{i=1}^{n}(x_i-\bar{x})^2\right]^2(n-1)}{(n-1)(n-2)(n-3)s^4} \tag{4.46}$$

峰度指标数值的含义及使用说明：①如果峰度指标数值为 0，称作正态峰；②如果峰度指标数值小于 0，称作平顶峰，表明频数分布趋于集中的速度变化较慢，分布形态比较平坦；③如果峰度指标数值大于 0，称作尖顶峰，表明频数分布趋于集中的速度变化较快，分布形态比较尖削或陡峭（如图 4–12 所示）。

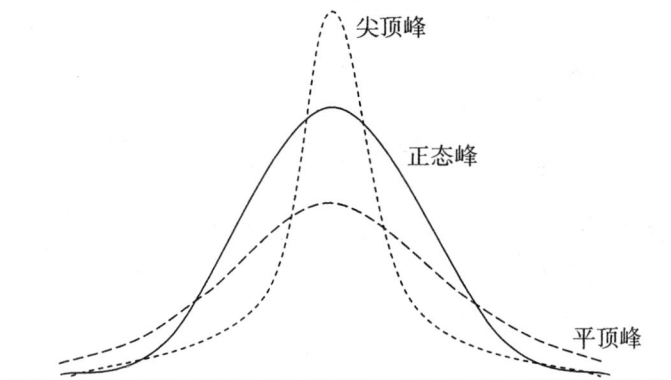

图 4–12　频数分布的峰态

【例 4–26】请根据【引例 4–1】的数据，计算出这 100 名大学生学生消费数据的峰度。

【解】根据【引例 4–1】的数据，计算这 100 名大学生学生消费数据的峰度（见"第四章"工作表）：

$$KU = \frac{n(n+1)\sum_{i=1}^{n}(x_i - \bar{x})^4 - 3\left[\sum_{i=1}^{n}(x_i - \bar{x})^2\right]^2(n-1)}{(n-1)(n-2)(n-3)s^4}$$

$$= \frac{100 \times (100+1) \times \left[(689-1\,371.88)^4 + (697-1\,371.88)^4 + \cdots + (3\,728-1\,371.88)^4\right]}{(100-1) \times (100-2) \times (100-3) \times 453.37^4}$$

$$- \frac{3 \times (100-1) \times \left[(689-1\,371.88)^2 + (697-1\,371.88)^2 + \cdots + (3\,728-1\,371.88)^2\right]^2}{(100-1) \times (100-2) \times (100-3) \times 453.37^4}$$

$$= 6.92$$

计算结果表明这是一种尖顶峰。

指导　　　　　　**Excel 软件中峰度 KURT 函数的使用说明**

①函数的含义。

峰度反映与正态分布相比某一分布的尖锐度或平坦度。正峰值表示相对尖锐的分布，负峰值表示相对平坦的分布。

②函数表达式。

KURT（number1，number2，…）

Number1，number2，… 为对应于样本总体的 1 到 30 个参数。也可以不使用这种用逗号分隔参数的形式，而用单个数组或对数组的引用。

③使用说明。

I. 参数可以是数字，或者是包含数字的名称、数组或引用。

II. 如果数组或引用参数包含文本、逻辑值或空白单元格，则这些值将被忽略；但包含零值的单元格将计算在内。

III. 如果数据点个数少于 4 个，或样本标准偏差为零，函数 KURT 得到错误值 #DIV/0!。

在本例中，KU=KURT（689，697，…，3 728）=6.92。

第四节　运用 SPSS 进行简单描述性统计分析实验

一、由 "Frequencies" 进行描述性统计分析实验

【例4-27】根据【引例4-1】的数据，运用 SPSS 的描述性统计分析功能，对这 100 名大学生的消费额进行描述性统计分析实验。

【解】根据【引例4-1】的数据，运用 SPSS 的描述性统计分析功能进行简单描述性统计分析实验的主要操作过程如下：

1. 打开 SPSS 数据集 Exadata4.1 后，在 SPSS 数据窗口（Data View 窗口）内，用鼠标点击：【Analyze】→【Descriptive Statistics】→【Frequencies】，系统弹出如图 4-13 所示的 "Frequencies" 对话框。

2. 选择变量 "每月的消费（单位：人民币元）[xf]" 进入 "Variable（s）" 框内。点击 "Statistics…" 按钮，系统弹出 "Frequencies：Statistics" 对话框（如图

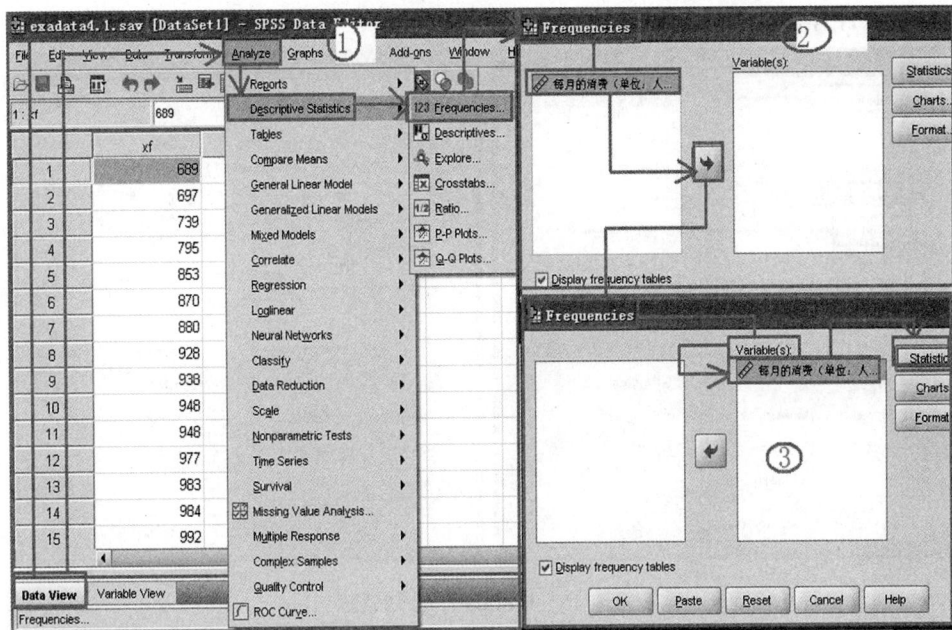

图 4-13　Frequencies 对话框

4-14 所示)。

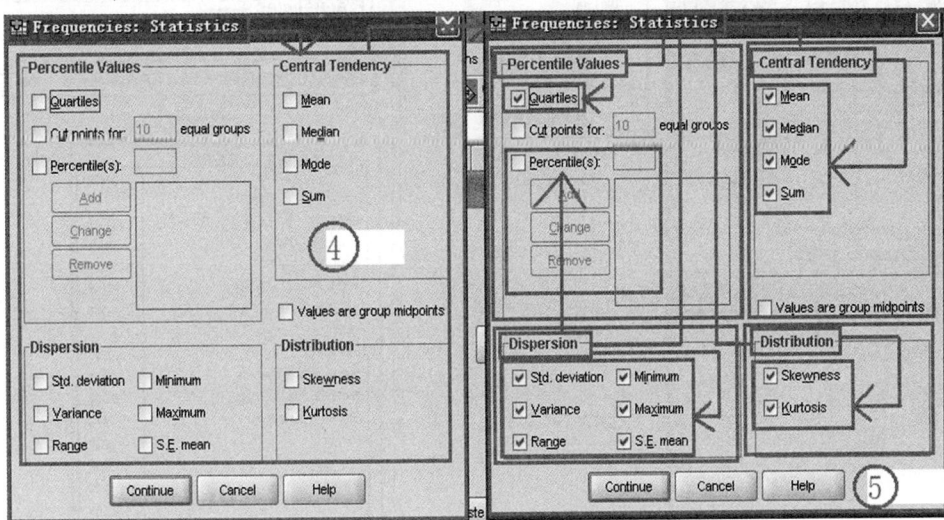

图 4-14　Frequencies 对话框

3. 在"Central Tendency"框内,选中"Mean"、"Median"、"Mode"选项,以计算集中趋势描述性统计量均值、中位数和众数。在"Dispersion"框内选中"Std. deviation"、"Variance"、"Range"选项,以计算离散程度描述统计量标准差、方差和极差。在"Percentile Values"框内(如图 4-15 所示)选中"Quartiles"选项,以计算上下四分位数。在"Distribution"框内,选中"Skewness"、"Kurtosis"

选项，以计算偏度和峰度。

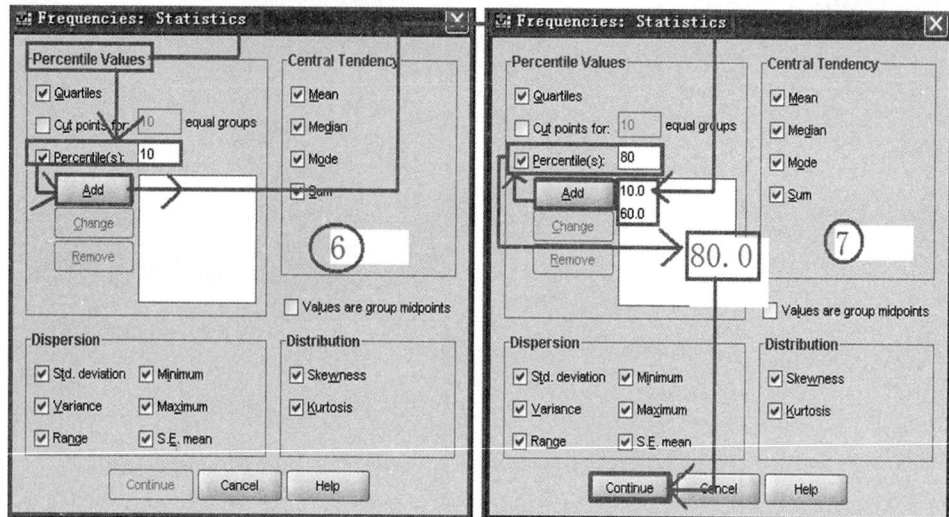

图 4-15　Frequencies 对话框

4. 点击【Continue】→【OK】。系统输出有关描述性统计的计算结果图 4-16 所示。

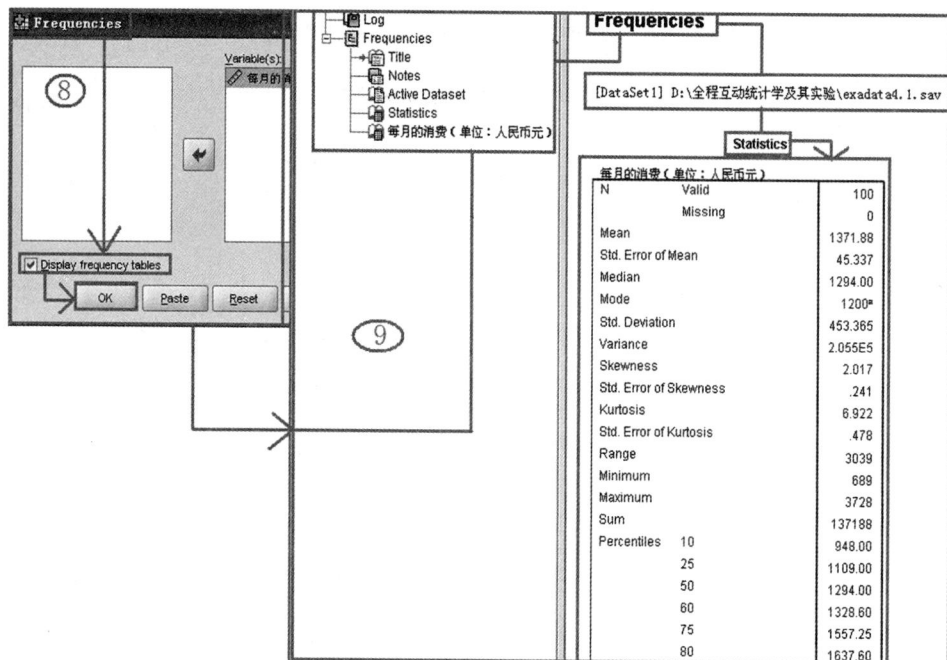

图 4-16　描述性统计量 SPSS 输出结果

二、运用 SPSS 进行加权描述性统计分析实验

【例 4-28】根据【引例 4-2】的数据，运用 SPSS 加权描述性统计分析功能，

对我国上海证券交易所上市公司股票价格进行描述性统计分析实验。

【解】根据【引例4-2】的数据，运用 SPSS 的加权描述性统计分析功能进行简单描述性统计分析实验的主要操作过程如下：

1. 打开 SPSS 数据集 Exadata4.2 后，在 SPSS 数据窗口（Data View 窗口）内，用鼠标点击：【Data】→【Weight Cases：】，系统弹出 "Weight Cases" 对话框（如图4-17所示）。在此对话中选中 "Weight Cases by" 选项，并选择变量 "公司数（家）［gsjs］" 进入 "Frequency Variable" 框内，然后点击【OK】（如图4-18所示）。此项操作是一个赋权过程，适用于已分组数据集的操作。如果是未分组的数据集，则无须此项操作。

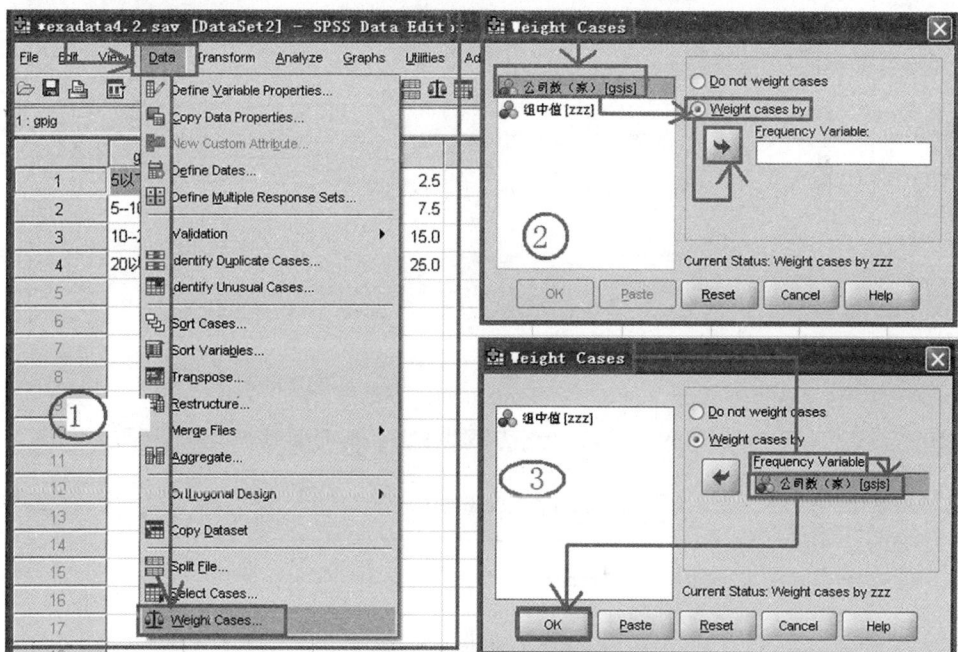

图4-17 Weight Cases 对话框

图4-18 Weight Cases 输出结果示意图

2. 在 SPSS 主窗口选择菜单：点击【Analyze】→【Descriptive Statistics】→【Frequencies】，系统弹出 "Frequencies" 对话框（如图4-19所示）。参照由

"Frequencies" 进行描述性统计分析实验的类似操作，就可以完成运用 SPSS 进行加权描述性统计分析实验的具体操作（如图4-20所示）。

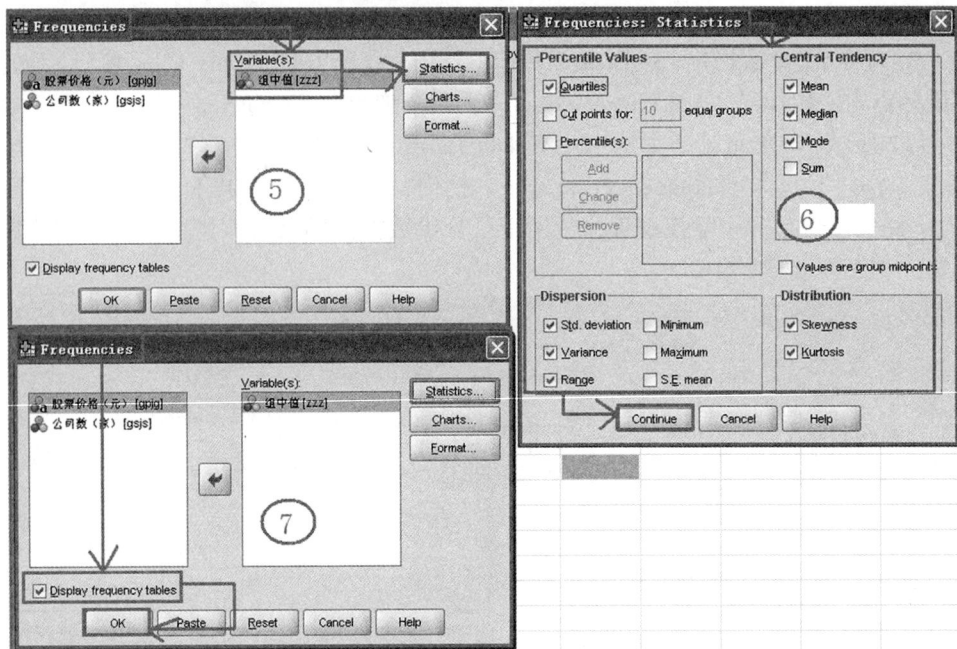

图 4-19　Frequencies 对话框

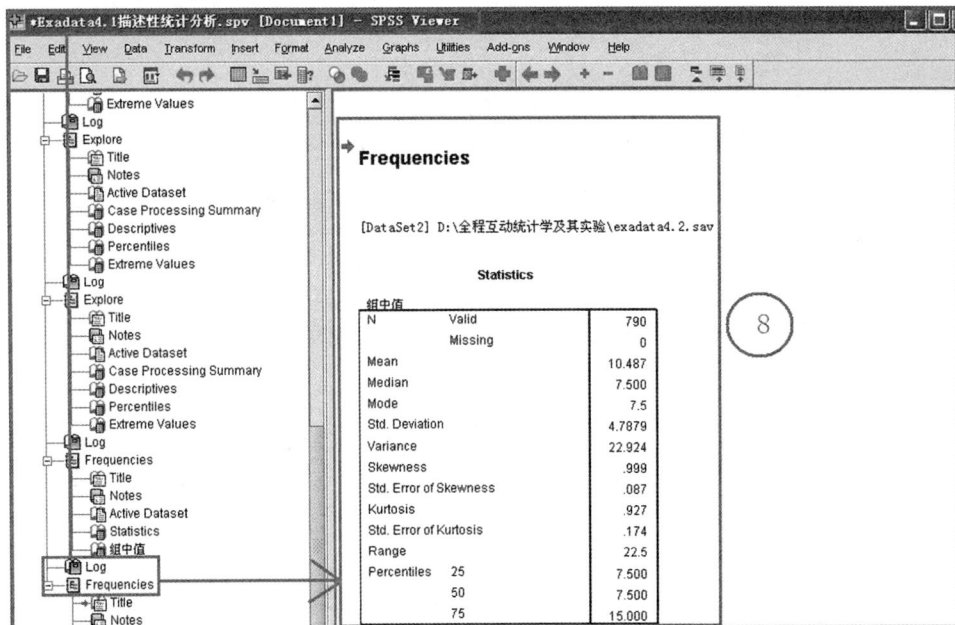

图 4-20　描述性统计量 SPSS 输出结果

网上测验考试

1. 课堂内的网上测验考试

在 15 分钟内，通过中国数字大学城东北财经大学全程互动统计学及其实验——基于 Excel 和 SPSS 软件课程的考试平台，完成课堂内的网上测验考试。

2. 课堂外的网上测验考试

课后，通过中国数字大学城东北财经大学全程互动统计学及其实验——基于 Excel 和 SPSS 软件课程的考试平台，完成课后网上测验考试。

思考练习题

1. 数据频数分布的特征主要表现在哪几个方面？
2. 统计量描述与图表描述的关系如何？常见的描述性统计量有哪些？
3. 均值、中位数、众数有何异同之处？各自适用于什么场合？
4. 极差、四分位差与平均差各自的构造原理是什么？适用于什么场合？
5. 方差的构造原理是什么？有了方差为什么还要计算标准差？
6. 标准差与平均差有何异同之处？
7. 为什么要计算离散系数？离散系数的构造原理是什么？
8. 标准得分是什么意思？为什么要计算标准得分？
9. 如何理解偏度与峰度的计算结果？
10. SPSS 可以通过哪些途径计算描述性统计量？

第五章 单个总体参数估计与假设检验

〔**本章学习目标**〕通过本章学习，掌握不同假定条件下，对单个总体参数进行估计与假设检验的相关理论、内容与处理方法。

〔**本章重点难点**〕重点是掌握总体服从正态分布与非正态分布条件下，当总体方差已知与未知时，单个总体均值的区间估计与假设检验的相关理论、内容与处理方法。掌握、理解并能运用小概率原理。掌握总体服从正态分布条件下，单个总体方差的区间估计与假设检验的相关理论、内容与处理方法。掌握 Excel 的 NORMSDIST、NORMDIST、NORMSINV、CONFIDENCE、TINV、CHIINV 等函数的含义、使用方法及使用技巧。掌握针对服从 t 分布的统计量运用 Excel 分析工具进行总体均值区间估计的方法与技巧，掌握针对服从 t 分布的统计量运用 SPSS 软件进行单个总体均值区间估计与假设检验的操作方法与技巧。难点是掌握、理解并能运用好小概率原理；进行单个总体参数估计与假设检验时，统计量的选择问题；单侧检验和双侧检验临界值的使用。

〔**建议学时**〕7.5 学时

【**引例 5-1**】

为了了解和分析在校大学生每月的消费情况，及时为在校大学生提供必要的服务，现从某大学的学生中随机抽取 100 名学生进行现场调查（见光盘"全程互动统计学及其实验——基于 Excel 和 SPSS 软件数据"文件夹"引例"工作簿的"第五章单个总体参数估计与假设检验"工作表，以后简称"第五章"工作表，下同），请根据此调查数据，在给定置信度为 95% 条件下，推断出全校学生每月的平均消费金额及消费金额的标准差。

【**分析和推断**】

（1）我们能否据此推断出全校学生每月的消费金额在 (1 283.02, 1 460.74)（元）之间？消费金额的标准差在 (398.06, 526.67)（元）之间？

（2）通过前一章计算得知，$\bar{x}=1\ 371.88$（元），$s=453.37$（元），我们能否据此推断出全校学生每月的平均消费金额就是 1 423.65（元），消费金额的标准差是 304.25（元）？

上述问题可以通过统计抽样推断理论的两大核心内容——参数估计和假设检验给予解答。

①参数估计（parameter estimation）。

Ⅰ．点估计；

Ⅱ．区间估计。

②假设检验（hypothesis testing）。

Ⅰ．总体参数的假设检验（属于参数假设检验）；

II. 总体分布等其他类型的假设检验（属于非参数假设检验）。

两者都是根据随机抽取的样本资料，运用科学的统计理论和方法对总体的参数进行推断。参数估计属于对所研究的总体参数，运用统计学原理给出一个估计值或估计区间的问题；假设检验属于对提出的关于总体或总体参数的某个假设，检验其真伪的问题。

本章首先给出参数估计与假设检验中要用到的一些概念和常用分布，例如抽样误差和统计量等概念，以及统计量的抽验分布，然后介绍参数估计的基本原理，总体参数的点估计和区间估计的构造方法，参数估计所需样本容量的计算，以及如何进行假设检验等内容。

第一节　统计推断的基本问题和概念

统计学中，我们往往把研究的问题或现象视为随机变量，它有概率分布。正是该随机变量及其概率分布全面描述了我们要研究的现象的统计规律性。因此，如果知道了要研究的随机变量的概率分布，我们就可以在其基础上进行计算和推断，从而比较清楚地了解要研究的现象。但现实中，在绝大多数情况下，完全不知道要研究的随机现象究竟服从什么分布，或者只知道它服从什么类型的分布（如正态分布等），但分布中所含参数未知。如何估计一个随机现象的分布或其参数呢？这正是统计推断所要解决的基本问题。由于总体包含个体的大量性，研究者很难得到全部个体的信息和资料，即使有时可以得到但也不经济，所以统计推断经常是从所要研究的对象全体中抽取一部分进行观测或试验以获取信息，对总体做出推断。由于抽取部分个体观测和试验是随机进行的，因此，依据有限个个体的数据对总体做出的推断不可能绝对正确，总是含有一定程度的不确定性。如何根据观测或试验所得到的样本的有限信息对总体做出推断，并同时指出所作的这种推断有多大的可靠性（用概率表示），是统计推断的基本问题。

一、简单随机抽样和抽样误差

由于种种原因，现实中很多现象不可能进行全面调查，如对具有破坏性或消耗性的产品进行质量检验，像炮弹杀伤半径的检验，笔记本电脑使用寿命的检验，人体白血球的检验等，都是不可能进行全面调查的；再如对无限总体或总体容量过大的现象进行研究，也很难进行全面调查，像对海洋中鱼的种群、大气或海洋的污染情况等。在这些情况下，人们只能从研究的总体中抽取部分个体进行观测或试验，根据这部分个体的数据对总体做统计推断。另外，某些现象即使理论上可以进行全面调查，但为了节省人力、物力、财力和时间，在不影响精度和可靠度的前提下，采用抽样推断可以达到事半功倍的效果。

在实际中我们所研究的往往是总体中个体的各种数值标志，如要研究我国家庭的消费支出情况，根据第二章介绍的概念，我国全部家庭就是总体，但此时我们真正感兴趣的是家庭的消费支出 X，它是一个随机变量，有自己的分布，假设 X 的分布函数是 F（x）。为方便起见，我们也常常把这个数值指标 X 的可能取值的全体看做总体。这样就把总体和随机变量联系起来了，这种联系可以推广到二维及以上的情形。假如我们从总体中按机会均等的原则随机地抽取 n 个个体，然后对这 n 个个体就我们关心的数值指标 X 进行观测，这一过程称为简单随机抽样。抽取的结果就构成一个样本。为方便起见，这 n 个个体的数值指标（X_1，X_2，…，X_i，…，X_n）被称为一个样本。显然，这个样本是一个随机变量。在一次抽样以后，观测到（X_1，X_2，…，X_i，…，X_n）的一组确定的值或数据（x_1，x_2，…，x_i，…，x_n），它就被称为样本观测值或样本数据或样本的一个实现。如无特别说明，一般用大写英文字母或希腊字母表示随机变量，而用小写英文字母表示随机变量的观测值或数据。样本所有可能观测值的全体就构成了样本空间。

特别提醒：第一，X_1，X_2，…，X_i，…，X_n 是相互独立的；

第二，X_1，X_2，…，X_i，…，X_n 与总体同分布。

要想由样本对总体作出比较可靠的推断，抽取的样本就应该能够很好地代表总体，这需要对抽样方法提出一些要求，避免在抽样时引入偏差，给统计推断带来困难。从总体中抽取样本有多种不同的方法，其中最简单、应用较普遍的抽样方法是简单随机抽样，它满足以下两个条件：（1）总体的每一个个体都有同等机会（被抽中）被选入样本；（2）样本的样本分量 X_1，X_2，…，X_i，…，X_n 相互独立，就是若 $i \neq j$，则 X_i 与 X_j 相互独立，即样本中任一个体的取值不影响其他个体的取值。满足这两个条件的抽样方法称为简单随机抽样，由此得到的样本称为简单随机样本。容易看出，简单随机样本的样本分量 X_1，X_2，…，X_i，…，X_n 独立同分布。

从总体中抽样有多种方法和技术，除简单随机抽样外，分层抽样、系统抽样和整群抽样也是常用的抽样方法。采用不同的抽样方法得到不同的样本，进而所用的统计推断方法也不尽相同。以后如无特别说明，所提到的样本都是简单随机样本。

我们不知道整个总体的真实情况到底如何，但可以利用上面介绍的抽样方法从总体中抽取样本，根据样本提供的信息和数据来推断总体的特征。然而样本毕竟只是总体中的部分个体，即使其代表性很好，也不能完全包含总体的全部信息。无论抽样方法多么先进，抽样过程多么仔细，总体的信息在样本中总会有损失。因此，不管采用什么推断方法，由样本推断总体的真实情况时，必定会存在差异，这种总体未知参数和相应的基于样本的统计量之间的差异的绝对值称为抽样误差（sampling error）。抽样误差是抽样推断方法所固有的，我们只能采用一些措施（如提高样本的代表性、增加样本容量等）减少抽样误差，但无法完全消除。只要使用抽样推断方法，抽样误差就一定存在，在参数的点估计等统计推断过程中都伴有抽样误差。

在参数的点估计中，假设总体的未知参数是 θ，其真实值为 θ_0。当我们用统计量 $\hat{\theta} = \hat{\theta}$（$X_1$，$X_2$，…，$X_n$）来估计 θ_0 时，无论如何抽样，不管采用哪个统计量，只要（X_1，X_2，…，X_n）不是整个总体，$\hat{\theta} = \hat{\theta}$（$X_1$，$X_2$，…，$X_n$）就不可能等于

未知参数 θ 的真实值 θ_0，$|\hat{\theta}-\theta_0|$ 就是抽样误差。例如，我们想对总体均值 μ 进行估计，可以选样本平均数 $\overline{X}$ 作为估计值，这时，$|\overline{X}-\mu|$ 就是抽样误差；同理，用样本方差 S^2 估计总体方差 σ^2 时，抽样误差是 $|S^2-\sigma^2|$。

抽样误差是客观存在的，但要计算出抽样误差是一件困难的任务，事实上，我们并不知道总体的详细情况，所以也无法计算抽样误差。比如总体均值 μ 未知，用样本平均数估计总体均值时，是无法计算出抽样误差 $|\overline{X}-\mu|$ 的，一般地，$\hat{\theta}$ 是随机变量 $(X_1, X_2, \cdots, X_n)$ 的函数，因此 $\hat{\theta}$ 也是随机变量。假设 $E(\hat{\theta}) = \theta$，那么 $\sqrt{\mathrm{Var}(\hat{\theta})} = \sqrt{E(\hat{\theta}-E(\hat{\theta}))} = \sqrt{E(\hat{\theta}-\theta)}$ 就描述了统计量 $\hat{\theta}$ 到其均值 $E(\hat{\theta}) = \theta$ 的离散程度。因此，在 $E(\hat{\theta}) = \theta$ 的条件下，常用标准差 $\sqrt{\mathrm{Var}(\hat{\theta})}$ 来度量抽样误差 $|\hat{\theta}-\theta_0|$。

例如，对于样本平均数 $\overline{X}$，利用数学期望和方差的性质我们很容易得到如下结论：

设总体 X 的期望和方差都存在，且 $E(X) = \mu$，$\mathrm{Var}(X) = \delta^2$，从该总体中抽取样本 $(X_1, X_2, \cdots, X_n)$，则该样本平均数 $\overline{X}$ 的数学期望和方差分别：

$$E(\overline{X}) = \mu \tag{5.1}$$

$$\sqrt{\mathrm{Var}(\overline{X})} = \sigma^2/n \tag{5.2}$$

样本方差的期望为：

$$E(S^2) = \sigma^2 \tag{5.3}$$

这里的样本方差公式选的是无偏公式，即

$$S^? = \sum_{i=1}^{n}(X_i - \overline{X})^2/(\mathit{u} - 1) \tag{5.4}$$

这一结论说明在上述条件下，样本平均数的期望等于总体均值，样本平均数的方差是总体方差的 n 分之一；采用简单随机抽样，得到的样本平均数总是在 μ 的附近波动，样本量越大，波动越小。

用样本平均数估计总体均值时，抽样误差就是样本均值的标准差，即

$$\sqrt{\mathrm{Var}(\overline{X})} = \sigma^2/n \tag{5.5}$$

若 σ 未知，则用样本标准差 S 代替。这说明此时抽样误差受样本总量和样本变异程度因素的影响。在平均意义上，在其他条件不变的情况下，样本容量越大，抽样误差就越小；样本量不变时，总体方差越小，抽样误差越小，因此样本平均数的标准差也被称为抽样平均误差。

二、统计量及其抽样分布

（一）统计量

定义 5.1：不含未知参数的样本函数称为统计量。

未知参数用 θ 来表示；统计量通常用 $\hat{\theta}$ 来表示，即 $\hat{\theta} = f(X_1, X_2, \cdots, X_i, \cdots, X_n)$。统计量依赖且只依赖于样本 $(X_1, X_2, \cdots, X_i, \cdots, X_n)$，它不含总体分布的任何未知参数。

常见的统计量有两类，一类是用来描述样本的中心位置，另一类是用来描述样本的分散程度的。

描述样本中心位置的统计量有：样本平均数、样本中位数。

描述样本分散程度的统计量有：样本方差、样本标准差、样本极差。

（二）抽样分布

由于样本是一个随机变量，因此，统计量也是一个随机变量。

定义 5.2：统计量的分布称为抽样分布。

值得注意的是，虽然统计量不含有任何未知参数，但是其分布却可以包含未知参数。

常见的抽样分布共有四种：正态分布、t 分布、χ^2 分布和 F 分布。

1. 正态分布。

（1）普通正态分布。如果随机变量 X 服从正态分布，则其分布函数为：

$$F(x) = \int_{-\infty}^{x} \frac{1}{\sigma\sqrt{2\pi}} e^{-\frac{1}{2\sigma^2}(t-\mu)^2} dt, \quad -\infty < x < +\infty \tag{5.6}$$

式中：μ 为随机变量 X 的数学期望，σ^2 为随机变量 X 的方差，记作 $X \sim N(\mu, \sigma^2)$，也就是 F（x）= P（X<x），如图 5-1 所示。

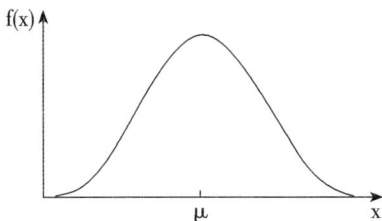

图 5-1 正态分布的概率密度曲线

（2）标准正态分布。正态分布是统计中最重要的概率分布，许多其他的概率分布都以正态分布为极限分布。特别地，当 $\mu=0$，$\sigma^2=1$ 时，服从标准正态分布的随机变量 Z 分布函数为：

$$\Phi(z) = \int_{-\infty}^{z} \frac{1}{\sqrt{2\pi}} e^{-\frac{1}{2}(t)^2} dt = \int_{-\infty}^{z} \varphi(t) dt, \quad -\infty < z < +\infty \tag{5.7}$$

记作 $Z \sim N(0, 1)$。也就是 Φ（z）= P（Z<z），如图 5-2 所示。

（3）普通正态分布函数转换成标准正态分布函数。任何一个服从普通正态分布的随机变量都可以通过线性变换的方式转化为服从标准正态分布的随机变量。设：$X \sim N(\mu, \sigma^2)$，则有：

$$Z = \frac{X-\mu}{\sigma} \sim N(0, 1)$$

（4）计算普通正态分布函数值。经过这种转换之后，计算 X 落入任意区间的概率，就可以转换为计算 Z 落入相应区间的概率，这使得概率的计算过程大为简化。

【例 5-1】设 $X \sim N(\mu, \sigma^2)$，求下面的概率：P（$x_1 < X < x_2$）。

【解】由于 $X \sim N(\mu, \sigma^2)$，因此，我们首先将普通正态分布函数转化为标准正态分布函数形式，然后再来求其概率。具体办法如下：

$$P\ (x_1<X<x_2) = P\ (\frac{x_1-\mu}{\sigma}<\frac{X-\mu}{\sigma}<\frac{x_2-\mu}{\sigma})$$

$$= P\ (\frac{x_1-\mu}{\sigma}<Z<\frac{x_2-\mu}{\sigma})$$

$$= P\ (Z<\frac{x_2-\mu}{\sigma})\ -P\ (Z<\frac{x_1-\mu}{\sigma})$$

$$= \Phi\ (\frac{x_2-\mu}{\sigma})\ -\Phi\ (\frac{x_1-\mu}{\sigma}) \tag{5.8}$$

注意，$\Phi\ (z) = 1-\Phi\ (-z)$ （5.9）

之后利用标准正态分布函数表或 Excel 函数，就可以计算出以上概率值。

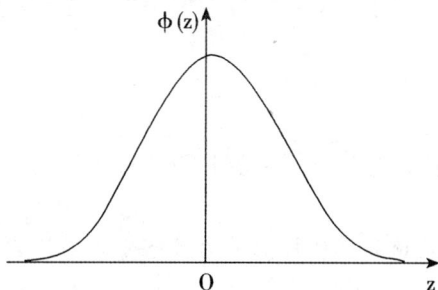

图 5-2　标准正态分布的概率密度曲线

【例 5-2】设 $X \sim N\ (2, 4)$，$P\ (-3<X<4)$ 求的概率值。计算要求：①用查标准正态分布表的方式来计算；②用 Excel 软件的标准正态分布函数的方式来计算；③用 Excel 软件的普通正态分布函数的方式来计算。

【解】①用查标准正态分布表的方式来计算。

由于 $X \sim N\ (2, 4)$，所以，$\mu=2$，$\sigma^2=4$，即 $\sigma=2$，因此，

$$P\ (-3<X<4) = \Phi\ (\frac{4-2}{2})\ -\Phi\ (\frac{-3-2}{2}) = \Phi\ (1)\ -\Phi\ (-2.5) \tag{5.10}$$

查标准正态分布表（见光盘"全程互动统计学及其实验——基于 Excel 和 SPSS 软件数据"文件夹"引例"工作簿的"教材附表"工作表内的附表二标准正态分布函数值查询表，以后简称"教材附表"工作表附表二，下同），得 $\Phi\ (1) = 0.8413$，$\Phi\ (2.5) = 0.9938$，根据公式（5.9），求得：

$\Phi\ (-2.5) = 1-\Phi\ (2.5) = 1-0.9938 = 0.0062$

再根据公式（5.10），我们求得：

$P\ (-3<X<4) = 0.8413-0.0062 = 0.8351$

②用 Excel 软件的标准正态分布函数的方式来计算。

根据公式（5.10），我们求得：

$P\ (-3<X<4) = \Phi\ (1)\ -\Phi\ (-2.5)$

$= \text{normsdist}\ (1)\ -\text{normsdist}\ (-2.5)$

$= 0.8413-0.0062 = 0.8351$

指导　Excel 软件中标准正态累积分布 NORMSDIST 函数的使用说明

①函数的含义。

计算标准正态累积分布函数值。该分布的平均值为 0，标准偏差为 1。可以使用该函数代替标准正态曲线面积表。

②函数表达式。

NORMSDIST（z）

Z 为需要计算其分布函数的数值。

---

③用 Excel 软件的（普通）正态分布函数的方式来计算。

由于 $X \sim N$（2，4），所以，$\mu = 2$，$\sigma^2 = 4$，即 $\sigma = 2$，因此，

$$P（-3<X<4）= P（X<4）-P（X<-3）$$
$$= normdist（4，2，2，1）- normdist（-3，2，2，1）= 0.8351$$

指导　Excel 软件中正态分布函数值 NORMDIST 函数的使用说明

①函数的含义。

计算指定总体平均值和总体标准差的正态分布函数值。

②函数表达式。

NORMDIST（x，mean，standard_ dev，cumulative）

X 为需要计算其分布函数的数值；Mean 为正态分布总体的数学期望值，在大样本情况下，可以用样本算术平均数代替；Standard_ dev 为正态分布的标准差，在大样本情况下，可以用样本无偏标准差代替；Cumulative 为一逻辑值，用于指明该函数的类型。如果 cumulative 为 TRUE（或 1），函数 NORMDIST 得出累积分布函数；如果为 FALSE（或 0），得出概率密度函数。

③使用说明。

I. 如果 mean 或 stand_ dev 为非数值型，函数 NORMDIST 得出错误值#VALUE!。

II. 如果 standard_ dev ≤ 0，函数 NORMDIST 得出错误值#NUM!。

III. 如果 mean = 0，standard_ dev = 1，且 cumulative = TRUE（或 1），则函数 NORMDIST 得出标准正态分布函数值；如果 cumulative = FALSE（或 0），则函数 NORMDIST 得出标准正态分布概率密度函数值。

统计学实验 5-1

设 $X \sim N$（8，14），求 P（-7<X<6）的概率值。

操练要求：

①借助查标准正态分布表的方式求概率值；

②借助 Excel 软件的标准正态分布函数的方式求概率值；

③借助 Excel 软件的普通正态分布函数的方式求概率值。

一般的数理统计教材都给出了总体服从正态分布的样本平均数和样本方差的抽样分布（包括单样本和两样本），它们是统计推断的理论依据和基础。当总体不是正态分布，而是一般分布时，其样本平均数的极限抽样分布可由概率论中的中心极限定理得到。

设（X_1，X_2，…，X_i，…，X_n）是来自任意总体 X 的一个样本，且 E（X）= μ，Var（X）= $σ^2$，σ>0，则

$$(\bar{X}-μ)\ \sqrt{n}/σ \qquad\qquad\qquad (5.11)$$

的极限分布为标准正态分布，即当 n→∞ 时，其渐近分布为 N（0，1）。

这说明无论总体服从什么分布，不管总体是连续还是离散，对称还是不对称，只要 n 充分大（一般 n≥30），$(\bar{X}-μ)\ \sqrt{n}/σ$ 就近似服从 N（0，1）分布。

根据公式（5.11）的结论，我们可以推出，从均值为 μ，方差为 $σ^2$ 的任意总体中，抽取容量为 n 的样本，当 n 趋近于无穷大时，样本平均数 $\bar{X}$ 就近似服从以 μ 为数学期望，以 $σ^2/n$ 为方差的正态分布。

图 5-3 给出了三个不同分布的非正态总体，随着样本容量的增加，其样本平均数 $\bar{X}$ 的抽样分布变化过程。当样本容量为 2 时，$\bar{X}$ 的抽样分布开始呈现与总体分布不同的特征；当样本容量为 5 时，3 个 $\bar{X}$ 的抽样分布开始呈现出一种钟形的特征；当样本容量为 30 时，3 个 $\bar{X}$ 的抽样分布已经近似于正态分布。与此同时，$\bar{X}$ 的方差也在逐步缩小。图 5-3 可以帮助我们对中心极限定理的实际作用，有一个直观地理解和把握。类似地，对于两个总体，上述结论仍然成立，即 n，m 较大时，$\dfrac{\bar{X}-\bar{Y}-（μ_1-μ_2）}{\sqrt{σ_1^2/n+σ_2^2/m}}$ 近似服从 N（0，1）分布。

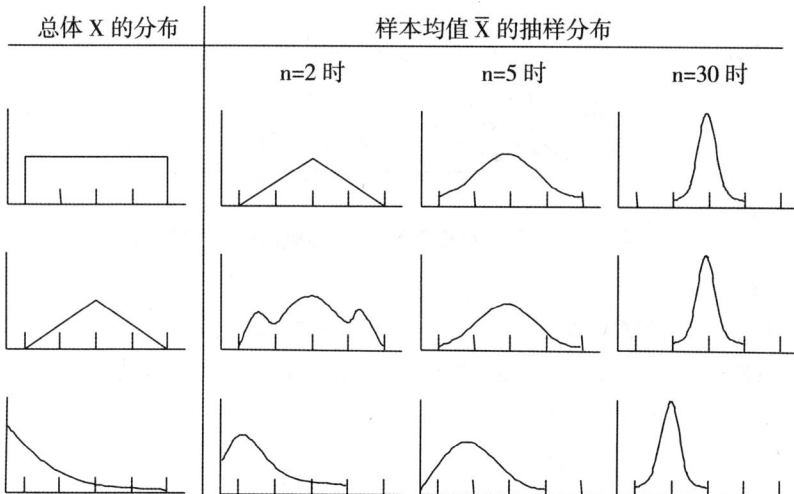

图 5-3　中心极限定理的作用

2. t 分布。

设随机变量 X ~ N（0，1）、Y ~ $χ^2$（n-1），且 X 与 X 相互独立，则 T = X/

$\sqrt{Y/\ (n-1)}$ 服从自由度为 n-1 的 t 分布，记作 T ~ t（n-1），如图 5-4 所示。

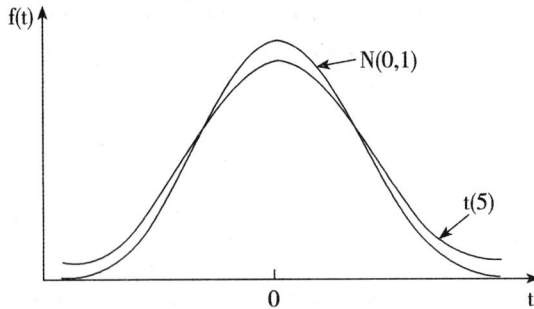

图5-4　自由度为5的t分布的概率密度曲线

t 分布的分布函数为：

$$F(t) = \int_{-\infty}^{t} ds \frac{[(n-2)/2]!}{\sqrt{(n-1)\pi}[(n-3)/2]!}(1+\frac{S^2}{n-1})^{-\frac{n}{2}}, \quad -\infty < t < +\infty \tag{5.12}$$

3. χ^2 分布。

设随机变量 X_1，X_2，…，X_i，…，X_n 相互独立，且服从标准正态分布，则 $X_1^2 + X_2^2 + \cdots + X_i^2 + \cdots + X_n^2$ 服从自由度为 n 的 χ^2 分布，如图 5-5 所示。χ^2 分布函数为：

$$F(\chi^2) = \int_0^{\chi^2} \frac{1}{[(n/2)-1]!} \frac{1}{2^{n/2}}(t)^{(n/2-1)} e^{-t/2} dt, \quad 0 < \chi^2 < +\infty \tag{5.13}$$

式中：n 为 χ^2 随机变量的自由度。

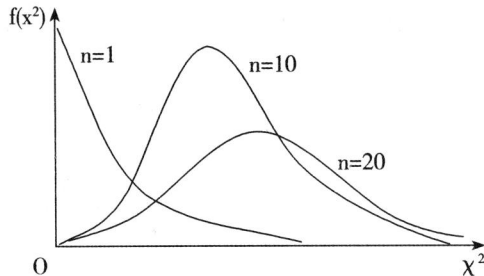

图5-5　不同自由度下的 χ^2 分布概率密度曲线

4. F 分布。

设随机变量 Y 与 Z 相互独立，且 Y 和 Z 分别服从自由度为 m 和 n 的 χ^2 分布，则 ny/mz 服从第一（分子）自由度为 m，第二（分母）自由度为 n 的 F 分布，如图 5-6 所示。F 分布的概率密度为：

$$F(S) = \int_0^s dt \frac{\left(\frac{m+n-2}{2}\right)!}{\left(\frac{m-2}{2}\right)!\left(\frac{n-2}{2}\right)!}\left(\frac{m}{n}\right)^{\left(\frac{m}{2}\right)} \frac{t^{\frac{n-2}{2}}}{\left(1+\frac{m}{n}t\right)^{\frac{m+n}{2}}}, \quad 0 < S < +\infty \tag{5.14}$$

三、参数估计、估计量与估计值

我们在前面章节中曾经讲过："如果需要对总体作一全面了解，那最好进行普

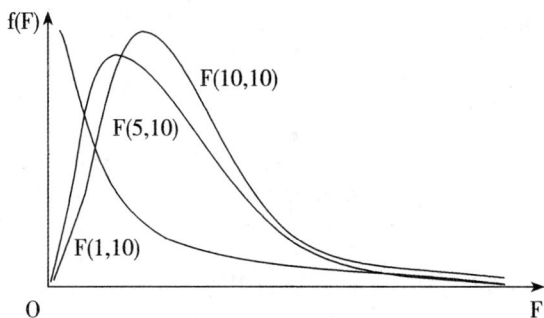

图 5-6 不同自由度下的 F 分布概率密度曲线

查。"假如我们进行了普查，我们就掌握了所研究总体的全部数据，这时只需要做一些简单的统计描述，就可以得到有关总体的数量特征，比如，总体均值、方差、比例等。但现实情况则比较复杂，有些现象的范围比较广，不可能对总体中的每个个体都进行调查，或者有些总体的容量非常大，无法对每个个体进行一一调查。但我们是需要随时了解总体的某些数字特征，这就需要从总体中抽取一部分个体进行调查，进而利用样本提供的信息来推断总体的数量特征。

（一）参数估计

定义 5.3：所谓参数估计是指根据样本资料，通过科学的统计理论和方法，利用统计量的数值对总体参数进行估值的过程。

例如，用样本（平均数）均值 $\bar{x}$ 估计总体均值 μ，用样本方差 s^2 估计总体方差 σ^2，用样本比例 $\hat{p}$ 估计总体比例 P，等等。如果我们将总体参数笼统地用一个符号 θ 来表示，将统计量笼统地用一个符号 θ 来表示，参数估计也就是如何用统计量 $\hat{\theta}$ 来估计参数 θ 的问题。

（二）估计量

定义 5.4：用来估计参数 θ 的统计量 $\hat{\theta}$，称为估计量（estimator）。

例如，样本均值 $\bar{x}$、样本比例 $\hat{p}$、样本方差 s^2 等都是估计量。估计量是作为随机变量看待的，即它们都有抽样分布。

（三）估计值

定义 5.5：用来估计总体参数值时计算出来的估计量的具体数值，称为参数估计值，简称估计值（estimated value）。

例如，我们调查全校 3 个院系 800 名毕业生的《统计学》期末考试的平均分数。3 个院系的平均分数是不知道的，称为参数，用 μ 表示，从中抽取一个随机样本，根据样本计算的平均分数就是一个估计量，用 $\bar{x}$ 表示。如果计算出来的样本平均分数为 86 分，这个 86 分就是 $\bar{x} = \dfrac{1}{n}\sum_{i=1}^{n} x_i$ 估计量的具体数值，称为估计值。

（四）估计量的评价标准

估计参数时，我们必然要选择一个统计量。例如，要对总体方差进行估计，可供选择的样本统计量就可以有许多个，如

样本方差 $1: \dfrac{1}{n} \displaystyle\sum_{i=1}^{n} (x_i - \bar{x})^2$ （5.15）

样本方差 $2: \dfrac{1}{n-1} \displaystyle\sum_{i=1}^{n} (x_i - \bar{x})^2$ （5.16）

等都可以作为总体方差的估计量，等等。那么，究竟选择哪一个估计量呢？这就需要有一个客观评价标准。统计学家给出了评价估计量的三个评价标准：

1. 无偏性。

定义 5.6：无偏性是指估计量的数学期望等于被估计的总体参数。设总体参数为 θ，所选择的估计量为 $\hat{\theta}$，如果 $E(\hat{\theta}) = \theta$，则称 $\hat{\theta}$ 为 θ 的无偏估计量。

统计学家已经证明，$\bar{X}$、S^2、$\hat{P}$ 分别是 μ、σ^2、P 的无偏估计量。

$$E(\bar{X}) = E\left(\frac{1}{n}\sum_{i=1}^{n} X_i\right) = \frac{1}{n}E\left(\sum_{i=1}^{n} X_i\right) = \frac{1}{n}\sum_{i=1}^{n} E(X_i) = \frac{1}{n}\sum_{i=1}^{n} E(X) = \frac{1}{n}\sum_{i=1}^{n} \mu = \mu$$

2. 有效性。

定义 5.7：对同一总体参数的两个无偏估计量 $\hat{\theta}_1$ 和 $\hat{\theta}_2$，若 $D(\hat{\theta}_1) < D(\hat{\theta}_2)$，我们就称 $\hat{\theta}_1$ 是比和 $\hat{\theta}_2$ 更有效的估计量。

统计学家已经证明，$\bar{X}$ 是正态总体数学期望（平均数）μ 的有效估计量。

3. 一致性。

定义 5.8：设 $\hat{\theta}_n$ 为 θ 的估计量，若对任意给定的正数 ε（读作：依布希龙），恒有：

$$\lim_{n\to\infty} P\left(|\hat{\theta}_n - \theta| < \varepsilon\right) = 1$$ （5.17）

成立，则称 $\hat{\theta}_n$ 为 θ 的一致估计量。

统计学家已经证明，只要 μ 是一个常数，样本平均数 $\bar{x}$ 就是总体平均数 μ 的一致估计量。

这从统计学角度告诉我们，只要样本容量足够大，我们就可以用样本平均数 $\bar{x}$ 的值代表总体平均数 μ 的值。

四、点估计与区间估计

参数估计可以细分为点估计（point estimate）和区间估计（interval estimate）两种。

（一）点估计

定义 5.9：用样本估计量 $\hat{\theta}$ 的值直接作为总体参数 θ 的值，称为参数的点估计。

例如，用样本平均值 $\bar{x}$ 直接作为总体均值 μ 的值，用样本比例 $\hat{P}$ 直接作为总体比例 P 的值，等等。例如，我们用随机抽取的一个样本计算出的 86 分作为全校 3 个院系 800 名毕业生《统计学》期末考试的平均分数，这就是点估计。

点估计分为矩估计和极大似然估计。

1. 矩估计。

矩分为 k 阶原点矩和 k 阶中心矩，k 阶原点矩就是 $E(X^k)$ 和 k 阶中心矩 $E((X - E(X))^k)$。矩估计是英国统计学家皮尔逊（K. Pearson）提出的，其基本思想是：样本来源于总体，样本矩在一定程度上反映了总体矩。由大数定律可知样本矩依概率收敛到总体矩，因此就用样本矩来估计或近似相应的总体矩。又因总体分布的参数一般都是总体矩的函数，从而可得到总体未知参数 θ 的估计，这种估计方法称为矩估计。根据矩估计原理可知，总体均值用样本均值、总体成数用样本成数、总体方差用样本方差来进行估计。只要总体的 k 阶矩存在，就可以用矩估计来估计总体参数。矩估计法简单、直观，而且不必知道总体的分布类型，所以矩估计法应用比较广泛。但矩估计法也有自身的局限性，如它要求总体的 k 阶原点矩存在，否则无法应用。它不考虑总体分布类型，这既有有利的一面，也有不利的一面，如果研究者并不清楚所研究现象的分布，应用矩估计可以得到比较可靠的结果，但是如果总体的分布类型已知，由于它没有充分利用总体分布函数提供的信息，所以得到的结果并不比极大似然估计来得准确。

2. 极大似然估计。

极大似然估计是求总体分布未知参数估计的另一常用方法，最早由高斯 (C. F. Gauss) 提出，费希尔 (R. A. Fisher) 在其 1912 年的文章中重新提出，并证明了该方法的一些重要性质，给出了现在所用的这个名字。极大似然估计建立在极大似然原理的基础上，目前它的应用非常广泛。极大似然原理的基本思想是：设总体分布的函数形式已知，但有未知参数 θ，在 θ 的全部可能取值中使样本观测值出现概率最大的那个值作为 θ 的估计，记作 $\hat{\theta}$，称为 θ 的极大似然估计，这种求估计的方法称为极大似然估计法。实际上，样本观测值出现的概率可以表示为样本的联合概率函数 $\prod_{i-1}^{n} f(x_i; \theta)$，称为样本的似然函数，记作 $L(\theta) = \prod_{i=1}^{n} f(x_i; \theta)$，根据极大似然原理，θ 的极大似然估计应是使得似然函数 L (θ) 达到最大的那个 θ 值。

（二）区间估计

在用点估计值代表总体参数值的同时，我们会产生这样一个想法，点估计值能在多大程度上代表总体参数值？这就引出一个衡量点估计值可靠性的问题，也就是说，我们必须能说出点估计值与总体参数的真实值接近的程度。但遗憾的是，点估计难以做到这一点。因此，我们需要引进另一种估值方法——区间估计。

定义 5.10：根据给定的置信度 1-α，计算出总体参数 θ 的两个点估计量 $\hat{\theta}_1$ 和 $\hat{\theta}_2$，我们把寻找参数 θ 落在区间 $(\hat{\theta}_1, \hat{\theta}_2)$ 内的取值过程，称为参数 θ 的区间估计。

区间估计是在点估计的基础上，对总体参数 θ 做出的取值范围的估计。该范围是一个随机区间，因此需要提醒同学们注意的是，该区间可能包括总体参数 θ 的真值，也可能不包括总体参数 θ 的真值。

例如，我们用区间估计的方法来估计我们调查过的全校 3 个院系 800 名毕业生的《统计学》期末考试的平均分数。则我们估计的平均分数的一个取值区间可能是（88，96），也可能是（20，45），也可能是其他区间。在我们估计出来的这些区间中，有的可能包括总体参数 θ 的真值，有的可能不包括总体参数 θ 的真值。我们的目标是在一次估计过程中，可以按预期的把握程度得到该区间。

为了实现该目标，我们首先需要了解下面的一些概念。

（三）进行区间估计时常用的一些概念

定义 5.11：设（X_1，X_2，…，X_n）为总体 X 的一个样本，总体的分布函 F（x；θ）数有一个待估参数 θ，根据该样本确定的 θ 的两个估计量分别为 $\hat{\theta}_1 = \hat{\theta}_1$（$X_1$，$X_2$，…，$X_n$）和 $\hat{\theta}_2 = \hat{\theta}_2$（$X_1$，$X_2$，…，$X_n$），如果对于给定的实数 α（0<α<1），有下面的等式：

$$P（\hat{\theta}_1<\theta<\hat{\theta}_2）= 1-\alpha \tag{5.18}$$

成立，则称（$\hat{\theta}_1$，$\hat{\theta}_2$）为总体参数 θ 的置信度为 1-α 的置信区间。其中最小值 $\hat{\theta}_1$ 和最大值 $\hat{\theta}_2$ 分别称为置信度为 1-α 的置信区间的置信下限和置信上限，1-α 称为置信度（或信度、置信水平、概率保证程度、置信系数），α 称为显著性水平，α/2 称为单侧显著性水平。

【例 5-3】求服从普通正态分布 X ~ N（μ，σ^2）的总体数学期望 μ 的置信区间，或者说对服从普通正态分布 X ~ N（μ，σ^2）的总体数学期望 μ 进行区间估计。

【分析与解答】上述问题缺少置信度为 1-α 和按简单随机抽样的方式抽取的样本的条件，所以，我们要补充上。

【解】下面根据定义 5.11 找服从普通正态分布 X ~ N（μ，σ^2）的总体数学期望 μ 的置信区间，即通过下面的公式：

$$P（\hat{\theta}_1<\mu<\hat{\theta}_2）= 1-\alpha \tag{5.19}$$

我们需要将 $\hat{\theta}_1$ 和 $\hat{\theta}_2$ 的具体值计算出来。

我们将公式（5.19）用标准正态分布的公式形式表述出来：

$$P（-\hat{\theta}_2<-\mu<-\hat{\theta}_1）= 1-\alpha$$

$$P（\bar{X}-\hat{\theta}_2<\bar{X}-\mu<\bar{X}-\hat{\theta}_1）= 1-\alpha$$

$$P（\frac{\bar{X}-\hat{\theta}_2}{\sigma/\sqrt{n}}<\frac{\bar{X}-\mu}{\sigma/\sqrt{n}}<\frac{\bar{X}-\hat{\theta}_1}{\sigma/\sqrt{n}}）= 1-\alpha \tag{5.20}$$

$$P（\frac{\bar{X}-\hat{\theta}_2}{\sigma/\sqrt{n}}<Z<\frac{\bar{X}-\hat{\theta}_1}{\sigma/\sqrt{n}}）= 1-\alpha \tag{5.21}$$

$$P（Z<\frac{\bar{X}-\hat{\theta}_1}{\sigma/\sqrt{n}}）-P（Z<\frac{\bar{X}-\hat{\theta}_2}{\sigma/\sqrt{n}}）= 1-\alpha \tag{5.22}$$

$$\Phi（\frac{\bar{X}-\hat{\theta}_1}{\sigma/\sqrt{n}}）-\Phi（\frac{\bar{X}-\hat{\theta}_2}{\sigma/\sqrt{n}}）= 1-\alpha \tag{5.23}$$

由于标准正态分布是对称分布，因此，令

$$\frac{\bar{X}-\hat{\theta}_1}{\sigma/\sqrt{n}}=\zeta \tag{5.24}$$

$$\frac{\bar{X}-\hat{\theta}_2}{\sigma/\sqrt{n}}=-\zeta \tag{5.25}$$

则公式（5.23）就可以写成：

$$\Phi\ (\zeta)\ -\Phi\ (-\zeta)\ =1-\alpha \tag{5.26}$$

即，$2\Phi\ (\zeta)\ -1=1-\alpha$

因此，$\Phi\ (\zeta)\ =1-\alpha/2$ $\tag{5.27}$

借助标准正态分布表或 Excel 函数，我们可以通过公式（5.27）求出 ζ 的具体值。令：

$$\zeta=z_{\alpha/2} \tag{5.28}$$

并将该值称为标准正态分布的双侧临界值。

将 $\zeta=z_{\alpha/2}$ 代入公式（5.20），得

$$P\ (-z_{\alpha/2}<\frac{\overline{X}-\mu}{\sigma/\sqrt{n}}<z_{\alpha/2})\ =1-\alpha \tag{5.29}$$

将公式（5.29）改写成：

$$P\ (-z_{\alpha/2}<\frac{\mu-\overline{X}}{\sigma/\sqrt{n}}<z_{\alpha/2})\ =1-\alpha \tag{5.30}$$

再将公式（5.30）改写成：

$$P\ (\overline{X}-z_{\alpha/2}\times\frac{\sigma}{\sqrt{n}}<\mu<\overline{X}+z_{\alpha/2}\times\frac{\sigma}{\sqrt{n}})\ =1-\alpha \tag{5.31}$$

至此，将公式（5.19）与公式（5.31）对比后得出：

$$\hat{\theta}_1=\overline{X}-z_{\alpha/2}\times\frac{\sigma}{\sqrt{n}}\text{和}\ \hat{\theta}_2=\overline{X}+z_{\alpha/2}\times\frac{\sigma}{\sqrt{n}}。$$

再根据定义 5.11，我们就求得在给定置信度为的 $1-\alpha$ 条件下，服从正态分布 $X\sim N\ (\mu,\ \sigma^2)$ 的总体数学期望 μ 的置信区间：$(\overline{X}-z_{\alpha/2}\times\frac{\sigma}{\sqrt{n}},\ \overline{X}+z_{\alpha/2}\times\frac{\sigma}{\sqrt{n}})$。

这里需要提醒同学们注意的是，通常情况下，我们计算出的置信区间都是一个随机区间，但在实际估计时，我们都是通过抽取一个具体的样本观测值（x_1，x_2，…，x_n）得出 $\overline{X}$ 的值，即我们只取一个特定的样本平均数 $\overline{x}$ 来替换上述置信区间里的 $\overline{X}$。

也就是说，通常意义下，我们在给定置信度为 $1-\alpha$ 的条件下，从服从正态分布 $X\sim N\ (\mu,\ \sigma^2)$ 的总体中抽取一个具体的样本观测值（x_1，x_2，…，x_n），则该总体的数学期望 μ 的置信区间为：$(\overline{x}-z_{\alpha/2}\times\frac{\sigma}{\sqrt{n}},\ \overline{x}+z_{\alpha/2}\times\frac{\sigma}{\sqrt{n}})$。其中最小值 $\overline{x}-z_{\alpha/2}\times\frac{\sigma}{\sqrt{n}}$ 和最大值 $\overline{x}+z_{\alpha/2}\times\frac{\sigma}{\sqrt{n}}$ 分别称为置信度为 $1-\alpha$ 的置信区间的置信下限和置信上限。

即置信区间的置信下限：$\overline{x}-z_{\alpha/2}\times\frac{\sigma}{\sqrt{n}}$ $\tag{5.32}$

置信区间的置信上限：$\overline{x}+z_{\alpha/2}\times\frac{\sigma}{\sqrt{n}}$ $\tag{5.33}$

请同学们注意，这里的 $1-\alpha$ 的置信区间 $(\overline{x}-z_{\alpha/2}\times\frac{\sigma}{\sqrt{n}},\ \overline{x}+z_{\alpha/2}\times\frac{\sigma}{\sqrt{n}})$ 是一个确定区间。

实际应用时，$1-\alpha$ 通常只取 99.73%、95.45%、95%、90% 等几个接近 1 的特殊值。

通常情况下，区间估计估计的对象是总体的三个参数：总体均值 μ，总体方差 σ^2，总体比例 P。但要区分估计的是一个总体的参数，还是两个总体的参数。

下面，我们研究单个总体参数的区间估计问题。我们先从总体均值的区间估计开始：

第二节 单个总体均值 μ 的区间估计

在对单个总体均值进行区间估计时，我们需要考虑总体是否服从正态分布，总体方差是否已知，用于构造估计量的样本是大样本还是小样本等几种情况。我们先根据总体服从正态分布的条件，对单个总体均值进行区间估计。

一、总体服从正态分布

（一）总体方差 σ^2 已知

根据【例5-3】的【分析与解答】我们得知，服从正态分布的单个总体，在给定置信度 $1-\alpha$ 和总体方差 σ^2 及抽取的具体样本观测值（x_1，x_2，…，x_n）的条件下，其总体数学期望 μ 的置信区间为：$\left(\bar{x}-z_{\alpha/2}\times\dfrac{\sigma}{\sqrt{n}},\ \bar{x}+z_{\alpha/2}\times\dfrac{\sigma}{\sqrt{n}}\right)$。

我们今后将此种区间估计法通称为单个总体均值方差已知正态区间估计法。称 $z_{\alpha/2}\times\dfrac{\sigma}{\sqrt{n}}$ 为估计总体均值时的正态分布误差范围，也叫正态分布抽样极限误差，用 $\Delta(\bar{x})$ 表示，即 $\Delta(\bar{x})=z_{\alpha/2}\times\dfrac{\sigma}{\sqrt{n}}$。

这时在上述条件下，总体数学期望 μ 的置信区间还可以表述为：$(\bar{x}-\Delta(\bar{x}),\bar{x}+\Delta(\bar{x}))$。

【例5-4】某超市每天大约销售牛奶 1 680 袋。按规定每袋的重量应为 500g。为对牛奶重量进行监测，超市质检部门经常要进行抽检，以分析每袋重量是否符合要求。现从某天上架的一批牛奶中随机抽取了 29 袋，测得每袋重量（单位：g）如下：

502 498 503 501 504 503 499 496 498 499 501 503 502 503
499 502 504 497 495 493 499 506 508 503 505 504 501 503
503

已知这批袋装牛奶的重量服从正态分布，且总体方差为 $2.3g^2$。请问该批牛奶每袋标准重量在置信度为 90% 时的置信区间是多少？（保留 4 位小数）

【题意分析】由题意知，本题属于总体服从正态分布，总体方差已知，估计总体均值 μ（牛奶每袋标准重量）的置信度为 90% 时的置信区间问题。应采用单个总体均值方差已知正态区间估计法。

本题共给出两种解法：

1. 直接计算法。

2. Excel 函数计算法。

【解】1. 直接计算法。

第 1 步，明确区间估计的待估参数。

本题区间估计的待估参数为牛奶每袋标准重量，即总体数学期望 μ。

第 2 步，选择统计量。

由于本题是求总体数学期望 μ 的置信区间，而题中所给的条件是：

（1）总体服从正态分布，即 $X \sim N\ (\mu,\ \sigma^2)$；

（2）总体方差已知，即 $\sigma^2 = 2.3\ (g^2)$。

因此，选择的统计量为标准正态分布统计量，即：$Z = \dfrac{\bar{X}-\mu}{\sigma/\sqrt{n}} \sim N\ (0,\ 1)$。

第 3 步，根据给出的置信度数值 $1-\alpha$ 或者显著性水平数值 α，查出双侧临界值 $z_{\alpha/2}$。

由于本题给出的是置信度 $1-\alpha = 90\% = 0.9$，因此，显著性水平数值 $\alpha = 0.1$，$\alpha/2 = 0.05$，所以，我们需要查出的是双侧临界值 $z_{\alpha/2}$，即 $z_{0.05}$。但 $\Phi\ (z_{\alpha/2}) = 1 - \alpha/2$。

又因为，$p\ (Z<z_{\alpha/2}) = \Phi\ (z_{\alpha/2})$ （5.34）

因此，$p\ (Z<z_{\alpha/2}) = 1-\alpha/2$，查得：

$p\ (Z<z_{0.05}) = 0.95$

利用"教材附表"工作表附表一，我们查知：$z_{0.05} = 1.645$。

第 4 步，计算置信下限和置信上限。

（见光盘"全程互动统计学及其实验——基于 Excel 和 SPSS 软件数据"文件夹"引例"工作簿的"第五章单个总体参数估计与假设检验"工作表内的 A271：AD272 单元格区域及 A278：C300 单元格区域，以后简称"第五章"工作表内的 A271：AD272 单元格区域及 A278：C300 单元格区域，下同。）

由于样本容量 $n = 29$（袋），根据所给样本数据，我们求得样本平均数：

$$\bar{x} = \frac{\sum_{i=1}^{n} x_i}{n} = \frac{502 + 498 + \cdots + 503}{29} = \frac{14\ 534}{29} = 501.1724(g)$$

样本容量平方根：$\sqrt{n} = \sqrt{29} = 5.3852$

总体标准差：$\sigma = \sqrt{2.3} = 1.5166\ (g)$

计算正态分布抽样极限误差 $\Delta(\bar{x})$：

$$\Delta\ (\bar{x}) = z_{\alpha/2} \times \frac{\sigma}{\sqrt{n}} = 1.645 \times \frac{1.5166}{5.3852} = 0.4632;$$

计算置信下限：

$$\bar{x} - z_{\alpha/2} \times \frac{\sigma}{\sqrt{n}} = 501.1724 - 1.645 \times \frac{1.5166}{5.3852} = 501.1724 - 0.4632 = 500.7092\ (g)$$

置信上限：

$$\bar{x}+z_{\alpha/2}\times\frac{\sigma}{\sqrt{n}}=501.1724+1.645\times\frac{1.5166}{5.3852}=501.1724+0.4632=501.6356 \text{（g）}$$

第5步，求出总体均值的置信区间。

根据上面计算，我们就求得该批牛奶每袋标准重量在置信度为90%时的置信区间：

$$\left(\bar{x}-z_{\alpha/2}\times\frac{\sigma}{\sqrt{n}},\ \bar{x}+z_{\alpha/2}\times\frac{\sigma}{\sqrt{n}}\right)=(500.7092,\ 501.6356)\text{（g）}$$

2. Excel 函数计算法。

第1步、第2步与直接计算法完全相同。

第3步，根据给出的置信度数值 $1-\alpha$ 或者显著性水平数值 α，查出双侧临界值 $z_{\alpha/2}$。

由于本题给出的是置信度 $1-\alpha=90\%=0.9$，因此，本题选用的 Excel 函数表达式为：

NORMSINV（（1+（$1-\alpha$））/2）= NORMSINV（（1+90%）/2）= NORMSINV（0.95），经过 Excel 函数运算，得出：$z_{0.05}=1.6449$。

指导　　　　　Excel 软件中 NORMSINV 函数的使用说明

①函数的含义。

标准正态累积分布函数的反函数。该分布的平均值为0，标准差为1。

②函数表达式。

NORMSINV（probability）

Probability 为标准正态分布的概率值。

I. 如果我们给定的是置信度数值（$1-\alpha$），则 probability 用（1+置信度数值）/2，也就是（1+（$1-\alpha$））/2 来替换，即 NORMSINV（（1+（$1-\alpha$））/2）。

II. 如果我们给定的是显著性水平（α），则 probability 用（1－显著性水平/2），也就是 $1-\alpha/2$ 来替换，即 NORMSINV（$1-\alpha/2$）。

③使用说明。

I. 如果 probability 为非数值型，函数 NORMSINV 得到错误值#VALUE!。

II. 如果 probability < 0 或 probability > 1，函数 NORMINV 得到错误值#NUM!。

III. 如果已给定概率值，则 NORMSINV 使用 NORMSDIST（z）= probability 求解数值 z。因此，NORMSINV 的精度取决于 NORMSDIST 的精度。NORMSINV 使用迭代搜索技术。如果搜索在 100 次迭代之后没有收敛，则函数得到错误值#N/A。

第4步，计算置信下限和置信上限。

由于样本容量 n=29（袋），根据所给样本数据，我们求得样本平均数：

$$\bar{x}=\frac{\sum_{i=1}^{n}x_i}{n}=\frac{502+498+\cdots+503}{29}=\frac{14\,534}{29}=501.1724\text{（g）}$$

样本容量平方根：$\sqrt{n} = \sqrt{29} = 5.3852$

总体标准差：$\sigma = \sqrt{2.3} = 1.5166$（g）

计算正态分布抽样极限误差 $\Delta(\bar{x})$：

本题选用的 Excel 函数表达式为：

CONFIDENCE（alpha, standard_ dev, size）= CONFIDENCE（1-（1-α），σ, n）= CONFIDENCE（0.1, 1.5166, 29），经过 Excel 函数运算，得出：$\Delta(\bar{x})$ = 0.4632。

指导　　　　Excel 软件中 CONFIDENCE 函数的使用说明

①函数的含义。

正态分布抽样极限误差。可使用该值构建正态分布总体平均值的置信区间，即 $\bar{x} \mp$ CONFIDENCE。假设使用 $\bar{x}$、standard_ dev 和 size 构建一个双尾检验，假设的显著性水平为 alpha，总体平均值为 μ。

②函数表达式。

CONFIDENCE（alpha, standard_ dev, size）

I. Alpha 是用于计算置信区间的显著性水平数值。置信度等于 $100 \times$（1-alpha）%，也就是，如果 alpha 为 0.05，则置信度为 95%。如果我们给定的是显著性水平 α，则 alpha 用显著性水平 α 替换，即 CONFIDENCE（α, standard_ dev, size）；如果我们给定的是置信度数值（1-α），则 alpha 用（1-α）替换，即 CONFIDENCE（（1-α），standard_ dev, size）。

II. Standard_ dev 是标准差的数值。它既可以是标准正态总体的标准差，也可以是大样本的无偏标准差，但要求该值是已知的。

III. Size 是样本容量。

③使用说明。

I. 如果任意参数为非数值型，函数 CONFIDENCE 得到错误值#VALUE!。

II. 如果 alpha≤0 或 alpha≥1，函数 CONFIDENCE 得到错误值#NUM!。

III. 如果 standard_ dev≤0，函数 CONFIDENCE 得到错误值#NUM!。

IV. 如果 size 不是整数，将被截尾取整。

V. 如果 size<1，函数 CONFIDENCE 得到错误值#NUM!。

VI. 如果假设 alpha 等于 0.05，则需要计算等于（1-alpha）或 95% 的标准正态分布曲线之下的面积。其面积值为±1.96。因此置信区间为：$\bar{x} \mp 1.96 \times \frac{\sigma}{\sqrt{n}}$。

函数使用举例：

假设样本取自 50 名乘车上班的旅客，他们花在路上的平均时间为 30 分钟，总体标准差为 2.5 分钟。假设 alpha=0.05，计算 CONFIDENCE（0.05, 2.5, 50）的返回值为 0.69291。那么，相应的置信区间为 30∓0.69291，约为 $[29.3, 30.7]$。

计算置信下限：

$\bar{x}-\Delta(\bar{x}) = 501.1724-0.4632 = 500.7092$（g）

计算置信上限：

$\bar{x}+\Delta(\bar{x}) = 501.1724+0.4632 = 501.6356$（g）

第 5 步，求出总体均值的置信区间。

根据上面计算，我们就求得该批牛奶每袋标准重量在置信度为 90% 时的置信区间：

$(\bar{x}-\Delta(\bar{x}), \bar{x}+\Delta(\bar{x})) = (500.7092, 501.6356)$（g）

根据【例 5-4】的解题过程，我们可以归纳出对总体参数进行区间估计的解题步骤：

第 1 步，明确区间估计的待估参数。

第 2 步，选择统计量。

第 3 步，根据给出的置信度数值 $1-\alpha$ 或者显著性水平数值 α，查出临界值。

第 4 步，计算置信下限和置信上限。

第 5 步，求出总体均值的置信区间。

统计学实验 5-2

某商场经长期销售某种瓶装罐头商品得知，该罐头瓶直径 X 服从正态分布，方差为 0.08 平方厘米。某日从商场库房随机抽取 13 瓶，测得其直径（单位：厘米）分别如下：

16.7，15.9，15.58，16.82，17.20，15.98，16.55，16.32，17.32，16.87，15.65，16.32，16.72

请根据下面给定的置信度数值 99.73%、99%、95.45%、95%、90%，计算出该罐头瓶直径的置信区间。

操练要求：

①借助查标准正态分布表的方式；

②借助 Excel 软件函数的方式。

（二）总体方差 σ^2 未知

根据中心极限定理我们知道，当总体 X 服从正态分布 N (μ, σ^2)，但方差 σ^2 未知时，样本均值 $\bar{X}$ 的抽样分布仍为正态分布，如果我们仍然选用统计量 $(\bar{X}-\mu)/(\sigma/\sqrt{n}) = (\bar{X}-\mu)\sqrt{n}/\sigma$ 对总体均值进行区间估计，则在置信区间内会出现未知参数 σ，这时我们求出的置信区间仍是一个未知区间。而事实上，我们要求求得的置信区间必须是一个已知区间。而在上述条件下选择的统计量达不到要求，因此，我们必须另选别的统计量。

数理统计已经证明了，当总体 X 服从正态分布 N (μ, σ^2)，但方差 σ^2 未知时，统计量 T= $(\bar{X}-\mu)/(S/\sqrt{n}) = (\bar{X}-\mu)\sqrt{n}/S$ 服从自由度为 $(n-1)$ 的 t 分布，即：

$(\bar{X}-\mu)\sqrt{n}/S \sim t(n-1)$ (5.35)

借用【例5-3】的推导过程及（5.19）等公式，我们可以得到下列公式：

$$p(\hat{\theta}_1 < \mu < \hat{\theta}_2) = 1 - \alpha \tag{5.36}$$

$$p\left(\frac{\overline{X} - \hat{\theta}_2}{S/\sqrt{n}} < \frac{\overline{X} - \mu}{S/\sqrt{n}} < \frac{\overline{X} - \hat{\theta}_1}{S/\sqrt{n}}\right) = 1 - \alpha \tag{5.37}$$

$$p\left(\frac{\overline{X} - \hat{\theta}_2}{S/\sqrt{n}} < T < \frac{\overline{X} - \hat{\theta}_1}{S/\sqrt{n}}\right) = 1 - \alpha \tag{5.38}$$

$$p\left(T < \frac{\overline{X} - \hat{\theta}_1}{S/\sqrt{n}}\right) - p\left(T < \frac{\overline{X} - \hat{\theta}_2}{S/\sqrt{n}}\right) = 1 - \alpha \tag{5.39}$$

由于 t 分布是对称分布，因此，令：

$$\frac{\overline{X} - \hat{\theta}_1}{S/\sqrt{n}} = \tau \tag{5.40}$$

$$\frac{\overline{X} - \hat{\theta}_2}{S/\sqrt{n}} = -\tau \tag{5.41}$$

则公式（5.39）可以写成：

$$p(T < \tau) - p(T < -\tau) = 1 - \alpha \tag{5.42}$$

即，$p(T < \tau) - (1 - p(T < \tau)) = 1 - \alpha$

因此，$p(T < \tau) = 1 - \alpha/2 \tag{5.43}$

借助 t 分布表或 Excel 函数，我们可以通过公式（5.43）求出 τ 的具体值。令：

$$\tau = t_{\alpha/2}(n-1) \tag{5.44}$$

并将该值称为 t 分布的双侧临界值。

将 $\tau = t_{\alpha/2}(n-1)$ 代入公式（5.37），得：

$$p\left(-t_{\alpha/2}(n-1) < \frac{\overline{X} - \mu}{S/\sqrt{n}} < t_{\alpha/2}(n-1)\right) = 1 - \alpha \tag{5.45}$$

再将公式（5.45）改写成：

$$p\left(\overline{X} - t_{\alpha/2}(n-1) \times \frac{S}{\sqrt{n}} < \mu < \overline{X} + t_{\alpha/2}(n-1) \times \frac{S}{\sqrt{n}}\right) = 1 - \alpha \tag{5.46}$$

至此，将公式（5.36）与公式（5.46）对比后得出：

$$\hat{\theta}_1 = \overline{X} - t_{\alpha/2}(n-1) \times \frac{S}{\sqrt{n}} \text{和} \hat{\theta}_2 = \overline{X} + t_{\alpha/2}(n-1) \times \frac{S}{\sqrt{n}}$$

再根据定义 5.10，我们就求得在给定置信度为 $1 - \alpha$ 的条件下，服从正态分布 $X \sim N(\mu, \sigma^2)$，但总体方差未知的总体数学期望 μ 的置信区间：

$$\left(\overline{X} - t_{\alpha/2}(n-1) \times \frac{S}{\sqrt{n}}, \ \overline{X} + t_{\alpha/2}(n-1) \times \frac{S}{\sqrt{n}}\right)$$

需要提醒同学们注意的是，通常情况下，我们计算出的置信区间都是一个随机区间，但在实际估计时，我们都是通过抽取一个具体的样本观测值（x_1, x_2, …, x_n）得出 $\overline{X}$ 的值，即我们只取一个特定的样本平均数 $\bar{x}$ 来代换上述置信区间里的 $\overline{X}$。

也就是说，通常意义下，我们在给定置信度为 $1 - \alpha$ 的条件下，从服从正态分布 $X \sim N(\mu, \sigma^2)$ 的总体中抽取一个具体的样本观测值（x_1, x_2, …, x_n），则在总体方差未知时，该总体的数学期望 μ 的置信区间为：

$$\left(\bar{x}-t_{\alpha/2}\ (n-1)\ \times\frac{s}{\sqrt{n}},\ \bar{x}+t_{\alpha/2}\ (n-1)\ \times\frac{s}{\sqrt{n}} \right)$$

其中最小值 $\bar{x}-t_{\alpha/2}$（n-1）$\times\dfrac{s}{\sqrt{n}}$ 和最大值 $\bar{x}+t_{\alpha/2}$（n-1）$\times\dfrac{s}{\sqrt{n}}$ 分别称为置信度为 $1-\alpha$ 的置信区间的置信下限和置信上限。

即置信区间的置信下限：$\bar{x}-t_{\alpha/2}$（n-1）$\times\dfrac{s}{\sqrt{n}}$ (5.47)

置信区间的置信上限：$\bar{x}+t_{\alpha/2}$（n-1）$\times\dfrac{s}{\sqrt{n}}$ (5.48)

请同学们注意，这里的 $1-\alpha$ 的置信区间 $\left(\bar{x}-t_{\alpha/2}\ (n-1)\ \times\dfrac{s}{\sqrt{n}},\ \bar{x}+t_{\alpha/2}\ (n-1)\ \times\dfrac{s}{\sqrt{n}} \right)$ 也是一个确定区间。实际应用时，$1-\alpha$ 通常只取 99.73%、95.45%、95%、90% 等几个接近 1 的特殊值。

我们称该区间估计法为单个总体均值方差未知 t 分布区间估计法，称 $t_{\alpha/2}$（n-1）为双侧临界值，称 $t_{\alpha/2}$（n-1）$\times\dfrac{s}{\sqrt{n}}$ 为估计总体均值时的 t 分布误差范围，也叫 t 分布抽样极限误差。

特别提醒：这里的 s 是用无偏样本标准差公式计算得出的。

【例5-5】 本例题除总体方差未知外，其他条件和问题与【例5-4】完全相同。

【题意分析】 由题意知，本题属于总体服从正态分布，总体方差未知，估计总体均值 μ（牛奶每袋标准重量）的置信度为 90% 时的置信区间问题。应采用单个总体均值方差未知 t 分布区间估计法。

本题共给出两种解法：

1. 直接计算法。

2. Excel 函数计算法。

【解】 1. 直接计算法。

第1步，明确区间估计的待估参数。

本题区间估计的待估参数为牛奶每袋标准重量，即总体数学期望 μ。

第2步，选择统计量。

由于本题是求总体数学期望 μ 的置信区间，而题中所给的条件是：

（1）总体服从正态分布，即 $X \sim N$（μ，σ^2）。

（2）总体方差未知，即 σ^2 未知。

因此，选择的统计量为 t 分布统计量，即：$T=\dfrac{\bar{X}-\mu}{S/\sqrt{n}} \sim t$（n-1）。

第3步，根据给出的置信度数值 $1-\alpha$ 或者显著性水平数值 α 及样本容量 n，查出双侧临界值 $t_{\alpha/2}$（n-1）。

由于本题给出的是置信度 $1-\alpha=90\%$，因此，显著性水平数值 $\alpha=10\%$，$\alpha/2=$

5% = 0.05，样本容量 n = 29（袋），所以，我们需要查出的是双侧临界值 $t_{\alpha/2}$（n−1），即 $t_{0.05}$（28）。

查 t 分布表（见"教材附表"工作表附表三），我们查知：$t_{0.05}$（28）= 1.7011。

第 4 步，计算置信下限和置信上限。

（见光盘"全程互动统计学及其实验——基于 Excel 和 SPSS 软件数据"文件夹"引例"工作簿的"第五章单个总体参数估计与假设检验"工作表内的 G278：I289 单元格区域，以后简称"第五章"工作表内的 G278：I289 单元格区域，下同。）

由于样本容量 n = 29（袋），根据所给样本数据，求得：

样本标准差：$s = \sqrt{\sum_{i=1}^{n}(x_i - \bar{x})^2 \big/ (n-1)}$

$\qquad = \sqrt{\left[(502-501.1724)^2 + (498-501.1724)^2 + \cdots + (503-501.1724)^2\right] \big/ (29-1)}$

$\qquad = \sqrt{322.1373/28}$

$\qquad = \sqrt{11.5049}$

$\qquad = 3.3919$（g）

样本平均数：$\bar{x} = \dfrac{\sum_{i=1}^{n} x_i}{n} = \dfrac{502+498+\cdots+503}{29} = \dfrac{14\,534}{29} = 501.1724$（g）

样本容量平方根：$\sqrt{n} = \sqrt{29} = 5.3852$

抽样极限误差：

$\Delta(x) = t_{\alpha/2}(n-1) \times \dfrac{s}{\sqrt{n}} = 1.7011 \times \dfrac{3.3919}{5.3852} = 1.0714$

所以置信下限：

$\bar{x} - t_{\alpha/2}(n-1) \times \dfrac{s}{\sqrt{n}} = 501.1724 - 1.7011 \times \dfrac{3.3919}{5.3852} = 501.1724 - 1.0714 = 500.101$（g）

置信上限：

$\bar{x} + t_{\alpha/2}(n-1) \times \dfrac{s}{\sqrt{n}} = 501.1724 + 1.7011 \times \dfrac{3.3919}{5.3852} = 501.1724 + 1.0714 = 502.2438$（g）

第 5 步，求出总体均值的置信区间。

根据上面计算，我们就求得该批牛奶每袋标准重量在置信度为 90% 时的置信区间：

$$\left(\bar{x} - t_{\alpha/2}(n-1) \times \frac{s}{\sqrt{n}},\ \bar{x} + t_{\alpha/2}(n-1) \times \frac{s}{\sqrt{n}}\right) = (500.101,\ 502.2438)\ (g)$$

2. Excel 函数计算法。

第 1 步、第 2 步与直接计算法完全相同。

第 3 步，根据给出的置信度数值 1−α 或者显著性水平数值 α 及样本容量 n，查出双侧临界值 $t_{\alpha/2}$（n−1）。

由于本题给出的是置信度 1−α = 90%，因此，显著性水平数值 α = 10%，α/2 =

5% = 0.05，样本容量 n = 29（袋），所以，我们需要查出的是双侧临界值 $t_{\alpha/2}$（n-1），即 $t_{0.05}$（28）。查此双侧临界值，本题选用的 Excel 函数表达式为：

TINV（1-（1-α），n-1）= TINV（1-90%，29-1）= TINV（0.1，28），经过 Excel 函数运算，得出：$t_{0.025}$（28）= 1.7011。

指导　　　　　Excel 软件中 T 分布临界值 TINV 函数的使用说明

①函数的含义。

返回服从学生 t 分布的双侧临界值 $t_{\alpha/2}$（n-1）。即给定概率和自由度，随机变量绝对值大于 $t_{\alpha/2}$（n-1）值的函数的反函数值。就是返回函数 P（|T|> $t_{\alpha/2}$（n-1））= α 的反函数值。

②函数表达式。

TINV（probability，degrees_ freedom）

I. Probability 为对应于双侧 $t_{\alpha/2}$（n-1）分布的概率。如果我们给定的是置信度数值（1-α），则 Probability 用 1-置信度数值，也就是 1-（1-α）来替换，给定的样本容量为 n，degrees_ freedom 就是 n-1，即 TINV（1-（1-α），n-1）；如果我们给定的是显著性水平（α），则 Probability 用显著性水平，也就是 α 来替换，即 TINV（α，n-1）。

II. Degrees_ freedom 为分布的自由度。

③使用说明。

Ⅰ. 如果任一参数为非数值型，函数 TINV 得到错误值#VALUE!。

Ⅱ. 如果 probability<0 或 probability>1，函数 TINV 得到错误值#NUM!。

Ⅲ. 如果 degrees_ freedom 不是整数，将被截尾取整。

Ⅳ. 如果 degrees_ freedom<1，函数 TINV 得到错误值#NUM!。

Ⅴ. TINV 返回 t 值，其中 P（|X|>t）= probability，X 为服从 t 分布的随机变量。

④函数使用举例。

单尾 t 值可通过用两倍概率替换概率而求得。如果显著性水平为 0.05，而自由度为 10，则双尾值直接由 TINV（0.05，10）计算得到，结果为 2.28139。而同样显著性水平和自由度的单尾值可由 TINV（2 * 0.05，10）计算得到，结果为 1.812462。

⑤注释。

在某些表中，概率被描述为（1-p）。如果已给定概率值，则 TINV 使用 TDIST（x，degrees_ freedom，2）= probability 求解数值 x。因此，TINV 的精度取决于 TDIST 的精度。TINV 使用迭代搜索技术。如果搜索在 100 次迭代之后没有收敛，则函数返回错误值#N/A。

第 4 步，计算置信下限和置信上限。

根据所给样本数据，我们求得：样本容量 n=29（袋），样本标准差 s=3.3919（g），

样本平均数平均数 x̄=501.1724（g）

样本容量平方根平方根：$\sqrt{n}=5.3852$

抽样极限误差：

$$\Delta（\bar{x}）=t_{\alpha/2}（n-1）\times\frac{s}{\sqrt{n}}=1.7011\times\frac{3.3919}{5.3852}=1.0715$$

所以置信下限：

$$\bar{x}-t_{\alpha/2}（n-1）\times\frac{s}{\sqrt{n}}=501.1724-1.7001\times\frac{3.3919}{5.3852}=501.1724-1.0715=500.1009（g）$$

置信上限：

$$\bar{x}+t_{\alpha/2}（n-1）\times\frac{s}{\sqrt{n}}=501.1724+1.7001\times\frac{3.3919}{5.3852}=501.1724+1.0715=502.2439（g）$$

第5步，求出总体均值的置信区间。

根据上面计算，我们可求得该批牛奶每袋标准重量在置信度为90%时的置信区间：

$$\left(\bar{x}-t_{\alpha/2}（n-1）\times\frac{s}{\sqrt{n}}, \bar{x}+t_{\alpha/2}（n-1）\times\frac{s}{\sqrt{n}}\right)=（500.1009, 502.2439）（g）$$

统计学实验 5-3

请根据【引例5-1】所给数据和置信度数值，求出全校5 000名学生每月的平均消费金额的置信区间。

操练要求：

①用查标准正态分布表的方法；

②用 Excel 软件函数的方法。

二、总体服从非正态分布（大样本）

（一）总体方差 σ^2 已知，抽取的样本为大样本

根据前面提到的中心极限定理结论我们知道，无论总体服从什么分布，不管总体是连续还是离散，对称还是非对称，只要 n 充分大（n≥30），$Z=（\bar{X}-\mu）/（\sigma/\sqrt{n}）$ 就近似服从 N（0，1）分布。再根据【举例5.1】的【分析与解答】的公式（5.23）及公式（5.25）我们得知，总体服从非正态分布，总体方差 σ^2 已知，在给定置信度 $1-\alpha$ 及抽取的具体样本观测值（x_1，x_2，…，x_n）的条件下，其总体数学期望 μ 的置信区间为：

$$（\bar{x}-z_{\alpha/2}\times\sigma/\sqrt{n}, \bar{x}+z_{\alpha/2}\times\sigma/\sqrt{n}）\tag{5.49}$$

我们今后将此种区间估计法通称为方差已知大样本单个总体均值区间估计法。

【例5-6】某超市每天大约销售牛奶1 680袋，按规定每袋的重量应为500g。为对牛奶重量进行监测，超市质检部门经常要进行抽检，以分析每袋重量是否符合要求。现从某天上架的一批牛奶中随机抽取了31袋，测得每袋重量（单位：g）如下：

502 498 503 501 504 503 499 496 498 499 501 503 502 503
499 502 504 497 495 493 499 506 508 503 505 504 501 503
503 505 498

已知这批袋装牛奶的总体方差为 $2.3g^2$。请问该批牛奶每袋标准重量在置信度为 90% 时的置信区间是多少？（保留 4 位小数）

【题意分析】由题意知，本题属于总体方差已知，总体服从非正态分布，抽取大样本，估计总体均值 μ（牛奶每袋标准重量）的置信度为 90% 时的置信区间问题。采用方差已知大样本单个总体均值区间估计法。

本题共给出两种解法：

1. 直接计算法。

2. Excel 函数计算法。

【解】1. 直接计算法。

第 1 步，明确区间估计的待估参数。

本题区间估计的待估参数为牛奶每袋标准重量，即总体数学期望 μ。

第 2 步，选择统计量。

由于本题是求总体数学期望 μ 的置信区间，而题中所给的条件是：

（1）总体服从分布不详。

（2）总体方差已知。

（3）抽取的样本为大样本。

因此，采用方差已知大样本单个总体均值区间估计法。选择的统计量为标准正态分布统计量，即：$Z = (\bar{X} - \mu) / (\sigma / \sqrt{n}) \sim N(0, 1)$。

第 3 步，根据给出的置信度数值 $1 - \alpha$ 或者显著性水平数值 α，查出双侧临界值 $z_{\alpha/2}$。

由于本题给出的是置信度 $1 - \alpha = 90\% = 0.9$，所以，我们需要查出的是双侧临界值 $z_{0.05}$。经查：$z_{0.05} = 1.6449$。

第 4 步，计算置信下限和置信上限。

（见光盘"全程互动统计学及其实验——基于 Excel 和 SPSS 软件数据"文件夹"引例"工作簿的"第五章单个总体参数估计与假设检验"工作表内的 A271：AF272 单元格区域及 M278：O290 单元格区域，以后简称光盘"数据"文件夹"引例"工作簿的"第五章"工作表内的 A271：AF272 单元格区域及 M278：O290 单元格区域，下同。）

由于样本容量 n=31（袋），根据所给样本数据，我们求得样本平均数：

$$\bar{x} = \frac{\sum\limits_{i=1}^{n} x_i}{n} = \frac{502 + 498 + \cdots + 503 + 505 + 498}{31} = \frac{15\,537}{31} = 501.1935(g)$$

样本容量平方根：$\sqrt{n} = \sqrt{31} = 5.5678$

总体标准差：$\sigma = \sqrt{2.3} = 1.5166$（g）

计算正态分布抽样极限误差 $\Delta(\bar{x})$：

$$\Delta(\bar{x}) = z_{\alpha/2} \times \frac{\sigma}{\sqrt{n}} = 1.6449 \times \frac{1.5166}{5.5678} = 0.448$$

所以置信下限：

$$\bar{x} - z_{\alpha/2} \times \frac{\sigma}{\sqrt{n}} = 501.1935 - 1.6449 \times \frac{1.5166}{5.5678} = 501.1935 - 0.448 = 500.7455 \text{（g）}$$

置信上限：

$$\bar{x} + z_{\alpha/2} \times \frac{\sigma}{\sqrt{n}} = 501.1935 + 1.6449 \times \frac{1.5166}{5.5678} = 501.1935 + 0.448 = 501.6416 \text{（g）}$$

第 5 步，求出总体均值的置信区间。

根据上面计算，我们就求得该批牛奶每袋标准重量在置信度为 90% 时的置信区间：

$$\left(\bar{x} - z_{\alpha/2} \times \frac{\sigma}{\sqrt{n}}, \ \bar{x} + z_{\alpha/2} \times \frac{\sigma}{\sqrt{n}} \right) = (500.7455, \ 501.6416) \text{（g）}$$

2. Excel 函数计算法。

第 1 步、第 2 步与直接计算法完全相同。

第 3 步，根据给出的置信度数值 $1-\alpha = 0.9$，我们利用 Excel 函数 NORMSINV（0.95），经过 Excel 函数运算，得出：$z_{0.05} = 1.6449$；

第 4 步，计算置信下限和置信上限。

由于样本容量 $n = 31$（袋），样本平均数 $\bar{x} = 501.1935$（g），样本容量平方根 $\sqrt{n} = 5.5678$，总体标准差 $\sigma = 1.5166$（g）。

利用 Excel 函数 CONFIDENCE，计算正态分布抽样极限误差 $\Delta(\bar{x})$：CONFIDENCE（0.1, 1.5166, 31）。经过 Excel 函数运算，得出：$\Delta(\bar{x}) = 0.448$。

所以置信下限：

$$\bar{x} - z_{\alpha/2} \times \frac{\sigma}{\sqrt{n}} = 501.1935 - 1.6449 \times \frac{1.5166}{5.5678} = 501.1935 - 0.448 = 500.7455 \text{（g）}$$

置信上限：

$$\bar{x} + z_{\alpha/2} \times \frac{\sigma}{\sqrt{n}} = 501.1935 + 1.6449 \times \frac{1.5166}{5.5678} = 501.1935 + 0.448 = 501.6416 \text{（g）}$$

第 5 步，求出总体均值的置信区间。

根据上面计算，我们就求得该批牛奶每袋标准重量在置信度为 90% 时的置信区间：

$$\left(\bar{x} - z_{\alpha/2} \times \frac{\sigma}{\sqrt{n}}, \ \bar{x} + z_{\alpha/2} \times \frac{\sigma}{\sqrt{n}} \right) = (500.7466, \ 501.6416) \text{（g）}$$

（二）总体方差 σ^2 未知，抽取的样本为大样本

若总体服从非正态分布，总体方差 σ^2 未知，但样本是大样本 $n \geq 30$ 时，只要将置信区间（5.49）中的 σ 代换成样本标准差 s，我们就可以构造出总体均值 μ 的置信度为 $1-\alpha$ 的置信区间：

$$\left(\bar{x} - z_{\alpha/2} \times \frac{s}{\sqrt{n}}, \ \bar{x} + z_{\alpha/2} \times \frac{s}{\sqrt{n}}\right) \tag{5.50}$$

我们称该区间估计法为方差未知大样本单个总体均值区间估计法。特别提醒：这里的 s 是用无偏样本标准差公式计算得出的。

【例 5-7】 本例题除总体方差未知外，其他条件和问题与【例 5-6】完全相同。

【题意分析】 由题意知，本题属于总体方差未知，总体服从非正态分布，抽取大样本，估计总体均值 μ（牛奶每袋标准重量）的置信度为 90% 时的置信区间问题。采用方差未知大样本单个总体均值区间估计法。

本题共有两种解法：

1. 直接计算法。

2. Excel 函数计算法。

【解】 1. 直接计算法。

第 1 步，明确区间估计的待估参数。

本题区间估计的待估参数为牛奶每袋标准重量，即总体数学期望 μ。

第 2 步，选择统计量。

由于本题是求总体数学期望 μ 的置信区间，而题中所给的条件是：

（1）总体服从分布不详；

（2）总体方差未知；

（3）抽取的样本为大样本。

因此，采用方差已知大样本单个总体均值区间估计法。选择的统计量为标准正态分布统计量，即：$Z = \dfrac{\bar{X} - \mu}{s/\sqrt{n}} \sim N(0, 1)$。

第 3 步，根据给出的置信度数值 $1-\alpha$ 或者显著性水平数值 α，查出双侧临界值 $z_{\alpha/2}$。

由于本题给出的是置信度 $1-\alpha = 90\% = 0.9$，所以，我们需要查出的是双侧临界值 $z_{0.05}$。经查知：$z_{0.05} = 1.6449$。

第 4 步，计算置信下限和置信上限。

（见光盘"全程互动统计学及其实验——基于 Excel 和 SPSS 软件数据"文件夹"引例"工作簿的"第五章单个总体参数估计与假设检验"工作表内的 A271：AF272 单元格区域及 S278：V290 单元格区域，以后简称光盘"数据"文件夹"引例"工作簿的"第五章"工作表内的 A271：AF272 单元格区域及 S278：V290 单元格区域，下同。）

由于样本容量 n = 31（袋），根据所给样本数据，我们求得样本平均数：

$$\bar{x} = \frac{\sum\limits_{i=1}^{n} x_i}{n} = \frac{502 + 498 + \cdots + 503 + 505 + 498}{31} = \frac{15\ 537}{31} = 501.1935(\text{g})$$

样本标准差：

$$s = \sqrt{\sum_{i=1}^{n} (x_i - \bar{x})^2 \Big/ (n-1)}$$

$$= \sqrt{\left[(502-501.1935)^2 + (498-501.1935)^2 + \cdots + (498-501.1935)^2 \right] \Big/ (31-1)}$$

$$= \sqrt{346.8387/30}$$

$$= \sqrt{11.5613}$$

$$= 3.4002 \ (g)$$

样本容量平方根：$\sqrt{n} = \sqrt{31} = 5.5678$

计算正态分布抽样极限误差 $\Delta \ (\bar{x})$：

$$\Delta \ (\bar{x}) = z_{\alpha/2} \times \frac{s}{\sqrt{n}} = 1.6449 \times \frac{3.4002}{5.5678} = 1.0045 \ (g)$$

所以置信下限：

$$\bar{x} - z_{\alpha/2} \times \frac{s}{\sqrt{n}} = 501.1935 - 1.6449 \times \frac{3.4002}{5.5678} = 501.1935 - 1.0045 = 500.189 \ (g)$$

置信上限：

$$\bar{x} + z_{\alpha/2} \times \frac{s}{\sqrt{n}} = 501.1935 + 1.6449 \times \frac{3.4002}{5.5678} = 501.1935 + 1.0045 = 502.198 \ (g)$$

第5步，求出总体均值的置信区间。

根据上面计算，我们就求得该批牛奶每袋标准重量在置信度为 90% 时的置信区间：

$$\left(\bar{x} - z_{\alpha/2} \times \frac{s}{\sqrt{n}}, \ \bar{x} + z_{\alpha/2} \times \frac{s}{\sqrt{n}} \right) = (500.189, \ 502.198) \ (g)$$

2. Excel 函数计算法。

第1步、第2步与直接计算法完全相同。

第3步，根据给出的置信度数值 $1-\alpha = 0.9$ 利用 Excel 函数 NORMSINV (0.95)，经过 Excel 函数运算，得出：$z_{0.05} = 1.6449$。

第4步，计算置信下限和置信上限.

由于样本容量 n=31（袋），样本标准差 s=3.4002（g）。

利用 Excel 函数 CONFIDENCE，计算正态分布抽样极限误差 $\Delta \ (\bar{x})$：CONFIDENCE（0.1，3.4002，31），经过 Excel 函数运算，得出：$\Delta \ (\bar{x}) = 1.0045 \ (g)$；

根据所给样本数据，我们求得样本平均数：

$\bar{x} = 501.1935 \ (g)$

所以置信下限：

$$\bar{x} - z_{\alpha/2} \times \frac{s}{\sqrt{n}} = 501.1935 - 1.6449 \times \frac{3.4002}{5.5678} = 501.1935 - 1.0045 = 500.189 \ (g)$$

置信上限：

$$\bar{x} + z_{\alpha/2} \times \frac{s}{\sqrt{n}} = 501.1935 + 1.6449 \times \frac{3.4002}{5.5678} = 501.1935 + 1.0045 = 502.198 \ (g)$$

第5步，求出总体均值的置信区间。

根据上面计算，我们就求得该批牛奶每袋标准重量在置信度为 90% 时的置信区间：

$$\left(\bar{x}-z_{\alpha/2}\times\frac{s}{\sqrt{n}},\ \bar{x}+z_{\alpha/2}\times\frac{s}{\sqrt{n}}\right)=\ (500.189,\ 502.198)\ (g)$$

特别注明：对于总体服从非正态分布，但抽取的是小样本，到目前为止，还没有找到具体的总体均值估计办法。

统计学实验 5-4

为研究每天全校学生平均上网时间，网管中心从全校 10 000 名学生中随机抽取了 30 名学生，调查他们每天的上网时间，获得的样本数据见表 5-1：

表 5-1　　　　　　　　**36 名学生每天上网时间样本数据（小时）**

5.4	4.5	3.2	4.4	2.0	5.4
2.6	6.4	1.8	3.5	5.7	2.3
2.1	1.9	1.2	5.1	4.3	4.2
3.6	0.8	1.5	4.7	1.4	1.2
2.9	3.5	2.4	0.5	3.6	2.5

给定的显著性水平为 1%。

（1）假设全校学生上网时间服从正态分布，每天全校学生上网时间标准差为 0.45 小时。请求出 10 000 名学生每天平均上网时间的置信区间。

（2）假设全校学生上网时间服从正态分布，请求出 10 000 名学生每天平均上网时间的置信区间。

（3）请求出 10 000 名学生每天平均上网时间的置信区间。

操练要求：

①用查标准正态分布表的方法；

②用 Excel 软件函数的方法。

三、样本容量的确定

区间估计对总体均值的真值 μ 给出了具有一定把握程度和准确程度的置信区间。把握程度体现在置信度 $1-\alpha$ 上。置信度越高，则估计的把握程度越高；置信度越低，则估计的把握程度越低。准确程度则体现在置信区间的宽窄上，置信区间越宽，则准确程度越低；准确程度越高，则置信区间越窄。

我们总是希望估计的把握程度和准确程度两者都是越高越好，但提高把握程度与提高准确程度是相互矛盾的。在相同的样本容量下，提高了把握程度势必会降低准确程度；提高了准确程度又势必会降低把握程度，两者之间不可兼得。

若要同时提高把握程度与准确程度，唯一的途径是扩大样本容量。然而，抽取样本是要花费成本的，因此，在给定把握程度与准确程度的前提下，合理的做法是事先确定一个适当的样本容量。样本容量过小，达不到把握程度与提高准确程度的要求；样本容量过大，也是不必要的。

假设总体 $X \sim N$（μ，σ^2），σ^2 已知，我们知道单个总体均值置信区间为：$\left(\bar{x}-z_{\alpha/2}\times\dfrac{\sigma}{\sqrt{n}}, \ \bar{x}+z_{\alpha/2}\times\dfrac{\sigma}{\sqrt{n}}\right)$，它是以样本均值为中心所构建出来的总体均值的取值区间。此区间的宽窄决定于正态分布抽样极限误差 $\Delta(\bar{x})=z_{\alpha/2}\times\dfrac{\sigma}{\sqrt{n}}$。

假设总体服从任意分布、大样本、总体方差已知，我们知道单个总体均值置信区间为：$\left(\bar{x}-z_{\alpha/2}\times\dfrac{\sigma}{\sqrt{n}}, \ \bar{x}+z_{\alpha/2}\times\dfrac{\sigma}{\sqrt{n}}\right)$，它是以样本均值为中心所构建出来的总体均值的取值区间。估计区间的宽窄决定于正态分布抽样极限误差 $\Delta(\bar{x})=z_{\alpha/2}\times\dfrac{\sigma}{\sqrt{n}}$。

事实上，抽样极限误差在实践中通常都是需要事先给定的，于是，在给定抽样极限误差与置信度的前提下，可以由抽样极限误差公式直接导出最低（小）样本容量的计算公式，即：

$$n=z_{\alpha/2}^2\times\frac{\sigma^2}{\Delta^2(\bar{x})} \tag{5.51}$$

假设总体服从任意分布、大样本、总体方差未知，我们知道单个总体均值置信区间为：$\left(\bar{x}-z_{\alpha/2}\times\dfrac{s}{\sqrt{n}}, \ \bar{x}+z_{\alpha/2}\times\dfrac{s}{\sqrt{n}}\right)$，它是以样本均值为中心所构建出来的总体均值的取值区间。估计区间的宽窄决定于正态分布抽样极限误差 $\Delta(\bar{x})=z_{\alpha/2}\times\dfrac{s}{\sqrt{n}}$。

事实上，抽样极限误差在实践中通常都是需要事先给定的，于是，在给定抽样极限误差与置信度的前提下，可以由抽样极限误差公式直接导出最低（小）样本容量的计算公式，即：

$$n=z_{\alpha/2}^2\times\frac{s^2}{\Delta^2(\bar{x})} \tag{5.52}$$

从公式（5.51）中不难看出，样本容量的大小与置信度和总体方差成正比，与抽样极限误差成反比。在其他条件不变的前提下，置信度越大、总体方差越大，所需样本容量就越大；抽样极限误差越大，所需样本容量就越小。

实践中，置信度与极限误差都是事先给定的，但总体方差却往往是未知的。解决的办法是借用历史上相同或类似样本的样本方差来代替。如果是一项大规模的调查活动，也可以预先开展一个小规模的试调查，抽取一个初始样本，以该样本的样本方差作为总体方差的估计值，用以确定样本容量。

假设总体 $X \sim N$（μ，σ^2），σ^2 未知，则单个总体均值置信区间变为：$\left(\bar{x}-t_{\alpha/2}(n-1)\times\dfrac{s}{\sqrt{n}}, \ \bar{x}+t_{\alpha/2}(n-1)\times\dfrac{s}{\sqrt{n}}\right)$，它是以样本均值为中心所构建出来的总体均值的取值区间。此取值区间的宽窄决定于 t 分布抽样极限误差 $\Delta(\bar{x})=t_{\alpha/2}(n-1)\times\dfrac{s}{\sqrt{n}}$。

在给定抽样极限误差与置信度的前提下，确定可以由抽样极限误差公式直接导出最低（小）样本容量的计算公式，即：

$$n = t_{\alpha/2}^2 \, (n-1) \times \frac{s^2}{\Delta^2 \, (\bar{x})} \qquad\qquad (5.53)$$

【例 5-8】 欲对总体均值构造一个置信度为 95% 的估计区间，试调查的结果表明，样本标准差为 70。若给定抽样极差误差为 20，则所需最小的样本容量是多少？

【题意分析】 由题意知，本题属于总体方差未知，总体服从非正态分布，抽取大样本，求所需最小的样本容量问题。采用公式（5.52）的计算公式。

【解】 根据题意知，$s = 70$，$\Delta \, (\bar{x}) = 20$，$1 - \alpha = 0.95$，查得 $z_{\alpha/2} = 1.96$，根据公式（5.52），可以求得所需最小的样本容量：

$$n = z_{\alpha/2}^2 \times \frac{s^2}{\Delta^2 \, (\bar{x})} = 1.96^2 \times \frac{70^2}{20^2} = 47.06 \approx 48$$

应当指出，由公式计算出来的结果常常不是整数，遵循宁多勿少的原则，通常采用向上取整的方式，即将小数点后面的数值全部进位成整数。本题计算结果为 47.06，因此，最终所需最小的样本容量是 48。

第三节　单个总体均值 μ 的假设检验

根据【引例 5-1】所给的信息，我们能否认定该校学生每月的平均消费金额就是 1 423.65 元？本节将要介绍的假设检验理论，可以解答这类问题。

一、假设检验基本原理

（一）小概率原理

定义 5.12：小概率事件在一次试验中几乎不可能发生，我们将这个判断准则称为小概率原理。

小概率原理是形成假设检验理论的重要基础。准确理解小概率原理必须把握四个要点：

1. 小概率是一个相对的概念

在现实生活中，不同性质的事件所对应的小概率数值是不同的。例如，如果一般日用品生产出现次品的小概率事件认定标准是 5% 的话，那么，对于乘车出游发生事故的小概率事件认定标准就绝对不能是 5%，而是远远低于 5%。所以，小概率事件的概率数值往往是人们主观给定的一个数值。日常统计活动中，特别是在社会经济统计活动中，一般取 0.10、0.05 或 0.01 为小概率事件的概率数值。

2. 小概率原理强调仅做一次试验

对于小概率事件，如果我们只做一次试验，根据常识，该事件应该是不会发生的；但是，只要我们反复做该试验，小概率事件 100% 会发生。例如，对于买彩票这件事，我们只花 2 元钱，买一张彩票，根据常识，中"头奖"的可能性几乎不存在；但如果我们一直买下去，中"头奖"那是必然的。

3. 小概率原理强调"几乎"二字

对于小概率事件，如果我们只做一次试验，根据常识，该事件几乎不会发生的。注意，我们这里强调的是"根据常识，该事件几乎不会发生的"，但事实上，只要我们做一次试验，即使是小概率事件，也是会发生的。只不过，发生这种现象的可能性微乎其微，通常情况下我们都认为可以忽略不计。例如，对于买彩票这件事，我们只花 2 元钱，买一张彩票，根据常识，中"头奖"的可能性几乎不存在的，但还是有可能中"头奖"的。因此，我们在小概率原理强调"几乎"二字。

4. 认定"小概率事件"为大概率事件

如果"小概率事件"在我们所做的唯一一次试验中居然发生了，我们就可以认定该"小概率事件"事实上是个大概率事件。

(二) 假设检验的基本思想和基本步骤

假设检验的基本思想是采用逻辑上的反证法，利用"小概率原理"，提出原假设（检验假设 H_0），再利用随机抽取的样本信息和恰当的统计分析方法来判断假设的真伪。如果确定假设成立的可能性小，则认为原假设不成立，若可能性大，则认为原假设成立。

在【引例 5-1】中，我们先来假设：全校学生每月的平均消费金额（总体均值）μ 为 1 423.65 元。那么，根据中心极限定理和抽样分布原理得知，由总体抽取容量为 100 的随机样本，其统计量 $(\bar{X}-\mu)/(S/\sqrt{n})$ 近似服从以 0 为数学期望，以 1 为标准差的标准正态分布如图 5-7 所示。

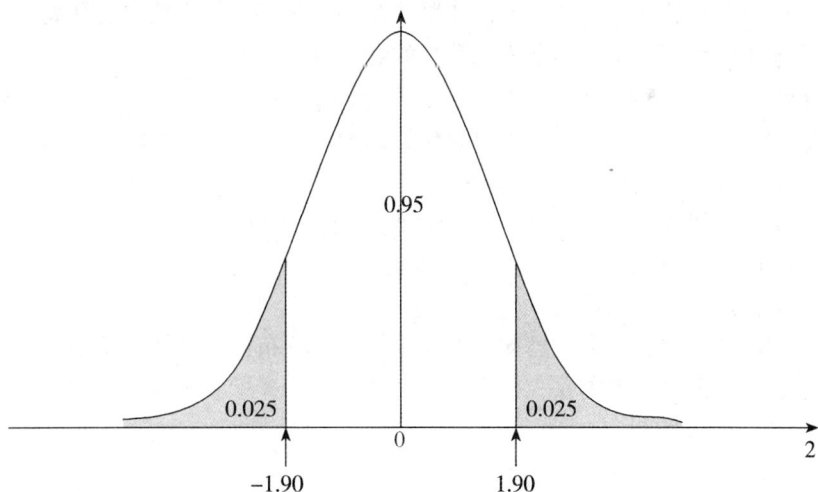

图5-7　Z服从标准正态分布

现在，我们给定一个显著性水平 α，譬如：$\alpha=0.05$，显然，它是一个小概率，并以 0 为对称中心构造一个置信区间：$(-1.96, 1.96)$。

我们从该校随机抽取的这 100 名学生这个样本，就属于一次试验。根据这个样本计算出统计量的值：

$z_0 = (\bar{x}-\mu_0) / (s/\sqrt{n}) = (1\,371.88-1\,423.65) / (453.37/\sqrt{100}) = -1.41$

结果 $z_0 = -1.41$ 落在了 $(-1.96, 1.96)$ 的大概率区间之内。这就是说，根据全校学生每月的平均消费金额（总体均值）μ 为 1 423.65 元这一假设得出的结论并没有违反小概率原理。因此，我们可以认定全校学生每月的平均消费金额（总体均值）μ 为 1 423.65 元这个假设不是假的。

上面分析问题的思想就是统计中假设检验的基本思想。通过上面的分析，我们可以得出下面的结论：全校学生每月的平均消费金额为 1 423.65 元的假设不是假的，做出这一推断的把握程度为 95%。

二、双侧检验

（一）双侧检验的原假设与备择假设形式

我们前面举的这类检验问题都属于双侧假设检验问题，即在总体均值的检验中，原假设和备择假设表述方式为：

$H_0 : \mu = \mu_0$　　$H_1 : \mu \neq \mu_0$

（二）采用 Z 统计量的假设检验方式

采用 Z 统计量的假设检验方式的前提条件：

第一种情形：①总体方差已知，总体服从正态分布；②总体方差已知，总体服从非正态分布，但是抽取的是大样本。这种情况下选择检验统计量为标准正态分布的 Z 统计量：

$Z = (\bar{X}-\mu) / (\sigma/\sqrt{n}) \sim N(0, 1)$

第二种情形：总体方差未知，总体服从非正态分布，但是抽取的是大样本。这种情况下选择检验统计量为标准正态分布的 Z 统计量：

$Z = (\bar{X}-\mu) / (S/\sqrt{n}) \sim N(0, 1)$

根据前面所给条件，我们可以得出对总体均值进行假设检验的 5 个基本步骤：

第 1 步：提出原假设（H_0）及备择假设（H_1）。

假定总体均值为 μ_0，则原假设与备择假设可表述为：

$H_0 : \mu = \mu_0$　　$H_1 : \mu \neq \mu_0$

第 2 步：选择检验统计量

第一种情形：①总体方差已知，总体服从正态分布；②总体方差已知，总体服从非正态分布，但是抽取的是大样本。这种情况下选择检验统计量为标准正态分布的 Z 统计量：

$Z = (\bar{X}-\mu) / (\sigma/\sqrt{n}) \sim N(0, 1)$

第二种情形：总体方差未知，总体服从非正态分布，但是抽取的是大样本。这种情况下选择检验统计量为标准正态分布的 Z 统计量：

$Z = (\bar{X}-\mu) / (S/\sqrt{n}) \sim N(0, 1)$

第 3 步：计算检验用的统计量的值。

假设原假设成立，令 $\mu = \mu_0$

计算检验用统计量的值，共有下列两种情形：

第一种情形：①总体方差已知，总体服从正态分布；②总体方差已知，总体服从非正态分布，但是抽取的是大样本。这种情况下计算检验用统计量的值：

$$z_0 = (\bar{X} - \mu_0) / (\sigma / \sqrt{n}) \tag{5.54}$$

第二种情形：总体方差未知，总体服从非正态分布，但是抽取的是大样本，这种情况下计算检验用统计量的值：

$$z_0 = (\bar{X} - \mu_0) / (S / \sqrt{n}) \tag{5.55}$$

第 4 步：给定显著性水平 α，查双侧临界值 $Z_{\alpha/2}$。

第 5 步：进行对比后做出判断及决策

（1）若 $|z_0| > Z_{\alpha/2}$，我们拒绝原假设，就接受备择假设，做出这样一个判断及决策结论的可靠程度是 $1 - \alpha$。

（2）若 $|z_0| < Z_{\alpha/2}$，我们就接受原假设，拒绝备择假设，做出这样一个判断及决策结论的可靠程度是 $1 - \alpha$。

（3）若 $|z_0| = Z_{\alpha/2}$，没有结论，就是接受和拒绝原假设都可能是正确的或错误的。

【例 5-9】根据【引例 5-1】所给条件及数据，检验全校学生每月的平均消费金额为 1 423.65 元的真假。给定置信度为 95%。

【题意分析】由题意知，本题属于总体方差未知，总体分布未知，抽取大样本，检验总体均值 μ（全校学生每月的平均消费金额）的置信度为 95% 时的总体参数假设检验问题。采用 Z 统计量的假设检验方式。

【解】第 1 步：提出原假设（H_0）及备择假设（H_1）。

H_0：$\mu = 1\ 423.65$　　H_1：$\mu \neq 1\ 423.65$

第 2 步：选择检验统计量。

在本例中，由题意知，本题属于总体方差未知，总体分布未知，抽取大样本，检验总体均值 μ（全校学生每月的平均消费金额）的置信度为 95% 时的总体参数假设检验问题。所以，选择的统计量为 Z 统计量：

$Z = (\bar{X} - \mu) / (S / \sqrt{n}) \sim N(0, 1)$

第 3 步：计算检验用的统计量的值。

（见光盘"数据"文件夹"引例"工作簿的"第五章"工作表内的 A2：J11 单元格区域及 FZ1：GB14 单元格区域，下同。）

根据【引例 5-1】的数据，这 100 名大学生消费数据的无偏简单样本标准差为：

$s = 453.37$ 元

这 100 名大学生的平均消费额为：

$$\bar{x} = \frac{689 + 697 + \cdots + 3\ 728}{100} = \frac{137\ 188}{100} = 1\ 371.88 \text{（元）}$$

样本容量的平方根为：

$\sqrt{n} = \sqrt{100} = 10$

假设原假设成立，令 $\mu_0 = 1\,423.65$，计算检验用的统计量值。

$z_0 = (\bar{x} - \mu_0) / (s/\sqrt{n}) = (1\,371.88 - 1\,423.65) \div (453.37 \div 10) = -1.14$

第 4 步：给定显著性水平 α，查临界值。

题中给出显著性水平 $1 - \alpha = 0.95$，则 $\alpha = 0.05$，根据附表或 Excel 函数，查得双侧临界值 $Z_{\alpha/2} = z_{0.025} = 1.96$。

第 5 步：对比进行检验，并做出决策。

由于 $|z_0| = 1.14 < 1.96 = Z_{\alpha/2}$，说明检验用的统计量值 z_0 落在了一个大概率区间内，因此，我们没有理由拒绝原假设，即我们应该接受原假设，也就是全校学生每月的平均消费金额为 $1\,423.65$ 元的假设不能认为是假的，做出这一判断的可靠程度为 95%。

（三）采用 T 统计量的假设检验方式

采用 T 统计量的假设检验方式的前提条件：

总体方差未知，总体服从正态分布，则选择检验统计量为 T 统计量：

$$T = (\bar{X} - \mu) / (S/\sqrt{n}) \sim t\,(n-1) \tag{5.56}$$

根据上面所给条件，我们得出对总体均值进行假设检验的 5 个基本步骤：

第 1 步：提出原假设（H_0）及备择假设（H_1）。

假定总体均值为 μ_0，则原假设与备择假设可表述为：

$H_0：\mu = \mu_0$ $H_1：\mu \neq \mu_0$

第 2 步：选择检验统计量。

由于总体方差未知，总体服从正态分布，则选择检验统计量为 T 统计量：

$T = (\bar{X} - \mu) / (S/\sqrt{n}) \sim t\,(n-1)$

第 3 步：计算检验用的统计量的值。

假设原假设成立，令 $\mu = \mu_0$，计算检验统计量的值：

$$t_0 = (\bar{x} - \mu_0) / (s/\sqrt{n}) \tag{5.57}$$

第 4 步：给定显著性水平 α，查双侧临界值 $t_{\alpha/2}\,(n-1)$。

第 5 步：进行对比后做出判断及决策。

（1）若 $|t_0| > t_{\alpha/2}\,(n-1)$，我们拒绝原假设，接受备择假设，做出这样一个判断及决策结论的可靠程度是 $1 - \alpha$。

（2）若 $|t_0| < t_{\alpha/2}\,(n-1)$，我们就接受原假设，拒绝备择假设。做出这样一个判断及决策结论的可靠程度也是 $1 - \alpha$。

（3）若 $|t_0| = t_{\alpha/2}\,(n-1)$，没有结论，就是接受和拒绝原假设都可能是正确的或错误的。

【例 5-10】根据【引例 5-1】所给条件及数据，假设全校学生每月的消费金额服从正态分布，检验全校学生每月的平均消费金额为 $1\,423.65$ 元的真假，给定置信度为 95%。

【题意分析】由题意知，本题属于总体方差未知，总体服从正态分布，检验总体均值 μ（全校学生每月的平均消费金额）的置信度为 95% 时的总体参数假设检验问题。采用 T 统计量的假设检验方式。

【解】（见光盘"数据"文件夹"引例"工作簿的"第五章"工作表内的 A2：J11 单元格区域及 GE1：GG14 单元格区域，下同）

第 1 步：提出原假设（H_0）及备择假设（H_1）。

$H_0: \mu = 1\,423.65$　　$H_1: \mu \neq 1\,423.65$

第 2 步：选择检验统计量。

在本例中，由题意知，本题属于总体方差未知，总体服从正态分布，检验总体均值 μ（全校学生每月的平均消费金额）的置信度为 95% 时的总体参数假设检验问题。所以，选择 T 统计量：

$T = (\bar{X} - \mu) / (S / \sqrt{n}) \sim t\,(n-1)$

第 3 步：计算检验用的统计量的值。

假设原假设成立，令 $\mu_0 = 1\,423.65$，计算检验用的统计量值。

$t_0 = (\bar{x} - \mu_0) / (s / \sqrt{n}) = (1\,371.88 - 1\,423.65) \div (453.37 \div 10) = -1.14$

第 4 步：给定显著性水平 α，查临界值。

题中给出显著性水平 $1 - \alpha = 0.95$，则 $\alpha = 0.05$，根据附表或 Excel 函数，查得双侧临界值 $t_{\alpha/2}\,(n-1) = t_{0.025}\,(100-1) = t_{0.025}\,(99) = 1.98$。

第 5 步：进行对比后并做出判断及决策。

由于 $|t_0| = 1.14 < 1.98 = t_{\alpha/2}\,(n-1)$，说明检验用的统计量值 t_0 落在了一个大概率区间内，因此，我们没有理由拒绝原假设，即我们应该接受原假设。也就是全校学生每月的平均消费金额 1 423.65 为元的假设不能认为是假的，做出这一判断的可靠程度为 95%。

统计学实验 5–5

假设每天全校学生平均上网时间为 20 小时，为研究每天全校学生平均上网时间的真伪，网管中心从全校 10 000 名学生中随机抽取了 30 名学生，调查他们每天的上网时间，获得的样本数据见表 5–1。给定的显著性水平为 1%。

（1）假设全校学生上网时间服从正态分布，每天全校学生上网时间标准差为 0.45 小时。请检验每天全校学生平均上网时间 20 小时的真伪。

（2）假设全校学生上网时间服从正态分布，请检验每天全校学生平均上网时间 20 小时的真伪。

（3）请检验每天全校学生平均上网时间 20 小时的真伪。

在现实生活中我们经常会遇到下面这样一些情况，就是验证总体参数超过或低于某个数值的真伪问题。检验总体参数超过或低于某个数值的真伪问题，属于单侧（边）检验问题。

三、单侧（边）检验

单侧（边）检验分为左侧检验和右侧检验问题。

（一）左侧（边）检验

检验总体参数低于某个数值的问题，属于左侧（边）检验问题。

左侧（边）检验所对应的原假设和备择假设表述方式为：

$$H_0 : \theta \geqslant \theta_0 \quad H_1 : \theta < \theta_0 \tag{5.58}$$

例如，在总体均值的检验中，左侧（边）检验所对应的原假设和备择假设表述方式为：

$$H_0 : \mu \geqslant \mu_0 \quad H_1 : \mu < \mu_0 \tag{5.59}$$

（二）右侧（边）检验

检验总体参数超过某个数值的问题，属于右侧（边）检验问题。

右侧（边）检验所对应的原假设和备择假设表述方式为：

$$H_0 : \theta \leqslant \theta_0 \quad H_1 : \theta > \theta_0 \tag{5.60}$$

例如，在总体均值的检验中，右侧（边）检验所对应的原假设和备择假设表述方式为：

$$H_0 : \mu \leqslant \mu_0 \quad H_1 : \mu > \mu_0 \tag{5.61}$$

（三）单侧（边）检验步骤

（1）左侧（边）检验步骤

我们先通过一个例子熟悉左侧（边）检验步骤。

【例5-11】某灯泡生产企业欲向某超市提供一批灯泡，按合同规定，灯泡的平均使用寿命不能低于 2 000 小时。灯泡生产企业为确认这批灯泡的使用寿命，随机测试了 30 只灯泡，并算得样本均值为 1 998 小时。给定显著性水平为 5% 。

①假定灯泡使用寿命服从正态分布，且标准差为 250 小时。现在需要通过假设检验来决定是否应该向超市提供这批灯泡。

②假定灯泡使用寿命服从正态分布，样本标准差为 240 小时，现在需要通过假设检验来决定是否应该向超市提供这批灯泡。

③样本标准差为 240 小时，现在需要通过假设检验来决定是否应该向超市提供这批灯泡。

【题意分析】在给定显著性水平为 5% ，检验总体均值是否为不低于 2 000 小时，即灯泡的使用寿命平均不低于 2 000 小时，属于单个总体检验总体均值左侧检验问题。

统计量的选择：

①由于假定灯泡使用寿命服从正态分布，且标准差为 250 小时，因此，选择的统计量为 Z 统计量：

$$Z = (\bar{X} - \mu) \sqrt{n}/\sigma$$

②由于假定灯泡使用寿命服从正态分布，但标准差未知，因此，选择的统计量为 T 统计量：

$$T = (\bar{X} - \mu) \sqrt{n}/S$$

③由于没有假定灯泡使用寿命服从正态分布，标准差也未知，但抽取的样本数量为 30，属于大样本，因此，选择的统计量为 Z 统计量：

$$Z = (\bar{X} - \mu) \sqrt{n}/S$$

【解】（见光盘"数据"文件夹"引例"工作簿的"第五章"工作表内的

GK1：GO15单元格区域，下同)

下面针对本题进行假设检验，检验步骤如下：

由于本题属于左侧（假设）检验问题，其左侧（假设）检验的实际检验过程包含5个基本步骤：

第1步：提出原假设（H_0）及备择假设（H_1）。

本题中，可将原假设表述为：H_0：$\mu \geqslant 2\,000$（小时）

备择假设表述为：H_1：$\mu < 2\,000$（小时）

第2步：选择检验统计量。

①由于假定灯泡使用寿命服从正态分布，且标准差为250小时，因此，选择的统计量为Z统计量：

$Z = (\bar{X} - \mu)\,\sqrt{n}/\sigma$

②由于假定灯泡使用寿命服从正态分布，但标准差未知，因此，选择的统计量为T统计量：

$T = (\bar{X} - \mu)\,\sqrt{n}/S$

③由于没有假定灯泡使用寿命服从正态分布，标准差也未知，但抽取的样本数量为30，属于大样本，因此，选择的统计量为Z统计量：

$Z = (\bar{X} - \mu)\,\sqrt{n}/S$

第3步：给定显著性水平 α 条件下，查单侧临界值 z_α 或 t_α（n-1）。

①由于假定灯泡使用寿命服从正态分布，且标准差为250小时，因此，选择的统计量为Z统计量，而给定的显著性水平为5%，因此，所查单侧临界值为：

$z_\alpha = z_{0.05} = 1.6449$

②由于假定灯泡使用寿命服从正态分布，但标准差未知，因此，选择的统计量为T统计量，而给定的显著性水平为5%，因此，所查单侧临界值为：

$t_\alpha\,(n-1) = t_{0.05}\,(30-1) = t_{0.05}\,(29) = 1.6991$

③由于没有假定灯泡使用寿命服从正态分布，标准差也未知，但抽取的样本数量为30，属于大样本，因此，选择的统计量为Z统计量，而给定的显著性水平为5%，因此，所查单侧临界值为：

$z_\alpha = z_{0.05} = 1.6449$

第4步：计算具体的统计量的值。

假设原假设成立，令 $\mu = \mu_0 = 2\,000$（小时）；再根据题意知，$\bar{x} = 1\,998$，$n = 30$。

①由于假定灯泡使用寿命服从正态分布，且标准差为250小时，因此，计算检验统计量的值为：

$z_0 = (\bar{x} - \mu_0)\,/\,(\sigma/\sqrt{n}) = (1\,998 - 2\,000)\,/\,(250/\sqrt{30}) = -0.0438$

②由于假定灯泡使用寿命服从正态分布，样本标准差为240小时，因此，计算检验统计量的值为：

$t_0 = (\bar{x} - \mu_0)\,/\,(s/\sqrt{n}) = (1\,998 - 2\,000)\,/\,(240/\sqrt{30}) = -0.0456$

③由于样本标准差为240小时，样本容量为30，因此，所查单侧临界值为：

$z_0 = (\bar{x}-\mu_0) / (s/\sqrt{n}) = (1\ 998-2\ 000) / (240/\sqrt{30}) = -0.0456$

第5步：进行对比后做出判断及决策。

左侧检验拒绝原假设的标准是：$z_0 < -z_\alpha$ 或 $t_0 < -t_\alpha (n-1)$，参见图5-8。由于此类假设检验的拒绝域分布的左侧，故此类假设检验被称之为左侧检验（左侧假设检验）。

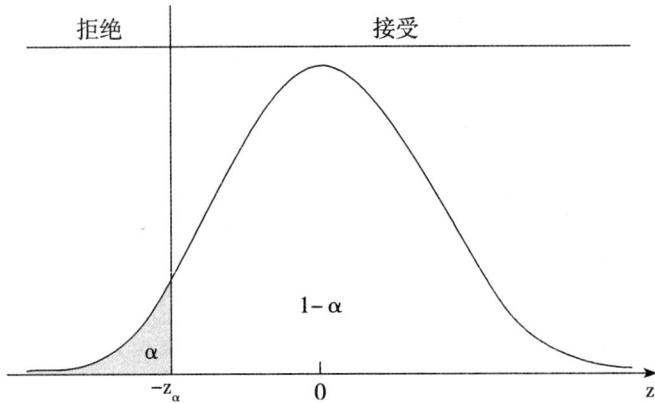

图5-8   左侧检验接受原假设标准

①假定灯泡使用寿命服从正态分布，且标准差为250小时，由于 $z_0 = -0.0438 > -1.6449 = -z_\alpha$，说明检验用的统计量值 z_0 落在了一个大概率区间内。因此，我们就接受原假设，拒绝备择假设，灯泡的平均使用寿命不低于2 000小时，做出这样一个判断及结论的可靠程度是95%。

②假定灯泡使用寿命服从正态分布，样本标准差为240小时，由于 $t_0 = -0.0456 > -1.6991 = -t_\alpha (n-1)$，说明检验用的统计量值 t_0 落在了一个大概率区间内。因此，我们就接受原假设，拒绝备择假设，灯泡的平均使用寿命不低于2 000小时，做出这样一个判断及结论的可靠程度是95%。

③样本标准差为240小时，样本容量为30，由于 $z_0 = -0.0456 > -1.6449 = -z_\alpha$，说明检验用的统计量值 z_0 落在了一个大概率区间内。因此，我们就接受原假设，拒绝备择假设，灯泡的平均使用寿命不低于2 000小时，做出这样一个判断及结论的可靠程度是95%。

提炼出的左侧（边）假设检验的检验5步骤：

第1步：提出原假设（H_0）及备择假设（H_1）。

原假设 $H_0: \mu \geq \mu_0$ 备择假设 $H_1: \mu < \mu_0$

第2步：选择检验统计量。

①如果总体服从正态分布，且总体标准差已知，则选择的统计量为 Z 统计量：

$Z = (\bar{X}-\mu) \sqrt{n}/\sigma$

②如果总体服从正态分布，但总体标准差未知，则选择的统计量为 T 统计量：

$T = (\bar{X}-\mu) \sqrt{n}/S$

③如果总体服从非正态分布，标准差也未知，但抽取的样本为大样本，则选择

的统计量为 Z 统计量：

Z= $(\bar{X}-\mu)$ $\sqrt{n}/S$

④如果总体服从非正态分布，总体标准差已知，但抽取的样本为大样本，则选择的统计量为 Z 统计量：

Z= $(\bar{X}-\mu)$ $\sqrt{n}/\sigma$

第 3 步：给定显著性水平 α 条件下，查单侧临界值 z_α 或 t_α （n-1）。

①如果总体服从正态分布，且总体标准差已知，所查单侧临界值为：z_α。

②如果总体服从正态分布，但总体标准差未知，所查单侧临界值为：t_α （n-1）。

③如果总体服从非正态分布，标准差也未知，但抽取的样本为大样本，所查单侧临界值为：z_α。

④如果总体服从非正态分布，总体标准差已知，但抽取的样本为大样本，所查单侧临界值为：z_α。

第 4 步：计算具体的统计量的值。

假设原假设成立，令 $\mu=\mu_0$；再根据题意知，求出 $\bar{x}$，n 和 S。

①如果总体服从正态分布，且总体标准差已知，则计算检验统计量的值为：

$z_0 = (\bar{x}-\mu_0) / (\sigma/\sqrt{n})$

②如果总体服从正态分布，但总体标准差未知，则计算检验统计量的值为：

$t_0 = (\bar{x}-\mu_0) / (s/\sqrt{n})$

③如果总体服从非正态分布，标准差也未知，但抽取的样本为大样本，则计算检验统计量的值为：

$z_0 = (\bar{x}-\mu_0) / (s/\sqrt{n})$

④如果总体服从非正态分布，总体标准差已知，但抽取的样本为大样本，则计算检验统计量的值为：

$z_0 = (\bar{x}-\mu_0) / (\sigma/\sqrt{n})$

第 5 步：进行对比后做出判断及决策。

①如果总体服从正态分布，且总体标准差已知：

Ⅰ. 若 $z_0 > -z_\alpha$，说明检验用的统计量值 z_0 落在了一个大概率区间内，因此，我们就接受原假设，拒绝备择假设，做出这样一个判断及决策结论的可靠程度是 $1-\alpha$。

Ⅱ. 若 $z_0 < -z_\alpha$，说明检验用的统计量值 z_0 落在了一个小概率区间内，因此，我们就拒绝原假设，接受备择假设，做出这样一个判断及决策结论的可靠程度是 $1-\alpha$。

②如果总体服从正态分布，但总体标准差未知：

Ⅰ. 若 $t_0 > -t_\alpha$ （n-1），说明检验用的统计量值 t_0 落在了一个大概率区间内，因此，我们就接受原假设，拒绝备择假设，做出这样一个判断及决策结论的可靠程度是 $1-\alpha$。

Ⅱ. 若 $t_0 < -t_\alpha$（n-1），说明检验用的统计量值 t_0 落在了一个小概率区间内，因此，我们就拒绝原假设，接受备择假设，做出这样一个判断及决策结论的可靠程度是 $1-\alpha$。

③如果总体服从非正态分布，标准差也未知，但抽取的样本为大样本：与第5步进行对比后做出决策①中的判断方法完全一样。

④如果总体服从非正态分布，总体标准差已知，但抽取的样本为大样本：与第5步进行对比后做出决策①中的判断方法完全一样。

（2）右侧（边）检验步骤。

根据提炼出的左侧（边）假设检验的检验5个步骤，我们可以得出右侧（边）假设检验的检验5个步骤：

第1步：提出原假设（H_0）及备择假设（H_1）。

原假设 H_0：$\mu \leqslant \mu_0$　备择假设 H_1：$\mu > \mu_0$　　　　　　　　　　　　　（5.62）

第2步：选择检验统计量。

与左侧（边）假设检验选择检验统计量的标准完全相同。

第3步：给定显著性水平 α 条件下，查单侧临界值 z_α 或 t_α（n-1）。

与左侧（边）假设检验查单侧临界值的方法完全相同。

第4步：计算具体的统计量的值。

与左侧（边）假设检验计算具体的统计量的值的方法完全相同。

第5步：进行对比后做出决策，参见图5-9。

①如果总体服从正态分布，且总体标准差已知：

Ⅰ. 若 $z_0 < z_\alpha$，说明检验用的统计量值 z_0 落在了一个大概率区间内，因此，我们就接受原假设，拒绝备择假设，做出这样一个判断及决策结论的可靠程度是 $1-\alpha$。

Ⅱ. 若 $z_0 > z_\alpha$，说明检验用的统计量值 z_0 落在了一个小概率区间内，因此，我们就拒绝原假设，接受备择假设，做出这样一个判断及决策结论的可靠程度是 $1-\alpha$。

②如果总体服从正态分布，但总体标准差未知：

Ⅰ. 若 $t_0 < t_\alpha$（n-1），说明检验用的统计量值 t_0 落在了一个大概率区间内，因此，我们就接受原假设，拒绝备择假设，做出这样一个判断及决策结论的可靠程度是 $1-\alpha$。

Ⅱ. 若 $t_0 > t_\alpha$（n-1），说明检验用的统计量值 t_0 落在了一小概率区间内，因此，我们就拒绝原假设，接受备择假设，做出这样一个判断及决策结论的可靠程度是 $1-\alpha$。

③如果总体服从非正态分布，标准差也未知，但抽取的样本为大样本：与第5步进行对比后做出决策①中的判断方法完全一样。

④如果总体服从非正态分布，总体标准差已知，但抽取的样本为大样本：与第5步进行对比后做出决策①中的判断方法完全一样。

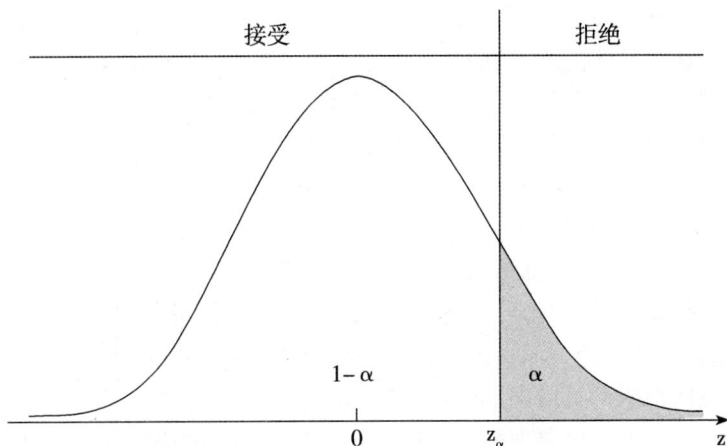

图 5-9 右侧检验接受原假设标准

【例 5-12】某灯泡生产企业欲向某超市提供一批灯泡，按合同规定，灯泡的使用寿命平均高于 2 000 小时。假定灯泡使用寿命服从正态分布，且标准差为 250 小时。灯泡生产企业为确认这批灯泡的使用寿命，随机测试了 30 只灯泡，并算得样本均值为 1 998 小时。现在需要通过假设检验来决定是否应该向超市提供这批灯泡。显著性水平为 5%。

【题意分析】在给定置信度为 95% 的条件下，检验总体均值是否高于 2 000 小时，即灯泡的使用寿命平均高于 2 000 小时，属于单个总体检验总体均值右侧检验问题。

选择统计量：

由于总体服从正态分布，总体方差已知，选择的统计量为 Z 统计量：

$Z = (\bar{X} - \mu) \sqrt{n}/\sigma$

【解】（见光盘"数据"文件夹"引例"工作簿的"第五章"工作表内的 GQ1：GS15 单元格区域，下同。）

下面针对本题进行假设检验，检验步骤如下：

由于本题属于右侧（假设）检验问题，其右侧（假设）检验的实际检验过程包含 5 个基本步骤：

第 1 步：提出原假设（H_0）及备择假设（H_1）。

本题中，可将原假设表述为：H_0：$\mu \leqslant 2\,000$（小时）

备择假设表述为：H_1：$\mu > 2\,000$（小时）

第 2 步：选择检验统计量。

在本例中，由于总体服从正态分布，总体方差已知，选择的统计量为 Z 统计量：

$Z = (\bar{X} - \mu) \sqrt{n}/\sigma$

第 3 步：给定显著性水平 α 条件下，查单侧临界值 z_α。

由于给定的显著性水平为 5%，因此，所查单侧临界值为：

$z_\alpha = z_{0.05} = 1.6449$

第 4 步：计算具体的统计量的值。

假设原假设成立，令 $\mu = \mu_0 = 2\,000$（小时）；再根据题意知，$\bar{x} = 1\,998$，$n = 30$，$\sigma = 250$（小时），因此，计算检验统计量的值为：

$z_0 = (\bar{x} - \mu_0) / (\sigma/\sqrt{n}) = (1\,998 - 2\,000) / (250/\sqrt{30}) = -0.0438$

第 5 步：进行对比后做出决策。

本题由于 $z_0 = -0.0438 < 1.6449 = z_\alpha$，说明检验用的统计量值 z_0 落在了一个大概率区间内，我们就接受原假设，拒绝备择假设，即接受灯泡的平均使用寿命不高于 2 000 小时这样一个结论，而做出这样一个结论的可靠程度是 95%。

四、假设检验的两类错误

假设检验是从小概率原理出发，在抽样分布原理上利用反证法进行反向推理所形成的一种推断方法。在原假设事实上是真的前提下，我们用于检验的统计量真的落入拒绝域是个小概率事件。也就是说，我们随机抽取样本做一次试验，小概率事件几乎是不会发生的。

但是小概率事件不是不可能事件，也就是说，即使我们只做一次随机抽样试验，它也是有可能发生的。也就是说，假设检验的最终判断结论也是有可能发生错误的。统计学家从不声称能够给出 100% 把握和准确的推断。因此，对于小概率事件，只要检验统计量的值落入拒绝域，就拒绝原假设并不得不接受备择假设。这样，我们在假设检验过程中就有可能犯判断错误。

犯判断错误共有两类：第 I 类就是所谓拒真错误，第 II 类称采伪错误。

拒真错误是指按照假设检验的判断规则，拒绝了一个本来是真实的原假设。原假设原本是真实的，但由于样本的随机性，检验统计量的值却落入拒绝域，按照判断规则，我们拒绝了原假设，此时便犯了拒真错误。

显然，犯拒真错误的概率就是显著性水平 α，所以，犯拒真错误的概率是可以控制的。事先给定的显著性水平越小，犯拒真错误的可能性也就越小；事先给定的显著性水平越大，犯拒真错误的可能性也就越大。

采伪错误是指按照假设检验的判断规则，接受了一个本来是假的原假设。原假设原本是假的，但检验统计量值却落入接受域，按照判断规则，没有理由拒绝原假设，此时便则犯了采伪错误。犯采伪错误的概率当然不是 $1-\alpha$，而是在检验统计量的真实分布下，由接受域所规定的概率，一般记做 β，如图 5-10 所示。

由此可见，一个假设检验过程共有 4 个可能的决策结果，其中两个正确的，两个是错误的，而且各自发生的概率是不同的，见表 5-2。

显然，犯拒真错误的概率与犯采伪错误的概率是有关联的，是此消彼长关系。减少犯拒真错误的概率，势必会增加犯采伪错误的概率；减少犯采伪错误的概率，势必会增加犯拒真错误的概率。要同时减少犯两类错误的概率，唯一的途径是扩大样本容量。在给定样本容量的前提下，最便于控制的是拒真错误的概率。

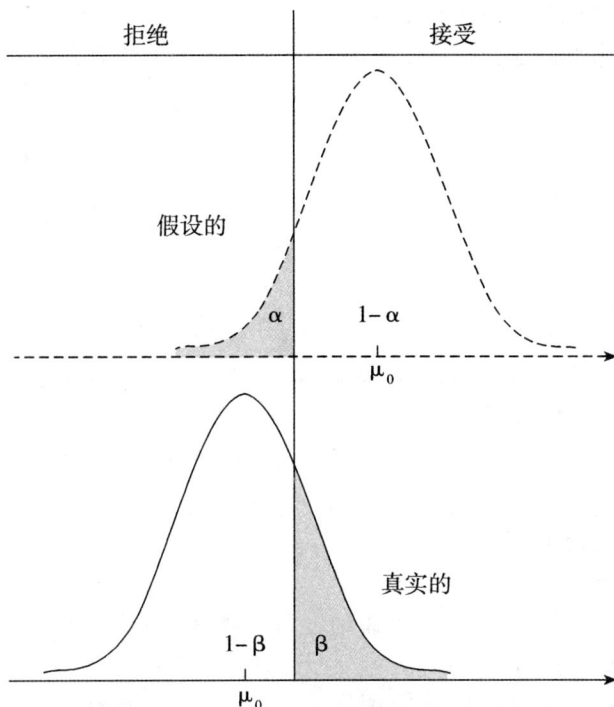

图 5-10　假设检验中的两类错误及其概率

表 5-2　　　　　　**假设检验的 4 种可能决策结果及其概率**

判断　　假设	没有拒绝原假设	拒绝原假设
原假设为真	正确决策（$1-\alpha$）	拒真错误（α）
原假设为假	采伪错误（β）	正确决策（$1-\beta$）

　　因此，实践中为了避免后果比较严重的判断错误发生，大家都遵循一个共同的原则，即在原假设的表述上，将最值得关心的问题作为原假设提出来，从而使后果比较严重的错误落在拒真错误上，控制其发生的概率。

第四节　单个总体方差 σ^2 的区间估计与假设检验

一、单个总体方差 σ^2 的区间估计

（一）推导单个总体方差 σ^2 的置信区间

　　对于来自正态总体的容量为 n 的简单随机样本，统计量（n-1）S^2/σ^2 服从自由度为（n-1）的卡方分布，即：

$$\chi^2 = (n-1) S^2/\sigma^2 \sim \chi^2 (n-1) \tag{5.63}$$

　　参照单个总体求均值置信区间的推导思路和方法，我们可以根据给定的置信度 $1-\alpha$，得到下面的概率公式：

$$P\ (\chi^2_{1-\alpha/2} < (n-1)\ s^2/\sigma^2 < \chi^2_{\alpha/2})\ = 1-\alpha \tag{5.64}$$

它的概率分布如图 5-11 所示。

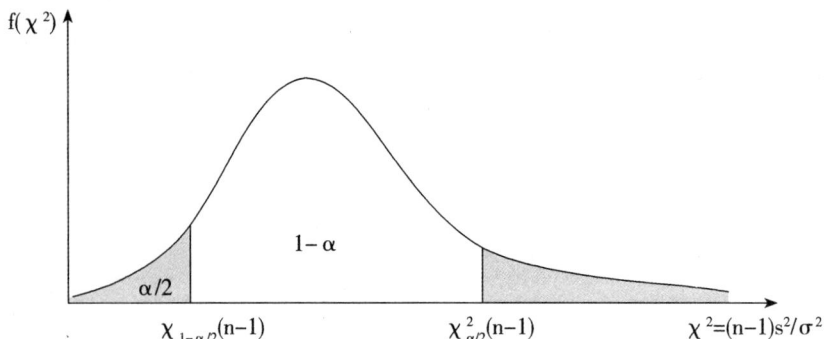

图 5-11　自由度为 n-1 的卡方分布

$$P\ (\chi^2_{1-\alpha/2}/\ (n-1)\ s^2 < 1 \div \sigma^2 < \chi^2_{\alpha/2}/\ (n-1)\ s^2)\ = 1-\alpha \tag{5.65}$$

根据公式（5.65）得：

$$P\ (\ (n-1)\ s^2/\chi^2_{\alpha/2} < \sigma^2 < (n-1)\ s^2/\chi^2_{1-\alpha/2})\ = 1-\alpha \tag{5.66}$$

于是，我们求得总体方差 σ^2 在置信度为 $1-\alpha$ 条件下的置信区间为：

$$(\ (n-1)\ s^2/\chi^2_{\alpha/2},\ (n-1)\ s^2/\chi^2_{1-\alpha/2}) \tag{5.67}$$

其中，$\chi^2_{\alpha/2}\ (n-1)$ 叫做双侧上侧临界值，它满足下面的概率式：

$$P\ (\chi^2 > \chi^2_{\alpha/2}\ (n-1))\ = \alpha/2 \tag{5.68}$$

$\chi^2_{1-\alpha/2}\ (n-1)$ 叫做双侧下侧临界值，它满足下面的概率式：

$$P\ (\chi^2 < \chi^2_{1-\alpha/2}\ (n-1))\ = \alpha/2 \tag{5.69}$$

也就是 $P\ (\chi^2 > \chi^2_{1-\alpha/2}\ (n-1))\ = 1-\alpha/2 \tag{5.70}$

（二）查临界值

【例 5-13】给定显著性水平 $\alpha = 0.05$，自由度为 70，查卡方分布的双侧上侧临界值和双侧下侧临界值。

【解】（见光盘"数据"文件夹"引例"工作簿的"教材附表"工作表内的 A8：I9 单元格区域，下同）

（1）用教材附表查卡方分布的双侧上、下侧临界值。

①卡方分布的双侧上侧临界值：

$$\chi^2_{\alpha/2}\ (n-1)\ = \chi^2_{0.05/2}\ (70)\ = \chi^2_{0.025}\ (70)\ = 95.0232$$

②卡方分布的双侧下侧临界值：

$$\chi^2_{1-\alpha/2}\ (n-1)\ = \chi^2_{1-0.05/2}\ (70)\ = \chi^2_{0.975}\ (70)\ = 48.7576$$

（2）用 Excel 函数查卡方分布的双侧上、下侧临界值（见光盘"数据"文件夹"引例"工作簿的"第五章"工作表内的 GU1：GW4 单元格区域，下同）。

①查卡方分布的双侧上侧临界值的函数表达式为：

chiinv $(\alpha/2,\ n-1)$ = chiinv $(0.05/2,\ 70)$ = chiinv $(0.025,\ 70)$ = 95.0232

②查卡方分布的双侧下侧临界值的 Excel 函数表达式为：

chiinv $(1-\alpha/2,\ n-1)$ = chiinv $(1-0.05/2,\ 70)$ = chiinv $(0.975,\ 70)$ = 48.7576

指导　　　　Excel 软件中卡方分布临界值 CHIINV 函数的使用说明

①函数的含义。

计算 χ^2 分布单尾概率的反函数值。如果 probability = CHIDIST（x，…），则 CHIINV（probability，…）= x。使用此函数可比较观测结果和期望值，可确定初始假设是否有效。

②函数表达式。

CHIINV（probability，degrees_ freedom）

Probability：为 χ^2 分布的单尾概率。Degrees_ freedom：为自由度。

③使用说明。

I. 如果任一参数为非数字型，则函数 CHIINV 返回错误值#VALUE!。

II. 如果 probability < 0 或 probability > 1，则函数 CHIINV 返回错误值#NUM!。

III. 如果 degrees_ freedom 不是整数，将被截尾取整。

IV. 如果 degrees_ freedom<1 或 degrees_ freedom≥10^10，函数 CHIINV 返回错误值#NUM!。

V. 如果已给定概率值，则 CHIINV 使用 CHIDIST（x，degrees_ freedom）= probability 求解数值 x。因此，CHIINV 的精度取决于 CHIDIST 的精度。CHIINV 使用迭代搜索技术。如果搜索在 100 次迭代之后没有收敛，则函数返回错误值#N/A。

（三）求单个总体方差 σ^2 的置信区间

【例 5-14】在一条向塑料容器中灌装液体洗涤剂的生产线上，随机抽取了 20 灌次，计算得每灌洗涤剂重量的样本方差为 0.0025。试以 95% 的置信度，估计总体方差的存在区间。

【分析本题问的问题是什么】估计总体方差的存在区间，即置信区间。

【分析所给条件】一个总体，样本容量为 20 灌，样本方差为 0.0025，置信度为 95%。

【本题若缺条件】总体服从正态分布。

【解】假设灌洗涤剂重量服从正态分布，则根据题中所给条件，我们得知，样本容量 n=20（灌），样本方差 s^2=0.0025，置信度 $1-\alpha$=0.95。我们先查临界值：

①卡方分布的双侧上侧临界值：

$\chi^2_{\alpha/2}$（n-1）= $\chi^2_{0.05/2}$（19）= $\chi^2_{0.025}$（19）= CHIINV（0.025，19）= 32.8523

②卡方分布的双侧下侧临界值：

$\chi^2_{1-\alpha/2}$（n-1）= $\chi^2_{1-0.05/2}$（19）= $\chi^2_{0.975}$（19）= CHIINV（0.975，19）= 8.9065

③求得总体方差 σ^2 的 95% 置信区间下限：

$$\frac{(n-1)\ s^2}{\chi^2_{\alpha/2}\ (n-1)} = \frac{(20-1)\ \times 0.0025}{\chi^2_{0.025}\ (20-1)} = \frac{19 \times 0.0025}{\chi^2_{0.025}\ (19)} = \frac{0.0475}{32.8523} = 0.0014$$

④总体方差 σ^2 的95%估计区间上限为：

$$\frac{(n-1)\ s^2}{\chi^2_{1-\alpha/2}\ (n-1)}=\frac{(20-1)\ \times 0.0025}{\chi^2_{1-0.025}\ (20-1)}=\frac{19\times 0.0025}{\chi^2_{0.975}\ (19)}=\frac{0.0475}{8.9065}=0.0053$$

至此，我们求得总体方差在置信度为95%条件下的置信区间为：

$(0.0014，0.0053)$

这说明，总体方差在 0.0014 至 0.0053 之间，做出这一推断的把握程度为95%。

统计学实验5-6

调查某大学 59 名同学的"统计学"课程期末考试成绩，调查数据见表5-3。

表5-3　　　　　　　　　　　　　调查数据数据表

78	87	62	81	77	71	25	40
67	50	67	87	85	44	40	66
61	43	92	68	82	77	86	92
71	60	83	74	86	55	55	88
87	60	47	86	69	29	81	75
73	78	70	77	88	62	69	68
47	91	72	71	82	48	61	56
66	66	75					

假设"统计学"课程期末考试成绩服从正态分布，请利用该调查表的数据，估计该大学"统计学"课程期末考试成绩的方差在置信度为95%时的置信区间是多少？（保留 4 位小数）

二、单个总体方差 σ^2 的假设检验

参照单个总体均值 μ 的假设检验思路和步骤，我们可以得出单个总体方差 σ^2 的假设检验思路和 5 个检验步骤如下：

（一）提出原假设和备择假设

1. 双侧假设检验。

$H_0：\sigma^2=\sigma_0^2$　　$H_1：\sigma^2\neq\sigma_0^2$

2. 单侧假设检验。

（1）左侧假设检验。

$H_0：\sigma^2\geq\sigma_0^2$　　$H_1：\sigma^2<\sigma_0^2$

（2）右侧假设检验。

$H_0：\sigma^2\leq\sigma_0^2$　　$H_1：\sigma^2>\sigma_0^2$

（二）选择检验用统计量

选择的检验用统计量为：$\chi^2=(n-1)\ S^2/\sigma^2\sim\chi^2\ (n-1)$

选择上面统计量的条件是：抽取的样本是来自正态总体的容量为 n 的简单随机

样本。

（三）给定显著性水平 α 条件下，查临界值

1. 双侧假设检验。

查双侧下侧临界值 $\chi^2_{1-\alpha/2}$（n-1）和双侧上侧临界值 $\chi^2_{\alpha/2}$（n-1）。

2. 单侧假设检验。

（1）左侧假设检验。

查单侧下侧临界值 $\chi^2_{1-\alpha}$（n-1）。

（2）右侧假设检验。

查单侧上侧临界值 χ^2_{α}（n-1）。

（四）计算具体的统计量的值

假设原假设成立，令 $\sigma^2=\sigma^2_0$；再根据题中所给条件，求出 s^2 及（n-1）的值，之后，计算出检验用统计量的值：

$$\chi^2_0=（n-1）s^2/\sigma^2_0$$

（五）进行对比后做出决策

1. 双侧假设检验。

①若 $\chi^2_{1-\alpha/2}$（n-1）$<\chi^2_0<\chi^2_{\alpha/2}$（n-1），说明检验用的统计量值 χ^2_0 落在了一个大概率区间内，因此，我们就接受原假设，拒绝备择假设，做出这样一个判断及决策结论的可靠程度是 $1-\alpha$。

②若 $\chi^2_0<\chi^2_{1-\alpha/2}$（n-1）或 $\chi^2_0>\chi^2_{\alpha/2}$（n-1），说明检验用的统计量值 χ^2_0 落在了一小概率区间内，因此，我们就拒绝原假设，接受备择假设，做出这样一个判断及决策结论的可靠程度是 $1-\alpha$。

③若 $\chi^2_0=\chi^2_{1-\alpha/2}$（n-1）或 $\chi^2_0=\chi^2_{\alpha/2}$（n-1），无结论。

2. 单侧假设检验。

（1）左侧假设检验。

①若 $\chi^2_{1-\alpha}$（n-1）$<\chi^2_0$，说明检验用的统计量值 χ^2_0 落在了一个大概率区间内，因此，我们就接受原假设，拒绝备择假设，做出这样一个判断及决策结论的可靠程度是 $1-\alpha$。

②若 $\chi^2_0<\chi^2_{1-\alpha}$（n-1），说明检验用的统计量值 χ^2_0 落在了一小概率区间内，因此，我们就拒绝原假设，接受备择假设，做出这样一个判断及决策结论的可靠程度是 $1-\alpha$。

③若 $\chi^2_0=\chi^2_{1-\alpha}$（n-1），无结论。

（2）右侧假设检验。

①若 $\chi^2_0<\chi^2_{\alpha}$（n-1），说明检验用的统计量值 χ^2_0 落在了一个大概率区间内，因此，我们就接受原假设，拒绝备择假设，做出这样一个判断及决策结论的可靠程度是 $1-\alpha$。

②若 $\chi^2_0>\chi^2_{\alpha}$（n-1），说明检验用的统计量值 χ^2_0 落在了一小概率区间内，因此，我们就拒绝原假设，接受备择假设，做出这样一个判断及决策结论的可靠程度

是 $1-\alpha$。

③若 $\chi_0^2 = \chi_\alpha^2$（$n-1$），无结论。

三、单个总体方差 σ^2 的假设检验例题

【例 5–15】味素装袋采用自动生产线，规格要求平均每袋装填重量为 50 克、标准差为 1 克。自动生产线技术状况稳定与否，一方面体现在每袋的装填重量上面，另一方面也体现在每袋装填重量的方差上面，过大的方差意味生产线技术状况的不稳定。今随机抽取 10 袋进行测试，算得样本标准差 s＝0.9 克。试以 0.1 的显著性水平，检验每袋装填重量的标准差是否符合规格要求。

【分析本题问的问题是什么】检验每袋装填重量的标准差是否符合规格要求，即检验总体标准差，也就是检验总体方差是否符合规格要求。属于双侧检验总体方差问题。

【分析所给条件】一个总体，样本容量均为 10 袋，样本标准差 s＝0.9 克，显著性水平为 0.1，总体标准差为 1 克。

【本题是否缺条件】缺。

【将本题所缺条件补齐】每袋装填重量的总体服从正态分布。

【本题解题思路】总体方差的假设检验。

【解】（1）提出原假设和备择假设。

假设每袋填装重量的标准差符合规格要求，即假设每袋填装重量的方差符合规格要求，本题属于双侧假设检验：

$H_0 : \sigma^2 = 1$　　$H_1 : \sigma^2 \neq 1$

（2）选择检验用统计量。

由于每袋装填重量的总体服从正态分布，因此，选择的检验用统计量为：

$\chi^2 = (n-1) \, s^2 / \sigma^2 \sim \chi^2 \, (n-1)$

（3）给定显著性水平 α 条件下，查临界值。

由于本题给定的是显著性水平为 0.1，又属于双侧假设检验，因此，查得双侧下侧临界值：

$\chi_{1-\alpha/2}^2$（$n-1$）＝ $\chi_{0.95}^2$（9）＝ 3.325 和双侧上侧临界值 $\chi_{\alpha/2}^2$（$n-1$）＝ $\chi_{0.05}^2$（9）＝ 16.919。

（4）计算检验用统计量的值。

假设原假设成立，令 $\sigma^2 = \sigma_0^2 = 1$，根据题中所给条件，我们求得计算检验用统计量的值：

$\chi_0^2 = (n-1) \, s^2 / \sigma_0^2 = 9 \times 0.9^2 \div 1^2 = 7.29$

（5）进行对比后做出决策。

由于 $\chi_{1-\alpha/2}^2$（$n-1$）＝ 3.325＜7.29＝ χ_0^2＜16.919＝ $\chi_{\alpha/2}^2$（$n-1$），落入接受域，因此接受原假设设，检验的结论是每袋填重量的方差，也就是标准差符合规格要求，做出这一推断的把握程度为 90%。

第五节 单个总体成数 P 的区间估计与假设检验

在社会实践中，我们除了要研究一般的现象总体均值的区间估计与假设检验外，有时还需要研究特殊现象的总体成数的区间估计与假设检验问题。譬如，在分为男生和女生两类的学生群体中，男生成数的区间估计与假设检验问题；在分为合格品与不合格品的全部产品中，合格品成数的区间估计与假设检验问题；人群中对某项方案赞成的成数的区间估计与假设检验问题，等等。这些问题可以通过我们下面的讲解得到解答。

一、单个总体成数 P 的区间估计

定义 5.13：如果总体单位的标志表现形式只有两种，我们把具有某种标志表现或不具有某种表现的单位数占总体单位数的比重叫做成数。

事实上，成数问题可以归结到概率论中的 0–1 分布上去。

设 X 为总体，此总体的总体标志值只有两类，一类是具有某种属性，另一类是不具有某种属性。在统计学中，这种总体被称作是非标志总体。为了用统计学的方法研究这类现象，需要对其标志值进行量化，即当总体单位具有某种属性时，令 X=1，当总体单位不具有某种属性时，令 X=0。显然，X 是一个随机变量。再设，总体中具有某种属性的总体单位数为 N_1，不具有该种属性的总体单位数为 N_0，总体成数为 P。再设，当第 i 个总体单位具有某种属性时，$X_i=1$；当第 i 个总体单位不具有某种属性时，$X_i=0$，其中，i=1，2，…，N。显然，X_i 也是一个随机变量，在概率论中我们研究过这类随机变量，它们服从的分布叫 0–1 分布。我们再从总体中取随机抽取一个容量为 n 的样本 $(X_1, X_2, …, X_n)$，其中，具有某种属性的总体单位数记为 n_1，不具有该种属性的总体单位数记为 n_0，样本成数为 p。这时，我们可以得到下面一些结论：

总体中具有某种属性的总体单位个数 $N_1 = \sum_{i=1}^{N} X_i$，总体中不具有某种属性的总体单位个数为 $N_0 = N - N_1$，则是非标志总体成数为：

$$P = N_1/N = N_1/(N_1+N_0) = P(X=1)$$
$$= 1 \times P(X=1) + 0 \times P(X=0) = E(X) = \mu \tag{5.71}$$

是非标志总体的方差为：

$$\sigma^2 = D(X) = E(X-E(X))^2 = E(X^2 - 2XE(X) + (E(X))^2)$$
$$= E(X^2) - 2E(X)E(X) + E(X)^2 = E(X^2) - E(X)^2$$
$$= 1^2 \times P(X=1) + 0^2 \times P(X=0) - P^2 = P(X=1) - P^2 = P - P^2 = P(1-P)$$
$$= \frac{N_1}{N} \times \frac{N_0}{N} \tag{5.72}$$

是非标志总体的样本平均数 $\overline{X}$ 为：

$$\overline{X} = \sum_{i=1}^{n} X_i \div n = n_1 \div n = p \tag{5.73}$$

是非标志总体的样本平均数 $\bar{X}$ 的数学期望为：

$$E(\bar{X}) = E(\sum_{i=1}^{n} X_i \div n) = \sum_{i=1}^{n} E(X_i) \div n = \sum_{i=1}^{n} P \div n = P \tag{5.74}$$

是非标志总体的样本平均数 $\bar{X}$ 的方差为：

$$D(\bar{X}) = D(\sum_{i=1}^{n} X_i \div n) = \sum_{i=1}^{n} D(X_i) \div n^2 = \sigma^2 \div n = P(1-P) \div n \tag{5.75}$$

根据公式（5.71）我们得知，总体成数就是总体均值。我们前面已经介绍过总体均值区间估计的方法，我们只要将对总体均值进行区间估计的方法移植到这里，就可以得到是非标志总体成数的置信区间。

由于是非标志总体不服从正态分布，因此，选择的对比总体就应该是服从非正态分布的总体、大样本、总体方差未知。我们知道，求此类总体均值置信区间所选择的统计量为：

$$Z = (\bar{X} - \mu)\,\sqrt{n}/S \tag{5.76}$$

我们构造出的总体均值 μ 的置信度为 $1-\alpha$ 的置信区间：

$$\left(\bar{x} - z_{\alpha/2} \times \frac{s}{\sqrt{n}},\ \bar{x} + z_{\alpha/2} \times \frac{s}{\sqrt{n}}\right) \tag{5.77}$$

在是非标志总体中，大样本的标准是：$np = n_1 \geqslant 5$ 且 $n(1-p) = n_0 \geqslant 5$。

由于样本成数（无偏公式计算）：

$$
\begin{aligned}
s &= \sqrt{\sum_{i=1}^{n} (x_i - \bar{x})^2 \div (n-1)} \\
&= \sqrt{\sum_{i=1}^{n} (x_i - p)^2 \div (n-1)} \\
&= \sqrt{[(x'_1 - p)^2 + (x'_2 - p)^2 + \cdots + (x'_{n_1} - p)^2 + (x''_1 - p)^2 + (x''_2 - p)^2 + \cdots + (x''_{n_0} - p)^2] \div \sqrt{(n-1)}} \\
&= \sqrt{(1-p)^2 + (1-p)^2 + \cdots + (1-p)^2 + (0-p)^2 + (0-p)^2 + \cdots + (0-p)^2} \div \sqrt{(n-1)} \\
&= \sqrt{(n_1(1-p)^2 + n_0 p^2) \div (n-1)} \\
&= \sqrt{[n_1(1-p)^2 + n_0 p^2] \times n \div n \div (n-1)} \\
&= \sqrt{[n_1 \div n \times (1-p)^2 + n_0 \div n \times p^2] \times n \div (n-1)} \\
&= \sqrt{n \times [p(1-p)^2 + (1-p)p^2] \div (n-1)} \\
&= \sqrt{np(1-p)[(1-p)+p] \div (n-1)} \\
&= \sqrt{np(1-p) \div (n-1)} \tag{5.78}
\end{aligned}
$$

将（5.78）式代入到（5.76）式内，得：

$$Z = (p-P)\,\sqrt{n} / \sqrt{np(1-p) \div (n-1)}$$

$$Z = (p-P)\,\sqrt{n-1} / \sqrt{p(1-p)}$$

因此，将大样本、总体方差未知、服从非正态分布的总体换成总体服从 $0-1$ 分布、大样本、总体成数未知的是非标志总体，则求是非标志总体成数置信区间所选择的统计量为：

$$Z = (p-P)\,\sqrt{n-1} / \sqrt{p(1-p)} \tag{5.79}$$

　　于是，在大样本情况下，参照公式（5.77），我们可以构造出是非标志总体成数 P 的置信度为 1-α 的置信区间：

$$\left(p-z_{\alpha/2}\times\frac{\sqrt{p\ (1-p)}}{\sqrt{n-1}},\ p+z_{\alpha/2}\times\frac{\sqrt{p\ (1-p)}}{\sqrt{n-1}}\right) \tag{5.80}$$

由于样本成数（用有偏公式计算）为：

$$S = \sqrt{\sum_{i=1}^{n}(x_i-\bar{x})^2\div n}$$

$$= \sqrt{\sum_{i=1}^{n}(x_i-p)^2\div n}$$

$$= \sqrt{\left[(x'_1-p)^2+(x'_2-p)^2+\cdots+(x'_{n_1}-p)^2+(x''_1-p)^2+(x''_2-p)^2+\cdots+(x''_{n_0}-p)^2\right]\div\sqrt{n}}$$

$$= \sqrt{(1-p)^2+(1-p)^2+\cdots+(1-p)^2+(0-p)^2+(0-p)^2+\cdots+(0-p)^2\div\sqrt{n}}$$

$$= \sqrt{(n_1(1-p)^2+n_0p^2)\div n}$$

$$= \sqrt{n_1\div n\times(1-p)^2+n_0\div n\times p^2}$$

$$= \sqrt{p(1-p)^2+(1-p)p^2}$$

$$= \sqrt{p(1-p)[(1-p)+p]}$$

$$= \sqrt{p(1-p)} \tag{5.81}$$

将（5.78）式代入到（5.73）式内，得：

$$Z=(p-P)\ \sqrt{n}/\sqrt{p\ (1-p)}$$

　　因此，将大样本、总体方差未知、服从非正态分布的总体换成总体服从 0-1 分布、大样本、总体成数未知的是非标志总体，则求是非标志总体成数置信区间所选择的统计量为：

$$Z=(p-P)\ \sqrt{n}/\sqrt{p\ (1-p)} \tag{5.82}$$

　　于是，在大样本情况下，参照公式（5.74），我们可以构造出是非标志总体成数 P 的置信度为 1-α 的置信区间：

$$\left(p-z_{\alpha/2}\times\frac{\sqrt{p\ (1-p)}}{\sqrt{n}},\ p+z_{\alpha/2}\times\frac{\sqrt{p\ (1-p)}}{\sqrt{n}}\right) \tag{5.83}$$

　　公式（5.80）就是在当前的所有统计学教材中，通常采用的大样本情况下，构造出的是非标志总体成数 P 的置信度为 1-α 的置信区间。

　　【例5-16】由某大学生总体中随机抽取 100 名学生，其中有 36 名通过了英语六级考试。以 95% 的置信度估计该大学生总体中通过英语六级考试人数的比率。

　　【分析本题问的问题是什么】估计该大学生总体中通过英语六级考试人数的比率，就是估计该大学生总体中通过英语六级考试的成数。

　　【分析所给条件】一个总体，样本容量均为 100 名，其中有 36 名通过了英语六级考试，置信度为 95%。

　　【本题是否缺条件】不缺。

　　【将本题所缺条件补齐】不用补齐。

　　【本题解题思路】先判断是否为大样本。如果是，就可以用 Z 统计量来求该大学生总体中通过英语六级考试人数比率的置信区间；否则，本题目前无法解答。

【解】由题意知，$n = 100$，$n_1 = 36$，经计算得：$p = n_1 \div n = 36 \div 100 = 0.36$；$np = n_1 = 36 \geq 5$，$n(1-p) = n_0 = 64 \geq 5$，为大样本，因此，我们选择的是 Z 统计量。

由于题中所给的置信度为 95%，也就是 $1 - \alpha = 0.95$，即 $\alpha = 0.05$，所以，$\alpha/2 = 0.025$，经查正态分布表或 Excel 标准正态分布临界值函数，得知：

$z_{\alpha/2} = z_{0.025} = 1.96$

再计算抽样极限误差：

$$z_{\alpha/2} \times \frac{\sqrt{p(1-p)}}{\sqrt{n}} = 1.96 \times \sqrt{\frac{0.36 \times (1-0.36)}{100}} = 0.09408$$

然后，求出该大学生总体中通过英语六级考试人数比率的 95% 置信区间下限：

$$p - z_{\alpha/2} \times \frac{\sqrt{p(1-p)}}{\sqrt{n}} = 0.36 - 0.09408 = 0.26592$$

再求出该大学生总体中通过英语六级考试人数比率的 95% 置信区间上限：

$$p + z_{\alpha/2} \times \frac{\sqrt{p(1-p)}}{\sqrt{n}} = 0.36 + 0.09408 = 0.045408$$

至此，我们求得该大学生总体中通过英语六级考试人数比率的 95% 置信区间为（0.26592，0.45408），即该大学生总体中通过英语六级考试人数的比率在 26.592% 至 45.408% 之间，做出这一推断的把握程度为 95%。

二、总体成数 P 的假设检验

在是非标志总体中，当 $np = n_1 \geq 5$ 且 $n(1-p) = n_0 \geq 5$ 时，我们可以选 $Z = (p-P)\sqrt{n}/\sqrt{p(1-p)}$ 作为总体成数 P 假设检验的统计量。

【例5-17】某县统计局认为，该县农村中的专业农户数占全县农户总数的比率为 8%，但地区统计局认为，县统计局公布的这个数字太低，不符合实际情况，因此，地区统计局随机抽查了 300 户的情况，发现符合专业户标准的农户数为 40 户，根据这些情况，在 0.05 的显著性水平下，地区统计局会得出什么结论？

【分析本题问的问题是什么】估计该县农村中的专业农户数占全县农户总数的比率是否超过 8%。

【分析所给条件】一个总体，样本容量均为 300 名，其中符合专业户标准的农户数为 40 户，显著性水平为 0.05。

【本题是否缺条件】不缺。

【将本题所缺条件补齐】不用补齐。

【本题解题思路】先判断是否为大样本。如果是，就可以用 Z 统计量来检验该县农村中的专业农户数占全县农户总数的比率是否超过 8%，属于右侧检验；否则，本题目前无法解答。

【解】检验步骤如下：

（1）$H_0 : P \leq 0.08$　$H_1 : P > 0.08$

（2）根据题中所给条件，得知 $np = n_1 = 40 \geq 5$，且 $n(1-p) = n_0 = 260 \geq 5$，为

大样本，因此，我们选择的是 Z 统计量。

$$Z = (p-P) \sqrt{n} / \sqrt{p(1-p)}$$

（3）由于题中所给的显著性水平为 5%，即 $\alpha = 0.05$，经查正态分布表或 Excel 标准正态分布临界值函数，得知：

$$z_\alpha = z_{0.05} = 1.6449$$

（4）计算检验用统计量的值

假设原假设成立，令 $P = P_0 = 0.08$，再根据题中所给条件得：$p = 40 \div 300 = 0.1333$，因此求得检验用统计量的值：

$$z_0 = (p-P_0) \sqrt{n} / \sqrt{p(1-p)} = (0.1333-0.08) \sqrt{300} \div \sqrt{0.1333 \times (1-0.1333)} = 2.719$$

（5）进行对比后做出决策

这是一个右侧检验问题，由于 $Z = 2.719 > Z_\alpha = Z_{0.05} = 1.6449$，所以拒绝原假设，接受备择假设，即该县农村专业户的比率大于 8%，做出这一推断的把握程度为 95%。

三、估计总体成数 P 的样本容量的确定

估计总体比率时，确定样本容量的方法与估计总体均值时类似。

假设抽取的样本为大样本，估计单个总体比率时，确定最小样本容量的公式为：

$$n = z_{\alpha/2}^2 \times \frac{p(1-p)}{\Delta^2(\bar{x})} \tag{5.84}$$

式中 $p(1-p)$ 为样本成数的方差。

【例 5-18】据以往的统计数据，某种产品的合格率为 95%，现要求极限误差不超过 5%，置信度不小于 95%，估计当前产品的合格率时，问至少应当抽取多大容量的样本？

【分析本题问的问题是什么】在比率问题中，至少应当抽取多大容量的样本。

【分析所给条件】某种产品的合格率为 95%，现要求极限误差不超过 5%，置信度不小于 95%。

【本题是否缺条件】不缺。

【将本题所缺条件补齐】不用补齐。

【本题解题思路】先求抽样极限误差 $\Delta(p)$，再查临界值 $z_{\alpha/2}$，再根据总体合格率及抽取最小样本容量公式，求出最小样本容量值。

【解】根据题意，抽样极限误差 $\Delta(p) \leqslant 0.05$，$1-\alpha \geqslant 0.95$，即 $\alpha \leqslant 0.05$，查得临界值 $z_{\alpha/2} = z_{0.025} = 1.96$，根据题中所给条件，得知 $p = 0.95$，因此，我们求得抽取最小样本容量：

$$n = z_{\alpha/2}^2 \times \frac{p(1-p)}{\Delta^2(\bar{x})} \geqslant 1.96^2 \times 0.95 \times (1-0.95) \div 0.05^2 = 72.99 \approx 73$$

即至少应抽取 73 件。

第六节　运用 Excel 分析工具和 SPSS 软件进行单个总体参数区间估计与假设检验实验

一、运用 Excel 分析工具进行单个总体参数的区间估计和假设检验实验

(1) 由于 Excel 分析工具没有提供进行单个总体均值和方差假设检验的模块，因此，无法运用 Excel 分析工具进行单个总体均值假设检验。

(2) 由于 Excel 分析工具只提供 t 分布的双侧抽样极限误差数值，因此，只能针对服从 t 分布的总体运用 Excel 分析工具进行总体均值区间估计。

【例 5-19】根据【引例 4-1】的数据，在给定显著性水平 0.05 条件下，假设在校大学生每月的消费金额服从正态分布，请对在校大学生每月平均消费金额进行区间估计。

【操作步骤】对在校大学生每月消费金额的平均消费金额进行区间估计。

打开光盘“全程”文件夹“引例”工作簿的【引例 4-1】工作表。在该工作表内，将 A1 : J11 单元格区域选中。然后，在工作表内将数据分析模板打开，在数据分析模板的数据分析对话框内，将描述统计模块打开（见图 5-12，图 5-13）。

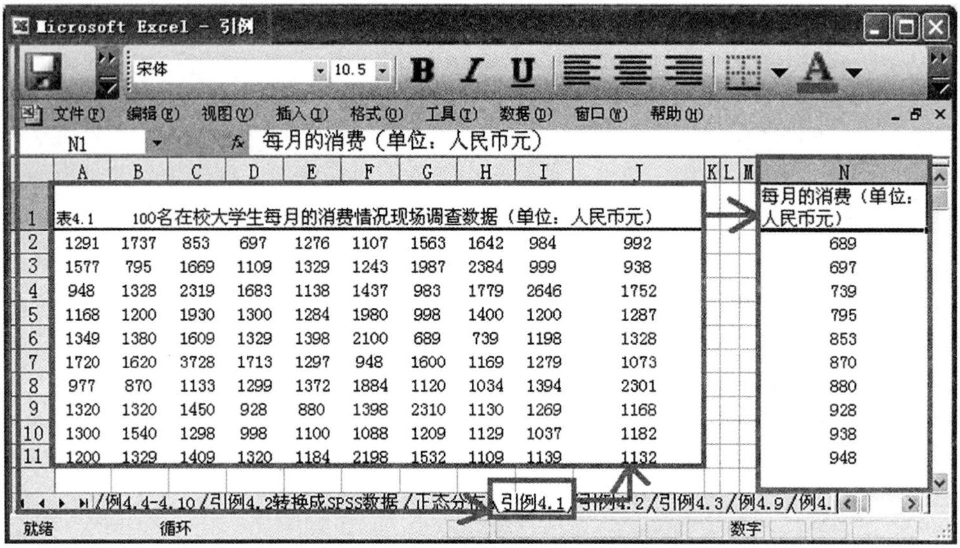

	A	B	C	D	E	F	G	H	I	J	N
1	表4.1　100名在校大学生每月的消费情况现场调查数据（单位：人民币元）										每月的消费（单位：人民币元）
2	1291	1737	853	697	1276	1107	1563	1642	984	992	689
3	1577	795	1669	1109	1329	1243	1987	2384	999	938	697
4	948	1328	2319	1683	1138	1437	983	1779	2646	1752	739
5	1168	1200	1930	1300	1284	1980	998	1400	1200	1287	795
6	1349	1380	1609	1329	1398	2100	689	739	1198	1328	853
7	1720	1620	3728	1713	1297	948	1600	1169	1279	1073	870
8	977	870	1133	1299	1372	1884	1120	1034	1394	2301	880
9	1320	1320	1450	928	880	1398	2310	1130	1269	1168	928
10	1300	1540	1298	998	1100	1088	1209	1129	1037	1182	938
11	1200	1329	1409	1320	1184	2198	1532	1109	1139	1132	948

图 5-12　运用 Excel 分析工具进行总体均值的区间估计和假设检验（1）

在打开的描述统计模块对话框内（见图 5-14），将 \$N\$1 : \$N\$101 录入到输入区域（I）的空白框内，在分组方式的选项中将逐列（C）选中，再将标志位于第一行前的方框打上“√”，在输出区域（D）的空白框内录入 \$A\$13，再将汇总统计（S）前的方框打上“√”，再将平均数置信度（N）前的方框打上“√”，打上“√”后，再将以百分位数显示的置信度数值 95

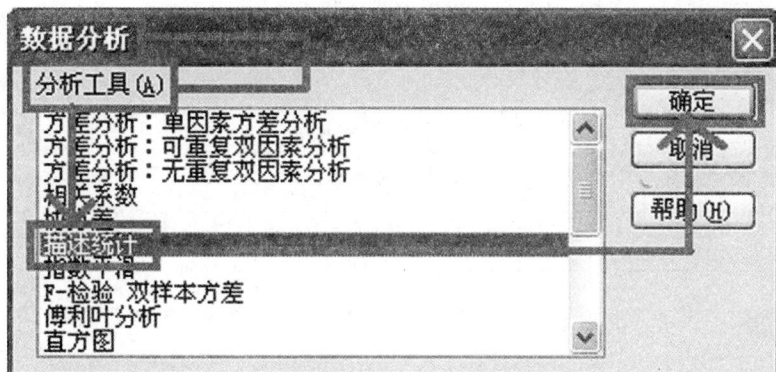

图 5-13　运用 Excel 分析工具进行总体均值的区间估计和假设检验（2）

填写到后面空白框内，最后，点击"确定"按钮，会在引例 . xls 工作簿的引例 4.1 工作表的 A13：B28 单元格内出现描述统计输出结果（见图 5-15）。其中，A28：B28 单元格内出现的描述统计输出结果，就是 t 分布的双侧抽样极限误差数值，即：

$$\Delta\left(\bar{x}\right)=t_{\alpha/2}\left(n-1\right)\times\frac{s}{\sqrt{n}}=89.9575$$

而 A15：B15 单元格内出现的描述统计输出结果，就是 100 名在校大学生每月的平均消费金额，即：

$$\bar{x}=1\ 371.88\ （元）$$

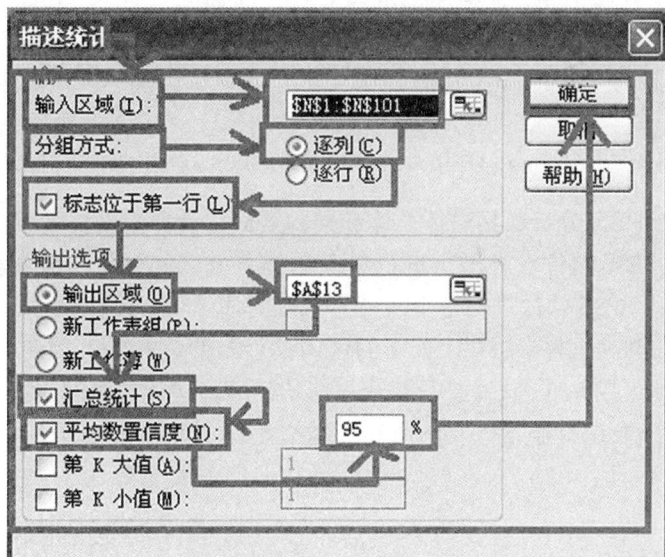

图 5-14　运用 Excel 分析工具进行总体均值的区间估计和假设检验（3）

至此，我们求得在校大学生每月的平均消费金额区间估计下限：

$$\bar{x}-t_{\alpha/2}\left(n-1\right)\times\frac{s}{\sqrt{n}}=1\ 371.88-89.9575=1\ 281.9225\ （元）$$

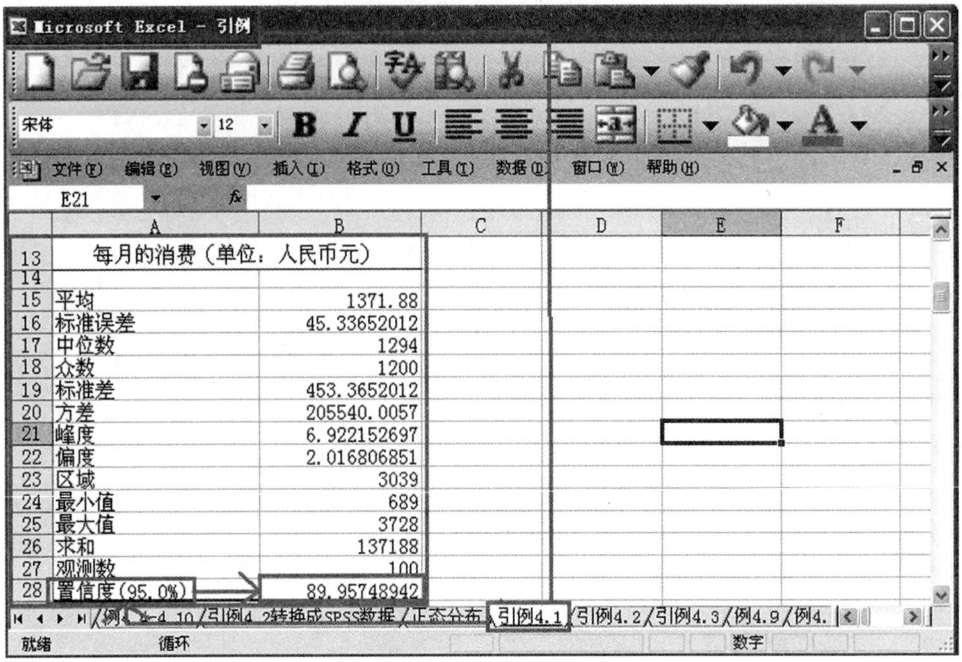

图 5-15　运用 Excel 分析工具进行总体均值的区间估计和假设检验（4）

在校大学生每月的平均消费金额区间估计上限：

$$\bar{x}+t_{\alpha/2}\ (n-1)\ \times\frac{s}{\sqrt{n}}=1\ 371.88+89.9575=1\ 461.8375\ （元）$$

至此，我们求得在给定显著性水平 0.05 条件下，在校大学生每月的平均消费金额的置信区间：

$$\left(\bar{x}-t_{\alpha/2}\ (n-1)\ \times\frac{s}{\sqrt{n}},\ \bar{x}+t_{\alpha/2}\ (n-1)\ \times\frac{s}{\sqrt{n}}\right)=（1\ 281.9225,\ 1\ 461.8375）（元）$$

二、运用 SPSS 分析工具进行总体参数的区间估计和假设检验实验

（1）由于 SPSS 软件没有提供进行单个总体方差区间估计与假设检验的模块，因此，无法运用 SPSS 软件进行单个总体方差区间估计与假设检验。

（2）由于 SPSS 软件只提供 t 分布的区间估计与假设检验，因此，只能针对服从 t 分布的总体运用 SPSS 软件进行单个总体均值区间估计与假设检验。

【例5-20】根据【例5-19】所给条件，（1）对在校大学生每月平均消费金额进行区间估计；（2）对在校大学生每月平均消费金额为 1 423 元进行假设检验。

【操作步骤】

（1）对在校大学生每月消费金额的平均消费金额进行区间估计。

第 1 步，打开 SPSS 软件的数据集。

打开 SPSS 软件的数据集 example4.1（见图 5-16）。

第 2 步，选择 One Sample T Test。

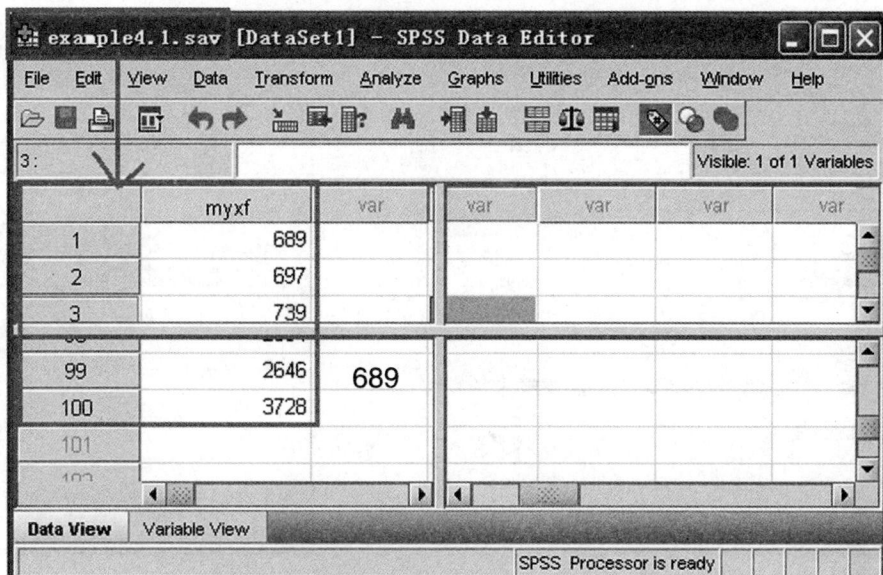

图 5-16 运用 SPSS 软件进行总体均值的区间估计与假设检验（1）

在 SPSS 主窗口选择菜单内，找到 Analyze 命令条（见图 5-17），在该命令条内点击【Analyze】→【Compare Means】→【One Sample T Test...】（见图 5-17），系统弹出"One Sample T Test"对话框（见图 5-18①）。在此对话框内，首先将每月消费金额（单位：人民币元）移到"Test Variable（s）"框内（见图 5-18②），点击"Options..."按钮，系统弹出"One Sample T Test：Options"对话框（见图 5-18③）。由丁本题给定的是置信度 95%，因此，在"Confidence interval"框中填入数值 95，然后点击【Continue】，进入到图 5-18④的界面。

第 3 步，输入检验值 0。

在图 5-18④界面的"Test Value"框中填入"0"，然后点击【OK】按钮，就会出现图 5-19 的界面。

第 4 步，输出结果。

在图 5-19 的界面内，找到 95% Confidence Interval of the Difference 所在位置，它下面 lower 代表下限，lower 下面的数值 1 281.9225 就是置信下限；它下面的 upper 代表上限，upper 下面的数值 1 461.8375 就是置信上限。

至此，我们求得在给定显著性水平 0.05 条件下，在校大学生每月的平均消费金额的置信区间：

$$\left(\bar{x} - t_{\alpha/2}(n-1) \times \frac{s}{\sqrt{n}}, \ \bar{x} + t_{\alpha/2}(n-1) \times \frac{s}{\sqrt{n}} \right) = (1\ 281.9225,\ 1\ 361.8475)\ 元$$

（2）对在校大学生每月平均消费金额为 1 423 元进行假设检验。

第 1 步和第 2 步与（1）的操作过程完全一致。

第 3 步，输入检验值 1423。

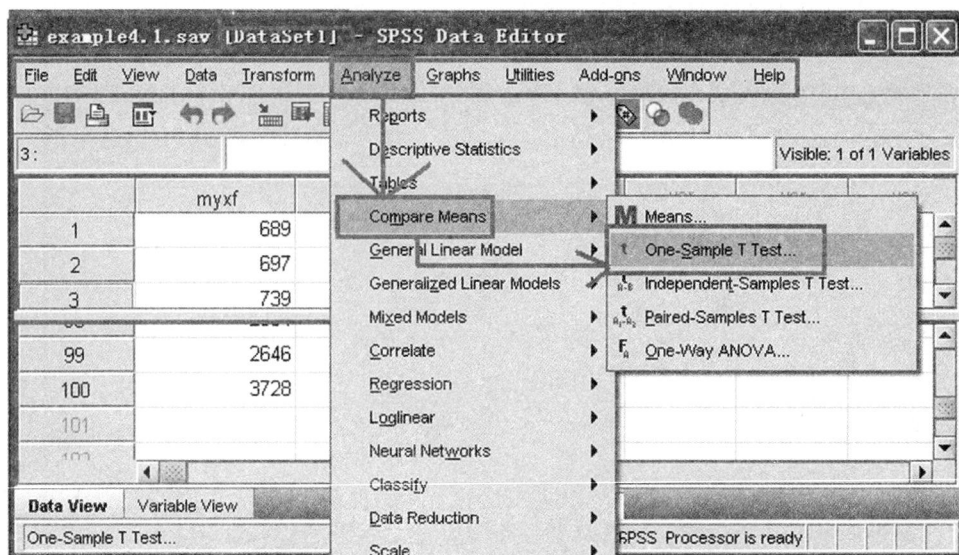

图 5-17　运用 SPSS 软件进行总体均值的区间估计与假设检验（2）

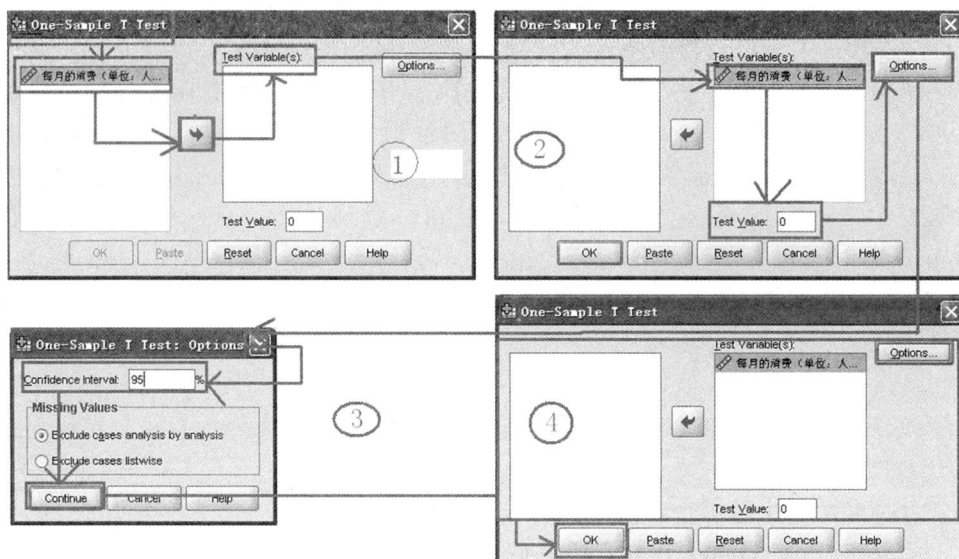

图 5-18　运用 SPSS 软件进行总体均值的区间估计与假设检验（3）

在图 5.18④界面的 "Test Value" 框中填入 "1423"，然后点击【OK】按钮（见图 5-20），就会出现图 5-21 的界面。

第 4 步，输出结果。

在图 5-21 的界面内，找到 t 所在的位置，它下面的数值-1.128，就是我们计算出来的检验用 t_0 值；再找到 df 所在的位置，它下面的数值 99，就是我们所说的自由度的数值；再找到 Sig.（2-tailed）所在的位置，它下面的数值 0.262，我们称它为 P 值。

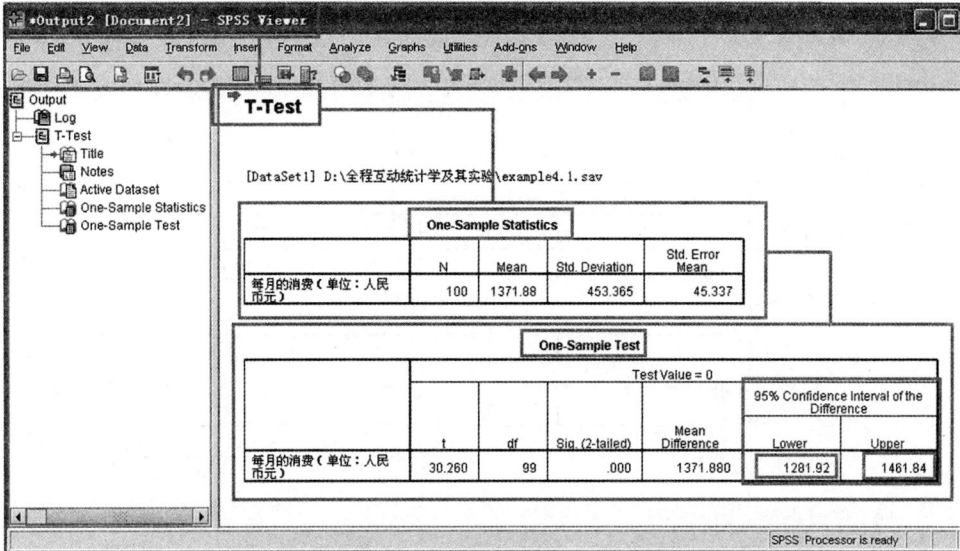

图5-19 运用 SPSS 软件进行总体均值的区间估计与假设检验（4）

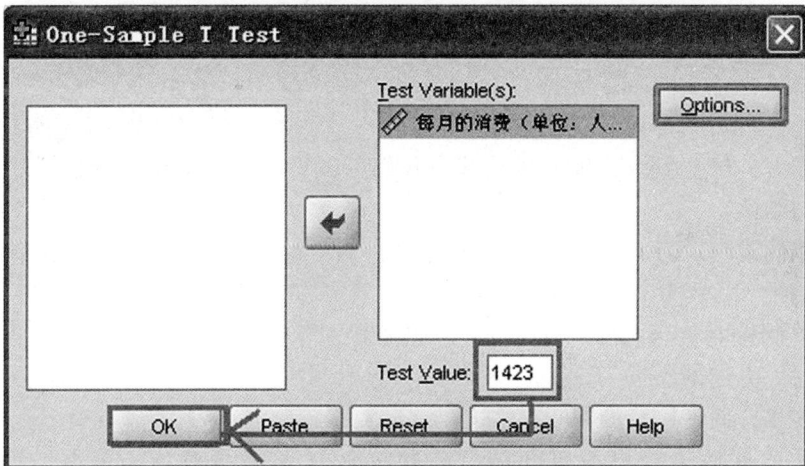

图5-20 运用 SPSS 软件进行总体均值的区间估计与假设检验（5）

本题 P 值是按下面这样的公式计算出来的。该公式的表达式：

$$P(|T|>1.128)=0.262 \tag{5.85}$$

将计算本题 P 值的计算公式（5.82）抽象化后，我们就得到根据检验用 t_0 值计算出来的 P 值的计算公式：

$$P(|T|>|t_0|)=P \tag{5.86}$$

根据 t 分布双侧临界值 $t_{\alpha/2}$（n-1）求显著性水平 α 的计算公式：

$$P(|T|>t_{\alpha/2}(n-1))=\alpha \tag{5.87}$$

我们再将公式（5.83）变形，得到：

$$P(|T|>|t_0|)=P[(T>|t_0|)\cup(T<-|t_0|)]=P(T>|t_0|)+P(T<-|t_0|)$$

$$=2P(T>|t_0|)=2P(T<-|t_0|)=P \tag{5.88}$$

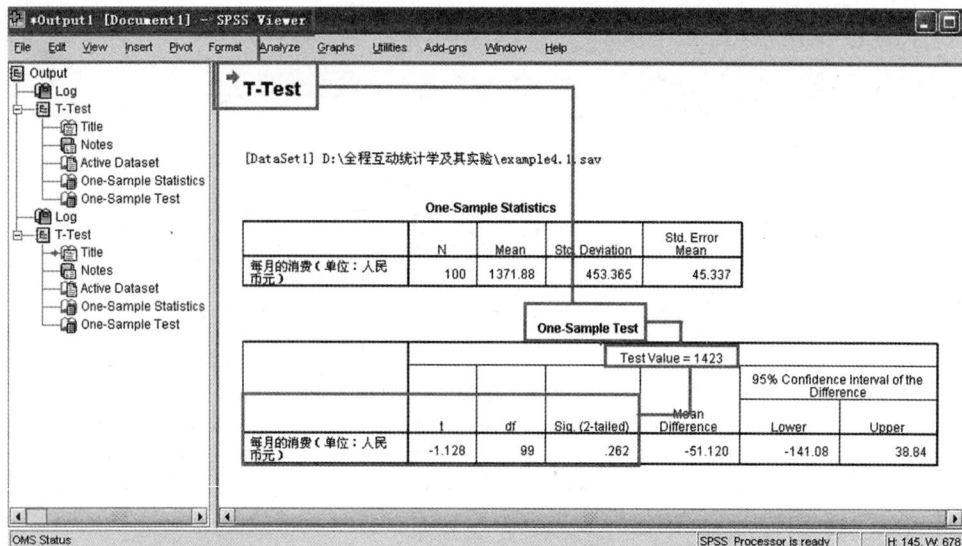

图 5-21　运用 SPSS 软件进行总体均值的区间估计与假设检验 (6)

即

$$P(T>|t_0|) = P(T<-|t_0|) = P/2 \tag{5.89}$$

而

$$P(T>t_\alpha(n-1)) = P(T<-t_\alpha(n-1)) = \alpha \tag{5.90}$$

根据（5.86）到（5.90）的公式，我们可以得出根据 P 值进行假设检验的判断标准与结论：

①双侧检验：当 P>α 时，接受原假设；当 P<α 时，接受备择假设；当 P=α 时，无结论。

②单侧检验：当 P/2>α 时，接受原假设；当 P/2<α 时，接受备择假设；当 P/2=α 时，无结论。

第 5 步，假设检验的判断与结论。

由于本题属于双侧检验问题，因此将 P 与 α 进行对比。根据前面分析，我们得知：P=0.262，α=0.05。由于 P>α，所以接受原假设，即在在给定显著性水平 0.05 条件下，在校大学生每月的平均消费金额为 1 423 元的假设是真的。

网上测验考试

1. 课堂内的网上测验考试

在 15 分钟内，通过中国数字大学城东北财经大学全程互动统计学及其实验——基于 Excel 和 SPSS 软件课程的考试平台，完成课堂内的网上测验考试。

2. 课堂外的网上测验考试

课后，通过中国数字大学城东北财经大学全程互动统计学及其实验——基于 Excel 和 SPSS 软件课程的考试平台，完成课后网上测验考试。

第六章　两个总体参数估计与假设检验

〔**本章学习目标**〕通过本章学习，掌握不同假定条件下，对两个总体参数进行估计与假设检验的相关理论、内容与处理方法。

〔**本章重点难点**〕重点是掌握两总体服从正态分布与非正态分布条件下，当两总体方差已知与未知时，两个总体均值差的区间估计与假设检验的相关理论、内容与处理方法。掌握两总体服从正态分布条件下，两个总体方差比的区间估计与假设检验的相关理论、内容与处理方法。掌握 Excel 的 FINV 等函数的含义、使用方法及使用技巧。

〔**建议学时**〕5.5 学时

实践中我们有时会关心两个总体均值之间的差异情况，这时就需要对两个总体均值差 $\mu_1 - \mu_2$ 进行置信区间和假设检验。

第一节　两个相互独立总体均值差区间估计

一、方差已知

（一）两个相互独立的服从正态分布的总体

数理统计的研究结果表明，两个相互独立的服从正态分布的总体 $X_1 \sim N(\mu_1, \sigma_1^2)$ 和 $X_2 \sim N(\mu_2, \sigma_2^2)$，从总体 $X_1 \sim N(\mu_1, \sigma_1^2)$ 中抽取一个容量为 n_1 的样本 $(X_{11}, X_{12}, \cdots, X_{1n_1})$，从总体 $X_2 \sim N(\mu_2, \sigma_2^2)$ 中抽取一个容量为 n_2 的样本 $(X_{21}, X_{22}, \cdots, X_{2n_2})$，则两个样本平均值之差 $(\bar{X}_1 - \bar{X}_2) \sim N(\mu_1 - \mu_2, \sigma_1^2/n_1 + \sigma_2^2/n_2)$。将两个样本平均值之差 $(\bar{X}_1 - \bar{X}_2)$ 进行标准化，我们就得到一个服从标准正态分布的 Z 统计量，即

$$Z = [(\bar{X}_1 - \bar{X}_2) - (\mu_1 - \mu_2)] / \sqrt{\sigma_1^2/n_1 + \sigma_2^2/n_2} \sim N(0, 1)$$

这时，我们就将求两个总体均值差置信区间的问题，转化为求"一个总体"均值置信区间的问题了。参照求一个总体均值置信区间的思路及步骤，我们可以得到求两个总体均值差置信区间的思路及步骤如下：

第 1 步，明确区间估计的待估参数。

本次区间估计的待估参数为两个总体数学期望差 $(\mu_1 - \mu_2)$。

第 2 步，选择统计量。

由于本次区间估计所给的条件是：

（1）两个相互独立的服从正态分布的总体，即 $X_1 \sim N(\mu_1, \sigma_1^2)$ 和 $X_2 \sim N(\mu_2, \sigma_2^2)$；

（2）两个总体方差已知；

因此，选择的统计量为标准正态分布 Z 统计量，即：

$$Z = [(\bar{X}_1 - \bar{X}_2) - (\mu_1 - \mu_2)] / \sqrt{\sigma_1^2/n_1 + \sigma_2^2/n_2} \sim N(0, 1)$$

第 3 步，根据给出的置信度数值 $1-\alpha$ 或者显著性水平数值 α，查出双侧临界值 $z_{\alpha/2}$。

第 4 步，计算置信下限和置信上限。

根据抽取的容量为 n_1 的样本 $(x_{11}, x_{12}, \cdots, x_{1n_1})$ 和容量为 n_2 的样本 $(x_{21}, x_{22}, \cdots, x_{2n_2})$，先求得两个样本平均数：

$$\bar{x}_1 = \frac{\sum_{i=1}^{n_1} x_{1i}}{n_1} \tag{6.1}$$

和 $$\bar{x}_2 = \frac{\sum_{i=1}^{n_2} x_{2i}}{n_2} \tag{6.2}$$

再计算正态分布双侧抽样极限误差 $\Delta(\bar{x}_1 - \bar{x}_2)$：

$$\Delta(\bar{x}_1 - \bar{x}_2) = z_{\alpha/2} \times \sqrt{\sigma_1^2/n_1 + \sigma_2^2/n_2} \tag{6.3}$$

然后计算置信下限：

$$(\bar{x}_1 - \bar{x}_2) - z_{\alpha/2} \times \sqrt{\sigma_1^2/n_1 + \sigma_2^2/n_2} = (\bar{x}_1 - \bar{x}_2) - \Delta(\bar{x}_1 - \bar{x}_2) \tag{6.4}$$

置信上限：

$$(\bar{x}_1 - \bar{x}_2) + z_{\alpha/2} \times \sqrt{\sigma_1^2/n_1 + \sigma_2^2/n_2} = (\bar{x}_1 - \bar{x}_2) + \Delta(\bar{x}_1 - \bar{x}_2) \tag{6.5}$$

第 5 步，求出两个总体均值差的置信区间。

根据上面计算，我们就求得两个总体均值差在置信度为 $1-\alpha$ 条件下的置信区间：

$$((\bar{x}_1 - \bar{x}_2) - z_{\alpha/2} \times \sqrt{\sigma_1^2/n_1 + \sigma_2^2/n_2}, (\bar{x}_1 - \bar{x}_2) + z_{\alpha/2} \times \sqrt{\sigma_1^2/n_1 + \sigma_2^2/n_2})$$

或 $((\bar{x}_1 - \bar{x}_2) - \Delta(\bar{x}_1 - \bar{x}_2), (\bar{x}_1 - \bar{x}_2) + \Delta(\bar{x}_1 - \bar{x}_2))$。

我们今后称上述区间估计法为两个总体均值差总体方差已知正态区间估计法。

【例6-1】随机独立抽取男女中学生各 30 人测量体重，获得两个样本数据，并计算出男女中学生样本均值分别为：$\bar{x}_1 = 48.74$、$\bar{x}_2 = 43.05$。已知男女中学生体重总体方差分别为 $\sigma_1^2 = 47.78$、$\sigma_2^2 = 20.93$。假定男女中学生体重均服从正态分布，并相互独立，若给定置信度为 95%，求男女中学生总体平均体重之差的置信区间。

[题意分析] 由题意知，本题属于

（1）两个相互独立的服从正态分布的总体；

（2）两个总体方差已知。

估计两个总体均值差 $(\mu_1 - \mu_2)$（男女中学生总体平均体重之差）的置信度为 95% 时的置信区间问题。应采用两个总体均值差总体方差已知正态区间估计法。

【解】第 1 步，明确区间估计的待估参数。

本次区间估计的待估参数为男女中学生总体平均体重之差 $(\mu_1 - \mu_2)$。

第 2 步，选择统计量。

由于本次区间估计所给的条件是：

（1）两个相互独立的服从正态分布的总体，即 $X_1 \sim N$（μ_1，47.78）和 $X_2 \sim N$（μ_2，20.93）；

（2）两个总体方差已知；

因此，选择的统计量为标准正态分布统计量，即：

$$Z = [(\bar{X}_1 - \bar{X}_2) - (\mu_1 - \mu_2)] / \sqrt{\sigma_1^2/n_1 + \sigma_2^2/n_2}$$
$$= [(\bar{X}_1 - \bar{X}_2) - (\mu_1 - \mu_2)] / \sqrt{47.78/30 + 20.93/30} \sim N(0, 1)$$

第 3 步，根据给出的置信度数值 95%，查出双侧临界值 $z_{\alpha/2} = z_{0.025} = 1.96$。

第 4 步，计算置信下限和置信上限.

根据题中所给条件知，两个样本平均数：

$\bar{x}_1 = 48.74$　$\bar{x}_2 = 43.05$

男女中学生体重总体方差分别为 $\sigma_1^2 = 47.78$、$\sigma_2^2 = 20.93$。

计算正态分布抽样极限误差 $\Delta (\bar{x}_1 - \bar{x}_2)$：

$$\Delta (\bar{x}_1 - \bar{x}_2) = z_{\alpha/2} \times \sqrt{\sigma_1^2/n_1 + \sigma_2^2/n_2}$$
$$= 1.96 \times \sqrt{47.78/30 + 20.93/30} = 2.9662$$

计算置信下限：

$$(\bar{x}_1 - \bar{x}_2) - z_{\alpha/2} \times \sqrt{\sigma_1^2/n_1 + \sigma_2^2/n_2} = (\bar{x}_1 - \bar{x}_2) - \Delta (\bar{x}_1 - \bar{x}_2)$$
$$= 5.69 - 2.9662 = 2.7238$$

置信上限：

$$(\bar{x}_1 - \bar{x}_2) + z_{\alpha/2} \times \sqrt{\sigma_1^2/n_1 + \sigma_2^2/n_2} = (\bar{x}_1 - \bar{x}_2) + \Delta (\bar{x}_1 - \bar{x}_2)$$
$$= 5.69 + 2.9662 = 8.6562$$

第 5 步，求出两个总体均值差的置信区间。

根据上面计算，我们就求得两个总体均值差在置信度为 95% 条件下的置信区间：

（2.7238，8.6562）

结果表明，男女中学生体重之差平均在 2.7238 千克到 8.6562 千克之间，做出这一推断的把握程度为 95%。

（二）两个相互独立的服从非正态分布的总体（大样本）

两个任意相互独立的总体，第 1 个总体的数学期望为 μ_1，方差为 σ_1^2；第 2 个总体的数学期望为 μ_2，方差为 σ_2^2；由第 1 个总体中抽取容量为 n_1 的样本（X_{11}，X_{12}，…，X_{1n1}），由第 2 个总体中抽取容量为 n_2 的样本（X_{21}，X_{22}，…，X_{2n1}），n_1 和 n_2 充分大，则两个样本的均值差 $\bar{X}_1 - \bar{X}_2$ 服从以 $\mu_1 - \mu_2$ 为数学期望，以 $\sigma_1^2/n_1 + \sigma_2^2/n_2$ 为方差的正态分布。这是由两个总体的样本均值差来估计两个总体均值差的理论基础和前提条件。

下面求 $\bar{X}_1 - \bar{X}_2$ 的数学期望和方差：

下面先求 $\bar{X}_1 - \bar{X}_2$ 的数学期望：

$$E（\overline{X}_1-\overline{X}_2）=E（\overline{X}_1）-E（\overline{X}_2）=\mu_1-\mu_2 \tag{6.6}$$

再求 $\overline{X}_1-\overline{X}_2$ 的方差：

$$D（\overline{X}_1-\overline{X}_2）=D（\overline{X}_1）+D（-\overline{X}_2）=\frac{\sigma_1^2}{n_1}+D（\overline{X}_2）=\frac{\sigma_1^2}{n_1}+\frac{\sigma_2^2}{n_2} \tag{6.7}$$

所以，$\overline{X}_1-\overline{X}_2 \sim N（\mu_1-\mu_2,\ \frac{\sigma_1^2}{n_1}+\frac{\sigma_2^2}{n_2}）$ \tag{6.8}

设 $y=X_1-X_2$，则 $\overline{y}=\overline{X}_1-\overline{X}_2$ \tag{6.9}

由公式（6.8）和公式（6.9），得知：

$$\overline{y} \sim N（\mu_1-\mu_2,\ \frac{\sigma_1^2}{n_1}+\frac{\sigma_2^2}{n_2}）$$

实践中，大样本一般是要求 $n_1 \geqslant 30$ 且 $n_2 \geqslant 30$。将 $\overline{x}_1-\overline{x}_2$ 标准化后，可得服从标准正态分布的 Z 统计量：

$$Z=\frac{（\overline{X}_1-\overline{X}_2）-（\mu_1-\mu_2）}{\sqrt{\frac{\sigma_1^2}{n_1}+\frac{\sigma_2^2}{n_2}}} \tag{6.10}$$

于是可得在两个总体相互独立服从非正态分布总体，抽取的是大样本，方差已知条件下，两个总体均值差 $\mu_1-\mu_2$ 的 $1-\alpha$ 估计区间为：

$$\left（（\overline{X}_1-\overline{X}_2）-Z_{\alpha/2}\sqrt{\frac{\sigma_1^2}{n_1}+\frac{\sigma_2^2}{n_2}},\ （\overline{X}_1-\overline{X}_2）+Z_{\alpha/2}\sqrt{\frac{\sigma_1^2}{n_1}+\frac{\sigma_2^2}{n_2}}\right）$$

二、方差未知

（一）两个正态总体的方差未知，但相等

由于两个正态总体的方差未知，但相等，即 $\sigma_1^2=\sigma_2^2=\sigma^2$，以两个样本方差 S_1^2 和 S_2^2 作为两个总体方差 σ_1^2 和 σ_2^2 的点估计，在两个样本独立的条件下，存在自由度为（n_1+n_2-2）的 t 统计量：

$$t=\frac{（\overline{X}_1-\overline{X}_2）-（\mu_1-\mu_2）}{\sqrt{（\frac{1}{n_1}+\frac{1}{n_2}）\frac{（n_1-1）S_1^2+（n_2-1）S_2^2}{n_1+n_2-2}}} \tag{6.11}$$

根据此统计量，我们可以求得两个总体均值差 $\mu_1-\mu_2$ 的 $1-\alpha$ 估计区间为：

$$（\overline{X}_1-\overline{X}_2）\pm t_{\alpha/2}（n_1+n_2-2）\sqrt{（\frac{1}{n_1}+\frac{1}{n_2}）\frac{（n_1-1）S_1^2+（n_2-1）S_2^2}{n_1+n_2-2}}$$

【例6-2】分别由加工同一种零件的两条生产线上，各随机独立抽取12个零件测量长度，获得两个样本数据，并计算出样本均值和样本方差分别为：$\overline{x}_1=32.5$、$\overline{x}_2=28.8$；$s_1^2=15.10$、$s_2^2=19.36$。假定出自两条生产线上的零件的长度服从正态布，而且方差相等。若给定置信度为95%，求出两条生产线上的零件的平均长度之差的估计区间。

【解】在给定置信度为95%条件下，两条生产线上的零件的平均长度之差的估计区间为：

$$（\overline{X}_1-\overline{X}_2）\pm t_{\alpha/2}（n_1+n_2-2）\sqrt{（\frac{1}{n_1}+\frac{1}{n_2}）\frac{（n_1-1）S_1^2+（n_2-1）S_2^2}{n_1+n_2-2}}$$

$$= (32.5-28.8) \pm t_{0.025}(22) \times \sqrt{\left(\frac{1}{12}+\frac{1}{12}\right) \times \frac{(12-1) \times 15.10+(12-1) \times 19.36}{12+12-2}}$$

$$=3.70 \pm 2.074 \times \sqrt{0.17 \times 17.68}$$

$$=3.70 \pm 3.56$$

即（0.14、7.26）。结果表明，出自两条生产线的零件的长度之差平均在 0.14 厘米到 7.26 厘米之间，做出这一推断的把握程度为 95%。

（二）两个正态总体的方差未知，且不相等

由于两个正态总体的方差未知，且不相等，即 $\sigma_1^2 \neq \sigma_2^2$，于是可得独立、大样本条件下，则存在标准正态统计量：

$$t=\frac{(\bar{X}_1-\bar{X}_2)-(\mu_1-\mu_2)}{\sqrt{\frac{S_1^2}{n_1}+\frac{S_2^2}{n_2}}} \tag{6.12}$$

根据此统计量，我们可以求得两个总体均值差 $\mu_1-\mu_2$ 的 $1-\alpha$ 估计区间为：

$$(\bar{X}_1-\bar{X}_2) \pm Z_{\alpha/2}\sqrt{\frac{S_1^2}{n_1}+\frac{S_2^2}{n_2}}$$

【例6-3】随机独立抽取男女中学生各30人测量身高，获得两个样本数据，并计算出样本均值和样本方差分别为：$\bar{x}_1=162.67$、$\bar{x}_2-158.59$；$s_1^2=68.52$、$s_2^2=41.77$。男女中学生身高总体的方差是未知的。若给定置信度为 95%，求男女中学生总体平均身高之差的估计区间。

【解】在给定置信度为 95% 条件下，男女中学生总体平均身高之差的估计区间为：

$$(\bar{X}_1-\bar{X}_2) \pm Z_{\alpha/2}\sqrt{\frac{S_1^2}{n_1}+\frac{S_2^2}{n_2}}$$

$$=(162.67-158.59) \pm 1.96 \times \sqrt{\frac{68.52}{30}+\frac{41.77}{30}}$$

$$=4.08 \pm 1.96 \times 1.92$$

$$=4.08 \pm 2.76$$

即（1.32、6.84）。结果表明，男女中学生身高之差平均在 1.32 厘米到 6.84 厘米之间，做出这一推断的把握程度为 95%。

三、估计两个总体均值差时样本容量的确定

估计两个总体均值差时，样本容量的确定方法与估计单个总体均值时的方法类似。依据同样的原理，可得所需样本容量的计算公式为：

$$n=n_1=n_2=\frac{(Z_{\alpha/2})^2 (\sigma_1^2+\sigma_2^2)}{\Delta^2} \approx \frac{(Z_{\alpha/2})^2 (S_1^2+S_2^2)}{\Delta^2} \tag{6.13}$$

$$(\bar{X}_1-\bar{X}_2) \pm Z_{\alpha/2}\sqrt{\frac{\sigma_1^2}{n_1}+\frac{\sigma_2^2}{n_2}}, \quad \Delta=Z_{\alpha/2}\sqrt{\frac{\sigma_1^2}{n_1}+\frac{\sigma_2^2}{n_2}}, \quad \Delta^2=Z_{\alpha/2}^2 \left(\frac{\sigma_1^2}{n_1}+\frac{\sigma_2^2}{n_2}\right)$$

$$\Delta^2=Z_{\alpha/2}^2 \left(\frac{\sigma_1^2}{n}+\frac{\sigma_2^2}{n}\right)=\frac{1}{n}\left(Z_{\alpha/2}^2 (\sigma_1^2+\sigma_2^2)\right)$$

【例6-4】某大学教务处想知道本届统计学院与经济学院学生的高等数学成绩

的差异情况。根据往届学生的成绩记录，已知两个学院学生高等数学成绩的标准差为：统计学院 $\sigma_1^2 = 100$，经济学院 $\sigma_2^2 = 120$。如果置信度为95%，极限误差为4，求这两个学院分别应当抽取的样本容量。

【分析本题所求】两个总体最小样本容量。

【本题所给条件】根据题意知，本题属于匹配样本、两总体均值差服从正态分布，且方差已知。

【统计量的选择】Z 统计量。

【解】根据题意知，两个学院应当分别抽取的样本容量为：

$$n_1 = n_2 = \frac{(Z_{\alpha/2})^2 \ (\sigma_1^2 + \sigma_2^2)}{\Delta^2}$$

$$= \frac{1.96^2 \times (100 + 120)}{4^2}$$

$$= 52.82 \approx 53$$

即两个学院应当至少分别抽取容量为 53 的样本。

第二节　两个相互独立总体均值差假设检验

一、两个相互独立的服从正态分布的总体，方差已知

数理统计的研究结果表明，两个相互独立的服从正态分布的总体 $X_1 \sim N (\mu_1, \sigma_1^2)$ 和 $X_2 \sim N (\mu_2, \sigma_2^2)$，从总体 $X_1 \sim N (\mu_1, \sigma_1^2)$ 中抽取一个容量为 n_1 的样本 $(X_{11}, X_{12}, \cdots, X_{1n1})$，从总体 $X_2 \sim N (\mu_2, \sigma_2^2)$ 中抽取一个容量为 n_2 的样本 $(X_{21}, X_{22}, \cdots, X_{2n2})$，则两个样本平均值之差 $(\bar{X}_1 - \bar{X}_2) \sim N (\mu_1 - \mu_2, \sigma_1^2/n_1 + \sigma_2^2/n_2)$。将两个样本平均值之差 $(\bar{X}_1 - \bar{X}_2)$ 进行标准化，我们就得到一个服从标准正态分布的 Z 统计量，即

$$Z = [\ (\bar{X}_1 - \bar{X}_2) - (\mu_1 - \mu_2)]\ / \sqrt{\sigma_1^2/n_1 + \sigma_2^2/n_2} \sim N (0, 1)$$

这时，我们就将检验两个总体均值差的问题，转化为检验"一个总体"均值的问题了。参照检验一个总体均值的思路及步骤，我们可以得到检验两个总体均值差的思路及步骤如下：

检验步骤：

第1步：提出原假设与备择假设。

双侧检验：$H_0: \mu_1 - \mu_2 = \mu_0$　　　$H_1: \mu_1 - \mu_2 \neq \mu_0$

左侧检验：$H_0: \mu_1 - \mu_2 \geq \mu_0$　　　$H_1: \mu_1 - \mu_2 < \mu_0$

右侧检验：$H_0: \mu_1 - \mu_2 \leq \mu_0$　　　$H_1: \mu_1 - \mu_2 > \mu_0$

第2步：选择检验用的统计量。

两个总体均服从正态分布，相互独立，且标准差已知，选择 z 统计量，即：

$$Z = \frac{(\bar{X}_1 - \bar{X}_2) - (\mu_1 - \mu_2)}{\sqrt{\dfrac{\sigma_1^2}{n_1} + \dfrac{\sigma_2^2}{n_2}}} \sim N (0, 1)$$

第 3 步：给定显著性水平 α，查临界值。

双侧检验：$Z_{\alpha/2}$

单侧检验：Z_{α}

第 4 步：计算检验用的统计量的值。

假设原假设成立，并取 $\mu_1-\mu_2=\mu_0$，代入统计量 $Z=\dfrac{(\bar{X}_1-\bar{X}_2)-(\mu_1-\mu_2)}{\sqrt{\dfrac{\sigma_1^2}{n_1}+\dfrac{\sigma_2^2}{n_2}}}$，得

到检验用的统计量的值 $Z_0=\dfrac{(\bar{X}_1-\bar{X}_2)-\mu_0}{\sqrt{\dfrac{\sigma_1^2}{n_1}+\dfrac{\sigma_2^2}{n_2}}}$。 (6.14)

第 5 步：进行对比并做出决策。

双侧检验：

1. 如果 $|z_0|<z_{\alpha/2}$，接受原假设，即认为在保证程度为 $1-\alpha$ 条件下，两个总体均值差与 μ_0 之间不存在显著性差异，即第一个总体均值等于第二个总体均值与 μ_0 的和。也就是说两个总体均值差等于 μ_0。特殊情况下，当 $\mu_0=0$ 时，第一个总体均值与第二个总体均值之间不存在显著性差异，即第一个总体均值等于第二个总体均值。

2. 如果 $|z_0|>z_{\alpha/2}$，拒绝原假设，即认为在保证程度为 $1-\alpha$ 条件下，两个总体均值差与 μ_0 之间存在显著性差异，即第一个总体均值不等于第二个总体均值与 μ_0 的和。也就是说两个总体均值差不等于 μ_0。特殊情况下，当 $\mu_0=0$ 时，第一个总体均值与第二个总体均值之间存在显著性差异，即第一个总体均值不等于第二个总体均值。

3. 如果 $|z_0|=z_{\alpha/2}$，无结论。

左侧检验：

1. 如果 $z_0>-z_{\alpha}$，接受原假设。

2. 如果 $z_0<-z_{\alpha}$，拒绝原假设。

3. 如果 $z_0=-z_{\alpha}$，无结论。

右侧检验：

1. 如果 $z_0<z_{\alpha}$，接受原假设。

2. 如果 $z_0>z_{\alpha}$，拒绝原假设。

3. 如果 $z_0=z_{\alpha}$，无结论。

【例6-5】某商业集团公司下属两个大型超市，一个位于市区，一个位于郊区。经理人员发现，在一个超市卖得好的商品，在另一个超市却卖得不一定好。经理认为其中的原因可能是两个超市的顾客群体之间存在年龄、教育程度、收入水平等方面的差异。为此从市区超市随机抽取了 36 人，算得平均年龄为 40 岁；从郊区超市随机抽取了 49 人，算得平均年龄为 35 岁。假定市区超市顾客群体年龄标准差为 9 岁，郊区超市顾客群体年龄标准差为 10 岁。试检验两个顾客群体年龄是否有

显著差异。假设市区超市顾客群体年龄和郊区超市顾客群体年龄都服从正态分布，显著性水平为 0.05。

【解】根据题中所给条件，假设市区超市顾客群体年龄和郊区超市顾客群体年龄都服从正态分布，已知两总体标准差，$\sigma_1 = 9$ 岁，$\sigma_2 = 10$ 岁；样本容量，$n_1 = 39$ 且 $n_2 = 49$。由于一个是从市区抽取，一个是从郊区抽取，因此这两个样本是相互独立的。下面进行检验。

第 1 步：提出原假设和备择假设。

$H_0 : \mu_1 - \mu_2 = 0$ 或者 $H_0 : \mu_1 = \mu_2$

$H_0 : \mu_1 - \mu_2 \neq 0$ 或者 $H_0 : \mu_1 = \mu_2$

（这是一个双侧检验）

第 2 步：选择检验用的统计量。

$$Z = \frac{(\bar{X}_1 - \bar{X}_2) - (\mu_1 - \mu_2)}{\sqrt{\dfrac{\sigma_1^2}{n_1} + \dfrac{\sigma_2^2}{n_2}}} \sim N(0, 1)$$

第 3 步：给定显著性水平，查临界值。

$\alpha = 0.05$，查得临界值 $Z_{0.025} = 1.96$。

第 4 步：计算检验用的统计量的值。

假设原假设成立，取 $\mu_1 - \mu_2 = 0$，将它代入检验用的统计量中去，得

$$Z_0 = \frac{(\bar{X}_1 - \bar{X}_2)}{\sqrt{\dfrac{\sigma_1^2}{n_1} + \dfrac{\sigma_2^2}{n_2}}} = \frac{(40 - 35)}{\sqrt{\dfrac{9^2}{36} + \dfrac{10^2}{49}}} = 18.52$$

第 5 步：对比并做出决策。

由于 $|Z_0| = 18.52 > 1.96 = Z_{\alpha/2}$，所以拒绝原假设。结论是两个顾客群体年龄之间有显著差异，做出这一推断的把握程度为 95%。

当面对两个总体并关心两总体之间均值的差异情况时，均值检验的对象为 $\mu_1 - \mu_2$。估计量是随机产生于两个总体的样本均值之差，即 $\bar{x}_1 - \bar{x}_2$。如果两个样本是分别从两个总体中独立抽取的，也就是说，此一样本观测值的获取与另一样本观测值的获取，相互之间没有关联、互为独立，则称这是两个独立样本。由两个独立样本数据检验总体均值时，不同情况下，所采用的具体方法略有不同。

二、来自非正态总体，大样本，方差已知

来自任意总体的大样本，即 $n_1 \geq 30$ 且 $n_2 \geq 30$，或来自正态总体的任意容量样本，两个独立样本均值之差 $\bar{x}_1 - \bar{x}_2$ 的抽样分布，服从数据期望为 $(\mu_1 - \mu_2)$、方差为 $(\sigma_1^2/n_1 + \sigma_2^2/n_2)$ 的正态分布。因此，存在服从标准正态分布的 Z 统计量，此 Z 统计量可充当方差已知时两总体均值差的检验统计量。

$$Z = \frac{(\bar{X}_1 - \bar{X}_2) - (\mu_1 - \mu_2)}{\sqrt{\dfrac{\sigma_1^2}{n_1} + \dfrac{\sigma_2^2}{n_2}}} \tag{6.15}$$

（设想：$\mu_1 - \mu_2 = \mu$，$\bar{x}_1 - \bar{x}_2 = \bar{x}$，$\sqrt{\dfrac{\sigma_1^2}{n_1} + \dfrac{\sigma_2^2}{n_2}} = \dfrac{\sigma}{\sqrt{n}}$，$Z = \dfrac{\bar{X} - \mu}{\sigma / \sqrt{n}}$）

检验步骤：

第 1 步：提出原假设与备择假设。

双侧检验：$H_0 : \mu_1 - \mu_2 = \mu_0$　　　　$H_1 : \mu_1 - \mu_2 \neq \mu_0$

左侧检验：$H_0 : \mu_1 - \mu_2 \geqslant \mu_0$　　　$H_1 : \mu_1 - \mu_2 < \mu_0$

双侧检验：$H_0 : \mu_1 - \mu_2 \leqslant \mu_0$　　　$H_1 : \mu_1 - \mu_2 > \mu_0$

第 2 步：选择检验用的统计量。

大样本，两个样本独立；或者两个总体均服从正态分布，且标准差已知，选择 Z 统计量，即

$$Z = \frac{(\bar{X}_1 - \bar{X}_2) - (\mu_1 - \mu_2)}{\sqrt{\dfrac{\sigma_1^2}{n_1} + \dfrac{\sigma_2^2}{n_2}}} \sim N(0, 1)$$

第 3 步：给定小概率 α，查临界值。

双侧检验：$Z_{\alpha/2}$

单侧检验：Z_α

第 4 步：计算检验用的统计量的值。

假设原假设成立，并取 $\mu_1 - \mu_2 = \mu_0$，代入统计量 $Z = \dfrac{(\bar{X}_1 - \bar{X}_2) - (\mu_1 - \mu_2)}{\sqrt{\dfrac{\sigma_1^2}{n_1} + \dfrac{\sigma_2^2}{n_2}}}$，得

到检验用的统计量的值 $Z_0 = \dfrac{(\bar{X}_1 - \bar{X}_2) - \mu_0}{\sqrt{\dfrac{\sigma_1^2}{n_1} + \dfrac{\sigma_2^2}{n_2}}}$。

第 5 步：进行对比并做出决策。

双侧检验：

1. 如果 $|z_0| < z_{\alpha/2}$，接受原假设，即认为在保证程度为 $1-\alpha$ 条件下，两个总体均值差与 μ_0 之间不存在显著性差异。即第一个总体均值等于第二个总体均值与 μ_0 的和。换一个说法，即两个总体均值差等于 μ_0。特殊情况下，当 $\mu_0 = 0$ 时，第一个总体均值与第二个总体均值之间不存在显著性差异，即第一个总体均值等于第二个总体均值。

2. 如果 $|z_0| > z_{\alpha/2}$，拒绝原假设，即认为在保证程度为 $1-\alpha$ 条件下，两个总体均值差与 μ_0 之间存在显著性差异。即第一个总体均值不等于第二个总体均值与 μ_0 的和。换一个说法，即两个总体均值差不等于 μ_0。特殊情况下，当 $\mu_0 = 0$ 时，第一个总体均值与第二个总体均值之间存在显著性差异，即第一个总体均值不等于第二个总体均值。

左侧检验：

1. 如果 $z_0 > -z_\alpha$，接受原假设。
2. 如果 $z_0 < -z_\alpha$，拒绝原假设。
3. 如果 $z_0 = z_\alpha$，无结论。

右侧检验：

1. 如果 $z_0 < z_\alpha$，接受原假设。
2. 如果 $z_0 > z_\alpha$，拒绝原假设。
3. 如果 $z_0 = z_\alpha$，无结论。

【例6-6】某商业集团公司下属两个大型超市，一个位于市区，一个位于郊区。经理发现，在一个超市卖得好的商品，在另一个超市却卖得不一定好。经理人员认为其中的原因可能是两个超市的顾客群体之间存在年龄、教育程度、收入水平等方面的差异。为此从市区超市随机抽取了 36 人，算得平均年龄为 40 岁；从郊区超市随机抽取了 49 人，算得平均年龄为 35 岁。假定市区超市顾客群体年龄标准差为 9 岁，郊区超市顾客群体年龄标准差为 10 岁。试检验两个顾客群体年龄是否有显著差异。

【解】根据题中所给条件，已知两总体标准差，$\sigma_1 = 9$ 岁，$\sigma_2 = 10$ 岁；样本容量，$n_1 = 39 > 30$ 且 $n_2 = 49 > 30$，为大样本。并且一个时从市区抽取，一个式从郊区抽取，因此这两个样本时相互独立的。下面进行检验

第 1 步：提出原假设和备择假设。

$H_0 : \mu_1 - \mu_2 = 0$ 或者 $H_0 : \mu_1 = \mu_2$

$H_0 : \mu_1 - \mu_2 \neq 0$ 或者 $H_0 : \mu_1 \neq \mu_2$

（这是一个双侧检验）

第 2 步：选择检验用的统计量。

$$Z = \frac{(\bar{X}_1 - \bar{X}_2) - (\mu_1 - \mu_2)}{\sqrt{\dfrac{\sigma_1^2}{n_1} + \dfrac{\sigma_2^2}{n_2}}} \sim N(0, 1)$$

第 3 步：给定显著性水平，查临界值。

$\alpha = 0.05$，查得临界值 $Z_{0.025} = 1.96$。

第 4 步：计算检验用的统计量的值。

假设原假设成立，取 $\mu_1 - \mu_2 = 0$，将它代入检验用的统计量中去，得

$$Z_0 = \frac{(\bar{X}_1 - \bar{X}_2)}{\sqrt{\dfrac{\sigma_1^2}{n_1} + \dfrac{\sigma_2^2}{n_2}}} = \frac{(40 - 35)}{\sqrt{\dfrac{9^2}{36} + \dfrac{10^2}{49}}} = 18.52$$

第 5 步：对比并做出决策。

由于 $|Z_0| = 18.52 > 1.96 = Z_{\alpha/2}$，所以拒绝原假设。结论是两个顾客群体年龄之间有显著差异。做出这一推断的把握程度为 95%。

三、正态总体，方差未知，但相等

由于两个正态总体的方差未知，但相等，即 $\sigma_1^2 = \sigma_2^2 = \sigma^2$，则存在自由度为

(n_1+n_2-2) 的 t 统计量:

$$t = \frac{(\bar{X}_1-\bar{X}_2) - (\mu_1-\mu_2)}{\sqrt{(\frac{1}{n_1}+\frac{1}{n_2}) \frac{(n_1-1) S_1^2 + (n_2-1) S_2^2}{n_1+n_2-2}}} \sim t (n_1+n_2-2)$$

检验步骤:

第 1 步:提出原假设与备择假设。

双侧检验:H_0:$\mu_1-\mu_2=\mu_0$　　　H_1:$\mu_1-\mu_2 \neq \mu_0$

左侧检验:H_0:$\mu_1-\mu_2 \geqslant \mu_0$　　　H_1:$\mu_1-\mu_2 < \mu_0$

双侧检验:H_0:$\mu_1-\mu_2 \leqslant \mu_0$　　　H_1:$\mu_1-\mu_2 > \mu_0$

第 2 步:选择检验用的统计量。

来自两个正态总体的两个样本独立,但总体方差未知,但相等,选择 t 统计量,即:

$$t = \frac{(\bar{X}_1-\bar{X}_2) - (\mu_1-\mu_2)}{\sqrt{(\frac{1}{n_1}+\frac{1}{n_2}) \frac{(n_1-1) S_1^2 + (n_2-1) S_2^2}{n_1+n_2-2}}} \sim t (n_1+n_2-2)$$

第 3 步:给定小概率 α,查临界值。

双侧检验:$t_{\alpha/2} (n_1+n_2-2)$

单侧检验:$t_{\alpha} (n_1+n_2-2)$

第 4 步:计算检验用的统计量的值。

假 设 原 假 设 成 立, 并 取 $\mu_1 - \mu_2 = \mu_0$, 代 入 统 计 量 $t = \dfrac{(\bar{X}_1-\bar{X}_2) - (\mu_1-\mu_2)}{\sqrt{(\frac{1}{n_1}+\frac{1}{n_2}) \frac{(n_1-1) S_1^2 + (n_2-1) S_2^2}{n_1+n_2-2}}}$, 得 到 检 验 用 的 统 计 量 的

值 $t_0 = \dfrac{(\bar{X}_1-\bar{X}_2) -\mu_0}{\sqrt{(\frac{1}{n_1}+\frac{1}{n_2}) \frac{(n_1-1) S_1^2 + (n_2-1) S_2^2}{n_1+n_2-2}}}$。

第 5 步:进行对比并做出决策。

双侧检验:

1. 如果 $|t_0| < t_{\alpha/2}$,接受原假设,即认为在保证程度为 $1-\alpha$ 条件下,两个总体均值差与 μ_0 之间不存在显著性差异。即第一个总体均值等于第二个总体均值与 μ_0 的和。换一个说法,即两个总体均值差等于 μ_0。特殊情况下,当 $\mu_0=0$ 时,第一个总体均值与第二个总体均值之间不存在显著性差异,即第一个总体均值等于第二个总体均值。

2. 如果 $|t_0| > t_{\alpha/2}$,拒绝原假设,即认为在保证程度为 $1-\alpha$ 条件下,两个总体均值差与 μ_0 之间存在显著性差异。即第一个总体均值不等于第二个总体均值与 μ_0 的和。换一个说法,即两个总体均值差不等于 μ_0。特殊情况下,当 $\mu_0=0$ 时,第一个总体均值与第二个总体均值之间存在显著性差异,即第一个总体均值不等于第

二个总体均值。

左侧检验：

1. 如果 $t_0 > -t_\alpha$，接受原假设。

2. 如果 $t_0 < -t_\alpha$，拒绝原假设。

3. 如果 $t_0 = t_\alpha$，无结论。

右侧检验：

1. 如果 $t_0 < t_\alpha$，接受原假设。

2. 如果 $t_0 > t_\alpha$，拒绝原假设。

3. 如果 $t_0 = t_\alpha$，无结论。

【例6-7】某型号车床加工机器零件的尺寸服从正态分布。为比较同一型号新旧程度不同的两个车床的技术性能是否有所差异，今从两个车床所加工的零件中，各随机抽取 10 个零件进行检测，获得样本数据见表6-1：

表6-1　　　　　　　　　　　加工零件尺寸（毫米）

新车床	6.2	3.7	5.8	2.7	3.9	6.1	6.7	7.8	3.8	6.9
旧车床	8.5	6.8	11.3	9.4	9.3	7.3	5.6	7.9	7.2	8.2

假定两个车床加工零件尺寸的方差是相等的。试以显著性水平 $\alpha = 0.05$，比较两个车床所加工的零件尺寸大小是否有显著差异。

【解】由于是检验总体均值差的问题，所以检验步骤如下：

第 1 步：提出原假设和备择假设。

$H_0: \mu_1 - \mu_2 = 0$　　　$H_1: \mu_1 - \mu_2 \neq 0$

第 2 步：选择检验用的统计量。

问题中，方差未知，但方差相等，总体服从正态分布，选择 t 统计量

$$t = \frac{(\overline{X}_1 - \overline{X}_2) - (\mu_1 - \mu_2)}{\sqrt{\left(\dfrac{1}{n_1} + \dfrac{1}{n_2}\right) \dfrac{(n_1-1) S_1^2 + (n_2-1) S_2^2}{n_1 + n_2 - 2}}} \sim t(n_1 + n_2 - 2)$$

第 3 步：给定小概率 α，查临界值。

题中所给 $\alpha = 0.05$，并且是双侧检验，查临界值 $t_{\alpha/2}(n_1 + n_2 - 2) = t_{0.025}(10 + 10 - 2) = t_{0.025}(18) = 2.1009$。

第 4 步：计算检验用的统计量的值。

根据题中所给，并且经计算，新车床：$\bar{x}_1 = 5.36$，$s_1 = 1.6985$，$s_1^2 = 2.885$；旧车床：$\bar{x}_2 = 8.15$，$s_2 = 1.5967$，$s_2^2 = 2.549$。假设两个车床加工零件尺寸没有显著差异，即：$\mu_1 - \mu_2 = 0$，这时我们计算出检验用统计量的值：

$$t_0 = \frac{(\overline{X}_1 - \overline{X}_2)}{\sqrt{\left(\dfrac{1}{n_1} + \dfrac{1}{n_2}\right) \dfrac{(n_1-1) S_1^2 + (n_2-1) S_2^2}{n_1 + n_2 - 2}}}$$

$$= \frac{5.36 - 8.15}{\sqrt{\left(\dfrac{1}{10} + \dfrac{1}{10}\right) \times \dfrac{(10-1) \times 2.855 + (10-1) \times 2.549}{10 + 10 - 2}}} = -3.9795$$

第 5 步：检验并做出决策。

由于 $| t_0 | = | -3.9795 | = 3.9795 > t_{\alpha/2} (n_1 + n_2 - 2) = t_{0.025} (10 + 10 - 2) = t_{0.025} (18) 2.1009$，所以拒绝原假设。结论是两个车床加工零件尺寸具有显著差异。做出这一推断的把握程度为 95%。

第三节　两个独立总体方差比的区间估计

设从服从 $N (\mu_1, \sigma_1^2)$ 总体 X 中抽取容量为 n_1 的样本 X_1, X_2, $\cdots$, X_{n_1}，从服从 $N (\mu_2, \sigma_2^2)$ 总体 Y 中抽取容量为 n_2 的样本 Y_1, Y_2, $\cdots$, Y_{n_2}，并要求这两个样本相互独立。在估计总体方差比 $\dfrac{\sigma_1^2}{\sigma_2^2}$ 的置信度为 $1 - \alpha$ 的置信区间时，主要采用下面两种方式：

一、两总体均值已知

若 μ_1 和 μ_2 已知，根据数理统计学知识可知：

$$F = \frac{S_1^2/\sigma_1^2}{S_2^2/\sigma_2^2} \sim F (n_1, n_2) \tag{6.16}$$

这时，我们可以通过求下面概率值：

$$P (F_{1-\alpha/2} (n_1, n_2) < F < F_{\alpha/2} (n_1, n_2)) = 1 - \alpha \tag{6.17}$$

来构造出两个总体方差比 $\dfrac{\sigma_1^2}{\sigma_2^2}$ 的置信度为 $1 - \alpha$ 的置信区间为：

$$\left(\frac{S_1^2/S_2^2}{F_{\alpha/2} (n_1, n_2)}, \frac{S_1^2/S_2^2}{F_{1-\alpha/2} (n_1, n_2)} \right) \tag{6.18}$$

我们称该种估计法为均值已知的两总体方差比区间估计法。

提请同学们注意的是：

$$F_{1-\alpha/2} (n_1, n_2) = \frac{1}{F_{\alpha/2} (n_2, n_1)} \tag{6.19}$$

其中，n_1 表示第一自由度，n_2 表示第二自由度。

二、两总体均值未知

若 μ_1 和 μ_2 未知，根据数理统计学知识可知：

$$F = \frac{S_1^2/\sigma_1^2}{S_2^2/\sigma_2^2} \sim F (n_1 - 1, n_2 - 1)$$

$$F = \frac{S_1^2/\sigma_1^2}{S_2^2/\sigma_2^2} = \frac{S_1^2/S_2^2}{\sigma_1^2/\sigma_2^2} \sim F (n_1 - 1, n_2 - 1)$$

这时，我们可以通过求下面概率值：

$$P (F_{1-\alpha/2} (n_1 - 1, n_2 - 1) < F < F_{\alpha/2} (n_1 - 1, n_2 - 1)) = 1 - \alpha \tag{6.20}$$

来构造出两个总体方差比 $\dfrac{\sigma_1^2}{\sigma_2^2}$ 的置信度为 $1 - \alpha$ 的置信区间为：

$$(\frac{S_1^2/S_2^2}{F_{\alpha/2}\ (n_1-1,\ n_2-1)},\ \frac{S_1^2/S_2^2}{F_{1-\alpha/2}\ (n_1-1,\ n_2-1)})$$

我们称该种估计法为均值未知的两总体方差比区间估计法。

【例6-8】为了研究在校男女大学生在校期间，在生活费支出（元）方面的差异，现抽取男性大学生45名，女性大学生50名进行调查，经计算：

男：$S_1^2 = 180$

女：$S_2^2 = 230$

假设显著性水平为1%，请你根据调查数据估计男女大学生生活费支出方差比的置信区间。

［题意分析］

第1步，判定本题属于求总体什么参数的区间估计问题？

根据本题所问的问题，我们知道是求总体方差的区间估计问题。

第2步，确认是求一个总体，还是两个总体的区间估计问题？

经过确认，本题属于求两个总体的区间估计问题。

第3步，确定选用的估计法。

根据本题所给条件得知，本题属于两个总体相互独立，两个总体均值未知，估计总体方差比的区间估计问题，采用均值未知的两总体方差比区间估计法。

第4步，确定选用的统计量和分布类型：

本题选用的统计量是 F 统计量：$F = \dfrac{S_1^2/\sigma_1^2}{S_2^2/\sigma_2^2}$。　　　　　　　　　　　(6.21)

本题选用的分布类型是 F 分布：$F\ (n_1-1,\ n_2-1)$。

第5步，根据题中所给显著水平 $\alpha = 1\% = 0.01$ 和样本容量 $n_1 = 45$，$n_2 = 50$，查出下侧临界值和上侧临界值的值：

下侧临界值：$F_{1-\alpha/2}\ (n_1-1,\ n_2-1)$

上侧临界值：$F_{\alpha/2}\ (n_1-1,\ n_2-1)$

第6步，根据题中所给定的样本方差 $S_1^2 = 180$，$S_2^2 = 230$，计算出样本方差比：S_1^2/S_2^2。

第7步，计算出总体方差比置信区间的置信上、下限。

置信下限：$\dfrac{S_1^2/S_2^2}{F_{\alpha/2}\ (n_1-1,\ n_2-1)}$

置信上限：$\dfrac{S_1^2/S_2^2}{F_{1-\alpha/2}\ (n_1-1,\ n_2-1)}$

第8步，给出总体方差比 σ_1^2/σ_2^2 的置信度为 $1-\alpha$ 的置信区间：

$$(\frac{S_1^2/S_2^2}{F_{\alpha/2}\ (n_1-1,\ n_2-1)},\ \frac{S_1^2/S_2^2}{F_{1-\alpha/2}\ (n_1-1,\ n_2-1)})$$

【解】根据本题所问的问题，我们知道是求两个总体方差比的区间估计问题。

根据本题所给条件得知，本题属于两个总体相互独立，两个总体均值未知，估计总体方差比的区间估计问题，固采用均值未知的两总体方差比区间估计法。

本题选用的统计量是 F 统计量

$$F = \frac{S_1^2/\sigma_1^2}{S_2^2/\sigma_2^2} \tag{6.22}$$

本题选用的分布类型是 F 分布：$F(n_1-1, n_2-1)$。

根据题中所给显著水平 $\alpha = 1\% = 0.01$，计算出 $\alpha/2 = 0.5\% = 0.005$，所以，$1-\alpha/2 = 1-0.005 = 0.995$，再根据样本容量 $n_1 = 45$，$n_2 = 50$，查 F 分布表，得知下侧临界值和上侧临界值的值：

下侧临界值 $F_{1-\alpha/2}(n_1-1, n_2-1) = F_{0.995}(44, 49) = \text{FINV}(0.995, 44, 49) = 0.4599$

上侧临界值 $F_{\alpha/2}(n_1-1, n_2-1) = F_{0.005}(44, 49) = \text{FINV}(0.005, 44, 49) = 2.1446$

根据题中所给定的样本方差 $S_1^2 = 180$，$S_2^2 = 230$，计算出样本方差比：$S_1^2/S_2^2 = 180/230 = 0.7826$。

再计算出总体方差比置信区间的置信上、下限。

置信下限：$\dfrac{S_1^2/S_2^2}{F_{\alpha/2}(n_1-1, n_2-1)} = \dfrac{0.7826}{2.1446} = 0.3649$

置信上限：$\dfrac{S_1^2/S_2^2}{F_{1-\alpha/2}(n_1-1, n_2-1)} = \dfrac{0.7826}{0.4599} = 1.7016$

所以，在显著性水平为 1% 时，男女大学生生活费支出方差比的置信区间为：

$$\left(\frac{S_1^2/S_2^2}{F_{\alpha/2}(n_1-1, n_2-1)}, \frac{S_1^2/S_2^2}{F_{1-\alpha/2}(n_1-1, n_2-1)} \right) = (0.3649, 1.7016)$$

通过计算表明，男女大学生生活费支出差异波动幅度不是很大。

第四节　两个独立样本总体方差假设检验

我们知道：分别来自两个正态总体，容量分别为 n_1 和 n_2 的两个独立样本，其样本方差 S_1^2 和 S_2^2，各自服从自由度为 n_1-1 的卡方分布和自由度为 n_2-1 的卡方分布。于是有 F 统计量：

$$F = \frac{\dfrac{(n_1-1)\, S_1^2/\sigma_1^2}{(n_1-1)}}{\dfrac{(n_2-1)\, S_2^2/\sigma_2^2}{(n_2-1)}} \tag{6.23}$$

化简得：$F = \dfrac{S_1^2/\sigma_1^2}{S_2^2/\sigma_2^2}$，服从自由分子自由度为 n_1-1，分母自由度为 n_2-1 的 F 分布，如图 6-1 所示。

若要在显著性水平 α 下，检验总体方差是否相等，即方差比 $\sigma_1^2/\sigma_2^2 = \sigma_0^2 = 1$，则检验统计量为：$F = \dfrac{S_1^2/\sigma_1^2}{S_2^2/\sigma_2^2}$。 $\tag{6.24}$

由于检验过程中假设 $\sigma_1^2/\sigma_2^2 = 1$，故可得简化的检验统计量：$F_0 = \dfrac{S_1^2}{S_2^2}$。

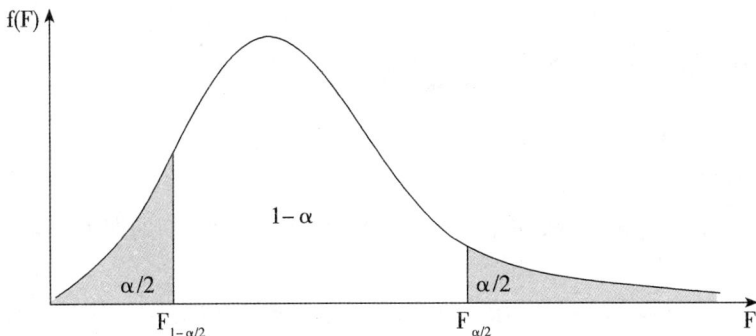

图 6-1　自由度为 n_1-1，n_2-1 的 F

双侧检验：$H_0 : \sigma_1^2/\sigma_2^2 = 1$，$H_1 : \sigma_1^2/\sigma_2^2 \neq 1$。

接受准则：若 $F_{1-\alpha/2}$（n_1-1，n_2-1）$<F_0<F_{\alpha/2}$（n_1-1，n_2-1）。

拒绝准则：$F_0<F_{1-\alpha/2}$（n_1-1，n_2-1）或 $F_0>F_{\alpha/2}$（n_1-1，n_2-1）。

左侧检验：$H_0 : \sigma_1^2/\sigma_2^2 \geqslant 1$，$H_1 : \sigma_1^2/\sigma_2^2 < 1$；

接受准则：$F_{1-\alpha}$（n_1-1，n_2-1）$<F_0$。

拒绝准则：$F_0<F_{1-\alpha}$（n_1-1，n_2-1）。

右侧检验：$H_0 : \sigma_1^2/\sigma_2^2 \leqslant 1$，$H_1 : \sigma_1^2/\sigma_2^2 > 1$；

接受准则：$F_0<F_{\alpha}$（n_1-1，n_2-1）。

拒绝准则：$F_0>F_{\alpha}$（n_1-1，n_2-1）

应当指出，在单侧检验中，我们始终可以将方差较大的总体表示为总体 1，通过这种方式建立原假设，从而使拒绝域处于上侧进行右侧检验，而无需做左侧检验。

例如，为比较生产同一种产品的两条生产线的技术状况，分别从两条生产线上随机抽取容量分别为 41 件和 31 件两个产品重量的样本，并计算出样本方差分别为 120 和 80。现以 0.05 的显著性水平，比较两条生产线产品重量的方差。

令方差较大的总体为总体 1。假设检验过程如下：

$H_0 : \sigma_1^2/\sigma_2^2 \leqslant 1$　　　$H_1 : \sigma_1^2/\sigma_2^2 > 1$

计算检验统计量的值：$F=\dfrac{S_1^2}{S_2^2}=\dfrac{120}{80}=1.50$

分子自由度为：$n_1-1=41-1=40$，分母自由度为：$n_2-1=31-1=30$。检验的临界值为：

F_{α}（n_1-1，n_2-1）$= F_{0.05}$（40，30）$= 1.79$

由于 $F=1.50<1.79$，所以没有理由拒绝原假设。结论是两条生产线技术状况没有显著差异。做出这一推断的把握程度为 95%。

网上测验考试

1. 课堂内的网上测验考试

在 15 分钟内，通过中国数字大学城东北财经大学全程互动统计学及其实验——基于 Excel 和 SPSS 软件课程的考试平台，完成课堂内的网上测验考试。

2. 课堂外的网上测验考试

课后，通过中国数字大学城东北财经大学全程互动统计学及其实验——基于 Excel 和 SPSS 软件课程的考试平台，完成课后网上测验考试。

第七章　方差分析

〔**本章学习目标**〕通过本章学习，理解方差分析的思路、原理与方法，掌握单因素方差分析的解题步骤。

〔**本章重点难点**〕重点是深刻理解方差分析的思路、原理与方法，掌握单因素方差分析的解题步骤，掌握用 Excel 数据分析工具解答方差分析的操作步骤和读懂输出的结果，为后续课程的学习打下良好基础。难点一是哪类实际问题能转化为方差分析的解答范围；难点二是确定属于方差分析能解答的实际问题后，如何确定和区分因素和水平。

〔**建议学时**〕3.5 学时

【引例7-1】某工厂实行早、中、晚三班工作制。工厂管理部门想了解不同班次工人劳动效率是否存在明显的差异。为此，工厂管理部门从每个班次中随机抽出了 7 名工人，得到工人的劳动效率（件/班）资料见表 7-1（见光盘"全程互动统计学及其实验——基于 Excel 和 SPSS 软件数据"文件夹"引例1"工作簿的"第七章方差分析"工作表）。

表7-1　　　　　　　　　　　　　　劳动效率表　　　　　　　　　　　单位：件

早班	中班	晚班
34	49	39
37	47	40
35	51	42
33	48	39
33	50	41
35	51	42
36	51	40

请分析不同班次工人的劳动效率是否存在显著性差异。（$\alpha = 0.05$，0.01）

分析：要想确定不同班次工人的劳动效率是否存在显著性差异，实际上就是分析在早、中、晚三班工作制的前提下，三个班次中每个班次工人的劳动效率的平均数之间是否存在显著性差异。在这里，显然是只有一个主要影响因素，它就是工作制，该因素有三个水平，分别是早班、中班、晚班，每个水平分别进行了 7 次试验。解决类似这样的问题，只能采用单因素方差分析的方法。

抽象：工作制属于因素 A。早、中、晚三个班就属于因素 A 的三个水平，也就是因素 A 的水平。水平的个数我们用 k 来表示；在对因素 A 的 k 个不同水平 A_i 进行试验时，获得试验数据 $\{x_{ij}\}$（$i=1$，2，…，k；$j=1$，2，…，n_i；$\sum\limits_{i=1}^{k} n_i = n$），j

称为第 j 个观测序号。工厂管理部门想了解不同班次工人劳动效率是否存在明显的差异。

第一节　单因素方差分析

在方差分析中规定，如果在进行一项试验时只研究一个因素（例如，【引例 7-1】中的工作制）的因素水平（例如，【引例 7.1】中的早、中、晚班）对试验结果的影响，而其他因素的因素水平保持不变，这样的试验称为单因素试验。对单因素试验的数据所进行的分析叫做单因素方差分析。它只考虑一个因素 A 的不同水平对所考察对象的影响。设试验中因素 A 有 k 个不同的水平 A_i（要求 A_i 的试验数据服从参数为 μ_i，σ^2 的正态分布，$i=1，2，\cdots，k$），在对因素 A 的 k 个不同水平 A_i 进行试验时，获得试验数据 $\{x_{ij}\}$（$i=1，2，\cdots，k；j=1，2，\cdots，n_i；\sum\limits_{i=1}^{k} n_i = n$），j 称为第 j 个观测序号，见表 7-2。我们可以利用这批试验数据来检验不同因素水平 A_i 对试验结果所起的作用是否存在显著性差异，实际上，就是检验各因素水平 A_i 的试验数据的平均值有无显著性差异。

表 7-2　　　　　　　　　　　　**单因素方差分析数据**

实验次序号	因素 A 的水平						总和
	A_1	A_2	$\cdots$	A_i	$\cdots$	A_k	
1	x_{11}	x_{21}	$\cdots$	x_{i1}	$\cdots$	x_{k1}	
2	x_{12}	x_{22}	$\cdots$	x_{i2}	$\cdots$	x_{k2}	
3	x_{13}	x_{23}	$\cdots$	x_{i3}	$\cdots$	x_{k3}	
$\vdots$	$\vdots$	$\vdots$	$\vdots$	$\vdots$	$\vdots$	$\vdots$	
max $\{n_i\}$	x_{1n_1}	x_{2n_2}	$\cdots$	x_{in_i}	$\cdots$	x_{kn_k}	

单因素方差分析检验步骤如下：

（1）提出需要进行检验的假设。

原假设 H_0：$\mu_1 = \mu_2 = \cdots = \mu_k$；

备择假设 H_1：μ_1、μ_2、$\cdots$、μ_k 不完全相等。

（2）构造检验的统计量。

$$F = \frac{s_1^2}{s_2^2} = \frac{\dfrac{1}{k-1}\sum\limits_{i=1}^{k} n_i(\bar{x}_i - \bar{x})^2}{\dfrac{1}{n-k}\sum\limits_{i=1}^{k}\sum\limits_{j=1}^{n_i}(x_{ij} - \bar{x}_i)^2} \sim F(k-1，n-k)$$

k-1 叫做组间自由度；

n-k 叫做组内自由度。

（3）给出显著性水平 α 值，查出临界值 $F_\alpha(k-1，n-k)$。

（4）计算检验用的统计量的值（见表7-3）。

表7-3　　　　　　　　　　　　　　检验用统计量值的计算过程

实验次序号	因素 A 的水平						总和
	A_1	A_2	$\cdots$	A_i	$\cdots$	A_k	
1	x_{11}	x_{21}	$\cdots$	x_{i1}	$\cdots$	x_{k1}	
2	x_{12}	x_{22}	$\cdots$	x_{i2}		x_{k2}	
3	x_{13}	x_{23}	$\cdots$	x_{i3}		x_{k3}	
$\vdots$	$\vdots$	$\vdots$	$\vdots$	$\vdots$	$\cdots$	$\vdots$	
$\max\{n_i\}$	x_{1n_1}	x_{2n_2}	$\cdots$	x_{in_i}		x_{kn_k}	
各水平样本单位数	n_1	n_2		n_i		n_k	n
各水平样本标志值之和	$\sum\limits_{j=1}^{n_1} x_{1j}$	$\sum\limits_{j=1}^{n_2} x_{2j}$	$\cdots$	$\sum\limits_{j=1}^{n_i} x_{ij}$	$\cdots$	$\sum\limits_{j=1}^{n_i} x_{kj}$	$\sum\limits_{i=1}^{k}\sum\limits_{j=1}^{n_i} x_{ij}$
各水平样本平均数	$\bar{x}_1$	$\bar{x}_2$	$\cdots$	$\bar{x}_i$		$\bar{x}_k$	$\bar{x}$
各水平样本平均数的离差平方	$(\bar{x}_1-\bar{x})^2$	$(\bar{x}_2-\bar{x})^2$	$\cdots$	$(\bar{x}_i-\bar{x})^2$	$\cdots$	$(\bar{x}_k-\bar{x})^2$	
各水平样本平均数的总离差平方和	$n_1(\bar{x}_1-\bar{x})^2$	$n_2(\bar{x}_2-\bar{x})^2$	$\cdots$	$n_i(\bar{x}_i-\bar{x})^2$	$\cdots$	$n_k(\bar{x}_k-\bar{x})^2$	
第1个水平试验数据样本标志值的离差平方	$(x_{11}-\bar{x}_1)^2$	$(x_{12}-\bar{x}_1)^2$	$\cdots$	$(x_{1j}-\bar{x}_1)^2$	$\cdots$	$(x_{1n_1}-\bar{x}_1)^2$	
第2个水平试验数据样本标志值的离差平方	$(x_{21}-\bar{x}_2)^2$	$(x_{22}-\bar{x}_2)^2$	$\cdots$	$(x_{2j}-\bar{x}_2)^2$	$\cdots$	$(x_{2n_2}-\bar{x}_2)^2$	
$\vdots$	$\vdots$	$\vdots$	$\vdots$	$\vdots$	$\cdots$	$\vdots$	
第k个水平试验数据样本标志值的离差平方	$(x_{k1}-\bar{x}_k)^2$	$(x_{k2}-\bar{x}_k)^2$	$\cdots$	$(x_{kj}-\bar{x}_k)^2$	$\cdots$	$(x_{kn_k}-\bar{x}_k)^2$	
	$\sum\limits_{i=1}^{k}\sum\limits_{j=1}^{n_i}(x_{ij}-\bar{x}_i)^2$						

假设原假设成立，计算检验用的统计量的值：

$$F_0 = \frac{s_{01}^2}{s_{02}^2} = \frac{\dfrac{1}{k-1}\sum\limits_{i=1}^{k} n_i(\bar{x}_i-\bar{x})^2}{\dfrac{1}{n-k}\sum\limits_{i=1}^{k}\sum\limits_{j=1}^{n_i}(x_{ij}-\bar{x}_i)^2} = \frac{\dfrac{1}{k-1}\sum\limits_{i=1}^{k} n_i(\bar{x}_i-\bar{x})^2}{\dfrac{1}{n-k}\sum\limits_{j=1}^{n_i}\sum\limits_{i=1}^{k}(x_{ij}-\bar{x}_j)^2}$$

上式中相关符号的说明：

$\bar{x}_i$ 是第 i 水平的样本平均数（i=1, 2, …, k），计算公式为 $\bar{x}_i = \dfrac{1}{n_i} \sum\limits_{j=1}^{n_i} x_{ij}$；

$\bar{x}$ 是所有样本的平均数，计算公式为 $\bar{x} = \dfrac{1}{n} \sum\limits_{i=1}^{k} \sum\limits_{j=1}^{n_i} x_{ij} = \dfrac{1}{n} \sum\limits_{i=1}^{k} n_i \bar{x}_i$；

n_i 是第 i 水平的样本单位数；

n 是所有样本单位数，计算公式为 $n = \sum\limits_{i=1}^{k} n_i$；

$\sum\limits_{i=1}^{k} n_i (\bar{x}_i - \bar{x})^2$ 是各水平样本平均数 $\bar{x}_i (i=1, 2, …, k)$ 与所有样本的平均数 $\bar{x}$ 离差的平方和，反映了各水平的样本平均数之间的差异程度，是系统误差，被称为组间离差平方和，用符号 s_A^2 表示，即 $s_A^2 = \sum\limits_{i=1}^{k} n_i (\bar{x}_i - \bar{x})^2$；

$\sum\limits_{i=1}^{k} \sum\limits_{j=1}^{n_i} (x_{ij} - \bar{x}_i)^2$ 是每个水平样本值 $x_{ij} (j=1, 2, …, n_i)$ 与该水平样本平均数 $\bar{x}_i$ 离差的平方和，反映了所有水平的样本值与各自水平样本平均数之间的整体差异程度，是随机误差，被称为组内离差平方和，用符号 s_E^2 表示，即 $s_E^2 = \sum\limits_{i=1}^{k} \sum\limits_{j=1}^{n_i} (x_{ij} - \bar{x}_i)^2$。

（5）计算单因素方差分析表（见表 7-4）。

表 7-4　　　　　　　　　　　　单因素方差分析表

方差来源	离差平方和	自由度	均方差	统计量	临界点
组间	$s_A^2 = \sum\limits_{i=1}^{k} n_i (\bar{x}_i - \bar{x})^2$	k－1	$s_{01}^2 = \dfrac{s_A^2}{k-1}$		
	$s_E^2 = \sum\limits_{i=1}^{k} \sum\limits_{j=1}^{n_i} (x_{ij} - \bar{x}_i)^2$	n－k	$s_{02}^2 = \dfrac{s_E^2}{n-k}$	$F_0 = \dfrac{s_{01}^2}{s_{02}^2}$	$F_\alpha = F_\alpha \, (k-1, \, n-k)$
	$s^2 = \sum\limits_{i=1}^{k} \sum\limits_{j=1}^{n_i} (x_{ij} - \bar{x})^2$	n－1			

（6）单因素方差分析统计决策表（见表 7-5）。

表 7-5　　　　　　　　　　　　单因素方差分析统计决策表

判断	结论
若 $F_0 < F_\alpha \, (k-1, \, n-k)$	接受原假设。即认为不同因素水平 A_i 对试验结果的影响程度不存在显著性差异
若 $F_0 > F_\alpha \, (k-1, \, n-k)$	接受备择假设。即认为不同因素水平 A_i 对试验结果的影响程度存在显著性差异

下面用单因素方差分析法来解答【引例 7-1】的问题。

【解】设：早班工人的平均劳动效率是 μ_1，中班工人的平均劳动效率是 μ_2，晚班工人的平均劳动效率是 μ_3。根据单因素方差分析方法的检验步骤，我们有：

（1）提出需要进行检验的假设。

原假设 H_0：$\mu_1 = \mu_2 = \mu_3$；

备择假设 H_1：μ_1、μ_2、μ_3 不完全相等。

（2）构造检验的统计量。

$$F = \frac{s_1^2}{s_2^2} = \frac{\dfrac{1}{2}\sum_{i=1}^{3} n_i(\bar{x}_i - \bar{x})^2}{\dfrac{1}{18}\sum_{i=1}^{3}\sum_{j=1}^{n_i}(x_{ij} - \bar{x}_i)^2} \sim F(2, 18)$$

（3）给出显著性水平 α 值，查出临界值 F_α（k-1，n-k）。

由题中可知，$k = 3$，$n = 3 \times 7 = 21$，$\alpha = 0.05$ 和 $\alpha = 0.01$，查出临界值 $F_{0.05}(2, 18) = 3.55$，$F_{0.01}(2, 18) = 6.01$。

（4）计算统计量的值（见表7-6）。

表7-6 检验用统计量值的计算过程

实验次序号	因素 A 的水平			总和
	A_1	A_2	A_3	
1	34	49	39	
2	37	47	40	
3	35	51	42	
4	33	48	39	
5	33	50	41	
6	35	51	42	
7	36	51	40	
各水平样本单位数	7	7	7	21
各水平样本标志值之和	243	347	283	873
各水平样本平均数	34.71	49.57	40.43	41.6
各水平样本平均数的离差平方	47.02	64	1.306	
各水平样本平均数的总离差平方和	329.1	448	9.143	
第1次试验样本标志值的离差平方	0.51	0.327	2.041	
第2次试验样本标志值的离差平方	5.224	6.612	0.184	
第3次试验样本标志值的离差平方	0.082	2.041	2.469	
第4次试验样本标志值的离差平方	2.939	2.469	2.041	
第5次试验样本标志值的离差平方	2.939	0.184	0.327	
第6次试验样本标志值的离差平方	0.082	2.041	2.469	
第7次试验样本标志值的离差平方	1.653	2.041	0.184	

（5）计算单因素方差分析表（见表7-7）。

表7-7   **单因素方差分析表**

方差来源	离差平方和	自由度	均方差	统计量	显著性水平	临界点
组间	786.3	2	393.14	182.12	0.05	3.55
组内	38.86	18	2.1587			
总和	825.1					

（6）单因素方差分析统计决策（见表7-8）。

表7-8   **单因素方差分析统计决策表**

判断	结论
由于 $F_0 > F_\alpha$	接受备择假设。三班次工人的劳动生产率是存在显著性差异的

第二节　用 Excel 软件解单因素方差分析问题

同学们一定正为单因素方差分析时无法回避的大量计算感到头痛，下面请同学们跟我一起操作 Excel 软件。

第1步：选择"工具"下拉菜单。

第2步：选择"数据分析"选项。

第3步：在分析工具中选择"单因素方差分析"（见图7-1），然后选择"确定"。

图7-1   **"数据分析"分析工具和原始数据**

第4步：当对话框出现时，在"输入区域"方框内键入数据单元格区域（例如：\$ C \$ 30：\$ E \$ 37），在 α（A）：方框内键入0.05（题中给定的显著性水平），在"输出选项"中选择输出区域（例如：\$ I \$ 30），点击确定，得到输出结果（见图7-2）。

在"方差分析：单因素方差分析"输出结果中，SS 表示离差平方和；df 为自由度；MS 为均方差；F 为统计量；F-crit 为给定的显著性水平 α 条件下的临界值。利用（6）单因素方差分析统计决策表就可以对引例进行完整的方差分析了。

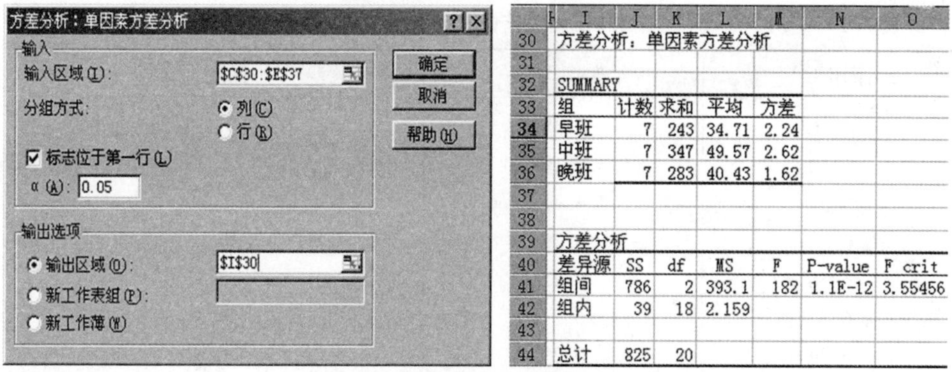

图7-2　方差分析：单因素方差分析对话框和输出结果

网上测验考试

1. 课堂内的网上测验考试

在15分钟内，通过中国数字大学城东北财经大学全程互动统计学及其实验——基于 Excel 和 SPSS 软件课程的考试平台，完成课堂内的网上测验考试。

2. 课堂外的网上测验考试

课后，通过中国数字大学城东北财经大学全程互动统计学及其实验——基于 Excel 和 SPSS 软件课程的考试平台，完成课后网上测验考试。

思考练习题

1. 从3个总体中各抽取容量不同的样本数据，得到资料见表7-9。

表7-9　　　　　　　　　　　　3个总体的样本数据

样本1	样本2	样本3
158	153	169
148	142	158
161	156	180
154	149	
169		

请检验3个总体的均值之间是否有显著差异？（$\alpha = 0.01$）

2. 现有3名操作工，他们所生产的阀门口径的调查数据见表7-10。

表7-10 3名操作工所生产的阀门口径的样本数据

操作工 1	操作工 2	操作工 3
6.56	6.38	6.39
6.40	6.19	6.33
6.54	6.26	6.29
6.34	6.23	6.43
6.58	6.22	6.36
6.44	6.27	6.41
6.36	6.29	6.31
6.50	6.19	6.56

请检验3名操作工所生产的阀门口径的均值之间是否有显著差异？（$\alpha = 0.01$）

第八章　非参数假设检验

〔**本章学习目标**〕通过本章学习，了解非参数假设检验所能解答的问题，掌握 χ^2（卡方）拟合优度检验的解题思路和解题步骤。

〔**本章重点难点**〕重点是掌握 χ^2（卡方）拟合优度检验的解题思路和解题步骤，掌握用 Excel 及 SPSS 软件完成 χ^2（卡方）拟合优度检验的计算操作步骤和读懂输出的结果，为检验总体具体服从什么分布提供检验方法，为后续课程的学习打下良好基础。难点一：如何计算出理论概率值 p（$X \leqslant x_{f_{0_i}}^{ij}$）；难点二：如何计算出理论频率值 f_{ei}。

〔**建议学时**〕4.5 学时

第一节　非参数检验概述

非参数检验（nonparametric tests）是相对于参数检验而言的。参数检验是一种适用于一些特定环境下的检验，如前几章讲解的均值和方差检验就属于参数检验。进行参数检验时，我们都要事先知道总体服从什么分布。例如我们经常假设总体服从正态分布，之后，我们才根据这种假设，选择统计量，抽取样本，再根据来自总体的样本资料对总体均值或方差进行检验。但是，我们在进行参数检验时，事实上，我们事先并不知道总体服从什么分布，我们只是为了满足参数假设检验必须要满足的假设条件时，才经常假设总体服从正态分布。事实上，在许多实际问题中，人们往往对总体的分布形式知之甚少。因此，在学习本章内容之前，我们很难有正确的假设，也就不能正确地找到满足参数检验的条件，也就是说，我们前面讲解的参数检验方法，在没有进行过总体分布类型的假设检验之前，属于谬用。

对总体除总体参数之外信息的检验，称为非参数检验。例如对总体分布类型的检验，就属于非参数假设检验。

本章只介绍单样本非参数检验（single-sample nonparametric test）的常用方法：χ^2 拟合优度检验、K-S 检验、符号检验和游程检验，以及列联表与 χ^2 的独立性检验。

第二节　单样本非参数检验

前面我们提到，进行参数检验时，我们都要事先知道总体服从什么分布。而事实上，我们往往事先并不知道总体服从什么分布，我们只是假设总体服从某种分布，这就会产生谬用的现象发生。如何减少或杜绝这类现象的发生，可以通过下面介绍的 χ^2 检验或 K-S 检验这些非参数检验方法加以杜绝。

一、χ^2（卡方）拟合优度检验

χ^2 拟合优度检验（ chi-square goodness-of-fit test）适用于具有明显分类特征的数据。如要研究消费者对某种产品是否有"颜色"的偏好，可以将消费者按购买不同颜色的产品分类，得到各颜色购买者的人数。根据这些样本数据来判断样本所属的总体分布与某一设定分布是否有显著差异。所谓设定分布可以是我们熟悉的理论分布，如正态分布、均匀分布等，也可以是任何想象的分布。

χ^2 拟合优度检验的步骤：

第 1 步，提出原假设与备择假设。

H_0：样本所属总体分布与已知总体分布无显著性差异。

H_1：样本所属总体分布与已知总体分布有显著性差异。

第 2 步，选择统计量。

根据皮尔逊定理，当 n（$\geqslant 50$）充分大时，$\displaystyle\sum_{i=1}^{k} \frac{(f_{oi}-f_{ei})^2}{f_{ei}}$ 渐近服从自由度为 k-1 的 χ^2 分布。因此，n$\geqslant$50 时，我们选择 χ^2 统计量，其具体表达式如下：

$$\chi^2 = \sum_{i=1}^{k} \frac{(f_{oi} - f_{ei})^2}{f_{ei}} \sim \chi^2(k-1) \tag{8.1}$$

第 3 步，根据给定的显著性水平 α，查出临界值 χ_α^2（k-1）。

第 4 步，假设原假设成立，计算检验用统计量的值 χ_0^2 或检验用的 P_0 值。

（1）计算检验用统计量的值。

$$\chi_0^2 = \sum_{i=1}^{k} \frac{(f_{oi} - f_{ei})^2}{f_{ei}} \tag{8.2}$$

样本分量数据按从小到大的顺序排列后，式中 k 是样本分量数据分类（或分组）的个数（或组数），f_{oi} 表示通过样本分量数据分类后属于第 i 类（或第 i 组）数据的样本分量数据的（个数）频数，f_{ei} 表示属于第 i 类（或第 i 组）数据的设定（或理论）数据的（个数）频数。

（2）计算检验用的 P_0 值。

$$P（\chi^2（k-1）>\chi_0^2）= P_0 \tag{8.3}$$

需要注意的是：由于奠定检验基础的皮尔逊定理要求样本是充分大，所以在搜集资料时必须要保证样本容量不小于 50，同时每个单元中的期望频数不能太小，如果有单元中的频数小于 5，则需要将它与相邻的组进行合并，如果 20% 的单元理论频数 f_e 小于 5，则不能用 χ^2 检验了。

第 5 步，进行对比后，根据对比结果，得出判断与结论。

（1）若 $\chi_0^2 < \chi_\alpha^2$ 或 $\alpha < P_0$，则接受原假设 H_0，拒绝 H_1，即样本所属总体分布与已知总体分布无显著性差异，做出这样一个决策的可靠程度为 1-α。

（2）若 $\chi_0^2 > \chi_\alpha^2$ 或 $\alpha > P_0$，则接受备择假设 H_1，拒绝原假设 H_0，即样本所属总体分布与已知总体分布存在显著性差异，做出这样一个决策的可靠程度为 1-α。

（3）若 $\chi_0^2 = \chi_\alpha^2$ 或 $\alpha = P$，则无结论。

【例 8-1】随机抽取 100 名生产线上的工人，调查他们的日产量，资料情况如下表 8-1（见光盘"全程互动统计学及其实验——基于 Excel 和 SPSS 软件数据"文件夹"引例 1"工作簿的"第八章非参数假设检验"工作表）所示。判断生产线上工人的日产量是否为正态分布。（α=0.05）

表 8-1　　　　　　　　　　　　　　生产线上工人的日产量

工人日产量（件）	500 以下	500~540	540~580	580~620	620~640	640 以上	合计
组中值	480	520	560	600	640	680	—
人数（人）	6	23	27	19	15	10	100

【解题分析与思路】由于要我们判断生产线上工人的日产量是否为正态分布，属于非参数假设检验问题。常用方法有 χ^2 拟合优度检验、K-S 检验、符号检验和游程检验，以及列联表与 χ^2 的独立性检验。本题中我们选用 χ^2 拟合优度检验，检验生产线上工人的日产量是否为正态分布。

【解】χ^2 拟合优度检验的步骤：

第 1 步，提出原假设与备择假设。

H_0：样本所属总体分布与正态分布无显著性差异。

H_1：样本所属总体分布与正态分布有显著性差异。

第 2 步，选择统计量。

根据皮尔逊定理，当 n（≥50）充分大时，$\sum\limits_{i=1}^{k}\dfrac{(f_{oi}-f_{ei})^2}{f_{ei}}$ 渐近服从自由度为 k-1 的 χ^2 分布。本题中 n=100>50，我们选择 χ^2 统计量，其具体表达式如下：

$$\chi^2 = \sum_{i=1}^{k}\frac{(f_{oi}-f_{ei})^2}{f_{ei}}$$

第 3 步，根据给定的显著性水平 α，查出临界值 χ_α^2（k-1）。

由于本题给定的显著性水平 α 为 0.05，已知 k=6，查出临界值 χ_α^2（k-1）= $\chi_{0.05}^2$（k-1）= chiinv（0.05，5）= 11.0705。

第 4 步，假设原假设成立，计算检验用统计量的值 χ_0^2 或检验用的 P_0 值（计算过程见引例 1.xls"第八章非参数假设检验"工作表的 A21：W31 单元格区域，下同）。

（1）计算检验用统计量的值。

$$\chi_0^2 = \sum_{i=1}^{k}\frac{(f_{oi}-f_{ei})^2}{f_{ei}}$$

式中 k 是样本分量数据分类的个数，f_{oi} 表示通过样本分量数据分类后属于第 i 类（或第 i 组）数据的样本分量数据的（个数）频数，f_{ei} 表示属于第 i 类（或第 i 组）数据的设定（或理论）数据的（个数）频数。

①设原始的样本数据为：x_1，x_2，…，x_j，…，x_n，我们将原始的样本数据从小到大排序，排序后的数据为：x_1^1，x_2^1，…，x_j^1，…，x_n^1；根据题意分为 k 类（或

组），设第 i 类（或第 i 组）包括 f_{oi} 个数据，这些数据分别为：x_1^{il}，x_2^{il}，$\cdots$，x_s^{il}，$\cdots$，$x_{f_{oi}}^{il}$；其中，i=1，2，$\cdots$，k。

②计算 f_{ei}。

$$f_{ei}=n\ (p\ (X\leqslant x_{f_{oi}}^{il})\ -p\ (X\leqslant x_{f_{o(i-1)}}^{(i-1)1})\ ) \tag{8.4}$$

其中，n 为我们抽取的样本容量，$X\sim N\ (\mu,\ \sigma^2)$。

对于本题，n=100，取 $\mu\approx\bar{x}$，$\sigma^2\approx s^2$。

将公式（8.4）改写成下面的形式：

$$
\begin{aligned}
f_{ei}&=n\ (p\ (X\leqslant x_{f_{oi}}^{il})\ -p\ (X\leqslant x_{f_{o(i-1)}}^{(i-1)1})\ )\\
&=n\ [p\ (\ (X-\mu)\ /\sigma\leqslant\ (x_{f_{oi}}^{il}-\mu)\ /\sigma)\ -p\ (\ (X-\mu)\ /\sigma\leqslant\ (x_{f_{o(i-1)}}^{(i-1)1}-\mu)\ /\sigma)\ ]\\
&=n\ [p\ (Z\leqslant\ (x_{f_{oi}}^{il}-\mu)\ /\sigma)\ -p\ (Z\leqslant\ (x_{f_{o(i-1)}}^{(i-1)1}-\mu)\ /\sigma)\ ]\\
&=n\ [\Phi\ (\ (x_{f_{oi}}^{il}-\mu)\ /\sigma)\ -\Phi\ (\ (x_{f_{o(i-1)}}^{(i-1)1}-\mu)\ /\sigma)\ ]\\
&\approx n\ [\Phi\ (\ (x_{f_{oi}}^{il}-\bar{x})\ /s)\ -\Phi\ (\ (x_{f_{o(i-1)}}^{(i-1)1}-\bar{x})\ /s)\ ]
\end{aligned}
$$

③将表 8-1 输入到引例 1.xls "第八章非参数假设检验" 工作表的 A22：C29 单元格区域内。

④再求出样本的平均数和标准差。

Ⅰ. 样本的平均数

$$\bar{x}=\ (480\times6+520\times23+\cdots+650\times10)\ \div100=573.1$$
$$=SUMPRODUCT\ (B23：B28，C23：C28)\ /C29$$

指导　　　　　Excel 软件内 SUMPRODUCT 函数的使用说明

①函数的含义。

在给定的几组数组中，将数组间对应的元素相乘，并返回乘积之和。

②函数表达式。

SUMPRODUCT（array1，array2，array3，...）

array1，array2，array3，... 为 2 到 30 个数组，其相应元素需要进行相乘并求和。

指导　　　　　Excel 软件内 NORMSDIST 函数的使用说明

①函数的含义。

计算标准正态累积分布函数，该分布的平均值为 0，标准偏差为 1。可以使用该函数代替标准正态曲线面积表。

②函数表达式。

NORMSDIST（z）

Z 为需要计算其分布的数值。

> **指导** Excel 软件内 NORMDIST 函数的使用说明
>
> ①函数的含义。
>
> 计算指定平均值和标准偏差的正态分布函数。此函数在统计方面应用范围广泛（包括假设检验）。
>
> ②函数表达式。
>
> NORMDIST （x，mean，standard_dev，cumulative）
>
> x 为需要计算其分布的数值；mean 分布的算术平均值；standard_dev 分布的标准偏差；cumulative 为一逻辑值，指明函数的形式。如果 cumulative 为 TRUE，函数 NORMDIST 得出累积分布函数；如果为 FALSE，得出概率密度函数。

Ⅱ. 样本的标准差。

$$S = \sqrt{\frac{\sum\limits_{i=1}^{n} |x_i^1 - \bar{x}|^2 f_i}{\sum\limits_{i=1}^{n} f_i - 1}}$$

$$= \sqrt{\frac{|480-573.1|^2 \times 6 + |520-573.1|^2 \times 23 + \cdots + |680-573.1|^2 \times 10}{100-1}}$$

$$= 49.5372$$

⑤最终求得的检验统计量的值 χ_0^2。

根据引例 1. xls "第八章非参数假设检验" 工作表的 A21：W31 单元格区域的计算过程，最终求得的检验统计量的值

$$\chi_0^2 = \sum_{i=1}^{k} \frac{(f_{oi} - f_{ei})^2}{f_{ei}} = 9.745$$

（2）计算检验用的 P_0 值。

$$P (\chi^2 (n-1) > \chi_0^2) = P_0 \tag{8.5}$$

需要注意的是：由于奠定检验基础的皮尔逊定理要求样本充分大，所以在搜集资料时必须要保证样本容量不小于 50，同时每个单元中的期望频数不能太小，如果有单元中的频数小于 5，则需要将它与相邻的组进行合并，如果 20% 的单元理论频数 f_e 小于 5，则不能用 χ^2 检验了。

本例根据引例 1. xls "第八章非参数假设检验" 工作表的 A21：W31 单元格区域的计算过程，最终求得检验用的 P_0 值：

$$P_0 = P (\chi^2 (n-1) > \chi_0^2) = 0.083$$

第 5 步，进行对比后，根据对比结果，得出判断与结论。

本题中 $\chi_0^2 = 9.745 < 11.0705$ 或 $P_0 = 0.083 > 0.05$，因此，接受原假设 H_0，拒绝 H_1，即根据随机抽取的这 100 名生产线上的工人的日产量资料判断，生产线上工人的日产量是服从正态分布的。

用 SPSS 软件求解【例 8-1】的过程见图 8-1 到图 8-6。

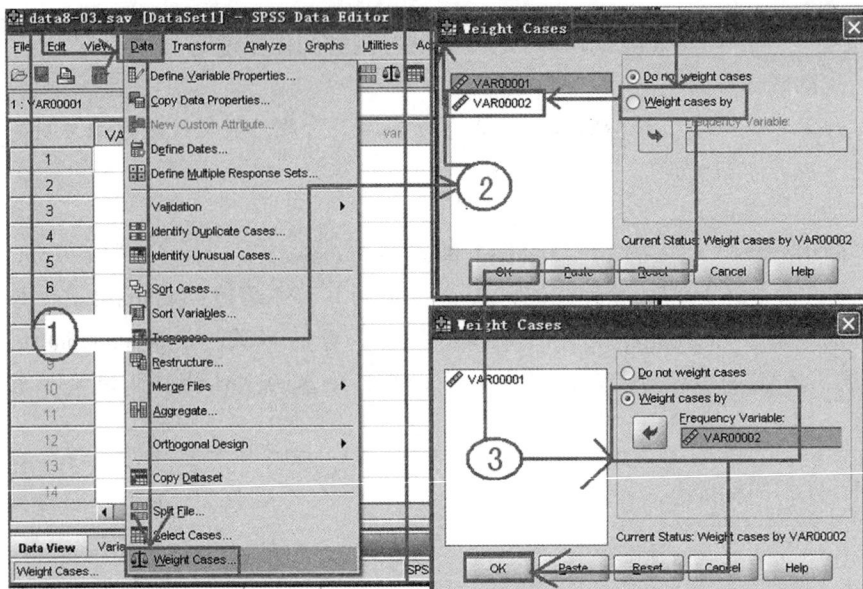

图 8-1　χ^2 拟合优度检验操作步骤①

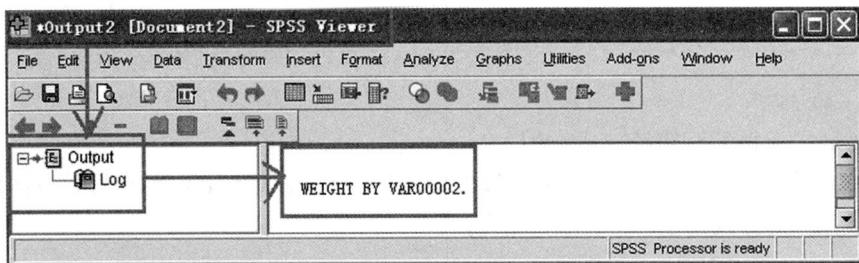

图 8-2　χ^2 拟合优度检验操作步骤②

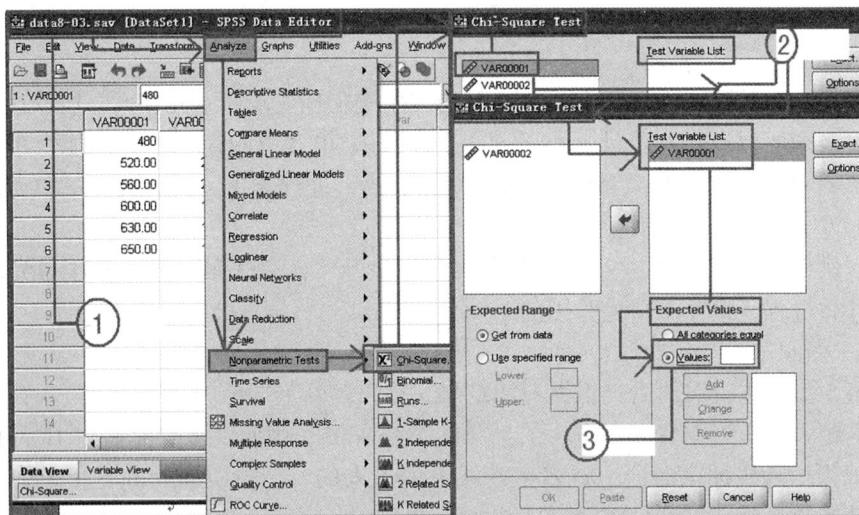

图 8-3　χ^2 拟合优度检验操作步骤③

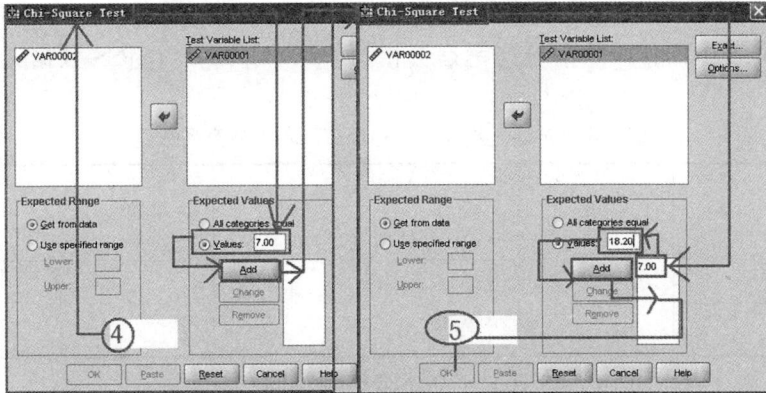

图 8-4　χ^2 拟合优度检验操作步骤④

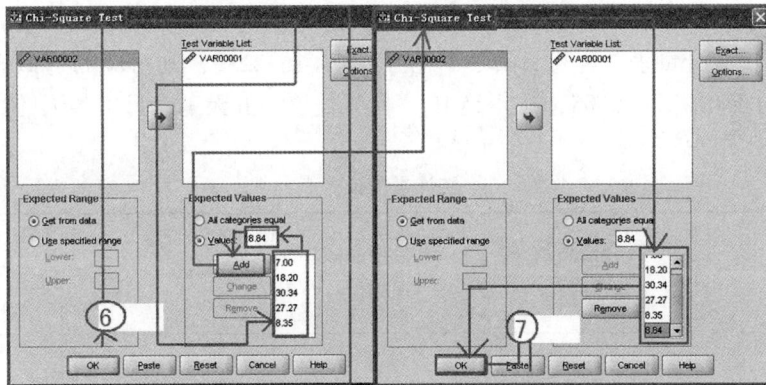

图 8-5　χ^2 拟合优度检验操作步骤⑤

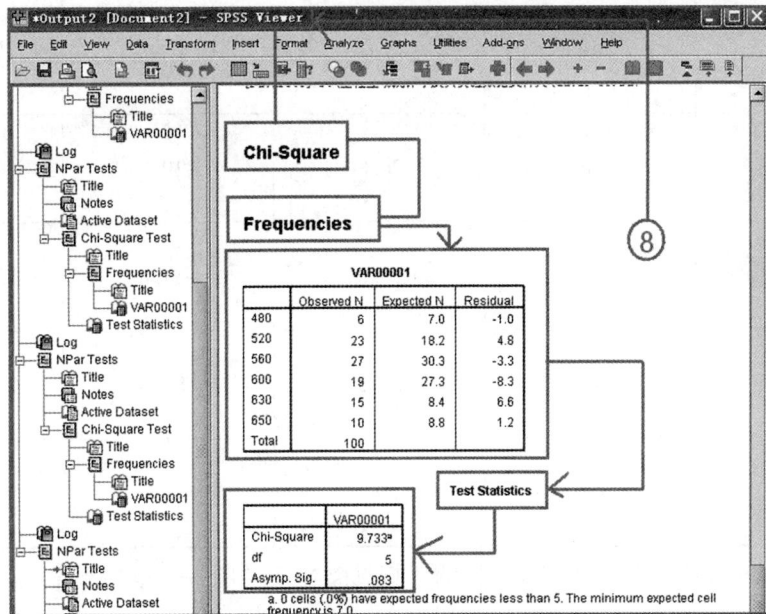

图 8-6　χ^2 拟合优度检验操作步骤⑥

【例8-2】某企业生产线上星期一至星期五的不合格产品数量见表8-2。试检验五个不同工作日的产品不合格率是否相同。（α＝0.05）（SPSS 数据文件编号：data8_01）

表8-2　　　　　　某企业生产线上星期一至星期五的不合格产品数量

工作日	星期一	星期二	星期三	星期四	星期五
不合格品数（个）	36	32	16	15	35

【解】H_0：五个不同工作日的产品不合格率相同；

　　　H_1：五个不同工作日的产品不合格率不相同。

由于不合格品数的合计数是134，所以其理论值为$134 \div 5 = 26.8$。表8-3是相关数据的χ^2统计量表。经过计算，χ^2统计量为16.2239，其对应的近似概率值为0.0027。由于0.0027<0.05，故拒绝H_0，也就是说，五天工作日中各天的产品不合格率是不相同的。

表8-3　　　　　　　　　　χ^2统计量的计算表

工作日	不合格品数实际值	不合格品数理论值	$f_{oi} - f_{ei}$	$\dfrac{(f_{oi} - f_{ei})^2}{f_{ei}}$
星期一	36	26.8	9.2	3.1582
星期二	32	26.8	5.2	1.0090
星期三	16	26.8	−10.8	4.3522
星期四	15	26.8	−11.8	5.1955
星期五	35	26.8	8.2	2.5090
合计	134	134	—	16.2239

用 SPSS 软件的求解【例8-2】的过程见图8-7到图8-10。

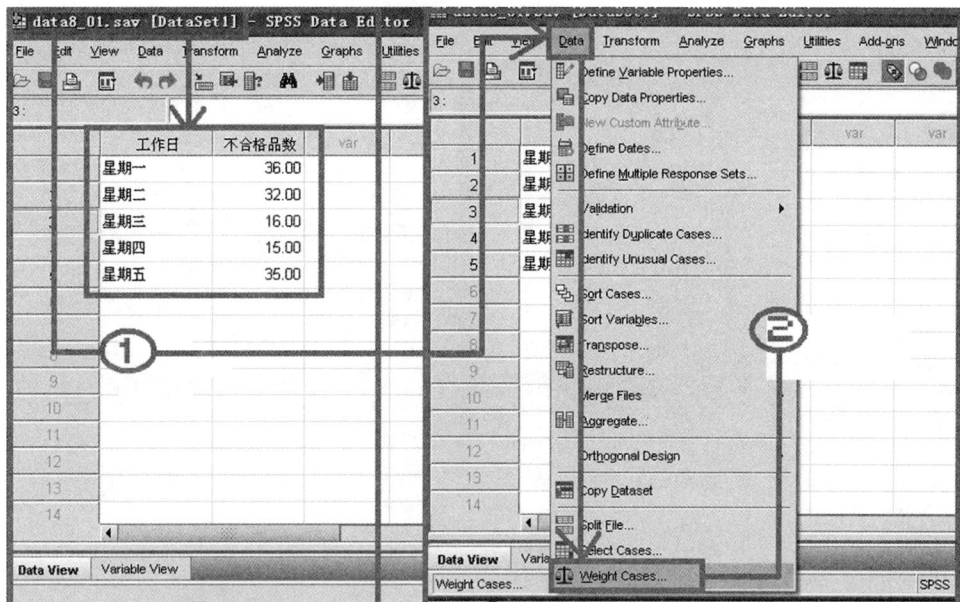

图 8-7 χ^2 拟合优度 SPSS 软件检验的步骤 (1)

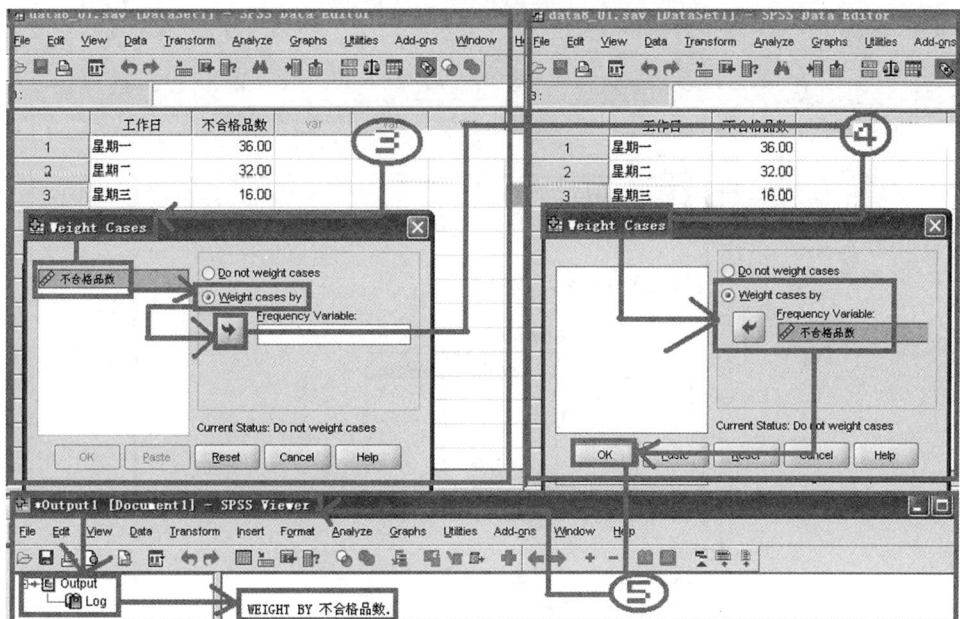

图 8-8 χ^2 拟合优度 SPSS 软件检验的步骤 (2)

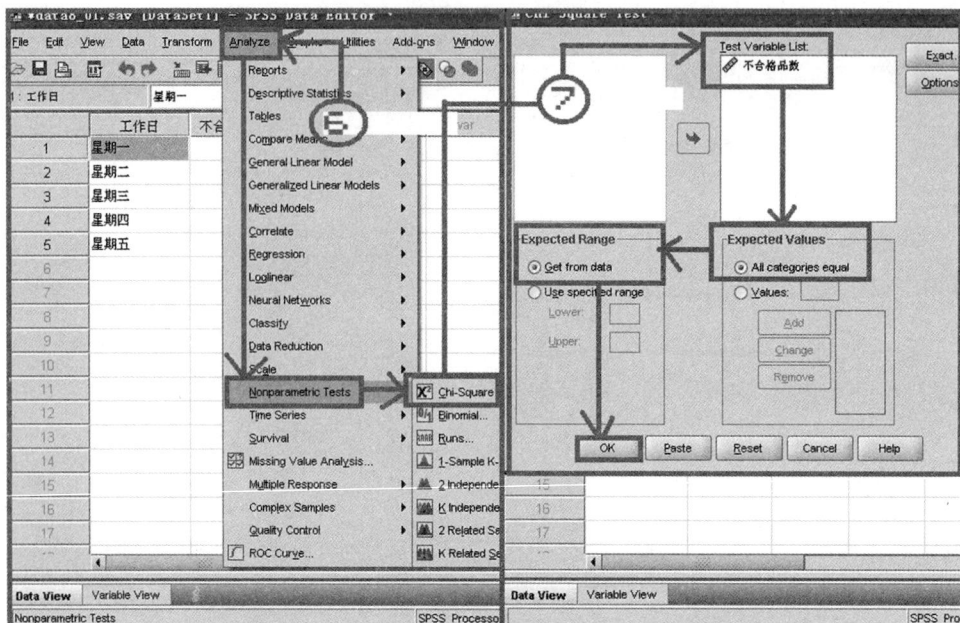

图 8-9　χ^2 拟合优度 SPSS 软件检验的步骤（3）

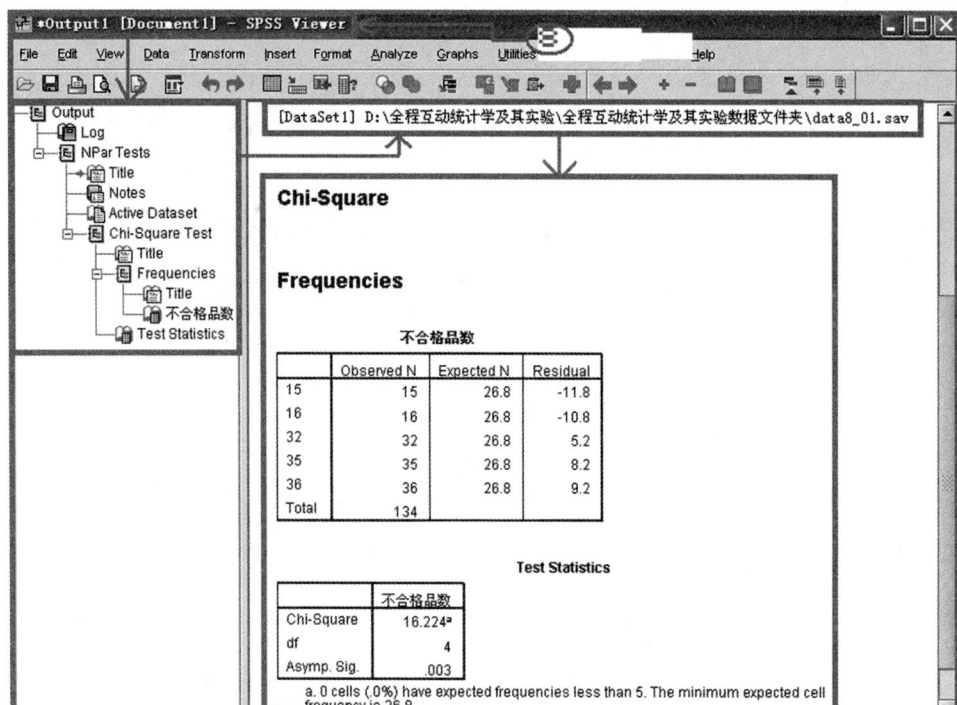

图 8-10　χ^2 拟合优度 SPSS 软件检验的步骤（4）

【例 8-3】接上题，有人认为产品的不合格率与工人的情绪有关，星期一刚来上班情绪最不稳定，不合格率为 30%，星期二、五不合格率次之，为 25%，而星期三、四的不合格率仅为10%。这种观点有道理吗？以显著性水平 $\alpha=0.05$ 来检验这种说法的正确性。（SPSS 数据文件编号：data8_01）

【解】H_0：$P_1=30\%$，$P_2=25\%$，$P_3=10\%$，$P_4=10\%$，$P_5=25\%$；

H_1：至少有一个 P_i（i=1，2，3，4，5）与上述比例不同。

计算在各设定的比例为真的情况下，每天的不合格品数，如星期一的不合格品数为：$134\times30\%=40.2$，星期二的不合格品数为 $134\times25\%=33.5$……依次类推。相关计算可借助 Excel 数据表或 SPSS 软件，计算结果见表8-4。

表8-4　　　　　　　　　　　　　χ^2 统计量的计算表

工作日	不合格品数 实际值	不合格品（％）	不合格品数 理论值	$f_{oi}-f_{ei}$	$\dfrac{(f_{oi}-f_{ei})^2}{f_{ei}}$
星期一	36	30	40.2	-4.2	0.43880597
星期二	32	25	33.5	-1.5	0.067164179
星期三	16	10	13.4	2.6	0.504477612
星期四	15	10	13.4	1.6	0.191044776
星期五	35	100	134	——	1.268656716
显著性水平	对应临界值			χ^2 统计量值	对应概率
0.05	9.4877			1.2687	0.8667

由于实际的 χ^2 统计量 1.2687 小于 $\alpha=0.05$ 对应的临界值 9.4877，或根据 χ^2 统计量对应的概率 0.8667 大于 α，所以不能拒绝 H_0，即没有理由认为假设比例是错的。

用 SPSS 软件的求解【例8-3】的过程见图8-11和图8-12。

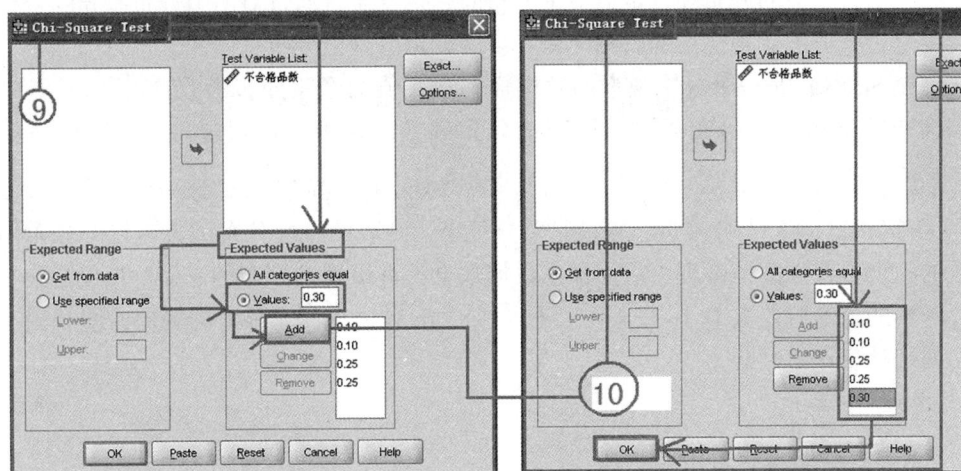

图8-11　χ^2 拟合优度 SPSS 软件检验的步骤（5）

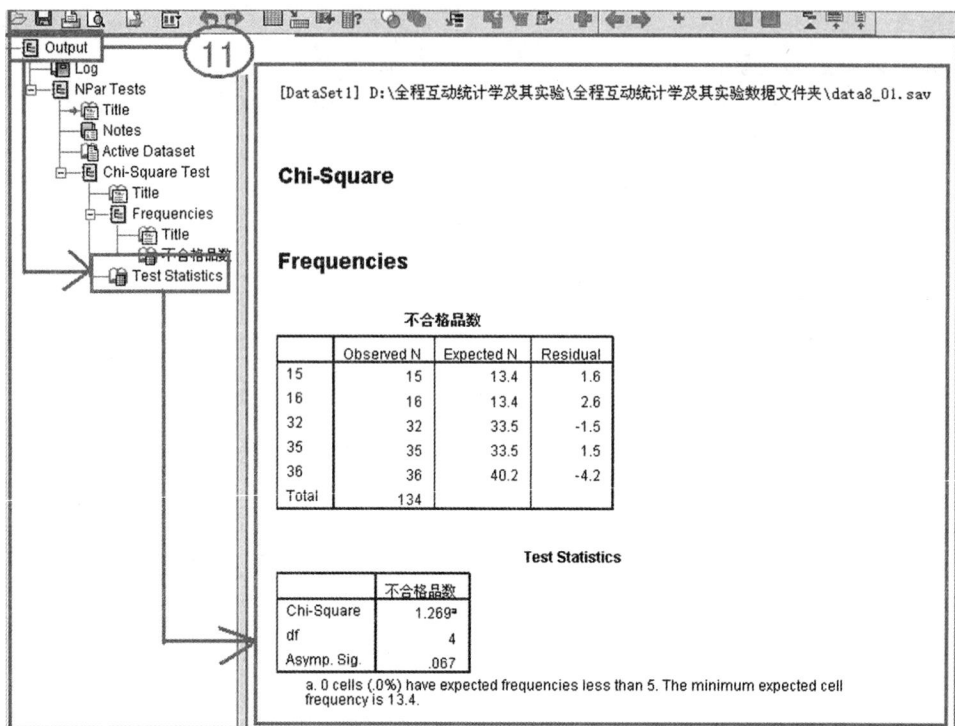

图 8-12　χ^2 拟合优度 SPSS 软件检验的步骤（6）

二、单样本 K-S 检验

单样本 K-S 检验（1-sample K-S test）是以两位苏联数学家柯尔莫哥洛夫（Kolmogorov）和斯米尔诺夫（Smirnov）命名的。K-S 检验是一种拟合优度检验，研究样本观测值的分布和设定的理论分布间是否吻合，通过对两个分布差异的分析确定是否有理由认为样本的观测结果来自所设定的理论分布总体。

设 $S_n(x)$ 是一个 n 次观察的随机样本观测值的经验分布函数；$F_0(x)$ 是一个已知的累积概率分布函数，即理论分布函数。由中心极限定理可知：$S_n(x)$ $\xrightarrow{n\to\infty} F(x)$。定义 $D(x) = |S_n(x) - F_0(x)|$，显然若对每一个 x 值来说，$S_n(x)$ 与 $F_0(x)$ 十分接近，也就是差异很小，则表明经验分布函数与特定分布函数的拟合程度很高，有理由认为样本数据来自具有该理论分布的总体。K-S 检验主要考察的是绝对差数 $D(x) = |S_n(x) - F_0(x)|$ 中哪个最大的偏差，即利用下面的统计量作出判断

$$D = \max_{\forall x} D(x) \tag{8.6}$$

K-S 检验的步骤为：

1. 提出假设：$H_0: S_n(x) = F_0(x)$，$H_1: S_n(x) \neq F_0(x)$。

2. 计算各个 $D(x)$，找出统计量 D。

3. 查找临界值：根据给定的显著性水平 α 和样本数据个数 n，查单样本 K-S 检

验统计量表（附表六）可以得到临界值 D_α。

4. 作出判定：若 $D > D_\alpha$，则在 α 水平上，拒绝 H_0；若 $D < D_\alpha$，则不能拒绝 H_0；若 $D = D_\alpha$，无结论。

【例 8-4】随机抽取 100 名生产线上的工人，调查他们的日产量，资料情况见表 8-5。判断生产线上工人的日产量是否为正态分布。（ $\alpha = 0.05$ ）

表 8-5　　　　　　　　　　　100 名生产线上的工人日产量

工人日产量（件）	500 以下	500~540	540~580	580~620	620~640	640 以上	合计
组中值	480	520	560	600	640	680	——
人数（人）	6	23	27	19	15	10	100

【解】 H_0 : $S_n(x)$ 服从正态分布， H_1 : $S_n(x)$ 不服从正态分布。

根据所给的资料，借助 Excel 进行相关的计算，见表 8-6。

表 8-6　　　　　　100 名生产线上的工人日产量单样本 K-S 检验计算表

工人日产量	组中值	人数	实际累积频率	理论累积频率	差的绝对值
	x	f	$S_n(x)$	$F_0(x)$	$\lvert S_n(x) - F_0(x) \rvert$
500 以下	480	6	0.06	0.070017572	0.01
500~540	520	23	0.29	0.252007632	0.038
540~580	560	27	0.56	0.555389267	0.0046
580~620	600	19	0.75	0.828120522	0.0781
620~640	630	15	0.9	0.911572426	0.0116
640 以上	650	10	1	1	0
合计	—	100		差的绝对值的最大值	0.0781

查表得 $D_\alpha = \dfrac{1.36}{\sqrt{100}} = 0.136$，由于 $D_{max} = 0.0781 < 0.136 = D_\alpha$，所以，不能拒绝 H_0，即没有理由认为生产线上的工人的日产量不服从正态分布。

网上测验考试

1. 课堂内的网上测验考试

在 15 分钟内，通过中国数字大学城东北财经大学全程互动统计学及其实验——基于 Excel 和 SPSS 软件课程的考试平台，完成课堂内的网上测验考试。

2. 课堂外的网上测验考试

课后，通过中国数字大学城东北财经大学全程互动统计学及其实验——基于 Excel 和 SPSS 软件课程的考试平台，完成课后网上测验考试。

第九章　相关与回归分析

〔**本章学习目标**〕通过本章学习，了解并掌握用散点图、相关关系及线性回归分析方法处理统计数据的相关理论与方法。掌握利用 Excel 和 SPSS 软件绘制散点图、计算相关系数及进行线性回归分析的操作步骤。

〔**本章重点难点**〕重点是掌握用散点图、相关关系及线性回归分析方法处理统计数据的相关理论与方法。掌握利用笔、Excel 和 SPSS 软件绘制散点图，计算相关系数及进行线性回归分析的操作步骤。掌握相关关系及线性回归分析方法的解题思路和解题步骤，为后续课程的学习打下良好基础。难点一是相关系数的显著性检验；难点二是如何根据最小二乘法拟合回归方程；难点三是线性回归方程的拟合效果检验。

〔**建议学时**〕8.5 学时

【**引例9-1**】请根据统计表 9-1 数据，研究中国城镇居民消费与支出之间的关系。

表 9-1　　　　　1993—2012 年度中国城镇居民消费与支出基本情况　　　　单位：元

年份	人均可支配收入	人均现金消费支出
1993	2 577.40	2 110.80
1994	3 496.20	2 851.30
1995	4 283.00	3 537.60
1996	4 838.90	3 919.50
1997	5 160.30	4 185.60
1998	5 425.10	4 331.60
1999	5 854.00	4 615.90
2000	6 280.00	4 998.00
2001	6 859.60	5 309.00
2002	7 702.80	6 029.90
2003	8 472.20	6 510.90
2004	9 421.60	7 182.10
2005	10 493.00	7 942.90
2006	11 759.50	8 696.60
2007	13 785.80	9 997.50
2008	15 780.80	11 242.90
2009	17 174.70	12 264.60
2010	19 109.40	13 471.50
2011	21 809.80	15 160.90
2012	24 564.70	16 674.3

资料来源：中国国家统计局网站

表 9-1 是通过中国国家统计局网站下载的 "1993—2012 年度中国城镇居民家庭基本情况" 数据表，这是从中国城镇居民总体中抽取的一个样本数据，该样本数据给出了中国城镇居民从 1993 年到 2012 年人均可支配收入与人均现金消费支出情况，经笔者整理后形成一个新的数据集（见 "全程互动统计学及其实验——基于 Excel 和 SPSS 软件" 文件夹 "引例 1" 的 "第 9 章相关分析与回归分析" 工作表，（以后简称 "第 9 章相关与回归" 工作表）的 A1：D23 单元格区域内。）

【问题讨论】你如何分析该数据集这两个变量之间的相关性、相关程度？如何根据人均可支配收入预测出人均现金消费支出数额？如何进行更深入的分析？用什么统计理论和方法能解决上述问题？本章将回答以上问题。

第一节　相关与回归的概念及任务

一、散点图与相关关系

（一）散点图

1. 散点图的定义。

定义 9.1：将自变量 X 和因变量 Y 组成的容量为 n 的数对（x_i，y_i）（$i=1$，2，…,n），用描点的方式绘制到直角坐标系内所形成的图形，就叫散点图。

2. 绘制散点图。

（1）用 Excel 软件绘制散点图。

其绘制方法如下：

第 1 步，打开 "第 9 章相关与回归" 工作表的 A1：D23 单元格区域，将人均可支配收入作为自变量 x，人均现金消费支出作为因变量 y 绘制散点图。

第 2 步，点击 "第 9 章相关与回归" 工作表内的 "插入" 命令条（见图 9-1 ①），找到 "图表" 子命令，点击 "图表" 子命令（见图 9-1 ①），进入 "图表向

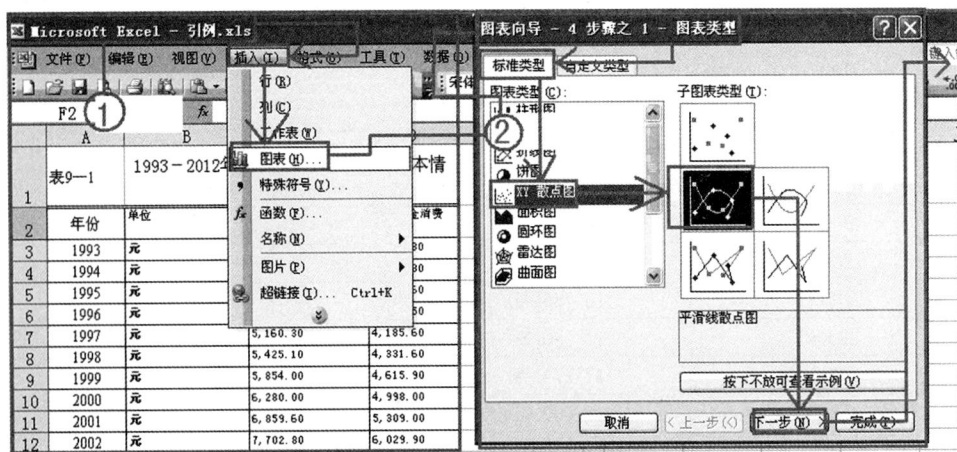

图 9-1　绘制散点图操作过程（1）

导—4 步骤之 1—图表类型"界面内（见图 9-1②）；在此界面内，在"标准类型"列图框内，找到"XY 散点图"，再找到"子图表类型（T）"内的第一个散点图之后，点击"下一步"按钮。

第 3 步，进入"源数据"界面（见图 9-2③），在此界面内，点击"系列"按钮，进入"图表向导—4 步骤之 2—图表源数据"界面内（见图 9-2③），在此界面内，将"系列（S）"内的所有系列全部删除后点击"添加（A）"按钮（见图 9-2③），再次出现"图表向导—4 步骤之 2—图表源数据"界面（见图 9-2④）。

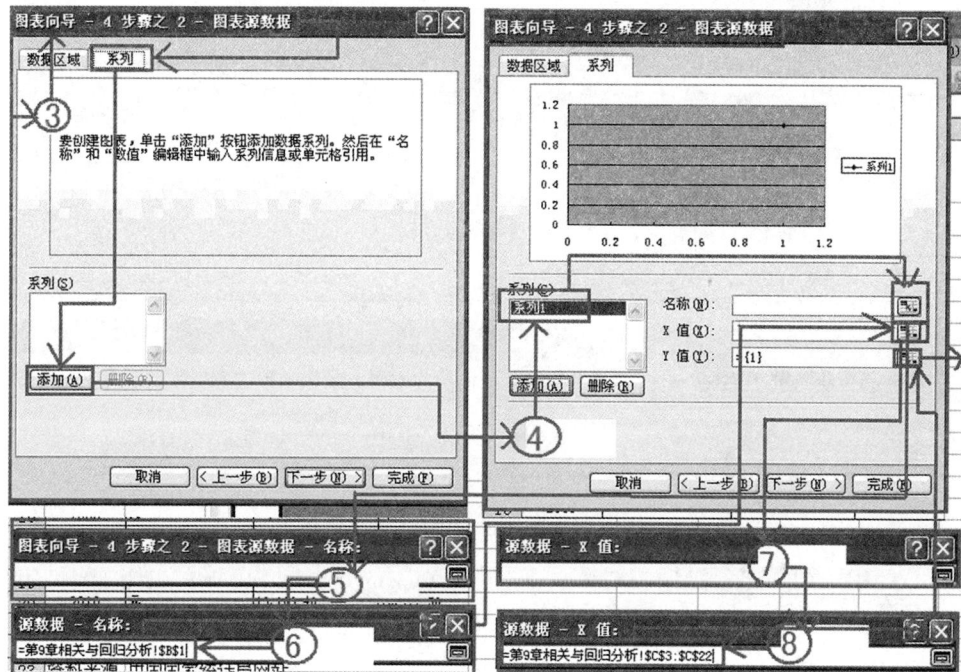

图 9-2　绘制散点图操作过程（2）

第 4 步，在此界面内，点击"名称（N）"右边的名称单元格区域选择框（见图 9-2④）后，出现"图表向导—4 步骤之 2—图表源数据—名称："界面（见图 9-2⑤），在此界面内输入"＝城镇居民家庭基本情况！＄Ａ＄1"后，点击"图表向导—4 步骤之 2—图表源数据—名称："界面的右上角叉号（见图 9-2⑥），回到"源数据"界面（见图 9-2④），在此界面内，点击"X 值（X）"右边的 X 值单元格区域选择框（见图 9-2④）后，出现"源数据—X 值："界面（见图 9-2⑦），在此界面内输入"＝城镇居民家庭基本情况！＄C＄3：＄C＄21"后，点击"源数据—X 值："界面的右上角叉号（见图 9-2⑧），再次回到"源数据"界面（见图 9-2④），在此界面内，点击"Y 值"右边的 Y 值单元格区域选择框（见图 9-3⑨）后，在源数据——数值地址框内输入"＝城镇居民家庭基本情况！＄D＄3：＄D＄21"后，点击"源数据—数值："界面的右上角叉号（见图 9-3⑪），就会出现"统计表 9.1 城镇居民家庭基本情况"散点图图标（见图 9-3⑭），此时点击"下一步"按钮，进入"图表向导—4 步骤之 3—图表选项"界面（见图 9-4 ⑭）。

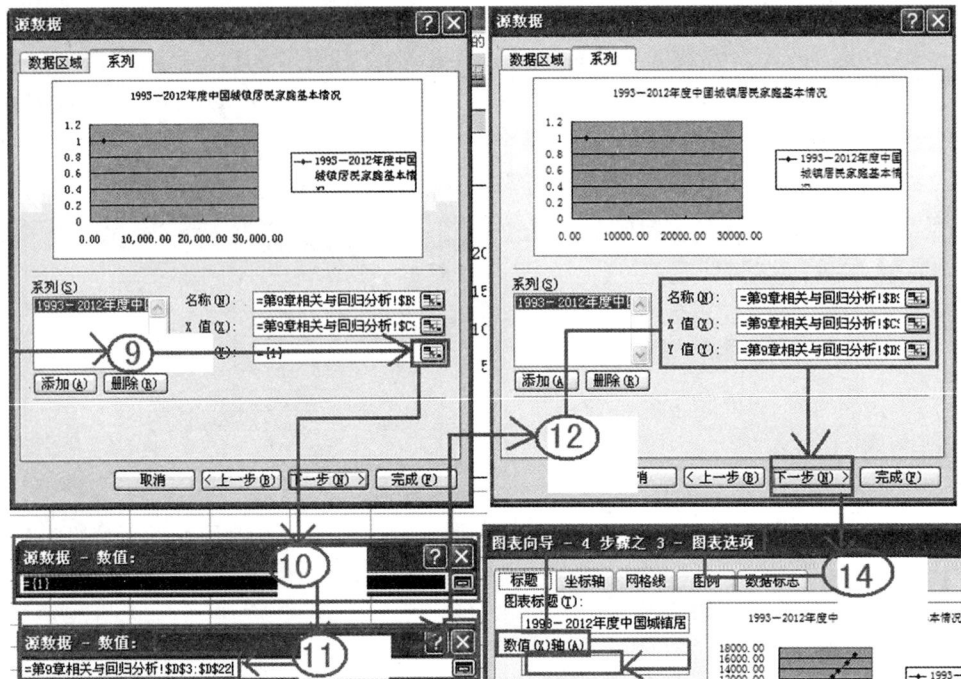

图 9-3 绘制散点图操作过程（3）

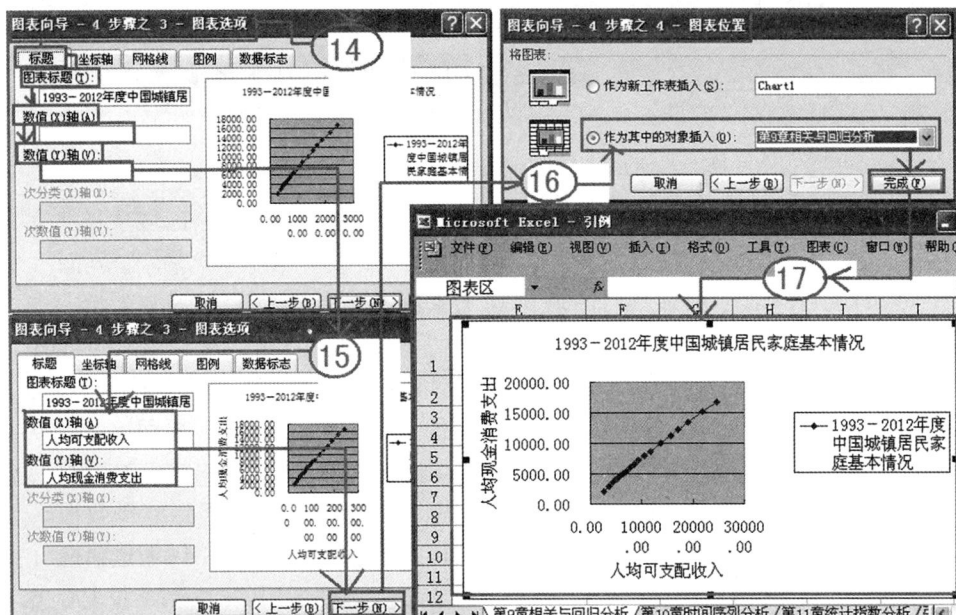

图 9-4 绘制散点图操作过程（4）

第 5 步，在"图表向导—4 步骤之 3—图表选项"界面内，在数值（X）轴（A）书写框内输入"人均可支配收入"，在数值（Y）轴（V）书写框内输入"人均现金消费支出"（见图 9-4B⑮），点击下一步。

第 6 步，在"图表向导—4 步骤之 4—图表位置"界面内（见图 9-4⑯），点击"完成"按钮，绘制散点图工作就此完成（见图 9-4⑰）。

（2）用 SPSS 软件绘制散点图（略）。

通过我们绘制的散点图我们看到，随着人均可支配收入的增加，人均现金消费支出也在增加，并且它们之间的关系似乎用一条直线可以描述出来。这种关系属于什么关系，如何能定量的测定出来？

（二）相关关系的概念

从浩瀚无垠的宇宙到微小的分子、原子，从无机界到有机界，从自然界到人类社会，任何事物都处在与其他事物的联系之中。其中有许多事物之间不仅存在着相互联系，而且还具有一定的内部规律性。并且这种内部规律性还可以从定量的角度加以度量。

请同学们现场举出一些相互之间有联系的变量！

请同学们考虑一下，下面举出来的这些变量中，哪些变量之间可以用数学公式来表达？如何表达？

（1）请同学们写出方桌的边长 x 和它的周长 y 之间的数学表达式：

$y = 4x$

即

$y = f(x)$

（2）再请同学们写出中国城镇居民人均可支配收入 x 和人均现金消费支出 y 的数学表达式：

$y = f(x) + \varepsilon$

在第一个例子中，所举的二个变量中若任意一个已知，另一个就可以完全确定。也就是说，二个变量之间存在着确定性的运算关系，并且可以用数学表达式来表示这种关系。

定义 9.2：若变量之间存在着确定性的运算关系，并且是可以用数学表达式来表示的这种关系，我们称这种关系为函数关系。

函数关系反映现象之间存在的、严格的依存关系。在这种关系中，对于某一变量的每一个数值，都有另一个变量的确定的值与之相对应，并且这种关系可以用一个数学表达式反映出来。

在第二个例子中，所举的二个变量若任意一个已知，另一个变量值并不能完全确定。也就是说，这二个变量之间不存在着确定性的运算关系，只能用数学关系式近似地来表示这种关系。

定义 9.3：若变量之间不存在着确定性的运算关系，但可以用数学关系式近似地来表示这种关系，我们称变量之间的这种关系为相关关系。

相关关系反映现象之间存在的、但并不严格固定的数量依存关系。

（三）相关关系的类型

相关关系可以区分为不同的类型。如果一个变量的取值整体上是沿着一条直线，随着另一个变量取值的变化而变化，则称两者之间具有线性相关关系。如果是沿着一条曲线，则称两者之间是非线性相关关系，或称曲线相关关系。

在线性相关关系中，如果两个变量变动方向相同，即一个变量的取值增加，另一个变量的取值也随之增加，或一个变量的取值减少，另一个变量的取值也随之减少，则称两个变量之间具有正的线性相关关系。如果两个变量的变动方向相反，即一个变量的取值增加，另一个变量的取值随之减少，或一个变量的取值减少，另一个变量的取值随之增加，则称两个变量之间具有负的线性相关关系（参见图9-5）。

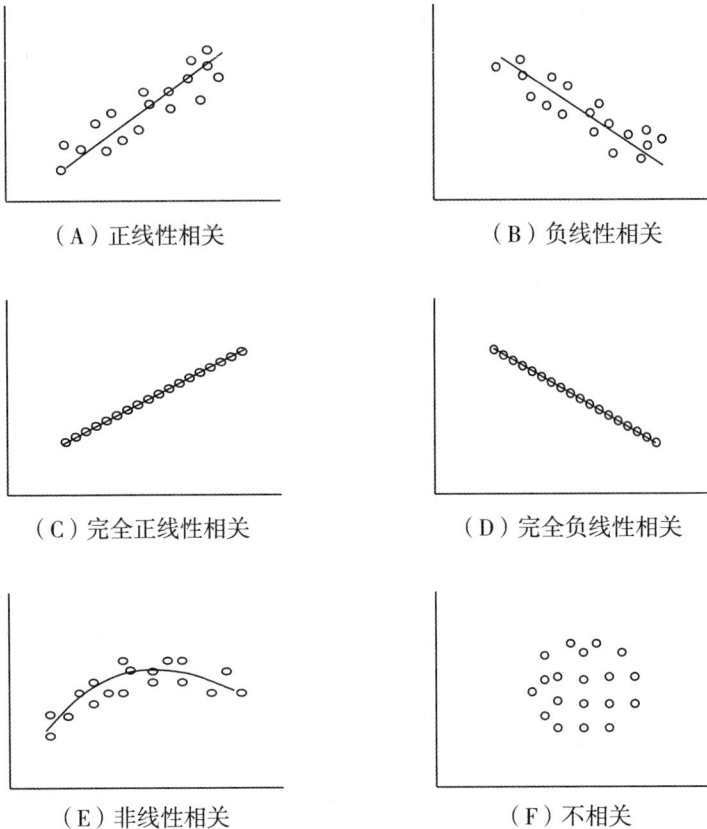

（A）正线性相关　　　　　　　　（B）负线性相关

（C）完全正线性相关　　　　　　（D）完全负线性相关

（E）非线性相关　　　　　　　　（F）不相关

图 9-5　相关关系的类型

1. 相关分析的种类。

（1）依据相关关系所涉及因素的多少，分为单（一元）相关与复（多元）相关。

①单（一元）相关：是一个因变量与一个自变量的相关。

②复（多元）相关：是一个因变量与两个或更多个自变量之间的相关。

2. 依据相关关系的表现形式不同，分为线性相关与非线性相关。

（1）线性相关：从建立的线性回归分析模型来看，若一变量表现为其他变量的线性组合，则称变量之间的关系为线性相关。

依据相关关系所涉及因素的多少，分为直线（一元）线性相关与多元线性相关。

①直线（一元）线性相关：当自变量 X 值每变动一个单位，因变量 Y 值则随着发生大致均等的变动。

②多元线性相关：当所有自变量值每变动一个单位，因变量 Y 值则随着发生大致均等的变动。

（2）非线性相关：从建立的线性回归分析模型来看，若一变量表现为其它变量的非线性组合，则称变量之间的关系为非线性相关。

依据相关关系所涉及因素的多少，分为一元非线性相关与多元非线性相关。

①一元非线性相关：当自变量 X 值每变动一个单位，因变量 Y 值随着发生不均等的变动。

②多元非线性相关：当所有自变量值每变动一个单位，因变量 Y 值随着发生不均等的变动。

3. 依据相关关系的方向不同，分为正相关与负相关。

（1）正相关：当自变量 X 值增加，因变量 Y 值随之增加，这样的相关关系就是正相关，也叫同向相关。

（2）负相关：当自变量 X 值增加，因变量 Y 值随之减少，这样的相关关系就是负相关，也叫异向相关。

4. 按照变量之间相互关系的密切程度，可分为完全相关、不相关、线性零相关与不完全相关。

（1）完全相关：

当一种现象的数量变化完全由另一个现象的数量变化所确定时，称这两种现象间的关系为完全相关。例如在价格不变的条件下，某种商品的销售总额与其销售量总是成正比例关系。在这种场合，相关关系便成为函数关系。因此也可以说函数关系是相关关系的一个特例。

以一元线性相关来说，当因变量 Y 的值完全随着自变量 X 值的变动而变动，不再具有随机性，这时相关关系就转化为函数关系，此时相关系数 r 的绝对值等于1。

①完全同向相关：r=1 叫完全同向相关。

②完全异向相关：r=−1 叫完全异向相关。

（2）不相关：

当两个现象彼此互不影响，其数量变化各自独立时，称为不相关。例如，通常认为股票价格的高低与气温的高低是不相关的。

（3）线性零相关：

当因变量 Y 的值完全不随自变量 X 值的变动而变动，则称为线性零相关，此时 r=0 。

（4）不完全相关：

两个现象之间的关系介于完全相关和不相关之间，称为不完全相关。一般的相关现象都是指这种不完全相关。

当 0<｜r｜<1，称为不完全相关。

5. 相关程度评价的标准。

根据经验，通常可以确定一个对相关程度评价的标准分类：

0<｜r｜≤0.3 为微弱相关；

0.3<｜r｜≤0.5 为低度相关；

0.5<｜r｜≤0.8 为显著相关；

0.8<｜r｜<1 为高度相关。

（四）相关关系与函数关系有何区别和联系

（1）区别。

函数关系所反映的现象之间的具体关系值固定，自变量与因变量在数量上一一对应；而相关关系所反映的现象之间的具体关系值不固定，自变量与因变量在数量上不一一对应。

（2）联系。

①函数关系中的自变量与因变量由于观察或实验出现误差，其关系值也不可能绝对固定，有时也通过相关关系来反映；

②相关关系的定量分析必须用函数表达式来近似地反映自变量与因变量之间的一般关系值，若假定其他随机因素不存在，相关关系就变为函数关系。

（五）相关关系主要特征

（1）现象之间确实存在数量上的客观内在联系，表现在一个现象发生数量上的变化时，将影响另一现象也相应地发生数量变化；

（2）现象之间数量依存关系是不确定的，具有一定的随机性，表现在给定自变量一个数值，因变量会有若干个数值和它对应，在这若干数值之间有一定波动，因变量总是围绕这些数值的平均数并遵循一定规律变动。

（六）相关指标

定义 9.4：反映现象相关关系密切程度的指标，我们通称为相关指标。

（1）相关系数。

定义 9.5：一元线性相关的相关指标叫相关系数，以 r 表示。

（2）相关指数。

定义 9.6：一元非线性相关的相关指标通常称为相关指数，取值范围在 0 与 1 的闭区间内。

（3）复相关系数。

定义 9.7：多元相关的相关指标叫复相关系数，取值亦在 0 与 1 这一闭区间范围内。

第二节　相关系数

一、相关系数原理与公式推导

散点图可以帮助我们观察和判断两个变量之间相关关系的类型及其密切程度，但这毕竟是依赖肉眼观察，判断结果往往带有很强的主观性，不同的人甚至可能会得出不同的判断结果。需要有一种尺度用以客观地衡量两个变量之间相关关系的类型及其密切程度。相关系数就可以充当这个尺度，其计算公式为：

$$r = \frac{\sum\limits_{i=1}^{n}(x_i - \bar{x})(y_i - \bar{y})}{\sqrt{\sum\limits_{i=1}^{n}(x_i - \bar{x})^2 \sum\limits_{i=1}^{n}(y_i - \bar{y})^2}} \tag{9.1}$$

$$令\ L_{xy} = \sum_{i=1}^{n}(x_i - \bar{x})(y_i - \bar{y}) \tag{9.1①}$$

$$L_{xx} = \sum_{i=1}^{n}(x_i - \bar{x})^2 \tag{9.1②}$$

$$L_{yy} = \sum_{i=1}^{n}(y_i - \bar{y})^2 \tag{9.1③}$$

在概率论课程里面，定义过下面这样的式子：

$$\sum_{j=1}^{m}\sum_{i=1}^{n}(x_i - E(x))(y_j - E(y))p(x = x_i, y = y_i)$$
$$= \sum_{j=1}^{m}\sum_{i=1}^{n}(x_i - E(x))(y_j - E(y))p_{ij}$$
$$= cov(x, y)$$

$$\sum_{i=1}^{n}(x_i - E(x))(x_i - E(x))p(x = x_i, x = x_i)$$
$$= \sum_{i=1}^{n}(x_i - E(x))(x_i - E(x))p_{ii} = cov(x, x)$$
$$= \sum_{i=1}^{n}(x_i - E(x))^2 p_i = \sigma_x^2$$

现在，我们对公式(9.1)的分子进行变换处理：

$$\sum_{i=1}^{n}(x_i - \bar{x})(y_i - \bar{y})$$
$$= \sum_{i=1}^{n}(x_i y_i - x_i \bar{y} - \bar{x}y_i + \bar{x}\bar{y})$$
$$= \sum_{i=1}^{n} x_i y_i - \sum_{i=1}^{n} x_i \bar{y} - \sum_{i=1}^{n} \bar{x}y_i + \sum_{i=1}^{n} \bar{x}\bar{y}$$
$$= \sum_{i=1}^{n} x_i y_i - \bar{y}\sum_{i=1}^{n} x_i - \bar{x}\sum_{i=1}^{n} y_i + n\bar{x}\bar{y}$$
$$= \sum_{i=1}^{n} x_i y_i - \frac{1}{n}\sum_{i=1}^{n} y_i \sum_{i=1}^{n} x_i - \frac{1}{n}\sum_{i=1}^{n} x_i \sum_{i=1}^{n} y_i + n(\frac{1}{n}\sum_{i=1}^{n} x_i \frac{1}{n}\sum_{i=1}^{n} y_i)$$

$$= \sum_{i=1}^{n} x_i y_i - \frac{1}{n} \sum_{i=1}^{n} y_i \sum_{i=1}^{n} x_i - \frac{1}{n} \sum_{i=1}^{n} x_i \sum_{i=1}^{n} y_i + \frac{1}{n} \sum_{i=1}^{n} x_i \sum_{i=1}^{n} y_i$$

$$= \sum_{i=1}^{n} x_i y_i - \frac{1}{n} \sum_{i=1}^{n} y_i \sum_{i=1}^{n} x_i$$

$$= n\left[\frac{1}{n} \sum_{i=1}^{n} x_i y_i - \left(\frac{1}{n} \sum_{i=1}^{n} y_i\right)\left(\frac{1}{n} \sum_{i=1}^{n} x_i\right)\right] = n(\overline{xy} - \bar{x}\bar{y}) = L_{xy}$$

现在，我们对公式 9.1 的分母平方根里的第一项进行变换处理：

$$\sum_{i=1}^{n} (x_i - \bar{x})^2 = \sum_{i=1}^{n} x_i x_i - \frac{1}{n} \sum_{i=1}^{n} x_i \sum_{i=1}^{n} x_i$$

$$= \sum_{i=1}^{n} x_i^2 - \frac{1}{n}\left(\sum_{i=1}^{n} x_i\right)^2 = n\left[\frac{1}{n} \sum_{i=1}^{n} x_i^2 - \left(\frac{1}{n} \sum_{i=1}^{n} x_i\right)^2\right]$$

$$= n(\overline{x^2} - \bar{x}^2) = L_{xx}$$

再对公式 9.1 的分母平方根里的第二项进行变换处理：

$$\sum_{i=1}^{n} (y_i - \bar{y})^2 = \sum_{i=1}^{n} y_i^2 - \frac{1}{n}\left(\sum_{i=1}^{n} y_i\right)^2$$

$$= n\left[\frac{1}{n} \sum_{i=1}^{n} y_i^2 - \left(\frac{1}{n} \sum_{i=1}^{n} y_i\right)^2\right] = n(\overline{y^2} - \bar{y}^2) = L_{yy}$$

通过上面的推导，相关系数的计算公式也可以变换为下列形式：

$$r = \frac{\frac{1}{n} \sum_{i=1}^{n} (x_i - \bar{x})(y_i - \bar{y})}{\sqrt{\left(\frac{1}{n} \sum_{i=1}^{n} (x_i - \bar{x})^2\right)\left(\frac{1}{n} \sum_{i=1}^{n} (y_i - \bar{y})^2\right)}} \tag{9.2}$$

$$r = \frac{\sum_{i=1}^{n} x_i y_i - \frac{1}{n} \sum_{i=1}^{n} x_i \sum_{i=1}^{n} y_i}{\sqrt{\sum_{i=1}^{n} x_i^2 - \frac{1}{n}\left(\sum_{i=1}^{n} x_i\right)^2}\sqrt{\sum_{i=1}^{n} y_i^2 - \frac{1}{n}\left(\sum_{i=1}^{n} y_i\right)^2}} \tag{9.3}$$

$$r = \frac{n\sum_{i=1}^{n} x_i y_i - \sum_{i=1}^{n} x_i \sum_{i=1}^{n} y_i}{\sqrt{n\sum_{i=1}^{n} x_i^2 - \left(\sum_{i=1}^{n} x_i\right)^2}\sqrt{n\sum_{i=1}^{n} y_i^2 - \left(\sum_{i=1}^{n} y_i\right)^2}} \tag{9.4}$$

$$r = \frac{\overline{xy} - \bar{x}\bar{y}}{\sqrt{\overline{x^2} - (\bar{x})^2}\sqrt{\overline{y^2} - (\bar{y})^2}} \tag{9.5}$$

$$r = \frac{L_{xy}}{\sqrt{L_{xx}L_{yy}}} \tag{9.6}$$

公式 (9.2) 到公式 (9.4)，虽然表面上看起来比先前的理论公式显得繁琐一些，但由于避免了计算均值 $\bar{x}$ 与 $\bar{y}$ 的过程，也避免了计算离差 $(x_i - \bar{x})$ 与 $(y_i - \bar{y})$ 的过程，并由此而减少了计算过程中四舍五入的误差，因此在实际运用中更便于手工计算。依此公式，只需就样本数据计算出 $\sum_{i=1}^{n} x_i$、$\sum_{i=1}^{n} y_i$、$\sum_{i=1}^{n} x_i^2$、$\sum_{i=1}^{n} y_i^2$ 和 $\sum_{i=1}^{n} x_i y_i$ 五个数据项，再连同样本容量 n 代入公式，即可得出相关系数的计算结果。

如何记忆公式 (9.5)：

$$r = \frac{\overline{xy} - \overline{x}\,\overline{y}}{\sqrt{\overline{xx} - \overline{xx}}\sqrt{\overline{yy} - \overline{yy}}}$$

$$r = \frac{\overline{xy} - \overline{x} \times \overline{y}}{\sqrt{\overline{xx} - \overline{x} \times \overline{x}}\sqrt{\overline{yy} - \overline{y} \times \overline{y}}}$$

其中：$\overline{xy} = \frac{1}{n}\sum_{i=1}^{n} x_i y_i$；$\overline{x} = \frac{1}{n}\sum_{i=1}^{n} x_i$；$\overline{y} = \frac{1}{n}\sum_{i=1}^{n} y_i$；$\overline{x^2} = \frac{1}{n}\sum_{i=1}^{n} x_i^2$；$\overline{y^2} = \frac{1}{n}\sum_{i=1}^{n} y_i^2$

这个公式非常便于记忆，只需要计算 $\overline{x}$、$\overline{y}$、$\overline{xy}$、$\overline{x^2}$、$\overline{y^2}$。

图 9-6 中标出了 20 年来年人均可支配收入 $\overline{y}$ 与年人均现金消费支出 $\overline{x}$ 的位置。$\overline{y}$ 与 $\overline{x}$ 将所有的点划分为 4 个象限。正的线性相关表现出这样的特点：落在第 1 象限和第 3 象限的点，多于落在第 2 象限和第 4 象限中的点。我们把落在新的第 1 象限和第 3 象限中的点叫做正相关点；落在新的第 2 象限和第 4 象限中的点叫做负相关点；落在均值线 $\overline{y}$ 或 $\overline{x}$ 上的点叫做零相关点。

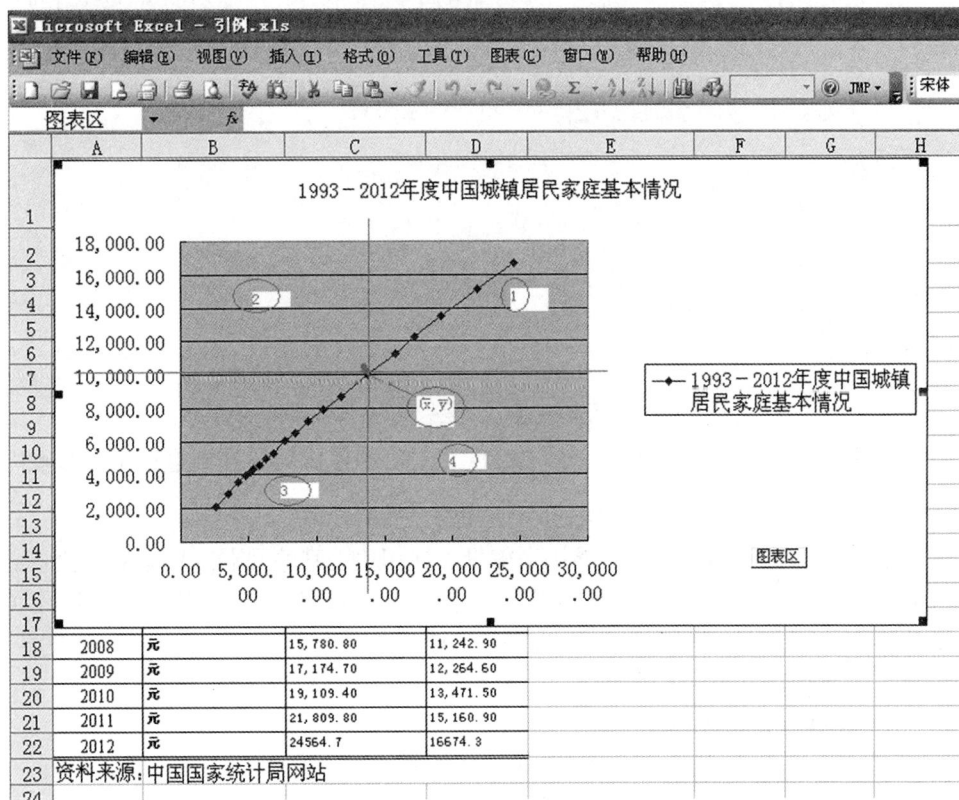

图 9-6　相关系数构造原理示意图

显然，对于正相关点，必然有 $(x-\overline{x})(y-\overline{y}) > 0$；对于负相关点，必然有 $(x-\overline{x})(y-\overline{y}) < 0$；对于零相关点，必然有 $(x-\overline{x})(y-\overline{y}) = 0$。$(x_i-\overline{x})(y_i-\overline{y})$ 称为积差。所有点的积差之和称为积差和，即 $\sum_{i=1}^{n}(x_i - \overline{x})(y_i - \overline{y})$。

不难看出，如果积差和大于零，则表明正的方面的积差多于负的方面的积差，

x 与 y 之间将呈现出正的线性相关关系；如果积差和小于零，则表明负的方面的积差多于正的方面的积差，x 与 y 之间将呈现出负的线性关系；如果积差和等于零，则表明正的方面的积差与负的方面的积差相互抵消，此时意味着 x 与 y 之间不存在线性关系。因此，积差和 $\sum\limits_{i=1}^{n}(x-\bar{x})(y-\bar{y})$ 就成为 x 与 y 之间是否具有线性相关关系以及线性相关关系强弱的一种度量。

但是，用积差和来度量 x 与 y 之间的线性相关关系有许多不便之处。首先，积差和的取值要受到 x 与 y 所采用的计量单位的影响；其次，样本点的多少对积差和的值也有影响，样本点越多，积差和绝对值的取值就倾向于越大。然而，变量间的线性关系的强弱根本上取决于两个变量本身的性质，与计量单位变化或样本点的多少没有关系。决不会因为计量单位或样本点的变化而改变变量之间本身所固有的线性相关关系的强弱。因此，需要进一步寻求测定线性相关关系强弱的普遍适用的尺度。因为，

$$0 \leqslant \left| \sum_{i=1}^{n}(x_i - \bar{x})(y_i - \bar{y}) \right| \leqslant \sqrt{\sum_{i=1}^{n}(x_i - \bar{x})^2 \sum_{i=1}^{n}(y_i - \bar{y})^2}$$

也就是

$$0 \leqslant \left| \frac{\sum\limits_{i=1}^{n}(x_i - \bar{x})(y_i - \bar{y})}{\sqrt{\sum\limits_{i=1}^{n}(x_i - \bar{x})^2 \sum\limits_{i=1}^{n}(y_i - \bar{y})^2}} \right| \leqslant 1$$

即 $0 \leqslant |r| \leqslant 1$

所以，$-1 \leqslant r \leqslant 1$

相关系数 r 消除了积差和 $\sum\limits_{i=1}^{n}(x-\bar{x})(y-\bar{y})$ 中样本容量和计量单位的影响因素，以一个系数来衡量两个变量之间线性相关关系的强弱。

需要说明的是，相关系数只能用来衡量线性相关关系的强弱。较小的相关系数只意味线性相关关系较弱，并不直接意味着变量之间不具有很强的非线性相关关系。

二、计算相关系数

（一）借助 Excel 软件计算相关系数

【例 9-1】根据【引例 9-1】的数据，求相关系数。

【解】根据统计表 9-1（见"第九章相关与回归分析"工作表的 A70：G95 单元格区域），我们求得

$$\overline{xy} = \frac{1}{n} \sum_{i=1}^{n} x_i y_i$$

$$= \frac{1}{20} \times (2\,577.4 \times 2\,110.8 + 3\,496.2 \times 2\,851.3 + \cdots + 24\,564.7 \times 16\,674.3) = \frac{2\,067\,913\,675}{20}$$

$$= 103\,395\,683.8$$

$$\bar{x} = \frac{1}{n} \sum_{i=1}^{n} x_i$$

$$= \frac{1}{20} \times (2\,577.4 + 3\,496.2 + \cdots + 24\,564.7)$$

$$= \frac{204\,848.8}{20}$$

$$= 10\,242.44$$

$$\bar{y} = \frac{1}{n} \sum_{i=1}^{n} y_i$$

$$= \frac{1}{20} \times (2\,110.8 + 2\,851.3 + \cdots + 16\,674.3)$$

$$= \frac{151\,033.4}{20}$$

$$= 7\,551.67$$

$$\overline{x^2} = \frac{1}{n} \sum_{i=1}^{n} x_i^2$$

$$= \frac{1}{20} \times (2\,557.4^2 + 3\,496.2^2 + \cdots + 24\,564.7^2)$$

$$= \frac{1}{20} \times (6\,642\,990.76 + 12\,223\,414.44 + \cdots + 603\,424\,486.09) = \frac{2\,884\,027\,699.02}{20}$$

$$= 144\,201\,385$$

$$\overline{y^2} = \frac{1}{n} \sum_{i=1}^{n} y_i^2$$

$$= \frac{1}{20} \times (2\,110.8^2 + 2\,851.3^2 + \cdots + 16\,674.3^2)$$

$$= \frac{1}{20} \times (4\,455\,476.64 + 8\,129\,911.69 + \cdots + 278\,032\,280.49) = \frac{1\,486\,410\,792.64}{20}$$

$$= 74\,320\,539.63$$

求得相关系数分子的数值:

$$\overline{xy} - \bar{x} \times \bar{y}$$

$$= 103\,395\,683.8 - 10\,242.44 \times 7\,551.67$$

$$= 26\,048\,156.89$$

求得相关系数分母的数值:

$$\sqrt{(\overline{x^2} - \bar{x}^2)\ (\overline{y^2} - \bar{y}^2)}$$

$$= \sqrt{(144\,201\,385 - 1\,024\,2.44^2)\ (7\,432\,053\,9.63 - 7\,551.67^2)}$$

$$= 26\,067\,234.97$$

最终我们求得相关系数:

$$r = \frac{\overline{xy} - \bar{x} \times \bar{y}}{\sqrt{\overline{x^2} - (\bar{x})^2} \sqrt{\overline{y^2} - (\bar{y})^2}}$$

$$= \frac{26\,048\,156.89}{26\,067\,234.97}$$

$$= 0.9993$$

由表9-1中的样本数据计算所得的相关系为0.9993。这表明20年来人均可支配收入与人均现金消费支出之间存在着高度的正线性相关关系。

（二）运用 Excel 数据分析模块计算相关系数

【例9-2】运用 Excel 数据分析模块，根据统计表9-1数据，计算中国城镇居民消费与支出之间的相关系数。

【解】主要操作步骤如下：

（1）打开"第九章相关与回归"工作表的 A1：D23 单元格区域，在该工作表内选择 Excel 工具内的"数据分析"菜单，点击它，再在"数据分析"对话框内找到"相关系数"，点击它（见图9-7）。

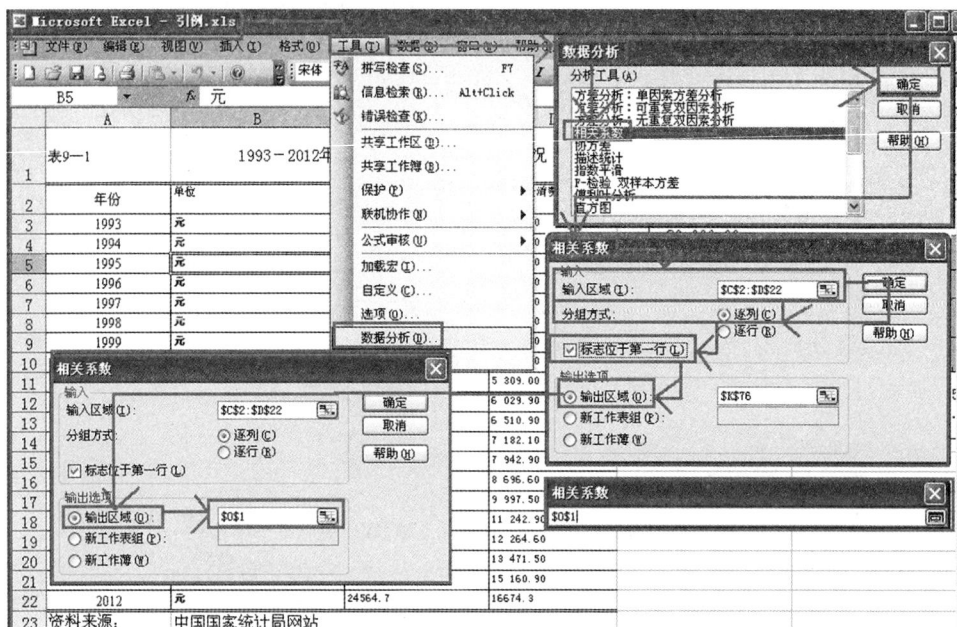

图9-7　Excel 计算相关系数对话框

（2）在"相关系数"对话框中选择"输入区域"的选择图标，出现"相关系数"输入区域选择框后，将变量"可支配收入"和"现金消费支出"的数据区域输入到"输入区域"对话框内，再将分组方式逐列选中，标志位于第一行选中，输出区域输入"＄K＄76"，点击【确定】。

（3）计算出相关系数。

Excel 相关系数的计算结果以相关系数矩阵的形式输出（如图9-8所示），对角线上下所显示的内容是相同的。

三、运用 SPSS 计算相关系数

【例9-3】运用 SPSS 计算【引例9-1】中中国城镇居民消费与支出之间的相关系数。

【解】主要操作步骤如下：

（1）建立 SPSS 数据集，名字为"data9-1"。打开它，在 SPSS 主窗口选择菜

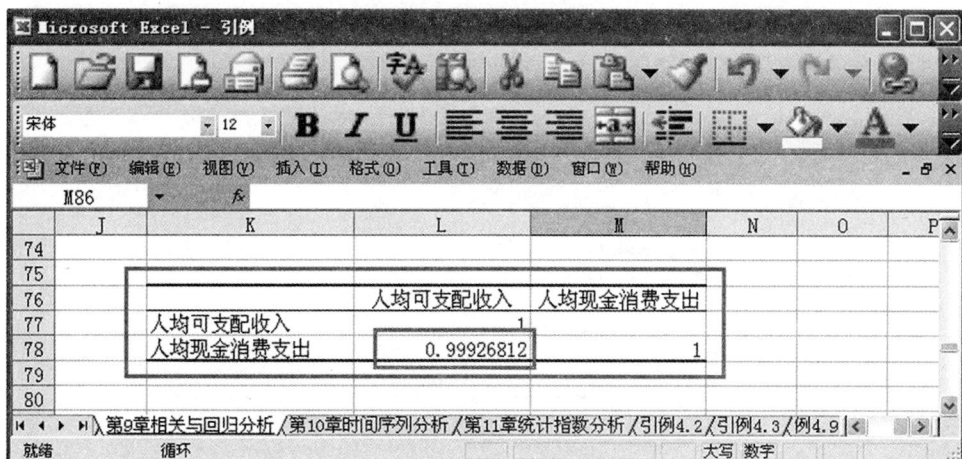

图 9-8　相关系数 Excel 输出结果

单：点击【Analyze】→【Correlate】→【Bivariate...】，系统弹出如图 9-9 所示的 "Bivariate Correlations" 对话框。

（2）在此对话框中选择变量 "中国城镇居民可支配收入" 和 "中国城镇居民现金支出" 进入 "variables:" 框内，点击【OK】。

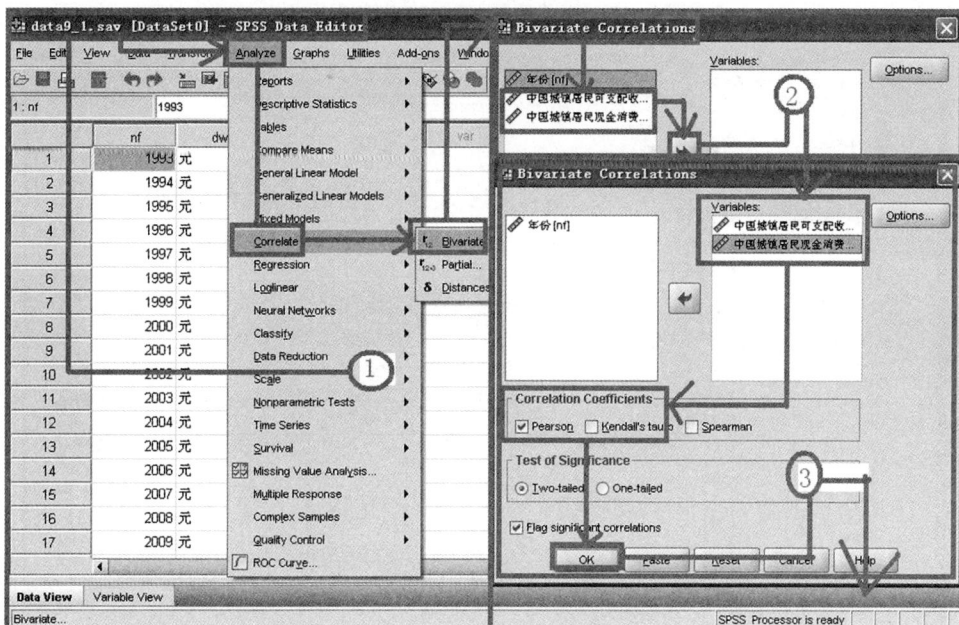

图 9-9　Bivariate Correlations 对话框

（3）系统输出相关系数结果（如图 9-10 和图 9-11 所示）。

运用 SPSS 计算【引例 9-1】中中国城镇居民消费与支出之间的相关系数的输出结果，存放在 "全程" 文件夹 "data9-1. spv" 文档内。

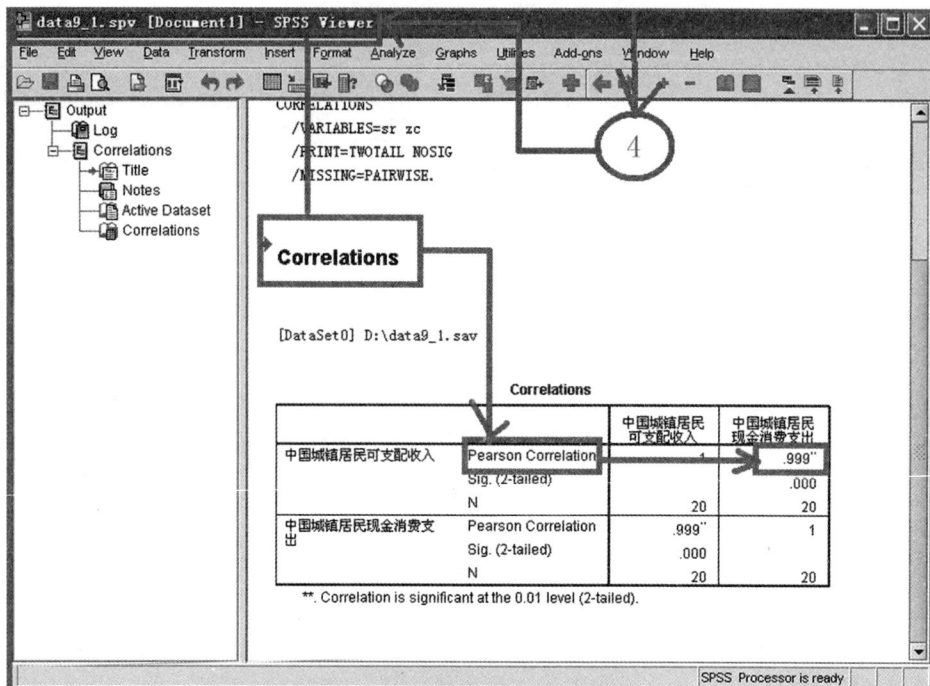

图 9-10　相关系数 SPSS 输出结果（1）

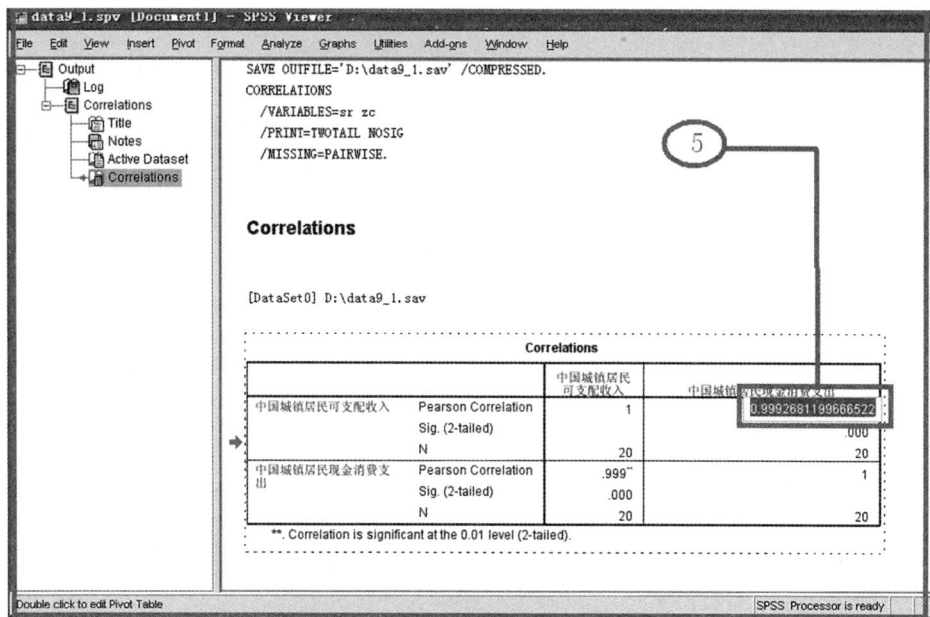

图 9-11　相关系数 SPSS 输出结果（2）

　　SPSS 相关系数的计算结果以相关系数矩阵的形式输出，并给出了显著性检验的结果。对角线上下所显示的内容是相同的。

四、相关系数的显著性检验

假如我们手中掌握着总体中两个变量的全部取值，那么就可以根据总体的数据计算出两个变量之间相关系数的理论真值。但现实中这是做不到的，也就是说，两变量之间总体上的相关系数的理论真值总是未知的。一般情况下，我们只能根据随机样本数据计算出样本相关系数，再由样本相关系数来对总体相关系数的理论真值，做出具有一定把握程度的推断。

统计学家的研究表明，当总体相关系数等于零时，存在一个与样本相关系数有关的自由度为 n−2 的 t 统计量：

$$t=r\sqrt{\frac{n-2}{1-r^2}} \tag{9.7}$$

我们计算检验用的值 t_0，如果 $|t_0| > t_{\alpha/2}（n-2）$，则表明相关系数 r 在统计上是显著的，也就是说在 $1-\alpha$ 的把握程度下，可以认为总体上两个变量之间是线性相关的。如果 $|t_0| < t_{\alpha/2}（n-2）$，则表明相关系数 r 在统计上是不显著的，也就是说在 $1-\alpha$ 的把握程度下，不能说总体上两个变量之间是线性相关的。

总体相关系数检验的步骤：

在显著性水平 α 条件下进行显著性检验的步骤如下：

第 1 步：提出原假设。H_0：总体相关系数 =0；H_1：总体相关系数 ≠0。

第 2 步：选择检验用的统计量。

$$t=r\sqrt{\frac{n-2}{1-r^2}} \sim t（n-2）$$

第 3 步：给定显著性水平 α，查临界值 $t_{\alpha/2}（n-2）$。

第 4 步：计算检验统计的值 t_0。

假设原假设成立，计算检验用的统计量。

$$t_0=r_0\sqrt{\frac{n-2}{1-r_0^2}}$$

r_0 就是前面用样本数据计算的相关系数数值。

第 5 步：进行对比并做出统计决策。

若 $|t_0| > t_{\alpha/2}（n-2）$，所以拒绝原假设 H_0；若 $|t_0| < t_{\alpha/2}（n-2）$，所以接受原假设 H_0，做出这一推断的把握程度为 $1-\alpha$。

【例9-4】根据【引例9-1】的数据，在 α=0.05 的显著性水平下进行总体相关系数检验。

【解】根据统计表 9-1 的样本数据（见"第 9 章相关与回归"工作表的 A1：D23 单元格区域），我们求出样本的相关关系为：$r_0=r=0.9993$，对此，在 α=0.05 的显著性水平下，对总体相关系数进行显著性检验：

第 1 步：提出原假设。H_0：总体相关系数 =0；H_1：总体相关系数 ≠0。

第 2 步：给出检验用的统计量。

$$t=r\sqrt{\frac{n-2}{1-r^2}} \sim t（n-2）$$

第 3 步：给定显著性水平 $\alpha = 0.05$，查临界值。

给定显著性水平 $\alpha = 0.05$，在自由度为 $n-2 = 100-2 = 98$ 的 t 分布下，可确定相应的临界 $t_{\varepsilon/2}(n-2) = t_{0.025}(98) = 1.9845$。

第 4 步：计算检验统计的值。

假设原假设成立，计算检验用的统计量。

$$t_0 = r_0 \sqrt{\frac{n-2}{1-r_0^2}} = 0.9993 \times \sqrt{\frac{100-2}{1-0.9993^2}} = 264.4362$$

第 5 步：做出统计决策。

因为 $|t_0| = 264.4362 > 1.9845 = t_{\alpha/2}(n-2)$，所以拒绝原假设 H_0，也就是说，总体中在可支配收入与现金消费支出之间存在着显著的线性相关关系，做出这一推断的把握程度为 95%。当然也可采用 P 值进行决策，决策结果是相同的。

针对表 9-1 中的样本数据，通过观察散点图，并计算了相关系数，我们可以在一定的把握程度上确认：在可支配收入与现金消费支出之间存在着正的线性相关关系。也就是说，随着可支配收入的增加，中国城镇居民现金消费支出也随之线性增加。

接下来的问题就是要找到这条直线，并确定下来，用之于以"可支配收入"的不同取值，来估计"现金消费支出"的取值。这就要用到简单线性回归分析方法。

第三节　回归模型与回归方程

一、回归方法的起源

在统计学中，相关与回归是经典的内容，也是应用最为广泛的统计方法之一。回归方法起源于英国著名遗传学家弗朗西斯·高尔顿爵士（Sir Francis Galton，1822-1911），他在研究遗传学时，研究了子女与父母的相像程度。高尔顿的学生卡尔·皮尔逊（Karl Pearson，1857—1936）在继续这一遗传学研究的过程中，测量了 1 078 个父亲及其成年儿子的身高。他们之间的数量关系见图 9-12（K. Pearson and A. Lee，　"On the laws of inheritance in man" Biometrika，partii（1903）pp. 357-462）。

图 9-12 中每一个点代表一对父子的身高关系。横轴的 X 坐标是父亲的身高，纵轴的 Y 坐标给出的是儿子的身高。本例的实际计算的结果为 $r = 0.501$，表明高个子的父亲会有较高的儿子，矮身材的父亲其儿子身体也不会很高，但这一正相关的关系并不十分明显。

那么，父子身高之间有什么规律呢？经过对 1 078 对父子身高数据的计算，得到：

父亲的平均身高 $\bar{X} = 67.6$ 英寸 ≈ 68 英寸，标准差 $SX = 2.74 \approx 2.7$ 英寸

儿子的平均身高 $\overline{Y}$ = 68.7 英寸 ≈ 69 英寸，标准差 SY = 2.81 ≈ 2.8 英寸

（1 英寸 = 2.54 厘米）我们看到，儿子的平均身高比父亲高一英寸，表明下一代的平均身高比上一代要高。这样，我们会自然地猜测 72 英寸的父亲平均会有 73 英寸的儿子；64 英寸的父亲平均会有 65 英寸的儿子，等等。那我们看一看图 9-12 中的情况：

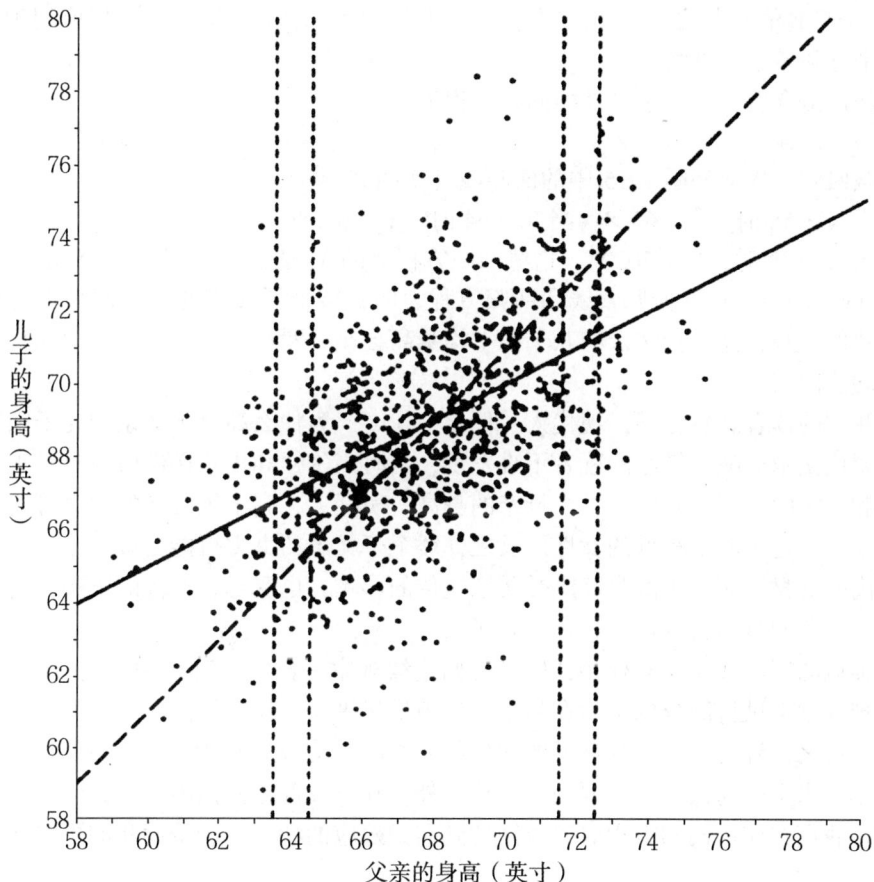

图 9-12 父子身高回归效应的图示

图 9-12 中斜虚线是父子平均身高推测的关系线，即 58 英寸父亲有 59 英寸的儿子，59 英寸的父亲有 60 英寸的儿子，等等。在父亲身高 64 英寸和 72 英寸处的两个条形虚线，表明 64 英寸高父亲和 72 英寸高父亲的儿子们身高的分布情况。首先来看 64 英寸高父亲的儿子们身高分布。我们看到，在这一条线虚线柱内的点子多数分布在斜虚线的上方，表明 64 英寸高父亲的儿子们的身高多数高于 65 英寸，即较矮父亲的儿子们多数比父亲身材要高。接下来再看 72 英寸高父亲的儿子们身高分布，在这条虚线柱内的点子多数分布在斜虚线的下方，表明 72 英寸高父亲的儿子们的身高多数低于 73 英寸，甚至多数低于与父亲同样高度的 72 英寸，即较高父亲的儿子们多数比父亲身材要矮。高尔顿和皮尔逊把这种现象称为"回归效

应", 即回归到一般高度的效应。

在他们的这个研究中, 首次引用了回归这个词。

图 9-12 中的实线即回归直线。这条回归线的含义是: 对于每一身高父亲所对应的虚线柱内若干儿子身高点子的分布, 回归直线是从这些点子中间穿过的。换句话说, 回归直线上的点是当给定某一 X_i 值时 (即父亲身高值), 对应的若干 Y_i 值 (即儿子身高值) 与之 $\hat{Y}_i$ (直线上, 当自变量为 X_i 值时, 所对应的 Y 值记为 $\hat{Y}_i$) 离差平方和最小的直线。

经过拟合后, 得父子身高的回归方程为

$\hat{Y}_i = 34.22 + 0.51X_i$

该回归方程就是图 9.15 中的回归线 (实线)。

当 $X_1 = 58$ 时, $\hat{Y}_i = 63.8$; 当 $X_2 = 64$ 时, $\hat{Y}_2 = 66.86$。

当 $X_3 = 72$ 时, $\hat{Y}_3 = 70.94$。这些回归方程上的 $\hat{Y}_i$ 值实际上是当 Xi 确定后, 若干 Y_i 的平均值。这一回归直线和回归方程表明, 矮个子父亲的儿子们平均身高会比父辈低一些, 高个子父亲的儿子们平均身高会比父辈低一些, 即儿子们的身高会向平均值回归。

我们的读者必然会问, 现代人一代比一代高, 为什么高个子父亲的儿子们平均身高要比父辈低呢? 细心的读者不难发现, 当时高尔顿和皮尔逊做研究时只观察了父亲和儿子的身高, 并没有考虑母亲的身高。实际上, 高个子父亲的太太可能是较高的女性, 也可能是较低的女性。反之, 矮个子父亲的太太可能是矮个子, 也可能是较高的身材。而儿子的身高既受父亲遗传的影响, 也受母亲遗传的影响, 这就是为什么儿子们身高会发生"回归"的原因。

类似的回归现象还有很多, 比如我们连续观察一群学生春秋两季的考试成绩, 会发现春季考试得高分的学生在秋季考试中虽然平均分还比较高, 但平均分会有所降低。反之, 春季考试分数最低的学生们秋季的平均分会有所提高。因为在考试中除了学生水平的高低这一主要因素影响之外, 临场发挥等偶然因素也会起到一定的作用。我们在应用回归方程时若能注意到回归效应的特点, 会帮助我们更好地分析和解决问题。

二、回归模型

假定自变量 x 与因变量 y 在总体上存在着线性相关关系, 我们就可以用下面的等式来模拟 x 与 y 之间的这种线性相关关系:

$$y = \beta_0 + \beta_1 x + \varepsilon \qquad (9.8)$$

公式 (9.8) 这个等式称为 x 与 y 的简单线性回归模型。

模型中, β_0 和 β_1 分别为线性函数的截距和斜率, 称作模型参数。

模型中的 ε 被称作误差项的随机变量, 反映了除 x 与 y 之间的线性关系之外的随机因素对 y 的影响。它代表了包含在 y 之中, 但不能被 x 与 y 之间的线性关系所解释的变异性。

三、回归方程

为使我们的分析更富于成效, 必须对模型中的误差项随机变量 ε 的概率分布情况做出如下假定：

（1）正态性。ε 服从正态分布，且数学期望为零。

（2）方差齐性。即对于所有的 x，ε 的方差是不变的（即固定的），可记作 $D(\varepsilon)=\sigma^2$，则 $\varepsilon \sim N(0, \sigma^2)$。

（3）独立性。即对于一个特定的 x，它所对应的 ε 与其他的 x 它所对应的 ε 是相互独立的。

在上述关于 ε 的模型假定中，由于 $E(\varepsilon)=0$，因此将公式（9.8）两边同时取数学期望，立即可得：

$E(y)=\beta_0+\beta_1 E(x)+E(\varepsilon)$

即

$E(y)=\beta_0+\beta_1 E(x)$

令 $y'=E(y)$，$x=E(x)$，得到下面的方程：

$$y'=\beta_0+\beta_1 x \tag{9.9}$$

公式（9.9）被称作简单线性回归方程，表明 y 的期望值 $E(y)$ 是 x 的线性函数。其中：β_0 为直线的截距；β_1 为直线的斜率。

四、最小二乘法拟合的回归方程

我们从总体中抽取容量为 n 的样本：(x_1, y_1)、(x_2, y_2)、……、(x_i, y_i)、……、(x_n, y_n)，得到散点图（见图 9.16）。

现在需要考虑为这些散点拟合一条直线，即确定出估计的回归方程的具体形式：

$$\hat{y}=\hat{\beta}_0+\hat{\beta}_1 x \tag{9.10}$$

公式（9.10）就是通过最小二乘法得到的回归方程（见图 9-13）。

理论上讲，介于这些散点之间的直线有无数条，我们应当从中找出与所有的点拟合效果最好的那一条。

首先，将 $x=x_i$ 代入公式（9.9）中去，得到 $y'_i=\beta_0+\beta_1 x_i$，我们希望各个观测值 y_i 与对应的估计值 y'_i 之间的距离要达到最短的程度，即：$\sum\limits_{i=1}^{n} |y_i - y'_i|$ 要取得最小值。但由于式中的绝对值符号在数学处理上非常麻烦，因此我们转而要求各个距离的平方和，即：

$$Q(\beta_0, \beta_1)=\sum_{i=1}^{n}(y_i-y'_i)^2=\sum_{i=1}^{n}[y_i-(\beta_0+\beta_1 x_i)]^2 \tag{9.11}$$

要达到最小值。以下的工作就是寻找到 $\hat{\beta}_0$ 和 $\hat{\beta}_1$，使：

$$Q(\hat{\beta}_0, \hat{\beta}_1)=\min_{\hat{\beta}_0, \hat{\beta}_1} Q(\beta_0, \beta_1)=\sum_{i=1}^{n}[y_i-(\hat{\beta}_0+\hat{\beta}_1 x_i)]^2 \tag{9.12}$$

在公式（9.11）中，y_i、x_i 以及 n 都是已知的样本数据，β_0 与 β_1 则是未知的。根据微积分的极值原理，当 β_0 与 β_1 满足下列方程组公式（9.13）时，公式（9.12）成立，即距离平方和取得最小值。求解公式（9.11）的方法，就称为最小二乘法。

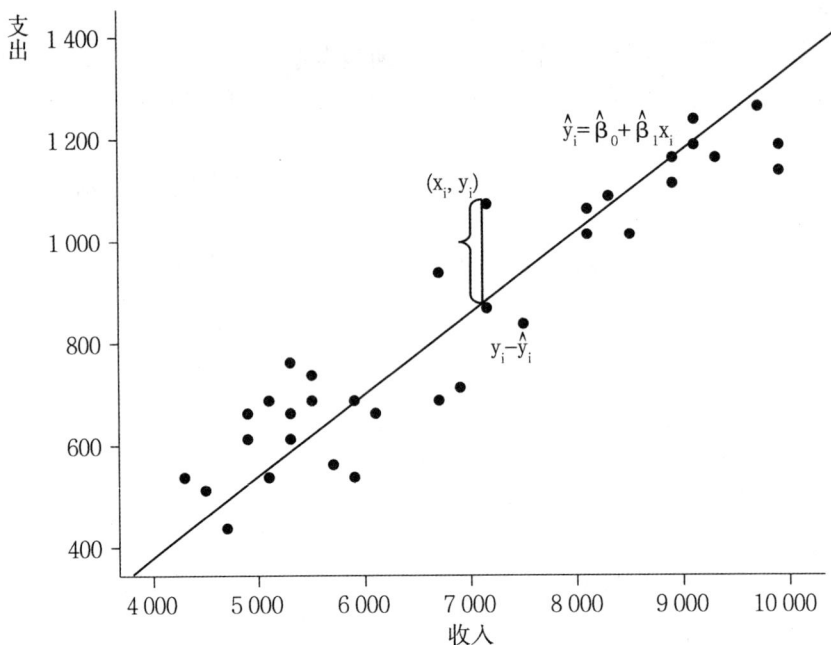

图 9-13　最小二乘法原理示意图

以下是求解公式（9.11）的过程，也就是用最小二乘法拟合回归方程的过程：

$$\begin{cases} \dfrac{\partial Q\ (\beta_0,\ \beta_1)}{\partial \beta_0} \Bigg|_{\substack{\beta_0 = \hat{\beta}_0 \\ \beta_1 = \hat{\beta}_1}} = 0 \\[4mm] \dfrac{\partial Q\ (\beta_0,\ \beta_1)}{\partial \beta_1} \Bigg|_{\substack{\beta_0 = \hat{\beta}_0 \\ \beta_1 = \hat{\beta}_1}} = 0 \end{cases} \tag{9.13}$$

根据公式（9.13）的第一个方程，我们可以得到：

$$\frac{\partial \sum\limits_{i=1}^{n} (y_i - (\beta_0 + \beta_1 x_i))^2}{\partial \beta_0} \Bigg|_{\substack{\beta_0 = \hat{\beta}_0 \\ \beta_1 = \hat{\beta}_1}} = 0 \tag{9.14}$$

根据公式（9.13）的第二个方程，我们可以得到：

$$\frac{\partial \sum\limits_{i=1}^{n} (y_i - (\beta_0 + \beta_1 x_i))^2}{\partial \beta_1} \Bigg|_{\substack{\beta_0 = \hat{\beta}_0 \\ \beta_1 = \hat{\beta}_1}} = 0 \tag{9.15}$$

根据公式（9.14），我们可以求得：

$$\begin{aligned} \frac{\partial \sum\limits_{i=1}^{n} (y_i - (\beta_0 + \beta_1 x_i))^2}{\partial \beta_0} \Bigg|_{\substack{\beta_0 = \hat{\beta}_0 \\ \beta_1 = \hat{\beta}_1}} &= \sum_{i=1}^{n} \frac{\partial (y_i - \beta_0 - \beta_1 x_i)^2}{\partial \beta_0} \Bigg|_{\substack{\beta_0 = \hat{\beta}_0 \\ \beta_1 = \hat{\beta}_1}} \\ &= \sum_{i=1}^{n} \left(2(y_i - \beta_0 - \beta_1 x_i) \frac{\partial (y_i - \beta_0 - \beta_1 x_i)}{\partial \beta_0} \right) \Bigg|_{\substack{\beta_0 = \hat{\beta}_0 \\ \beta_1 = \hat{\beta}_1}} \\ &= \sum_{i=1}^{n} \left(2(y_i - \beta_0 - \beta_1 x_i)(-1) \right) \Bigg|_{\substack{\beta_0 = \hat{\beta}_0 \\ \beta_1 = \hat{\beta}_1}} \end{aligned}$$

$$= \sum_{i=1}^{n} 2(y_i - \hat{\beta}_0 - \hat{\beta}_1 x_i)(-1) = 0$$

即，$\sum_{i=1}^{n}(y_i - \hat{\beta}_0 - \hat{\beta}_1 x_i) = 0$，因此，得到：

$$\sum_{i=1}^{n} y_i - \sum_{i=1}^{n} \hat{\beta}_0 - \hat{\beta}_1 \sum_{i=1}^{n} x_i = 0 \tag{9.16}$$

或 $\sum_{i=1}^{n} y_i = n\hat{\beta}_0 + \hat{\beta}_1 \sum_{i=1}^{n} x_i$ (9.17)

根据公式(9.15)，我们可以求得

$$\frac{\partial \sum_{i=1}^{n}(y_i - (\beta_0 + \beta_1 x_i))^2}{\partial \beta_1} \bigg| \begin{matrix} \beta_0 = \hat{\beta}_0 \\ \beta_1 = \hat{\beta}_1 \end{matrix}$$

$$= \sum_{i=1}^{n} (2(y_i - \beta_0 - \beta_1 x_i) \frac{\partial(y_i - \beta_0 - \beta_1 x_i)}{\partial \beta_1}) \bigg| \begin{matrix} \beta_0 = \hat{\beta}_0 \\ \beta_1 = \hat{\beta}_1 \end{matrix}$$

$$= \sum_{i=1}^{n} (2(y_i - \beta_0 - \beta_1 x_i)(-x_i)) \bigg| \begin{matrix} \beta_0 = \hat{\beta}_0 \\ \beta_1 = \hat{\beta}_1 \end{matrix}$$

$$= \sum_{i=1}^{n} (2(x_i y_i - \hat{\beta}_0 x_i - \hat{\beta}_1 x_i^2)(-1) = 0$$

即，$\sum_{i=1}^{n}(x_i y_i - \hat{\beta}_0 x_i - \hat{\beta}_1 x_i^2) = 0$，因此，得到：

$$\sum_{i=1}^{n} x_i y_i - \hat{\beta}_0 \sum_{i=1}^{n} x_i - \hat{\beta}_1 \sum_{i=1}^{n} x_i^2 = 0 \tag{9.18}$$

$$\sum_{i=1}^{n} x_i y_i = \hat{\beta}_0 \sum_{i=1}^{n} x_i + \hat{\beta}_1 \sum_{i=1}^{n} x_i^2 \tag{9.19}$$

这时我们就得到了一个联立方程：

$$\sum_{i=1}^{n} y_i = n\hat{\beta}_0 + \hat{\beta}_1 \sum_{i=1}^{n} x_i \tag{9.17}$$

$$\sum_{i=1}^{n} x_i y_i = \hat{\beta}_0 \sum_{i=1}^{n} x_i + \hat{\beta}_1 \sum_{i=1}^{n} x_i^2 \tag{9.19}$$

公式(9.17) $\times \sum_{i=1}^{n} x_i$ − 公式(9.19) $\times$ n：

$$\sum_{i=1}^{n} x_i \times \sum_{i=1}^{n} y_i - n\sum_{i=1}^{n} x_i y_i = n\hat{\beta}_0 \sum_{i=1}^{n} x_i - n\hat{\beta}_0 \sum_{i=1}^{n} x_i + \hat{\beta}_1 (\sum_{i=1}^{n} x_i)^2 - \hat{\beta}_1 n \sum_{i=1}^{n} x_i^2 \tag{9.20}$$

根据公式(9.20)，得：

$$\hat{\beta}_1 (\sum_{i=1}^{n} x_i)^2 - \hat{\beta}_1 n \sum_{i=1}^{n} x_i^2 = \sum_{i=1}^{n} x_i \times \sum_{i=1}^{n} y_i - n\sum_{i=1}^{n} x_i y_i \tag{9.21}$$

根据公式(9.21)，得：

$$\hat{\beta}_1 = \frac{\sum_{i=1}^{n} x_i \times \sum_{i=1}^{n} y_i - n\sum_{i=1}^{n} x_i y_i}{(\sum_{i=1}^{n} x_i)^2 - n\sum_{i=1}^{n} x_i^2} \tag{9.22}$$

这时我们就得到了用最小二乘法求得的回归方程截距和斜率的计算公式：

$$\hat{\beta}_0 = \frac{1}{n} \sum_{i=1}^{n} y_i - \hat{\beta}_1 \frac{1}{n} \sum_{i=1}^{n} x_i \tag{9.23}$$

$$\hat{\beta}_1 = \frac{\sum_{i=1}^{n} x_i \times \sum_{i=1}^{n} y_i - n \sum_{i=1}^{n} x_i y_i}{(\sum_{i=1}^{n} x_i)^2 - n \sum_{i=1}^{n} x_i^2} \tag{9.24}$$

这时我们也就用最小二乘法求得回归方程：

$$\hat{y} = \hat{\beta}_0 + \hat{\beta}_1 x = (\frac{1}{n} \sum_{i=1}^{n} y_i - \hat{\beta}_1 \frac{1}{n} \sum_{i=1}^{n} x_i) + (\frac{\sum_{i=1}^{n} x_i \times \sum_{i=1}^{n} y_i - n \sum_{i=1}^{n} x_i y_i}{(\sum_{i=1}^{n} x_i)^2 - n \sum_{i=1}^{n} x_i^2}) x \tag{9.25}$$

我们也可以用下面的公式计算回归方程截距和斜率：

$$\hat{\beta}_0 = \frac{1}{n} \sum_{i=1}^{n} y_i - \hat{\beta}_1 (\frac{1}{n} \sum_{i=1}^{n} x_i)$$
$$= \bar{y} - \hat{\beta}_1 \bar{x} \tag{9.26}$$

$$\hat{\beta}_1 = \frac{\bar{x} \times \bar{y} - \overline{xy}}{\bar{x}^2 - \overline{x^2}} = \frac{\overline{xy} - \bar{x} \times \bar{y}}{\overline{x^2} - \bar{x}^2}$$

$$= \frac{L_{xy}}{L_{xx}} = r \sqrt{\frac{L_{yy}}{L_{xx}}} \tag{9.27}$$

这时我们就求得线性回归方程：

$$\hat{y} = \hat{\beta}_0 + \hat{\beta}_1 x = (\bar{y} - \frac{\bar{x} \times \bar{y} - \overline{xy}}{\bar{x}^2 - \overline{x^2}} \times \bar{x}) + \frac{\bar{x} \times \bar{y} - \overline{xy}}{\bar{x}^2 - \overline{x^2}} \times x \tag{9.28}$$

根据公式（9.26）我们发现，我们求得的线性回归方程通过一个特殊点，即样本观测值的平均值点：$(\bar{x}, \bar{y})$。

【例 9-5】根据【引例 9-1】的数据，求回归方程。

【解】根据【例 9-1】的求解过程，我们求得

$\bar{x} = 10\ 242.44$，$\bar{y} = 7\ 551.67$，$\overline{xy} = 103\ 395\ 683.8$，$\overline{x^2} = 144\ 201\ 385$，

$\bar{x}^2 = 10\ 242.44^2 = 104\ 907\ 577.2$。

因此，我们求得回归方程系数（见"第 9 章相关与回归"工作表的 B96：C100 单元格区域）：

$$\hat{\beta}_1 = \frac{\overline{xy} - \bar{x} \times \bar{y}}{\overline{x^2} - \bar{x}^2}$$

$$= \frac{103\ 395\ 683.8 - 10\ 242.44 \times 7\ 551.67}{144\ 201\ 385 - 104\ 907\ 577.2}$$

$$= \frac{26\ 048\ 156.89}{39\ 293\ 807.8} = 0.6629$$

再求回归方程的截距：

$$\hat{\beta}_0 = \bar{y} - \hat{\beta}_1 \bar{x}$$

$$= 7\ 551.67 - 0.6629 \times 10\ 242.44 = 761.8805$$

所拟合的线性回归方程：

$$\hat{y} = \hat{\beta}_0 + \hat{\beta}_1 x = 761.8805 + 0.6629x$$

第四节　线性回归方程的拟合效果检验

前面求出的线性回归方程 $\hat{y}=\hat{\beta}_0+\hat{\beta}_1 x$ 在一定程度上描述了变量 x 与 y 之间的关系。根据这一方程，可用自变量 x 的取值来预测 y 的值，但预测的精度取决于回归直线对观测数据的拟合程度。那么，用什么指标能衡量拟合优度的好坏呢？判定系数是一个非常好的衡量指标。

一、判定系数

我们前面讲过，$Q(\hat{\beta}_0, \hat{\beta}_1)=\sum_{i=1}^{n}[y_i-\hat{y}_i]^2$ 是所有直线方程中距离平方和最小的。我们将 y_i 与 $\hat{y}_i$ 之间的差，即 $y_i-\hat{y}_i$ 称为样本中第 i 次观测的残差，它是用 x_i 估计 y_i 时所产生的误差。我们把 $\sum_{i=1}^{n}(y_i-\hat{y}_i)^2$ 称为残差平方和或称误差平方和，记作 SSE，即：

$$SSE=\sum_{i=1}^{n}(y_i-\hat{y}_i)^2 \tag{9.29}$$

显然，残差平方和越小，拟合的直线回归方程，其拟合优度就越高。那么，如何用数值来衡量这个结果？

下面换个角度来分析，我们先研究样本中因变量的第 i 次观测值 y_i 与因变量均值 $\bar{y}$ 之差的平方和，这个平方和我们称它为总离差平方和或称总平方和，记作 SST，即：

$$SST=\sum_{i=1}^{n}(y_i-\bar{y})^2=L_{yy} \tag{9.30}$$

公式（9.30）中的 $y_i-\bar{y}$ 称为第 i 个总离差（参见图 9-14）。它是用 $\bar{y}$ 去估计 y_i 时所产生的误差。SST 从整体上度量了用 $\bar{y}$ 去估计 y 时所产生的误差，反映了因变量观测值的总的变异性。

总离差平方和可做如下分解：

$$
\begin{aligned}
SST &= \sum_{i=1}^{n}(y_i-\bar{y})^2 \\
&= \sum_{i=1}^{n}[(y_i-\hat{y}_i)+(\hat{y}_i-\bar{y})]^2 \\
&= \sum_{i=1}^{n}(y_i-\hat{y}_i)^2+\sum_{i=1}^{n}(\hat{y}_i-\bar{y})^2+2\sum_{i=1}^{n}(y_i-\hat{y}_i)(\hat{y}_i-\bar{y}) \\
&= SSE+\sum_{i=1}^{n}(\hat{y}_i-\bar{y})^2+2\sum_{i=1}^{n}(y_i-\hat{y}_i)(\hat{y}_i-\bar{y})
\end{aligned} \tag{9.31}
$$

数理统计学已经证明，$\sum_{i=1}^{n}(y_i-\hat{y}_i)(\hat{y}_i-\bar{y})=0$，所以有：

$$\sum_{i=1}^{n}(y_i-\bar{y})^2=\sum_{i=1}^{n}(y_i-\hat{y}_i)^2+\sum_{i=1}^{n}(\hat{y}_i-\bar{y})^2 \tag{9.32}$$

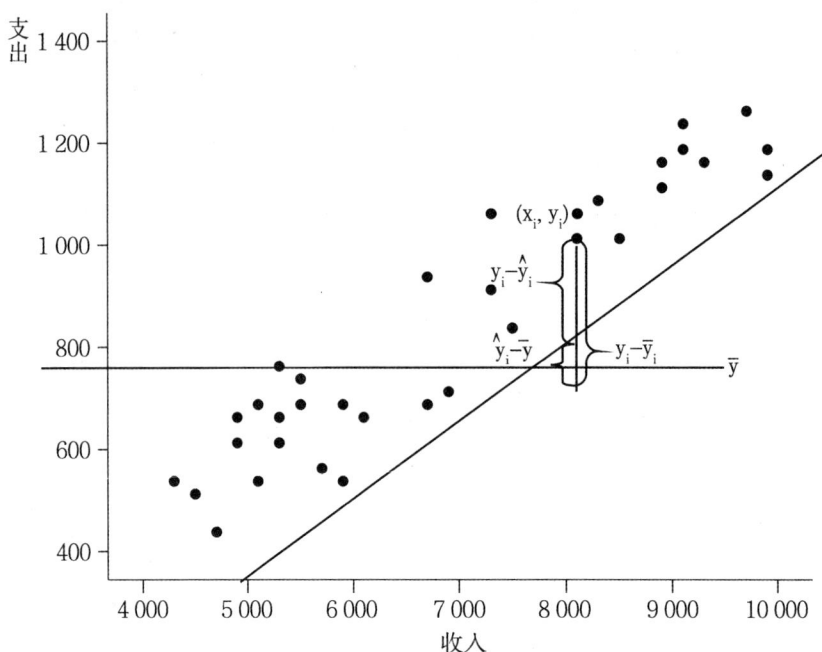

图 9-14　离差平方和

即，$SST = SSE + \sum_{i=1}^{n} (\hat{y}_i - \bar{y})^2$　　　　　　　　　　　　　　　　(9.33)

我们将公式(9.33)中的 $\sum_{i=1}^{n} (\hat{y}_i - \bar{y})^2$ 称为回归离差平方和或回归平方和，记作 SSR。对应样本中第 i 次观测的因变量的估计值 $\hat{y}_i$ 与因变量均值 $\bar{y}$ 之间的离差称为第 i 个回归离差，即 $\hat{y}_i - \bar{y}$(参见图 9 – 14)。

则，$SSR = \sum_{i=1}^{n} (\hat{y}_i - \bar{y})^2$　　　　　　　　　　　　　　　　　(9.34)

即，$SST = SSE + SSR$　　　　　　　　　　　　　　　　　　　　(9.35)

也就是，$\dfrac{SSE}{SST} + \dfrac{SSR}{SST} = 1$　　　　　　　　　　　　　　　　　(9.36)

通过公式 (9.36) 我们看到，$\dfrac{SSE}{SST}$ 与 $\dfrac{SSR}{SST}$ 之和是一个固定数，$\dfrac{SSE}{SST}$ 变小，$\dfrac{SSR}{SST}$ 就变大。而 $\dfrac{SSE}{SST}$ 变得越小，就代表线性回归方程拟合效果越好；但换一个角度，$\dfrac{SSR}{SST}$ 变得越大，就代表线性回归方程拟合效果越好。因此，我们选 $\dfrac{SSR}{SST}$ 作为衡量线性回归方程拟合优度的指标，这个指标的名称就叫判定系数，记作 r^2。

$r^2 = \dfrac{SSR}{SST}$　　　　　　　　　　　　　　　　　　　　　　(9.37)

判定系数 r^2 可以帮助我们评价估计的回归方程对样本数据拟合效果的好坏，r^2

越接近于 1，表明估计的回归方程对样本数据的拟合效果越好；越接近于 0 表明拟合效果越差。其取值范围：$0 \leqslant r^2 \leqslant 1$。

又由于，$\sum\limits_{i=1}^{n} (\hat{y}_i - \bar{y})^2 = \sum\limits_{i=1}^{n} (\hat{\beta}_0 + \hat{\beta}_1 x_i - (\hat{\beta}_0 + \hat{\beta}_1 \bar{x}))^2 = \hat{\beta}_1^2 \sum\limits_{i=1}^{n} (x_i - \bar{x})^2$

$$= (\frac{L_{xy}}{L_{xx}})^2 L_{xx} = \frac{L_{xy}^2}{L_{xx}}$$

所以，$SSR = \sum\limits_{i=1}^{n} (\hat{y}_i - \bar{y})^2 = \frac{L_{xy}^2}{L_{xx}} = r^2 L_{yy} = \hat{\beta}_1^2 L_{xx}$ （9.38）

根据公式（9.35）、公式（9.38）和公式（9.30），可以求得：

$$SSE = SST - SSR = L_{yy} - \frac{L_{xy}^2}{L_{xx}} = L_{yy} - r^2 L_{yy} = (1 - r^2) L_{yy}$$

$$= L_{yy} - \hat{\beta}_1^2 L_{xx}$$ （9.39）

再根据公式（9.37）、公式（9.38）和公式（9.30），可以求得：

$$r^2 = \frac{SSR}{SST} = \frac{L_{xy}^2}{L_{xx}} \times \frac{1}{L_{yy}} = (\frac{L_{xy}}{\sqrt{L_{xx} L_{yy}}})^2 = (r)^2$$ （9.40）

【例9-6】根据【引例9-1】的数据，求判定系数。

【解】根据【例9-1】的求解结果，我们求得

$r^2 = (r)^2 = 0.9993^2 = 0.9986$。

计算结果表明，总离差平方和中的 99.86% 的变异性，能够被估计的回归方程 $\hat{y} = 761.8805 + 0.6629x$ 所解释。换句话说，20 年来，中国城镇年现金消费支出的变异性，99.86% 能够被城镇居民年可支配收入与中国城镇年现金消费支出之间的线性关系所解释。

二、F 检验

（一）构造检验统计量

这里的 F 检验，是用来检验自变量 x 与因变量 y 之间的线性关系是否显著，换个说法，就是检验它们之间能否用简单线性回归模型 $y = \beta_0 + \beta_1 x + \varepsilon$ 来表示。如果其斜率 $\beta_1 = 0$，则有 $y = \beta_0 + \varepsilon$，线性回归模型此时代表着一条水平直线，这表明自变量 x 与因变量 y 之间不存在线性相关关系。因此，自变量 x 与因变量 y 之间在总体中存在线性相关关系的充要条件是 $\beta_1 \neq 0$。

在回归模型中，我们曾假定在自变量 x 的不同取值下，对应的误差项随机变量 ε 的方差是相同的，都是 σ^2。

如果要根据样本数据来估计 σ^2，统计上存在着两个估计量。一个是运用残差平方和除以其自由度来估计 σ^2，这个估计量称作均方误差，记作 MSE。它的表达式为：

$$MSE = \frac{\sum\limits_{i=1}^{n} (y_i - \hat{y}_i)^2}{n - p - 1} = \frac{SSE}{n - p - 1} = \frac{(1 - r^2) L_{yy}}{(n - p - 1)}$$ （9.41）

公式（9.41）中的 p 是自变量的个数，在简单线性回归分析中 p=1。

另一个是运用回归平方和除以其自由度来估计 σ^2，这个估计量称作均方回归，

记作 MSR。它的表达式为：

$$MSR = \frac{\sum_{i=1}^{n}(\hat{y}_i - \bar{y})^2}{p} = \frac{SSR}{p} = \frac{L_{xy}^2}{pL_{xx}} = \frac{r^2 L_{yy}}{p} \tag{9.42}$$

在简单线性回归分析中，由于 p=1，因此，公式（9.41）中的 n−p−1 = n−2；公式（9.42）中的 p=1。

均方误差与均方回归作为 σ^2 的两个独立的估计量，他们的性质有所不同。假如 $\beta_1 = 0$，那么 MSE 与 MSR 都是对 σ^2 的无偏估计，此时 MSE 与 MSR 的比值会接近于 1；假如 $\beta_1 \neq 0$，那么 MSE 仍然是对 σ^2 的无偏估计，而 MSR 则会出现估计偏高的倾向，此时 MSR 与 MSE 的比值就会远远大于 1。利用这一特点，我们构造如下统计量：

$$F = \frac{MSR}{MSE} \sim F(p, n-p-1)$$

以检验 $\beta_1 = 0$ 的假设是否成立。

（二）检验 β_1 是否为零

检验总体回归方程的斜率 β_1 是否为零的过程如下：

第 1 步：提出原假设与备择假设。

$H_0: \beta_1 = 0$ $H_1: \beta_1 \neq 0$

它等价于：

$H_0: \dfrac{MSR}{MSE} \leqslant 1$ $H_1: \dfrac{MSR}{MSE} > 1$

第 2 步：选择检验用的统计量（注：这里的 p=1）。

$F = \dfrac{MSR}{MSE} \sim F(p, n-p-1)$，它等价于：$F = \dfrac{MSR}{MSE} \sim F(1, n-2)$

第 3 步：给定显著性水平 α，查临界值 $F_\alpha(p, n-p-1)$，即查临界值 $F_\alpha(1, n-2)$。

第 4 步：计算检验用的统计量的值。

假设原假设成立，计算 $F_0 = \dfrac{MSR_0}{MSE_0} = \dfrac{(n-2) \, r^2}{1-r^2}$

第 5 步：对比并进行检验（作出决策）。

（1）若 $F_0 < F_\alpha(1, n-2)$，接受原假设，即认为总体回归方程的斜率 $\beta_1 = 0$，其把握程度为 $1-\alpha$；

（2）若 $F_0 > F_\alpha(1, n-2)$，接受备择假设，即认为总体回归方程的斜率 $\beta_1 \neq 0$，其把握程度为 $1-\alpha$。这表明我们可以在 $1-\alpha$ 的把握程度上推断总体中 y 与 x 两个变量之间存在线性相关关系。

【例 9-7】根据【引例 9-1】的数据，检验简单线性回归方程的系数 β_1 是否为零。显著性水平为 0.05。

【解】

第 1 步：提出原假设与备择假设。

$H_0 : \beta_1 = 0$　　　$H_1 : \beta_1 \neq 0$

第 2 步：选择检验用的统计量。

$$F = \frac{MSR}{MSE} \sim F\,(1,\ n-2)$$

第 3 步：给定的显著性水平为 $\alpha = 0.05$，查临界值：

$F_\alpha\,(1,\ n-2) = F_{0.05}\,(1,\ 18) = 4.4139$。

第 4 步：计算检验用的统计量的值。

假设原假设成立，根据【例 9-1】求得的相关系数数值结果，我们求得计算

$$F_0 = \frac{MSR_0}{MSE_0} = \frac{(n-2)\ r^2}{1-r^2} = 12\,283.5988\,（完全精确值）（见"第9章相关与回归"$$

工作表的 A127：D132 单元格区域)

或 $F_0 = \dfrac{MSR_0}{MSE_0} = \dfrac{(n-2)\ r^2}{1-r^2} = \dfrac{18 \times 0.9985}{1-0.9985} = 11\,982$（不完全精确值）

第 5 步：对比并进行检验（作出决策）。

因为 $F_0 = 12\,283.5988 > 4.4139 = F_\alpha\,(1,\ n-2)$，所以拒绝 $\beta_1 = 0$ 的原假设。即在 0.05 的显著性水平下，可以认为总体中可支配收入与现金消费支出之间存在着估计的回归方程 $\hat{y} = 761.8805 + 0.6629x$ 所代表的线性相关关系。

通常人们习惯采用方差分析表来表述检验的具体步骤，具体表式如表 9-2 所示：

表 9-2　　　　　　　　　　　　　　方差分析表

方差来源	平方和	自由度	均方	F
回　归	SSR	p	MSR	$\dfrac{MSR}{MSE}$
误　差	SSE	n-p-1	MSE	
总　计	SST	n-1	—	—

在本例中，由于回归平方和 $SSR = r^2 L_{yy} = 345\,350\,331.3$，总离差平方和 $SST = L_{yy} = 345\,856\,396.9$，误差平方和 $SSE = SST - SSR = 506\,065.5251$，因此，本例的 F 检验方差分析表如表 9-3 所示：

表 9-3　　　　　　可支配收入与现金消费支出简单线性回归方差分析表

方差来源	平方和	自由度	均方	F
回　归	345 350 331.3	1	345 350 331.3	12 283.599
误　差	506 065.5251	18	28 114.7514	
总　计	345 856 396.9	19	—	—

第五节　回归预测

基于模型假定，我们运用最小二乘法由 20 年可支配收入和现金消费支出的样本数据得到了估计的回归方程 $\hat{y}=761.8805+0.6629x$，并在 0.05 的显著性水平下进行了 F 检验。此外，还计算出判定系数为 0.9993，这是一个非常高的拟合优度。由于经过 F 检验，我们已经确认样本数据拟合的回归分析的模型成立，因此，接下来就可以运用这个回归方程进行预测了，就是用自变量的值来预测因变量的值，即用 x 来预测 y。

【例 9–8】根据【例 9–5】求得的回归方程，预测当中国城镇居民收入为 30 000 元时，中国城镇居民现金消费支出额是多少元？

【解】在本例中，当中国城镇居民收入为 30 000 元时，中国城镇居民现金消费支出：

$$\hat{y}=761.8805+0.6629x\hat{y}=761.8805+0.6629\times30\ 000=20\ 649.10319\ （元）$$

第六节　运用软件进行回归分析实验

一、运用 Excel 软件进行回归分析实验

【例 9–9】根据【引例 9–1】的数据，在显著性水平为 0.05 条件下，运用 Excel 软件进行回归分析。

【解】具体操作步骤如下：

第 1 步，打开"第 9 章相关与回归"工作表的 A1：D23 单元格区域，将人均可支配收入作为自变量 x，人均现金消费支出作为因变量 y。

第 2 步，点击"第 9 章相关与回归"工作表内的"工具"命令条，找到"数据分析"子命令，点击"数据分析"子命令，进入"数据分析"界面内（见图 9–15①）；在此界面内，找到"回归"（见图 9–15①），点击"确定"图标，进入"回归"界面（见图 9–15②）。

第 3 步，在"回归"界面内（见图 9–15③），在"Y 值输入区域（Y）"界面内，输入"＄D＄2：＄D＄22"；在"X 值输入区域（X）"界面内，输入"＄C＄2：＄C＄22"；将"标志（L）"和"置信度（F）"前的方框选中（见图 9–15③），将"输出区域（O）"前的圆框选中，选中后，在其输入区域框内输入"＄U＄1"（见图 9–15③）；然后，点击"确定"图标，进入"回归分析"结果输出界面（见图 9–15④）；其中，Multiple R 后面的 0.99926812 就是相关系数数值，R Square 后面的 0.998536776 就是判定系数数值。

第 4 步，在"回归分析"结果输出界面的方差分析表格内（见图 9–16），回归分析后面的第一个数值 1 是均方回归的自由度数值，第二个数值 345 350 331.3 是回归离差平方和数值，第三个数值 345 350 331 是均方回归数值，第四个数值

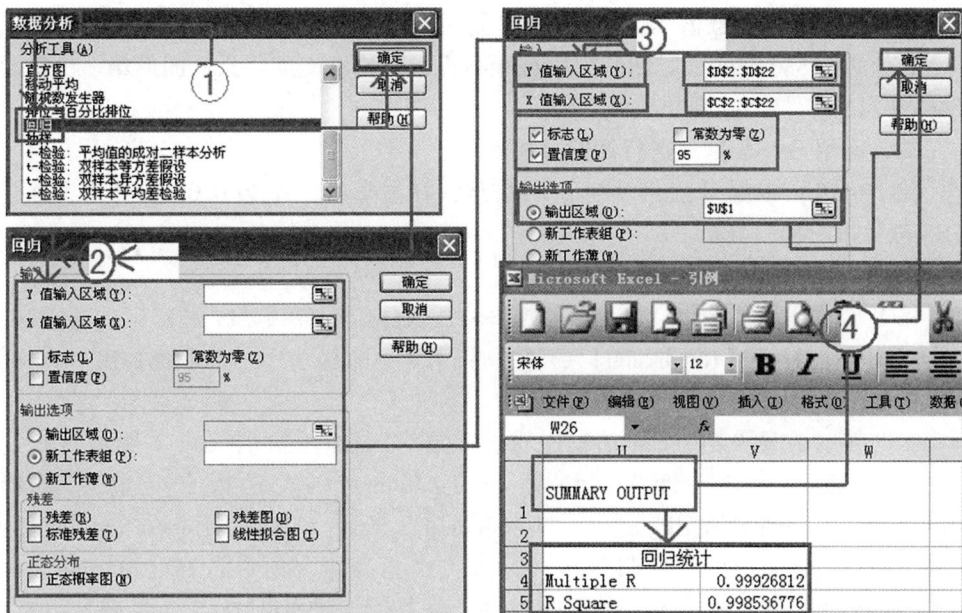

图 9-15　运用 Excel 软件进行回归分析示意图（1）

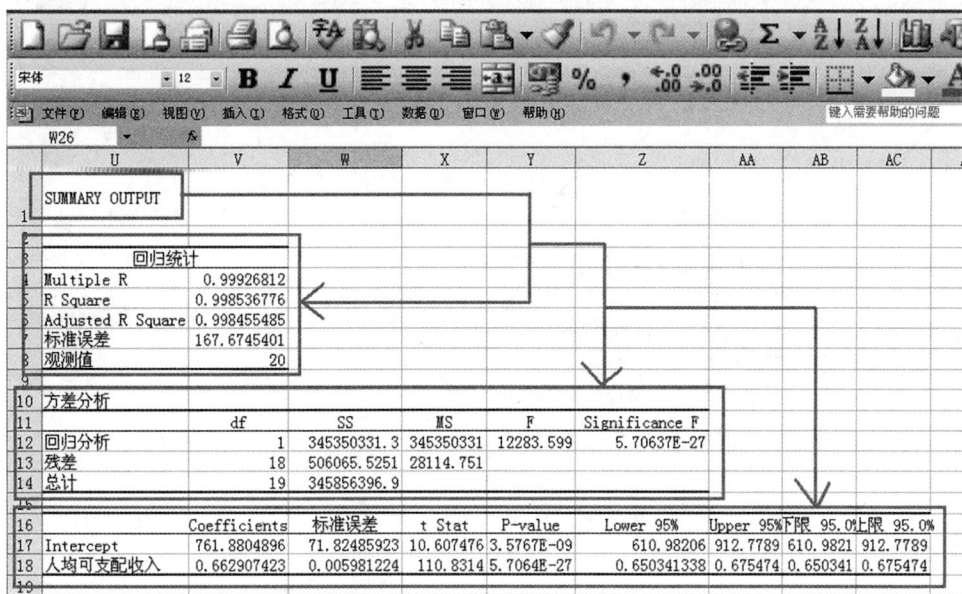

图 9-16　运用 Excel 软件进行回归分析示意图（2）

12 283.599是检验回归方程系数时需要计算的检验统计量 F_0 的数值，第五个数值
5.70637E-27 是检验回归方程系数时需要查出的 P_0 数值。残差后面的第一个数值
18 是均方误差的自由度数值，第二个数值 506 065.5251 是误差平方和数值，第三
个数值 28 114.751 是误差回归数值。总计后面的第一个数值 19 是总离差平方和的

自由度数值，第二个数值 345 856 396.9 是总离差平方和数值。Intercept 后面的第一个数值 761. 8804896 就是回归方程截距数值，人均可支配收入后面的第一个数值 0. 662907423 就是回归系数数值。

二、运用 SPSS 软件进行回归分析实验

【例 9-10】 根据【引例 9-1】的数据，在显著性水平为 0.05 条件下，运用 SPSS 软件进行回归分析。

【解】具体操作步骤如下：

第 1 步，打开名字为"data9_1"的 SPSS 数据集，在 SPSS 主窗口选择菜单：点击【Analyze】→【Regression】→【Linear】（见图 9-17①），系统弹出"Linear Regression"对话框（见图 9-17②）。

第 2 步，在图 9-17②对话框中选择变量"中国城镇居民可支配收入"进入"Independent（s）"框内（说明：Independent（s）是指自变量），选择"中国城镇居民现金支出"进入"Dependent"框内（说明：Dependent 是指因变量）。由于是简单线性回归分析，只有一个自变量，所以，在"Method"框中选择默认项"Enter"选项即可（见图 9-17③），点击【OK】（见图 9-17③图续）。

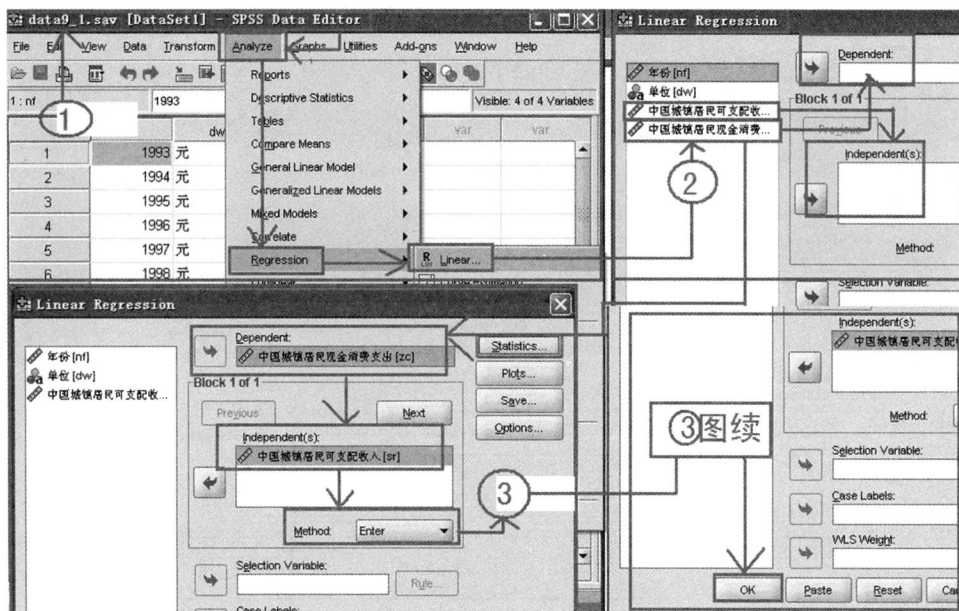

图 9-17　运用 SPSS 软件进行回归分析示意图 (1)

第 3 步，系统输出回归分析结果（如图 9-18 所示）。运用 SPSS【引例 9-1】中中国城镇居民消费与支出进行回归分析的结果，存放在"全程"文件夹"data 9-1（1）. spv"文档内。

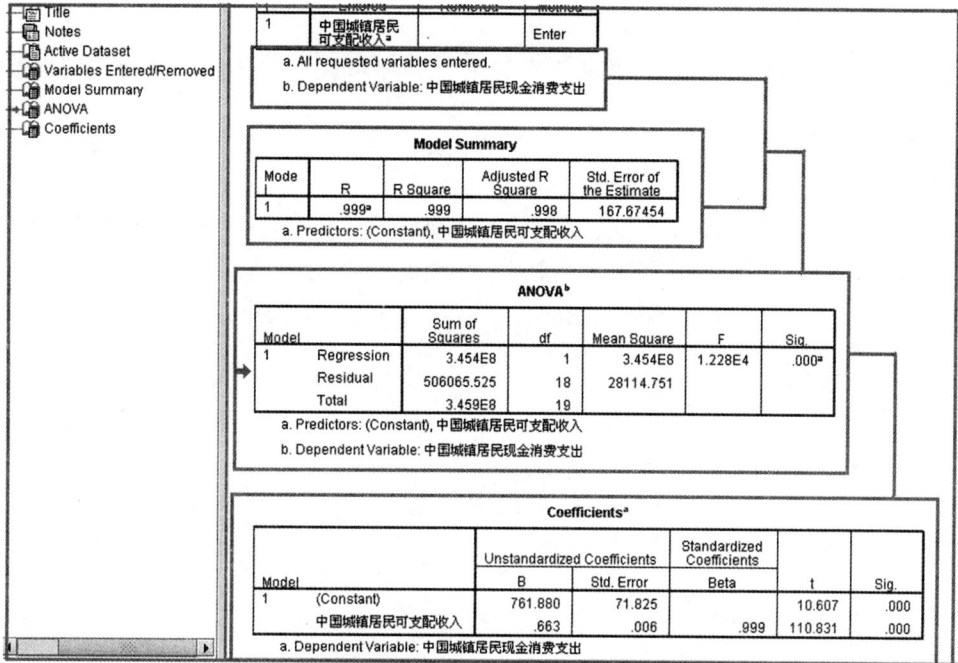

图 9-18　系统输出回归分析结果

网上测验考试

1. 课堂内的网上测验考试

在 15 分钟内，通过中国数字大学城东北财经大学全程互动统计学及其实验——基于 Excel 和 SPSS 软件课程的考试平台，完成课堂内的网上测验考试。

2. 课堂外的网上测验考试

课后，通过中国数字大学城东北财经大学全程互动统计学及其实验——基于 Excel 和 SPSS 软件课程的考试平台，完成课后网上测验考试。

思考练习题

1. 有了散点图为什么还要通过相关系数来证实两个变量之间的线性相关关系？

2. 本章所介绍的相关系数的计算公式，其构造原理是什么？如果相关系数的值为零，这表明两变量之间不存在相关关系吗？

3. 对由样本数据所计算得出的相关系数为什么要进行显著性检验？检验的统计量是什么？原假设是什么？

4. 在回归模型中为什么要设定一个误差项随机变量？关于误差项随机变量的理论假定有哪些？为什么要设立这些理论假定？

5. 由样本数据拟合回归直线，为什么要采用最小平方法？最小平方法的基本思想是什么?

6. 为什么要对估计的回归方程进行显著性检验?原假设及其检验统计量是什么?

7. 判定系数的构造原理是什么?其含义是什么?您能找到判断定系数与相关系数之间的关系吗?

8. 在解释显著性检验及判定系数的方法原理时,经常遇到总平方和 SST、残差平方和 SSE 和回归平方和 SSR 这三个统计量,您能默写出这三个统计的计算公式吗?您能结合图形直观地解释它们的含义吗?三者之间的关系如何?

第十章 时间数列分析

〔**本章学习目标**〕通过本章学习，了解并掌握时间数列分析的相关理论与方法，掌握借助 Excel 和 SPSS 软件进行时间数列分析的操作过程。

〔**本章重点难点**〕重点是掌握增长量和平均增长量、发展速度和增长速度、增长 1% 的绝对值、平均发展速度和平均增长速度、移动平均法及用最小平方法拟合（配合）直线趋势方程。难点是区分最小平方法拟合（配合）直线趋势方程与用最小二乘法拟合回归方程的相同点与不同点。

〔**建议学时**〕5.5 学时

【引例 10-1】

中国的"三步走"战略

第一步从 1981 年到 1990 年国民生产总值（GNP）翻一番，解决人民的温饱问题；第二步从 1991 年到 20 世纪末，国民生产总值再翻一番，人民生活达到小康水平；第三步到 21 世纪中叶，人均国民生产总值达到中等发达国家水平，人民生活比较富裕，基本实现现代化。

请收集：（1）1978 年以来每年的国民生产总值（GNP）数值。（2）衡量人民温饱的指标都有哪些？具体指标数值是多少？（3）衡量人民生活达到小康水平的指标都有哪些？具体指标数值是多少？（4）衡量人民生活达到比较富裕、基本实现现代化的指标都有哪些？具体指标数值是多少？

请计算：（1）若想达到从 1981 年到 1990 年国民生产总值（GNP）翻一番的目标，年均国民生产总值（GNP）的增长速度是多少？（2）若想达到从 1991 年到 20 世纪末，国民生产总值再翻一番的目标，年均国民生产总值（GNP）的增长速度是多少？（3）若想达到从 1981 年到 21 世纪中叶，人均国民生产总值达到中等发达国家水平，年均国民生产总值（GNP）的增长速度是多少？

第一节 时间数列的概念和种类

一、时间数列的概念

编制和分析时间数列，就是为了从动态上研究现象的数量方面及其发展变化的规律性。所谓时间数列就是把反映现象发展水平的统计指标数值，按照时间先后顺序排列起来所形成的统计数列。例如，表 10-1 就含有四个时间数列（见"全程互动统计学及其实验——基于 Excel 和 SPSS 软件"文件夹"引例 1. xls"的"第十章时间数列分析"工作表，以后简称"引例 . xls 第十章时间数列分析工作表"）。

表 10-1　　　　　　　　　**我国人口与国民生产总值资料统计表**

时间	国民生产总值（现价亿元）	年末人口数（万人）	年均人口数（万人）	人均国民生产总值（现价元）
	1	2	3	4
1984	6 962	104 357	—	—
1985	8 557.6	105 851	105 113	814.1
1986	9 696.3	107 507	106 679	908.9
1987	11 301	109 300	108 403.5	1 042.5
1988	14 068.2	111 026	110 163	1 277
1989	15 993.3	112 704	111 865	1 429.7
1990	17 695.3	114 333	113 518.5	1 558.8
1991	20 236.3	115 823	115 078	1 758.5
1992	24 378.9	117 171	116 497	2 092.7
1993	31 342.3	118 517	117 844	2 659.6

　　时间数列是由两个基本要素构成的：一个是现象发展水平的所需时间，如上表中的 1985 年至 1993 年；另一个要素是反映现象发展水平的统计指标数值，如上表中的国民生产总值、年末人口数等。

　　二、时间数列的种类

　　时间数列按其指标数值表现形式不同，可分为绝对数时间数列、相对数时间数列和平均数时间数列三种。绝对数时间数列是基本数列，相对数时间数列和平均数时间数列是根据前者计算而得的派生数列。

　　（一）绝对数时间数列

　　时间数列中的各个指标数值如果都是绝对数，为绝对数时间数列。在绝对数时间数列中，按指标反映的时间状况不同，又分为时期数列与时点数列两种。

　　1. 时期数列。

　　时间数列中的每一个指标数值，都反映在一定时间内现象发展过程的总量，这样的绝对数时间数列就叫做时期数列。时期数列的指标数值具有可加性。表 10-1 的国民生产总值时间数列就是时期数列。

　　2. 时点数列。

　　时间数列中的每一个指标数值，都反映社会经济现象在一定时刻（时点）上的状态，这样的绝对数时间数列就叫做时点数列。时点数列的指标数值不具有可加性。见表 10-1 中的年末人口数时间数列。

　　（二）相对数时间数列

　　时间数列中的指标数值，如果都是相对数，这样的时间数列叫做相对数时间数列。它可以分为时期相对数时间数列和时点相对数时间数列。表 10-1 中的人均国民生产总值时间数列即为相对数时间数列。

在相对数时间数列中，各个指标数值一般不能相加。

（三）平均数时间数列

时间数列中的指标数值，如果都是平均数，这种时间数列叫做平均数时间数列。它可以分为时期平均数时间数列和时点平均数时间数列。表 10-1 中的年平均人口数时间数列就是平均数时间数列。

在平均数时间数列中，各个指标数值也不能相加。

三、编制时间数列的原则

为了能够通过时间数列正确地进行动态分析，各项指标数值必须是可以比较的。因此，保证指标数值的可比性，是编制时间数列的基本原则。具体来说，应注意以下问题。

第一，时期数列的时期长短，在整个数列中原则上应该是相同的。因为在时期数列中，指标数值的大小随着时期的长短而变动，如果时期长短不同，各个指标数值就难以直接进行比较。

在时点数列中，各项指标的数值大小与时间间隔长短并没有直接关系。

第二，时间数列中所研究的总体范围应当是前后一致的。

第三，时间数列中指标的内容，在不同时间上应当是相同的。

第四，时间数列中各项指标数值的计算方法和计算单位必须一致。

第二节　时间数列的水平指标

一、发展水平和平均发展水平

（一）发展水平

时间数列中每个指标数值叫做发展水平或时间数列水平。在绝对数时间数列中，发展水平是总量指标。在相对数时间数与平均数时间数列中，发展水平表现为相对指标与平均指标。

按发展水平在时间数列中位置不同，把整个数列的第一项发展水平叫最初水平，最后一项发展水平叫最末水平，其余的叫中间水平。按发展水平在动态分析中的作用不同，将所研究的那一时期的发展水平叫报告期水平或计算期水平，将用来作为比较基础时期的水平叫基础水平。现以符号 y 代表数列水平，即以 y_1，y_2，…，y_i，…，y_N 代表数列中各期发展水平，其中 y_1 表示最初水平，y_N 表示最末水平，y_i（i=2，3，…，N-1）其余是中间各项水平。为了计算时间数列第一期比较指标，一般在所研究的时间数列之前设置 y_0，它是时间数列第一期的前一期水平，称为时间数列的基期。

（二）平均发展水平

数列的平均发展水平，通常也叫序时平均数。所谓序时平均数，就是在时间数列中，把各个时期（或时点上）的指标数值加以平均而求得的平均数。利用序时平均数在一个较长的时期内进行比较，可以更明显地反映现象发展的基本趋势和规律性。

序时平均数和前面所讲的一般平均数都是反映现象一般水平，但是二者却有所不同。一般平均数是根据变量数列计算的，它将总体各单位之间的数量标志的变异抽象化，从而表明整个总体的一般水平；而序时平均数则是根据时间数列计算的，它是将整个总体在时间中的变动抽象化了，以表明总体在不同时期内的一般水平。

序时平均数的计算方法，因时间数列的种类不同而有所不同。现将计算方法说明如下：

1. 根据绝对数时间数列计算序时平均数。

（1）由时期数列计算序时平均数。

由时期数列计算序时平均数，应用简单算术平均数的计算方法，即把数列各项水平的总和除以数列的项数。

【例 10-1】根据表 10-1 提供的数据，计算我国 1986 年至 1990 年（七五计划时期）每年平均国民生产总值。

【解】根据表 10-1 提供的数据，我国 1986 年至 1990 年（七五计划时期）每年平均国民生产总值为：

（9 696.3+11 301+14 068.2+15 993.3+17 695.3）÷5 = 13 750.82（亿元）

抽象：上述计算方法用公式表示如下：

$$\bar{y} = \frac{y_1 + y_2 + \cdots + y_i + \cdots + y_N}{N} = \frac{\sum\limits_{i=1}^{N} y_i}{N} \tag{10.1}$$

式中：$\bar{y}$ 表示序时平均数；y_i 表示时间数列第 i 项发展水平；N 表示水平项数。

（2）由时点数列计算序时平均数。

在社会经济统计中，由于资料所属时间的最小计算单位一般是"日"，如果时点数列的资料是逐日记录的，这样的时点数列就视为连续的时点数列；否则，就视为间断的时点数列。连续时点数列与间断时点数列在计算序时平均数的方法上有所不同。

①根据连续时点数列计算序时平均数。

首先介绍根据连续时点数列计算序时平均数，分两种情况：

Ⅰ. 间隔相等的连续时点数列。

如果已经掌握了整个研究时期中每天时点的资料，则可应用简单算术平均数法计算，公式与式（10.1）相同。

例如，在工业企业中，如果掌握了一个月中每天的工人人数，就可以将每天工人数相加，除以该月的日历日数，即得该月份的每日平均工人数。

Ⅱ. 间隔不等的连续时点数列。

如果掌握了一段时期中每次变动的资料，则可应用加权算术平均数法来进行计算。

【例 10-2】某企业工人数从 9 月 1 日至 9 月 10 日均为 140 人，从 9 月 11 日起至 9 月底均为 180 人，求该企业 9 月份的每日平均工人数。

【解】根据题中所给条件，则该企业 9 月份的每日平均工人数为：

（140×10+180×20）÷30＝167（人）

抽象：如果写成公式的形式是：

$$\bar{y} = \frac{y_1 f_1 + y_2 f_2 + \cdots + y_i f_i + \cdots + y_n f_n}{f_1 + f_2 + \cdots + f_i + \cdots + f_n} = \frac{\sum_{i=1}^{N} y_i f_i}{\sum_{i=1}^{N} f_i} \tag{10.2}$$

式中：f_i 表示第 i 段的时间长度，其他符号同式（10.1）。

②根据间断时点数列计算序时平均数。

根据间断时点数列计算序时平均数，在间断时点数列中也分间隔期相等和间隔期不等两种情况。

Ⅰ．根据间隔相等的间断时点数列计算序时平均数。

在统计工作实践中，如果对各种现象在各个时点上的变动都随时进行登记是有很多困难的。为了简化登记手续，往往每隔一定时间登记一次。

这时，可以假设所研究现象在两个相邻时点之间是均匀变动的，因而可将相邻两个时点指标数值相加后除以 2，即可得到这两个时点之间的序时平均数。然后，根据这些平均数，再用简单算术平均数法，求得在整个研究时期内的序时平均数。

【例 10-3】请根据表 10-2 提供的数据，计算 20××年某工厂上半年每月平均流动资金余额。

表 10-2　　　　　　20××年某工厂上半年流动资金余额

时间	1 月 1 日	2 月 1 日	3 月 1 日	4 月 1 日	5 月 1 日	6 月 1 日	7 月 1 日
流动资金余额（万元）	220	240	280	260	300	290	320

【解】根据表 10-2 资料，首先计算各月份的流动资金平均余额，再将其简单平均，就可以求得上半年每月平均流动资金余额。其计算过程如下：上半年每月平均流动资金余额为

$$\frac{\frac{220+240}{2} + \frac{240+280}{2} + \frac{280+260}{2} + \frac{260+300}{2} + \frac{300+290}{2} + \frac{290+320}{2}}{7-1}$$

$$= \frac{\frac{220}{2} + 240 + 280 + 260 + 300 + 290 + \frac{320}{2}}{6} = 273 \text{（万元）}$$

根据上例的计算过程和步骤，我们可以得到根据间断时点间隔相等连续时点数列计算序时平均数的计算公式：

$$\bar{y} = \frac{\frac{y_1+y_2}{2} + \frac{y_2+y_3}{2} + \cdots + \frac{y_i+y_{i+1}}{2} + \cdots + \frac{y_{N-1}+y_N}{2}}{N-1} = \frac{\sum_{i=1}^{N-1} \frac{y_i+y_{i+1}}{2}}{N-1}$$

$$= \frac{\frac{y_1}{2} + y_2 + y_3 + \cdots + y_i + y_{i+1} + \cdots + y_{N-1} + \frac{y_N}{2}}{N-1} = \frac{\frac{y_1}{2} + \sum_{i=2}^{N-1} y_i + \frac{y_N}{2}}{N-1} \tag{10.3}$$

II. 根据间隔不相等的间断时点数列计算序时平均数。

【例10-4】请根据表10-3 资料计算月平均职工人数。

表10-3　　　　　　　　　　　　20××年某厂职工人数

时间	1月1日	4月1日	9月1日	12月31日
职工人数（人）	1 200	1 300	1 500	1 600

【解】根据表10-3 资料计算月平均职工人数，应先计算出各个间隔的平均职工人数，然后再用间隔的时间作权数计算加权算术平均数。某厂各月平均职工人数为：

$$\bar{y} = \frac{\dfrac{1\,200+1\,300}{2}\times 3 + \dfrac{1\,300+1\,500}{2}\times 5 + \dfrac{1\,500+1\,600}{2}\times 4}{3+5+4}$$

$$= \frac{1\,250\times 3 + 1\,400\times 5 + 1\,550\times 4}{12} = \frac{16\,950}{12} = 1\,413 \text{（人）}$$

根据上例的计算过程和步骤，我们可以得到根据间断时点间隔不相等连续时点数列计算序时平均数的计算公式：

$$\bar{y} = \frac{\dfrac{y_1+y_2}{2}\times f_1 + \dfrac{y_2+y_3}{2}\times f_2 + \cdots + \dfrac{y_i+y_{i+1}}{2}\times f_i + \cdots + \dfrac{y_{N-1}+y_N}{2}\times f_{N-1}}{f_1+f_2+\cdots+f_i+\cdots+f_{N-1}}$$

$$= \frac{\sum\limits_{i=1}^{N-1}\dfrac{y_i+y_{i+1}}{2}\times f_i}{\sum\limits_{i=1}^{N-1} f_i} \tag{10.4}$$

该计算方法为加权算术平均数，f_i 代表间隔数。

必须指出，根据间断时点数列计算序时平均数，是假定所研究的现象在相邻时点之间的变动是均匀的。

2. 根据相对数时间数列计算序时平均数。

相对数是由两个相互联系的绝对数或平均数计算出来的。根据相对数时间数列计算序时平均数，必须先计算出来派生这个相对数时间数列的两个绝对数（或平均数）时间数列的序时平均数，然后把这两个序时平均数相比，就可以得到相对数时间数列的序时平均数。

设 $C_1 = \dfrac{y_{a1}}{y_{b1}}$，$C_2 = \dfrac{y_{a2}}{y_{b2}}$，$\cdots$，$C_i = \dfrac{y_{ai}}{y_{bi}} \cdots$，$C_N = \dfrac{y_{aN}}{y_{bN}}$，这时，$\bar{y}_a$ 就是 y_{a1}，y_{a2}，$\cdots$，y_{ai}，$\cdots$，y_{aN} 的序时平均数；同理，$\bar{y}_b$ 就是 y_{b1}，y_{b2}，$\cdots$，y_{bi}，$\cdots$，y_{bN} 的序时平均数。$\bar{y}_a$ 代表分子时间数列的序时平均数；$\bar{y}_b$ 代表分母时间数列的序时平均数；$\bar{C}$ 代表相对数时间数列的序时平均数，且 $C = \dfrac{y_a}{y_b}$，则相对数时间数列序时平均数的基本算法可用公式表示如下：

$$\bar{C} = \frac{\bar{y}_a}{\bar{y}_b} \tag{10.5}$$

【例10-5】根据20××年一季度某化工厂利润计划完成情况资料，求该厂一季度利润计划平均完成程度（见表10-4）。

表10-4　　　　　　　20××年一季度某化工厂利润计划完成情况

月份	1	2	3
计划利润（万元）	200	300	400
实际利润（万元）	250	360	600
利润计划完成（%）	125	120	150

【解】根据表10-4提供的数据，先计算出一季度各月计划和实际的平均利润。

各月实际平均利润 $\bar{y}_a = \dfrac{250+360+600}{3} = 403.3$（万元）

各月计划平均利润 $\bar{y}_b = \dfrac{200+300+400}{3} = 300$（万元）

则一季度利润计划平均完成程度：

一季度利润计划平均完成程度 $\bar{C} = \dfrac{\bar{y}_a}{\bar{y}_b} = \dfrac{403.3}{300} = 134.4\%$

表10-4资料是根据两个时期数列派生的相对数时间数列计算序时平均数，由于掌握资料不同，可将式（10.5）变换成另外三个公式，即式（10.6），运用时可选择其中的一个。

$$\bar{C} = \frac{\bar{y}_a}{\bar{y}_b} = \frac{\sum\limits_{i=1}^{n} y_{ai}}{\sum\limits_{i=1}^{n} y_{bi}} = \frac{\sum\limits_{i=1}^{n} c_i y_{ai}}{\sum\limits_{i=1}^{n} y_{bi}} = \frac{\sum\limits_{i=1}^{n} y_{ai}}{\sum\limits_{i=1}^{n} \dfrac{y_{ai}}{c_l}} \tag{10.6}$$

根据两个时点数列派生的相对数时间数列，计算序时平均数，由于掌握资料不同，也可选用式（10.6）列出的三个公式中的一个，但公式中的 y_a 与 y_b 已不是数列原来的时点数字，而是各间隔的平均数。

3. 根据平均数时间数列计算序时平均数。

根据平均数所组成的平均数时间数列计算序时平均数，可按照相对数时间数列计算序时平均数的方法进行。

【例10-6】请根据表10-5提供的资料，计算20××年上半年某厂平均工人劳动生产率。

表10-5　　　　　　　20××年上半年某厂工人劳动生产率

月份	1	2	3	4	5	6
工业增加值（元）	330 000	396 500	394 400	441 000	468 000	48 300
工人劳动生产率（元）	5 500	6 100	5 800	6 300	6 500	6 900

【解】根据表10-5所提供的资料，计算上半年月平均工人劳动生产率时，因为缺少作为分母的各月平均工人数，故应选用调和平均数公式的形式。上半年平均每月工人劳动生产率为：

$$\overline{C} = \frac{\sum\limits_{i=1}^{n} y_{ai}}{\sum\limits_{i=1}^{n} \dfrac{y_{ai}}{c_i}}$$

$$= \frac{330\ 000 + 396\ 500 + 394\ 400 + 441\ 000 + 468\ 000 + 483\ 000}{\dfrac{330\ 000}{5\ 500} + \dfrac{396\ 500}{6\ 100} + \dfrac{394\ 400}{5\ 800} + \dfrac{441\ 000}{6\ 300} + \dfrac{468\ 000}{6\ 500} + \dfrac{483\ 000}{6\ 900}}$$

$$= \frac{2\ 512\ 900}{405}$$

$$= 6\ 204.7(元)$$

二、增长量和平均增长量

(一) 增长量

增长量是说明现象在一定时期内增长的绝对数量的指标，它是报告期水平与基期水平之差。

增长量的计算单位与时间数列发展水平的单位是相同的。增长量的计算结果可能是正数，也可能是负数。正数表示增加或增长，负数表示减少或降低。

由于比较的基期不同，增长量指标可以分成为累积增长量和逐期增长量两种。累积增长量是报告期水平与某一固定基期水平之差，说明报告期水平比某一固定基期水平增加（或减少）的总量。设基期水平为 y_0，则累积增长量可用公式表示为：

$y_1 - y_0$，$y_2 - y_0$，$\cdots$，$y_i - y_0$，$y_{i+1} - y_0$，$\cdots$，$y_N - y_0$

逐期增长量是报告期水平与前一期水平之差，说明报告期水平比前一期水平增加（或减少）的总量。逐期增长量可用公式表示为：

$y_1 - y_0$，$y_2 - y_1$，$\cdots$，$y_i - y_{i-1}$，$y_{i+1} - y_i$，$\cdots$，$y_N - y_{N-1}$

累积增长量和逐期增长量之间具有一定的关系，即累积增长量等于相应的逐期增长量之和。

用公式表示为：

$$y_i - y_0 = (y_1 - y_0) + (y_2 - y_1) + \cdots + (y_i - y_{i-1})$$

$$= \sum_{j=1}^{i} (y_j - y_{j-1}) \tag{10.7}$$

其中，$i = (1, 2, \cdots, N)$。

相邻两个累积增长量之差等于逐期增长量。

用公式表示为：

$$(y_i - y_0) - (y_{i-1} - y_0) = (y_i - y_{i-1}) \tag{10.8}$$

其中，$i = (1, 2, \cdots, N)$。

【例 10-7】请根据 1986 年至 1990 年我国国民生产总值资料，计算各期增长量指标。

【解】由于各期增长量指标数据计算方法与原理相同，我们只讲解计算 1987 年的逐期增长量和累计增长量数值方法，其他时期的相关数值，通过表 10-6 进行展示。

根据逐期增长量计算原理，1987 年的逐期增长量数值的计算过程如下：

1987 年的逐期增长量=1987 年的我国国民生产总值数值–1986 年的我国国民生产总值数值

=11 301–9 696=1 605（亿元）

根据累计增长量计算原理，1987 年的累计增长量数值的计算过程如下：

1987 年的累计增长量=1987 年的我国国民生产总值数值–1985 年的我国国民生产总值数值

=11 301–8 558=2 743（亿元）

表 10-6 　　　　　　　**我国国民生产总值增长量计算表** 　　　　　　　单位：亿元

时间	1985	1986	1987	1988	1989	1990
国民生产总值	8 558	9 696	11 301	14 068	15 993	17 695
逐期增长量	—	1 139	1 605	2 767	1 925	1 702
累计增长量	—	1 139	2 743	5 511	7 436	9 138

在表 10-6 中，1990 年的累计增长量 9 138 亿元，正好等于 1986 年到 1990 年各年的逐期增长量 1 139 亿元、1 605 亿元、2 767 亿元、1 925 亿元、1 702 亿元之和。

此外，在实际工作中，还经常计算年距增长量指标，以剔除季节变动的影响。

年距增长量=本期发展水平–去年同期发展水平

【例 10-8】某食品公司 2011 年 12 月份商品销售额为 600 万元，2010 年 12 月份商品销售额为 500 万元，计算年距增长量。

【解】年距增长量为：600 万元–500 万元=100 万元

（二）平均增长量

平均增长量是说明某种现象在一定时期内平均每期增长数量的指标。它也是一种序时平均数，可按下式计算：

$$平均增长量 = \frac{\sum\limits_{i=1}^{N}(y_i - y_{i-1})}{N} = \frac{y_N - y_0}{N} \tag{10.9}$$

【例 10-9】请以表 10-6 资料为例，计算 1986 年至 1990 年我国国民生产总值的年平均增长量。

【解】根据表 10-6 资料，1986 年至 1990 年我国国民生产总值的年平均增长量为：

$$\frac{1\ 139+1\ 650+2\ 767+1\ 925+1\ 702}{5}=\frac{9\ 318}{5}=1\ 828（亿元）$$

第三节 时间数列的速度指标

一、发展速度和增长速度

（一）发展速度

发展速度是指数列中某一报告期水平与基期水平之比，用以反映某一现象在报告期较基期发展的相对程度。根据比较时期的不同，它可以分成为定基发展速度和环比发展速度。定基发展速度是报告期水平与某一固定基期水平之比，说明报告期水平对某一固定基期水平来说已经发展到多少倍（或百分之多少）。定基发展速度表明这种现象在较长时期内总的发展速度，因此，也叫做"总速度"。

用公式表示：

$$\frac{y_1}{y_0}, \frac{y_2}{y_0}, \cdots, \frac{y_i}{y_0}, \frac{y_{i+1}}{y_0}, \cdots, \frac{y_N}{y_0}$$

环比发展速度是指报告期水平与前一期水平之比，说明报告期水平对前一期水平来说，已发展到多少倍（或百分之多少），表明这种现象的逐期发展速度。

用公式表示：

$$\frac{y_1}{y_0}, \frac{y_2}{y_1}, \cdots, \frac{y_i}{y_{i-1}}, \frac{y_{i+1}}{y_i}, \cdots, \frac{y_N}{y_{N-1}}$$

如果计算的单位时间是一年，则此指标也可以叫做"年速度"。

定基发展速度与环比发展速度之间存在一定的换算关系，即定基发展速度等于相应各个环比发展速度的连乘积。

$$\frac{y_i}{y_0} = \frac{y_1}{y_0} \times \frac{y_2}{y_1} \times \cdots \times \frac{y_i}{y_{i-1}} \qquad (10.10)$$

这里的 $i = 2, 3, \cdots, N$。

而两个相邻的定基发展速度之比等于环比发展速度。

$$\frac{y_i}{y_0} \div \frac{y_{i-1}}{y_0} = \frac{y_i}{y_{i-1}} \qquad (10.11)$$

这里的 $i = 2, 3, \cdots, N$。

【例 10-10】请以表 10-6 资料为例，计算各年份的环比发展速度和定基发展速度，并验证定基发展速度是环比发展速度的连乘积，定基发展速度之比等于环比发展速度。

【解】由于各年份的环比发展速度和定基发展速度指标数据计算方法与原理相同，我们只讲解计算 1987 年的环比发展速度和定基发展速度指标数值的方法，其它各年份的相关数值，通过表 10-7 进行展示。

根据环比发展速度计算原理，1987 年的环比发展速度指标数值的计算过程如下：

$$\begin{array}{l} 1987\ 年的环比 \\ 发展速度 \end{array} = \frac{1987\ 年的我国国民}{生产总值数值} \div \frac{1986\ 年的我国国民}{生产总值数值} \times 100\%$$

$$= 11\ 301 \div 9\ 696 \times 100\% = 116.55\%$$

根据定基发展速度计算原理，1987 年的定基发展速度指标数值的计算过程如下：

$$\begin{array}{l} 1987\ 年的定基 \\ 发展速度 \end{array} = \frac{1987\ 年的我国国民}{生产总值数值} \div \frac{1985\ 年的我国国民}{生产总值数值} \times 100\%$$

$$= 11\ 301 \div 8\ 558 \times 100\% = 132.06\%$$

　　以 1990 年为例，如 1990 年我国国民生产总值为 1985 年的 206.78%，即 2 倍多，它等于 5 年环比发展速度的连乘积，即

　　$2.0678 = 1.1331 \times 1.1655 \times 1.2449 \times 1.1368 \times 1.1064$

　　1990 年我国国民生产总值的环比发展速度为 110.64%，它正好等于 1990 年我国国民生产总值的定基发展速度 206.7788% 与 1989 年我国国民生产总值的定基发展速度 186.89% 之比，即

　　$1.1064 = 2.0678 \div 1.8689$

　　实际工作中还经常计算年距发展速度，说明本期发展水平与去年同期对比发展的相对水平，以消除季节变动影响。

　　年距发展速度＝本期发展水平÷去年同期发展水平

　　（二）增长速度

　　增长速度是根据增长量与基期水平之比计算的。它是用相对数来表明现象的增长程度，用以说明报告期水平比基期水平增加了多少倍（或百分之多少）。增长速度由于所采用的基期不同，分为定基增长速度和环比增长速度两种。定基增长速度，是报告期累积增长量与某一固定基期水平之比，表明某种现象在较长时间内总的增长速度。

　　定基增长速度公式为：

$$\frac{y_1 - y_0}{y_0}, \ \frac{y_2 - y_0}{y_0}, \ \ldots, \ \frac{y_i - y_0}{y_0}, \ \frac{y_{i+1} - y_0}{y_0}, \ \ldots, \ \frac{y_N - y_0}{y_0}$$

　　环比增长速度，是报告期的逐期增长量与前一期水平之比，表明某种现象逐期的增长速度。

　　环比增长速度公式为：

$$\frac{y_1 - y_0}{y_0}, \ \frac{y_2 - y_1}{y_1}, \ \ldots, \ \frac{y_i - y_{i-1}}{y_{i-1}}, \ \frac{y_{i+1} - y_i}{y_i}, \ \ldots, \ \frac{y_N - y_{N-1}}{y_{N-1}}$$

　　定基增长速度与环比增长速度，两者不能换算。发展速度与增长速度可以相互换算，即

　　增长速度＝发展速度−1（或 100%）

　　或者　发展速度＝增长速度 +1（或 100%）　　　　　　　　　　（10.12）

　　因此

　　定基增长速度＝定基发展速度−1（或 100%）

　　或者　定基发展速度＝定基增长速度 +1（或 100%）

　　环比增长速度＝环比发展速度−1（或 100%）

　　或者　环比发展速度＝环比增长速度 +1（或 100%）

　　在实际工作中，也经常计算年距增长速度：

　　年距增长速度＝年距增长量÷去年同期发展水平

　　　　　　　　＝年距发展速度−1（或 100%）

　　如果发展速度大于 1，则增长速度为正值，表示某一现象增长程度和发展是上升的。如果发展速度小于 1，则增长速度为负值，表示某一现象降低程度和发展是

下降的。

发展速度和增长速度可用倍数表示，也可用百分数表示。当计算出的数值大于 100% 很多时，用倍数表示较好。例如，某水泥厂报告期水泥产量为 100 万吨，基期为 10 万吨，其增长速度用 9 倍表示比用 900% 容易理解。当计算出的数值低于 100%，用百分数表示较合适。例如，某钢铁厂报告期每吨钢成本为 400 元，基期每吨成本为 455 元，用钢成本降低了 12% 表示较好，如果说成钢成本降低了 0.12 倍反而费解。

（三）增长 1% 的绝对值

增长 1% 绝对值，是指增长量除以用百分数表示的增长速度，或基期水平除以 100，表明某一现象每增长 1% 所代表的实际数量。增长 1% 绝对值，又具体分为定基增长速度增长 1% 绝对值和环比增长速度增长 1% 绝对值两种。但主要计算的是后者，见表 10-7。

表 10-7　　　　　　　　　　**我国国民生产总值速度指标计算表**

年份		1985	1986	1987	1988	1989	1990
国民生产总值（亿元）		8 558	9 696	11 301	14 068	15 993	17 695
发展速度（%）	环比	100.00	113.31	116.55	124.49	113.68	110.64
	定基	—	113.31	132.06	164.39	186.89	206.78
增长速度（%）	环比	—	13.31	16.55	24.49	13.68	10.64
	定基	—	13.31	32.06	64.39	86.89	106.78
增长 1% 绝对值（亿元）		—	85.58	96.96	113.01	140.68	159.93

二、平均发展速度和平均增长速度

平均速度指标可分为平均发展速度和平均增长速度。前者是各个环比发展速度的序时平均数，说明某种现象在一个较长时期中逐年平均发展变化的程度。后者说明某种现象在一个较长时期中逐年平均增长的程度。平均增长速度不能根据各个增长速度直接求得，而通过平均发展速度计算。即

平均增长速度 = 平均发展速度 - 1（或 100%）

平均发展速度的计算方法可采用几何平均法或方程法。两种方法的数量依据和应用场合各不相同。

（一）应用几何平均法计算平均发展速度

应用几何平均法计算平均发展速度，是把环比发展速度视作变量（X_i），把环比发展速度的个数视作变量值个数（N），求其几何平均数。这是因为某一种现象发展总速度不等于各环比发展速度相加之和，而等于各环比发展速度的连乘积。

设 $\overline{X}_G$ 代表平均发展速度；X_i 代表第 i 期的环比发展速度；f_i 代表第 i 期发展速度的所属时间；N 代表环比发展速度的个数；R 代表总速度（第 N 期的定基发展速度）；m 代表翻番数。则平均发展速度的公式为：

（1） $\overline{X}_G = \sqrt[N]{x_1 \times x_2 \times \cdots \times x_i \times \cdots \times x_N} = \sqrt[N]{\prod_{i=1}^{N} x_i}$　　　　　　（10.13）

（2） $\overline{X}_G = \sqrt[f_1+f_2+\cdots+f_i+\cdots+f_n]{x_1^{f_1} \times x_2^{f_2} \times \cdots \times x_i^{f_i} \times \cdots \times x_n^{f_n}}$

$$= \sqrt[\sum\limits_{i=1}^{n} f_i]{\prod_{i=1}^{n} x_i^{f_i}}$$　　　　　　（10.14）

（3） $\overline{X}_G = \sqrt[N]{\dfrac{y_N}{y_0}}$　　　　　　（10.15）

（4） $\overline{X}_G = \sqrt[N]{R}$　　　　　　（10.16）

（5） $\overline{X}_G = \sqrt[N]{2^m}$　　　　　　（10.17）

应用几何平均法计算的平均发展速度，从式（10.13）来看，是依整个计算期间内各年环比发展速度的大小为转移的，从式（10.15）和式（10.16）两个公式来看，是以期末水平 y_N 与基期水平 y_0 之比即最后一年的定期发展速度（R）的大小为转移的。在基期水平 y_0 固定的情况下，平均发展速度指标就取决于这种现象期末水平 y_N 的大小，这个计算方法的实质，就是要求基期水平在按平均发展速度 $\overline{X}_G$ 逐期发展的条件下，能与期末水平相一致。计算平均发展速度的五个公式，可以根据所掌握的资料来选用。

为了简化计算手续，也可以应用《平均增长速度查对表》（查阅中国财政经济出版社出版的《平均增长速度查对表》），直接从表中查得平均增长速度的数值。

在统计工作中，还可以利用平均发展速度推算有关经济指标。

1.预测最末水平。

预测最末水平的计算公式：

$$y_N = y_0 \times \overline{X}_G^N$$　　　　　　（10.18）

【例10-11】请根据表10-1资料，预测2000年年末我国人口可达到多少亿人？

【解】首先计算出我国1984年至1993年间人口每年平均发展速度：

$$\overline{X}_G = \sqrt[N]{\dfrac{y_N}{y_0}}$$

$$= \sqrt[(1993-1984)]{\dfrac{118\,517}{104\,357}}$$

$$= \sqrt[9]{1.135688071}$$

$$= 1.014$$

再根据人口平均发展速度预测2000年年末的我国人口：

$$y_{N_1} = y_{0_1} \times \overline{X}_G^{N_1}$$

$$= 118\,517 \times 1.014026^{(2000-1993)}$$

$$= 118\,517 \times 1.014026^7$$

$$= 13.08458（亿人）$$

故2000年年末我国人口可达到13.08458亿人。

2. 预测时间。

预测达到一定水平所需时间的计算公式：

$$N = \frac{\lg y_N - \lg y_0}{\lg \bar{X}_G}$$

$$= \frac{\lg R}{\lg \bar{X}_G} \tag{10.19}$$

【例 10-12】请根据表 10-1 资料，计算我国国民生产总值要达到 100 000 亿元需要多少年时间？

【解】首先计算 1984 年至 1993 年国民生产总值每年平均发展速度：

$$\bar{X}_G = \sqrt[N]{\frac{y_N}{y_0}}$$

$$= \sqrt[(1993-1984)]{\frac{313\ 423}{6\ 962}}$$

$$= \sqrt[9]{4.50191037}$$

$$= 1.182$$

再根据平均发展速度计算我国国民生产总值达到 100 000 亿元所需要的时间：

$$N = \frac{\lg y_N - \lg y_0}{\lg \bar{X}_G}$$

$$= \frac{\lg 100\ 000 - \lg 31\ 342.3}{\lg 1.182}$$

$$= \frac{5 - 4.496130863}{0.072617}$$

$$= 6.94 \ （年）$$

$$\approx 7 \ （年）$$

故需要 7 年的时间，即到 2000 年我国国民生产总值可达到 100 000 亿元（这种算法含有价格上涨因素）。

3. 计算翻番速度。

"翻番"是经济工作中经常使用的一种速度指标。例如，制订国民经济与社会发展的长远规划时，可用翻番数表示某一社会经济指标在规划期末应当达到的总目标。党的十四届五中全会提出，从 1981 年到本世纪末，我国人均国民生产总值翻两番，即由 1980 年的 455 元增加到 2000 年的 2 000 元左右（按 1980 年的价格计算）。翻番速度与平均速度有着密切的联系。现在结合平均速度指标说明翻番的计算方法。

设 y_0 为某一现象基期发展水平，经过 N 年后，当现象发展的翻番数不同时，则最末水平 y_N 及总速度 R 可表示如下：

翻一番时，由于总速度 $R = \dfrac{y_N}{y_0}$，而 $y_N = 2y_0$，所以，$R = \dfrac{2y_0}{y_0} = 2$，即总速度为 2。

翻二番时，由于总速度 $R = \dfrac{y_N}{y_0}$，而 $y_N = 2^2 y_0$，所以，$R = \dfrac{2^2 y_0}{y_0} = 4$，即总速度为 4。

翻三番时，由于总速度 $R = \dfrac{y_N}{y_0}$，而 $y_N = 2^3 y_0$，所以，$R = \dfrac{2^3 y_0}{y_0} = 8$，即总速度

为 8。

……

翻 m 番时，由于总速度 $R = \dfrac{y_N}{y_0}$，而 $y_N = 2^m y_0$，所以，$R = \dfrac{2^m y_0}{y_0} = 2^m$，即总速度为 2^m。

因此，计算翻番的公式为：

$$m = \frac{\lg y_N - \lg y_0}{\lg 2}$$ (10.20)

可见，翻番速度实际上是一种总速度——以 2 为底的指数形式所表示的总速度，即当现象最末水平为基期水平的总速度表示成 $\dfrac{y_N}{y_0} = 2^m$ 时，m 就是翻番数，但不一定为正整数。

【例 10-13】某化肥厂 2000 年的年产量为 20 万吨，若该厂 2014 年产量比 1990 年翻 1.5 番，那时年产量将达到多少？

【解】根据题中所给条件，某化肥厂 2000 年的年产量为 20 万吨，若该厂 2014 年产量比 1990 年翻 1.5 番，那时年产量将达到：

$y_N = y_0 \times 2^m$

$\quad = 20 \times 2^{1.5}$

$\quad = 56.6$（万吨）

即 2014 年该厂化肥年产量将达到 56.6 万吨。

【例 10-14】1980 年我国生产水泥 7 986 万吨，1994 年达到 40 500 万吨，计算 1980 年至 1994 年我国水泥产量翻几番？每年平均增长速度为多少？

【解】已知 y_0 为 7 986 万吨，y_N 为 40 500 万吨，则 1980 年至 1994 年我国水泥产量翻番数为：

$m = \dfrac{\lg y_N - \lg y_0}{\lg 2}$

$\quad = \dfrac{\lg 40\ 500 - \lg 7\ 986}{\lg 2}$

$\quad = \dfrac{4.60745502 - 3.902329306}{0.30103}$

$\quad = \dfrac{0.70512527}{0.30103}$

$\quad = 2.3424$（番）

而 1980 年至 1994 年我国水泥产量每年平均增长速度为：

$\overline{X}_G - 1 = \sqrt[N]{2^m} - 1$

$\quad = \sqrt[(1994-1980)]{2^{2.3424}} - 1$

$\quad = \sqrt[14]{5.071456} - 1$

$\quad = 1.122966 - 1$

$\quad = 12.2966\%$

$$\overline{X}_G = \sqrt[N]{\frac{y_N}{y_0}} - 1$$

$$= \sqrt[(1994-1980)]{\frac{40\ 500}{7\ 986}} - 1$$

$$= \sqrt[14]{5.0713749} - 1$$

$$= 1.12296 - 1$$

$$= 12.296\%$$

即从 1980 年至 1994 年我国水泥产量翻了 2.34 番，每年平均增长 12.3%。

（二）应用方程法计算平均发展速度

应用方程法计算平均发展速度，是先假设 $\bar{r}$ 为所求得的平均发展速度指标，根据 $\bar{r}$ 计算得到的逐年发展水平如下：

第 1 年　$y_1 = y_0 \times \bar{r}$

第 2 年　$y_2 = y_1 \times \bar{r} = (y_0 \times \bar{r}) \times \bar{r} = y_0 \times \bar{r}^2$

……

第 i 年　$y_i = y_{i-1} \times \bar{r} = (y_0 \times \bar{r}^{(i-1)}) \times \bar{r} = y_0 \times \bar{r}^i$

……

第 N 年　$y_N = y_{N-1} \times \bar{r} = (y_0 \times \bar{r}^{(N-1)}) \times \bar{r} = y_0 \times \bar{r}^N$

方程法的实质是要求根据 $\bar{r}$ 计算所达到的各年发展水平的总和与各年实际所达到的水平总和相一致，即

$$y_0 \times \bar{r} + y_0 \times \bar{r}^2 + \cdots + y_0 \times \bar{r}^i + \cdots + y_0 \times \bar{r}^N = y_1 + y_2 + \cdots + y_i + \cdots + y_N$$

即 $y_0 \times (\bar{r} + \bar{r}^2 + \cdots + \bar{r}^i + \cdots + \bar{r}^N) = \sum_{i=1}^{N} y_i$

也就是

$$\sum_{i=1}^{N} \bar{r}^i - \frac{\sum_{i=1}^{N} y_i}{y_0} = 0 \qquad (10.21)$$

这个方程只有一个正根，这个正根就是所求的平均发展速度，解这个方程，需要计算各年实际发展水平的累计数，它决定了平均发展速度的大小，所以方程法又叫累计法。

第四节　时间数列的因素解析

一、时间数列的构成因素

时间数列的因素解析，是指通过对影响时间数列水平变动的各种主要因素及其相互关系进行分解和综合，来认识现象发展变化规律性的一种分析方法。

时间数列水平的变动是受多种因素共同作用的结果，通常，把时间数列在形式上的变化分为四种构成因素，即长期趋势 T、季节变动 S、循环变动 C 和不规则变动 I。有些现象可能只包含三个因素或两个因素，具体问题要具体分析。

长期趋势是指现象在较长时期内受某种根本性因素作用而形成的总的变动趋势。长期趋势可能呈现向上发展或向下发展的态势，也可能呈现出水平发展的态势。长期趋势是对时间数列因素解析的重点。分析长期趋势对于掌握客观现象的性质及其变化规律和进行预测都具有重要意义。

季节变动是指由于自然条件和社会条件的影响，客观现象在一年内随着季节的变化而发生的有规律的周期性变动。季节变动的原因，主要是自然季节、气候的影响，同时也受人们的风俗习惯、作息制度、科技水平等社会因素的影响。

循环变动是指客观现象以若干年为周期所呈现出的波浪起伏形态的一种有规律的变动。循环变动在自然现象和社会现象中都广泛存在。例如：果树结果量有大年、小年的变化，降雨量有几年大、几年小的变化，若干年发生一次的经济危机等。测定循环变动的周期、变动的程度及其形态，对于制定相应的战略决策具有重要意义。

不规则变动是一种无规律可循的变动。不规律变动有两种类型。一种是严格的随机变动，是受各种偶然因素随时发生的影响，使时间数列水平有趋高或趋低的倾向，但变动幅度不大。另一种是不规则的突发性影响很大的变动，如战争、自然灾害、社会动乱等。这种不规则变动也称为偶发性变动。

上述构成时间数列的四个因素之间的关系，通常设定为两种：一为加法关系，二为乘法关系。

加法关系的模型为：

$$Y = T + S + C + I$$

在加法关系中，四种因素对 Y 的影响是相互独立的。在四种因素中，长期趋势 T 是基础，循环变动 C 将随着周期性变化会围绕长期趋势上下波动而取正值和负值，季度变动 S 在一年之内会随淡旺季的变化而取负值和正值；不规则变动 I 会受偶然因素影响而取正、负值。这四种因素的计量单位与时间数列水平 Y 的计量单位是一致的，它们都表现为绝对数。

乘法关系的模型为：

$$Y = T \cdot S \cdot C \cdot I$$

在乘法关系中，四种因素对 Y 的影响是相互影响的。在四种因素中，长期趋势 T 依然是基础，是基本数据，其计量单位与 Y 相同；循环变动 C、季节变动 S 和不规则变动 I 被看做附加变化，它们没有名数，而表现为一种比率，围绕 1 或 100% 上下波动，用来调整长期趋势，最后四个因素共同作用的结果正好等于 Y。

本教材对时间数列的因素解析是按乘法关系进行的，由于在四种构成因素中，长期趋势是最重要最基本的因素，因此，首先讨论长期趋势的测定方法。

二、长期趋势的测定

长期趋势的测定方法分为数字模型法和非数字模型法两种。下面介绍的移动平均法属于非数字模型法，最小平方法则属于数字模型法。数字模型的具体形式有直线趋势模型和非直线趋势模型。

（一）移动平均法

移动平均法是对时间数列的各项数值，按照一定时距（项数）进行逐期移动，计算出一系列序时平均数，形成一个派生的平均数时间数列。在新的数列中，可以大大削弱不规则变动，特别是周期性变动，显示出数列的长期趋势。每一移动平均数都是每次移动时间（时间长度）的算术平均数，对应于移动的中点位置。如时距三年的移动平均，第一个平均数应在第二年的位置，第二个平均数应在第三年位置……；时距五年的移动平均，第一个平均数应在第三年的位置，第二个平均数应在第四年位置……等等。但若移动的项数为偶数，则计算出的平均数不能恰与原数列的时期对应，这时应再进行第二次两项移动平均，以移正平均数的位置。

【例10-15】根据某市重工业产值资料（见表10-8），分别以五年和六年为移动时距，计算移动平均数数值。

【解】由于计算奇数项移动平均的方法与原理是相同的，计算偶数项移动平均的方法与原理相同的，因此，我们只讲解用于计算移动平均的原始数据，其最后一个原始数据的截止年份为1980年、移动时距为五年和六年的移动平均数数值的计算方法，其他各截止年份的相关数值，通过表10-8进行展示（见引例1.xls第10章时间数列分析工作表）。

表10-8　　　　　　　　　　　　**某市重工业产值移动平均计算表**　　　　　　　　单位：亿元

年份	重工业产值	五年移动平均		六年移动平均			
		移动总量	平均值	移动总量	平均值	二次移动总量	二次移动平均值
1967	10	—	—	—	—	—	—
1968	12	—	—	—	—	—	—
1969	14	73.00	14.60	91.00	15.17	—	—
1970	17	81.00	16.20	97.00	16.17	31.33	15.67
1971	20	85.00	17.00	103.00	17.17	33.33	16.67
1972	18	89.00	17.80	109.00	18.17	35.33	17.67
1973	16	92.00	18.40	115.00	19.17	37.33	18.67
1974	18	95.00	19.00	119.00	19.83	39.00	19.50
1975	20	101.00	20.20	128.00	21.33	41.17	20.58
1976	23	112.00	22.40	136.00	22.67	44.00	22.00
1977	24	118.00	23.60	143.00	23.83	46.50	23.25
1978	27	123.00	24.60	145.00	24.17	48.00	24.00
1979	24	122.00	24.40	147.00	24.50	48.67	24.33
1980	25	123.00	24.60	150.00	25.00	49.50	24.75
1981	22	123.00	24.60	153.00	25.50	50.50	25.25
1982	25	129.00	25.80	160.00	26.67	52.17	26.08
1983	27	135.00	27.00	164.00	27.33	54.00	27.00
1984	30	142.00	28.40	—	—	—	—
1985	31	—	—	—	—	—	—
1986	29	—	—	—	—	—	—

（1）计算移动平均的原始数据，其最后一个原始数据的截止年份为 1980 年、移动时距为五年的移动平均数数值。

根据计算奇数项移动平均只进行一次移动平均的原理，用于计算移动平均的原始数据，其最后一个原始数据的截止年份为 1980 年、移动时距为五年的移动平均数数值的计算过程如下：

$$\begin{aligned}\text{五年移动平均数数值} &= \left(\begin{array}{c}1980\text{年的}\\\text{重工业产值}\end{array} + \begin{array}{c}1979\text{年的}\\\text{重工业产值}\end{array} + \begin{array}{c}1978\text{年的}\\\text{重工业产值}\end{array} + \begin{array}{c}1977\text{年的}\\\text{重工业产值}\end{array} + \begin{array}{c}1976\text{年的}\\\text{重工业产值}\end{array}\right) \div 5 \\ &= (25+24+27+24+23) \div 5 \\ &= 123 \div 5 = 24.6 \text{（亿元）}\end{aligned}$$

此移动平均数值放在中间年份的位置上，即放在 1978 年的年份位置上。

（2）计算移动平均的原始数据，其最后一个原始数据的截止年份为 1980 年、移动时距为六年的移动平均数数值。

根据计算偶数项移动平均要进行二次移动平均的原理，用于计算移动平均的原始数据，其最后一个原始数据的截止年份为 1980 年、移动时距为六年的移动平均数数值的计算过程如下：

第 1 步，先计算出两个六年简单移动平均数数值，即先计算出：

①移动平均的原始数据，其最后一个原始数据的截止年份为 1980 年、移动时距为六年的简单移动平均数数值＝（1980 年的重工业产值+1979 年的重工业产值+1978 年的重工业产值+1977 年的重工业产值+1976 年的重工业产值+1975 年的重工业产值）÷6＝（25+24+27+24+23+20）÷6＝143÷6＝23.83（亿元）。

②移动平均的原始数据，其最后一个原始数据的截止年份为 1979 年、移动时距为六年的简单移动平均数数值＝（1979 年的重工业产值+1978 年的重工业产值+1977 年的重工业产值+1976 年的重工业产值+1975 年的重工业产值+1974 年的重工业产值）÷6＝（24+27+24+23+20+18）÷6＝136÷6＝22.67（亿元）。

第 2 步，将第 1 步计算出两个六年简单移动平均数数值再进行简单平均，即：

（23.83+22.67）÷2＝48÷2＝24（亿元）

这个 24 亿元才是我们最终计算出的用于计算移动平均的原始数据，其最后一个原始数据的截止年份为 1980 年、移动时距为六年的移动平均数数值。其数值所放位置放在以最后一个原始数据的截止年份 1980 年为标准，中间靠后的位置上。本例，就放在（1980−6÷2+1）年＝1978 年的位置上。

由原数列可以看到，该市重工业产值虽然在某些年份有所下降，但总的发展趋势是上升的。

从五年和六年移动平均所得到的两个平均数时间数列中，能够清楚地看出该市重工业产值向上发展的长期趋势。将上表计算的时间数列各趋势值（移动平均数）绘成图（见图 10−1），可以明显看到移动平均法具有修匀时间数列、显示现象发展长期趋势的作用。

应用移动平均法测定长期趋势，应该注意以下问题：

移动平均

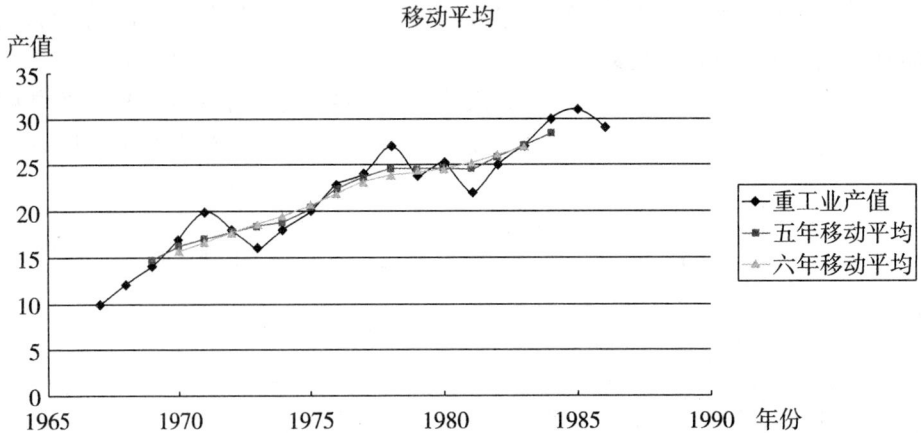

图 10-1　移动平均趋势图

第一，要选择适当的移动时距（项数）。

当数列没有明显的周期变动时，应选择奇数项进行移动平均，因为奇数项移动平均较偶数项移动平均计算简便。当遇有原数列呈周期变动时，应选择现象的变动周期作为移动的时距长度。

第二，移动平均法不能完整地反映原数列的长期趋势。

由移动平均数组成的趋势值数列，较原数列的项数少，如果是奇数项移动平均，两者的关系是：趋势值项数＝原数列项数－移动项数＋1；如果是偶数项移动平均，则趋势值项数＝原数列项数－移动项数。因此，移动的时距愈大，所得的趋势值数列项数愈少，反映原数列的长期趋势也就越不完整。

（二）最小平方法

最小平方法是测定长期趋势最常用的方法。其中心思想是通过数学方法对时间数列配合（拟合）一条理想的趋势线，使这条趋势线与原数列曲线达到最优拟合，即要求原数列各期发展水平与各趋势值的离差平方和最小，因而用最小平方法建立的趋势方程能够较好地反映现象发展的长期趋势。

最小平方法既可以配合直线，也可以配合曲线，所以采用最小平方法测定长期趋势时，应先对原数列的变动状况进行理论分析，以确定其发展趋势属直线形式还是曲线形式。

从散点图的形式判断：对于量的分析，通常采用绘制散点图的方法，即以发展水平为点的纵坐标，时间为横坐标，在平面坐标图上将时间数列描绘出来。若原数列的散点图大体呈直线变动，就配合直线；大体呈曲线变动，就配合曲线。

1. 从数值的角度来分析。

如果时间数列的逐期增长量 $y_i - y_{i-1}$（$i = 1, 2, \cdots, n$）大体相同（$y_i - y_{i-1} \approx$ 常数），则其发展趋势为一直线 $y_c = a + bx$；

如果时间数列的二级增长量 $z_i - z_{i-1}$（$i = 1, 2, \cdots, n$）大体相同（$z_i - z_{i-1} \approx$ 常数），（$z_i = y_i - y_{i-1}$）则其发展趋势为抛物线 $y_c = a + bx + cx^2$；

如果时间数列的各期环比速度 $y_i \div y_{i-1}$（$i=1$，2，$\cdots$，n）大体相同（$y_i \div y_{i-1} \approx$ 常数），则其发展趋势为指数曲线 $y_c = ab^x$。

2. 直线趋势。

设原始时间数列为：

$(x_1，y_1)$，$(x_2，y_2)$，$\cdots$，$(x_i，y_i)$，$\cdots$，$(x_n，y_n)$

当长期趋势表现为直线型（$y=a+bx$）时，应配合一条直线，趋势直线方程可表示为：

$$y_c = a+bx \tag{10.22}$$

式中：y_c 表示数列的长期趋势值；y 表示数列的发展水平数值；x 表示时间。

由于（10.22）代表无穷多个趋势直线方程，而我们要求的趋势直线方程只有一个，因此，我们可以利用下面的数学公式：

$$\sum_{i=1}^{n} (y_{ci}-y_i)^2 = \min \tag{10.23}$$

找到我们所要的那个唯一的趋势直线方程：

$$y_c = \hat{a}+\hat{b}x$$

利用公式（10.23）寻找我们要求的趋势直线方程的方法，就叫做最小平方法。

将（10.23）换成 $\sum_{i=1}^{n} (a+bx_i-y_i)^2 = \min$，这时就是求 $\sum_{i=1}^{n} (a+bx_i-y_i)^2 = f(a, b) = \min$，即

$$\left. \frac{\partial f(a, b)}{\partial a} \right|_{\substack{a=\hat{a} \\ b=\hat{b}}} = 0 \tag{10.24}$$

$$\left. \frac{\partial f(a, b)}{\partial b} \right|_{\substack{a-\hat{a} \\ b=\hat{b}}} = 0 \tag{10.25}$$

根据求回归方程系数与截距的办法，我们求得：

$$\hat{a} = \bar{y}-\hat{b}\bar{x} \tag{10.26}$$

$$\hat{b} = \frac{\overline{xy}-\bar{x}\times\bar{y}}{\overline{x^2}-\bar{x}^2} \tag{10.27}$$

我们用最小平方法拟合（配合）的直线趋势方程为：

$$y_c = \hat{a}+\hat{b}x = (\bar{y}-\hat{b}\bar{x}) + \frac{\overline{xy}-\bar{x}\times\bar{y}}{\overline{x^2}-\bar{x}^2}x \tag{10.28}$$

【例10-16】请根据表10-1我国各年年份数值和年末人口数资料，用最小平方法拟合一条直线趋势方程，并预测2000年年末的我国人口数。

【解】首先，列出式（10.27）所需数据的计算表（见表10-9）。

然后，将有关数据代入式（10.27）中，得

$$\hat{b} = \frac{\overline{xy}-\bar{x}\times\bar{y}}{\overline{x^2}-\bar{x}^2}$$

$$= \frac{222\ 046\ 974.5-1\ 988.5\times111\ 658.9}{3\ 954\ 140.5-3\ 954\ 132.25}$$

$$= 1\ 606.284848$$

表 10-9 　　　　　　　　我国年末人口资料配合直线趋势方程计算表

序号	时间 x	年末人口数（万人）y	xy	x^2
1	1984	104 357	207 044 288	3 936 256
2	1985	105 851	210 114 235	3 940 225
3	1986	107 507	213 508 902	3 944 196
4	1987	109 300	217 179 100	3 948 169
5	1988	111 026	220 719 688	3 952 144
6	1989	112 704	224 168 256	3 956 121
7	1990	114 333	227 522 670	3 960 100
8	1991	115 823	230 603 593	3 964 081
9	1992	117 171	233 404 632	3 968 064
10	1993	118 517	236 204 381	3 972 049
合计	19 885	1 116 589	2 220 469 745	39 541 405
平均	1 988.5	111 658.9	222 046 974.5	3 954 140.5

$\hat{a} = \bar{y} - \hat{b}\bar{x}$

　　$= 111\ 658.9 - 1\ 606.284848 \times 1\ 988.5$

　　$= -3\ 082\ 438.521$

于是，所建立的我国年末人口数列直线趋势方程为：

$y_c = \hat{a} + \hat{b}x = -3\ 082\ 438.521 + 1\ 606.28x$

将 x = 2 000 代入趋势方程，可预测 2000 年年末的我国人口数：

$y_{c2000} = \hat{a} + \hat{b}x = -3\ 082\ 438.521 + 1\ 606.28 \times 2\ 000$

　　　　$= 130\ 131.1758$（万人）

网上测验考试

1. 课堂内的网上测验考试

在 15 分内钟，通过中国数字大学城东北财经大学全程互动统计学及其实验——基于 Excel 和 SPSS 软件课程的考试平台，完成课堂内的网上测验考试。

2. 课堂外的网上测验考试

课后，通过中国数字大学城东北财经大学全程互动统计学及其实验——基于 Excel 和 SPSS 软件课程的考试平台，完成课后网上测验考试。

第十一章 统计指数分析

〔**本章学习目标**〕通过本章学习，了解并掌握统计指数分析的相关理论与方法，掌握借助 Excel 软件进行统计指数分析的操作过程。

〔**本章重点难点**〕重点是掌握指数的概念和种类、数量指标指数和质量指标指数、同度量因素、拉氏指数、派氏指数、加权算术平均指数、加权调和平均指数和指数体系及因素分析法。难点是同度量因素的选择问题。

〔**建议学时**〕5 学时

第一节 指数的概念和种类

一、指数的概念和性质

指数是用于经济分析的一种特殊统计方法，它主要用于反映事物的相对变化程度。指数有广义和狭义之分。从广义上讲，凡是表明社会经济现象总体数量变动的相对数，都是指数。因此，前章所述发展速度指标，也可称为指数。例如，1993年与1992年相比，我国粮食总产量的发展速度为101.7%，可以称为粮食产量指数为101.7%。从狭义上讲，指数是表明复杂社会经济现象总体数量综合变动的相对数，其中所谓复杂社会经济现象总体是指那些由于各个部分的不同性质而在研究其数量特征时不能直接进行加总或对比的总体。例如，对于由不同的产品或商品构成的总体，由于内部各个组成部分的使用价值和计量单位不同，在统计其实物产量、销售量、单位成本、价格等数量方面时，是不能直接进行加总的。这时我们只有利用指数的原理和方法，通过编制实物产量指数、销售量指数、单位成本指数、价格指数等，来反映总体数量的综合变动情况。

指数的两种含义，在实际工作方面都被广泛地应用。但从指数理论和方法上看，主要研究的还是狭义的指数，因此阐述狭义指数的基本编制原理、原则和方法以及在分析中的应用，构成本章的主要内容。

为了更好地理解指数的含义，我们首先应明确指数的性质。概括地讲，指数具有如下性质：

第一，相对性。因为指数反映的是事物发展变化的相对程度，它可以度量总体在不同空间或时间上的相对变化，所以具有相对性。

第二，综合性。对于狭义的指数而言，它反映的是复杂现象总体内部各个组成部分的综合变动，而不是某一个组成部分的变动。

第三，平均性。指数是总体水平的一个代表性数值。平均性的含义有二：一是指数进行比较的综合数量是作为个别量的一个代表，这本身就具有平均的性质；二是两个综合量对比形成的指数反映了个别量的平均变动水平，比如物价指数反映了多种商品和服务价格的平均变动水平。

二、指数的分类

从不同角度出发，指数可以分为以下几种类型：

（一）按所反映的对象范围不同，指数可以分为个体指数和总指数

个体指数反映的是由单一要素构成的简单现象总体的数量变动状况，而总指数反映的则是由多种要素构成的复杂现象总体的数量的综合变动状况。例如，要研究100种不同种类商品价格的变动情况，那么，分别表明每一种商品价格变动的相对数，就是个体指数；综合反映这100种商品价格变动的相对数，就是总指数。

个体指数和总指数的划分具有重要的意义。从方法论角度看，个体指数的计算可用一般相对数的方法解决，而总指数的计算，则需要用专门的方法。因此，指数方法论，主要是研究总指数的编制问题。

另外，介于个体指数和总指数之间，还有一个组（或类）指数的概念。组（或类）指数是指在总体分组的基础上反映各组变动程度的相对数。例如，前述100种商品组成的总体，如果划分为几个商品组，则分别计算出来的每个商品组价格变动的相对数，就是组（或类）指数。组指数的性质类似于总指数，因而，在指数分类中未强调组指数独立的意义。后面阐明的关于总指数的方法论也适用于组指数。

（二）按所反映的指标性质不同，指数可以分为数量指标指数和质量指标指数

数量指标指数是根据数量指标计算的，用来表明总体单位数、规模等数量指标变动的相对数，如产量指数、职工人数指数等都是数量指标指数；质量指标指数是根据质量指标计算的，用来反映总体单位水平、工作质量等质量指标变动的相对数，如价格指数、单位成本指数、劳动生产率指数等则为质量指标指数。

（三）在指数数列中，按所采用的基期不同，指数可以分为定基指数和环比指数

指数总是按日、月或年连续不断进行编制和计算，因此在时间顺序上就形成一个指数数列。

定基指数是指在数列中都以某一固定时期的水平作为对比时期的指数；环比指数是指在数列中随着时间的推移，每期都以前一期的水平作为对比时期的指数。

（四）按总指数的计算方法或表现形式不同，指数可以分为综合指数和平均指数

其中平均指数又可以分为综合指数变形权数的平均指数和固定权数的平均指数两种情况。

因为指数方法论主要是研究总指数的计算问题，而综合指数和平均指数作为总指数的两种编制方法，既具有一定的联系，也各有其特点。下面将分节阐述综合指数和平均指数的具体编制方法和原则。

第二节 综合指数

一、综合指数的概念及计算的一般原理

综合指数是指由两个总量指标对比形成的指数，在总量指标中包含两个或两个以上的因素，将其中被研究因素以外的所有因素固定下来，仅观察被研究因素的变动，这样编制的指数称为综合指数。

其特点是先综合后对比。

下面通过一个例子来说明综合指数的编制方法和基本计算原理。

已知三种商品的销售量和销售价格资料如表 11-1（见"全程互动统计学及其实验——基于 Excel 和 SPSS 软件"文件夹"引例 1. xls"的"第十一章统计指数分析"工作表（以后简称"引例 1. xls 第 11 章统计指数分析工作表"）的 A1：I7 单元格区域）所示。

表 11-1　　　　　　　　　　三种商品的销售量和销售价格资料

商品	计量单位	销售量（基期）（元）	销售量（报告期）（元）	价格（基期）（元）	价格（报告期）（元）	销售额（基期）（元）	销售额（报告期）（元）	销售额（假定）（元）
一		q_0	q_1	p_0	p_1	$p_0 q_0$	$p_1 q_1$	$p_0 q_1$
甲（1）	匹	1 000	1 150	100	100	100 000	115 000	115 000
乙（2）	吨	2 000	2 200	50	55	100 000	121 000	110 000
丙（3）	件	3 000	3 150	20	25	60 000	78 750	63 000
合计		—				260 000	314 750	288 000

现在如果我们要分别研究每种商品报告期对基期销售量的变动情况，只需将每种商品报告期的销售量与基期的销售量对比即可，求得的是个体指数。数量指标个体指数 $k_q = \dfrac{q_1}{q_0}$。例如，计算甲商品销售量的个体指数：$k_{q1} = k_{q甲} = \dfrac{q_{1甲}}{q_{0甲}} = \dfrac{1\ 150}{1\ 000} = 115\%$；质量指标个体指数 $k_p = \dfrac{p_1}{p_0}$。例如，计算甲商品销售价格个体指数：$k_{p1} = k_{p甲} = \dfrac{p_{1甲}}{p_{0甲}} = \dfrac{100}{100} = 100\%$。增减的绝对数额：

甲商品销售量增减的绝对数额：

$q_{1甲} - q_{0甲} = 1\ 150 - 1\ 000 = 150$（匹）

甲商品销售价格增减的绝对数额：

$p_{1甲} - p_{0甲} = 100 - 100 = 0$（元）

在计算方法上不会有什么困难。但如果我们要综合地观察三种商品总的销售量报告期比基期变动了多少，就需要借助于指数方法论来解决问题了。因为三种商品

的计量单位不同、使用价值不同，销售量不具有直接的可加性，但不同商品的价值量（销售额）都是无差别的人类劳动，可以直接相加，因此我们可以利用销售额与销售量和价格之间的联系，将销售量乘以各自的价格，得到可以加总的销售额总量指标再进行对比就可以了。这里，价格起到将不同商品同度量的作用，被称为同度量因素，而我们所要研究的指标——销售量，则被称为指数化指标。如果我们的任务是研究三种商品的价格变动情况，同样道理，我们需要把价格作为指数化指标，仍然依据销售额、价格、销售量间的经济联系，把销售量作为同度量因素，从而将三种商品综合起来。

综上，综合指数的基本编制原理如下：首先，要根据客观现象间的内在联系，引入同度量因素，把不能直接相加的指标转化为可以加总的价值形态总量指标，从而解决复杂总体在指数化指标上不能直接综合的困难，例如，我们计算销售额（价值量）综合指数：

$$\bar{K}_{pq} = \frac{1\,150\times100+2\,200\times55+3\,150\times25}{1\,000\times100+2\,000\times50+3\,000\times20} = \frac{\sum\limits_{i=1}^{n} q_{1i}p_{1i}}{\sum\limits_{i=1}^{n} q_{0i}p_{0i}} = \frac{314\,750}{260\,000} = 121.06\%$$

抽象：价值量综合指数：$\bar{K}_{pq} = \dfrac{\sum\limits_{i=1}^{n} q_{1i}p_{1i}}{\sum\limits_{i=1}^{n} q_{0i}p_{0i}}$ （11.1）

绝对数：$\sum\limits_{i=1}^{n} q_{1i}p_{1i} - \sum\limits_{i=1}^{n} q_{0i}p_{0i} = 314\,750 - 260\,000 = 54\,750$（元）

其次，将同度量因素固定，以消除同度量因素变动的影响；最后，将两个时期的总量指标对比，以测定指数化指标的数量变动程度。

例如，我们计算销售量（数量指标）综合指数：

第一种算法：

$$\bar{K}_{q} = \frac{1\,150\times100+2\,200\times50+3\,150\times20}{1\,000\times100+2\,000\times50+3\,000\times20} = \frac{\sum\limits_{i=1}^{n} q_{1i}p_{0i}}{\sum\limits_{i=1}^{n} q_{0i}p_{0i}} = \frac{288\,000}{260\,000} = 110.77\%$$

第二种算法：

$$\bar{K}_{q} = \frac{1\,150\times100+2\,200\times55+3\,150\times25}{1\,000\times100+2\,000\times55+3\,000\times25} = \frac{\sum\limits_{i=1}^{n} q_{1i}p_{1i}}{\sum\limits_{i=1}^{n} q_{0i}p_{1i}} = \frac{314\,750}{285\,000} = 110.44\%$$

再比如，我们计算销售价格（质量指标）综合指数：

第一种算法：

$$\bar{K}_{p} = \frac{1\,150\times100+2\,200\times55+3\,150\times25}{1\,150\times100+2\,200\times50+3\,150\times20} = \frac{\sum\limits_{i=1}^{n} q_{1i}p_{1i}}{\sum\limits_{i=1}^{n} q_{1i}p_{0i}} = \frac{314\,750}{288\,000} = 109.29\%$$

第二种算法：

$$\bar{K}_p = \frac{1\,000\times100+2\,000\times55+3\,000\times25}{1\,000\times100+2\,000\times50+3\,000\times20} = \frac{\sum\limits_{i=1}^{n} q_{0i}p_{1i}}{\sum\limits_{i=1}^{n} q_{0i}p_{0i}} = \frac{285\,000}{260\,000} = 109.62\%$$

在具体编制综合指数的时候，还有一个重要的问题需要解决，即固定的同度量因素所属时期的选择问题。究竟固定在报告期还是基期，十分重要，因为同度量因素不仅起到同度量的作用，而且具有加权的作用，用不同时期的同度量因素计算，会得到不同的综合指数结果。

选择同度量因素所属的时期，应当从实际出发，根据编制指数的目的、任务与研究对象的经济内容来确定。在我国指数理论和实践中，从指数计算的现实意义和指数体系的要求出发，对数量指标指数和质量指标指数有不同的解决办法。下面将分别加以论述。

二、数量指标综合指数的编制

根据数量指标编制的综合指数称为数量指标综合指数，它是包含在两个因素的综合指数中，固定质量指标因素，只观察数量指标因素的变化情况。

编制数量指标综合指数的一般原则是采用基期的质量指标作为同度量因素。这一原则有两层含义：一是编制数量指标指数应以质量指标作为同度量因素，二是需将同度量因素固定在基期。

编制数量指标综合指数的一般原则是将作为同度量因素的质量指标固定在基期。

其计算公式如下：

相对数：$\bar{K}_q = \dfrac{\sum\limits_{i=1}^{n} q_{1i}p_{0i}}{\sum\limits_{i=1}^{n} q_{0i}p_{0i}}$

绝对数：$\sum\limits_{i=1}^{i} q_{1i}p_{0i} - \sum\limits_{i=1}^{n} q_{0i}p_{0i}$

式中，$\bar{K}_q$ 表示数量指标综合指数，q 是数量指标的标记符号，p 是质量指标的标记符号，下标 1 和 0 分别表示报告期和基期。

【例11-1】现以商品销售量总指数的编制为例，来说明数量指标综合指数编制的一般原则和方法。资料见表 11-1。要求计算三种商品的销售量个体指数和总指数。

【解】（见引例 1. xls 第十一章统计指数分析工作表）因为销售量个体指数的计算公式为 $K_q = \dfrac{q_1}{q_0}$，所以三种商品的销售量个体指数分别为：

$$K_{q甲} = \frac{q_{1甲}}{q_{0甲}} = \frac{1\,150}{1\,000} = 115\%$$

$$K_{q乙} = \frac{q_{1乙}}{q_{0乙}} = \frac{2\,200}{2\,000} = 110\%$$

$$K_{q丙} = \frac{q_{1丙}}{q_{0丙}} = \frac{3\ 150}{3\ 000} = 105\%$$

三种商品销售量总指数（三种商品销售量的综合指数）为：

相对数：
$$\bar{K}_q = \frac{\sum\limits_{i=1}^{n} q_{1i}p_{0i}}{\sum\limits_{i=1}^{n} q_{0i}p_{0i}}$$

$$= \frac{1\ 150 \times 100 + 2\ 200 \times 50 + 3\ 150 \times 20}{1\ 000 \times 100 + 2\ 000 \times 50 + 3\ 000 \times 20} = \frac{288\ 000}{260\ 000} = 110.77\%$$

绝对数：$\sum\limits_{i=1}^{n} q_{1i}p_{0i} - \sum\limits_{i=1}^{n} q_{0i}p_{0i} = 288\ 000 - 260\ 000 = 28\ 000$（元）

计算结果表明，三种商品的销售量综合增长了 10.77%，并且由于销售量的增长而使销售额增加了 28 000 元。

从上面的例子可以看出，用综合指数形式编制总指数有一个优点，它不仅可以综合地表明复杂总体变动的相对程度，而且由于用来对比的两个综合总量有着明确的经济内容，因而有利于从绝对量上分析指数化指标变动所带来的绝对效果。在上例中不难看出，用来对比的两个总量都是销售额指标，分母是基期销售额，分子是按基期价格计算的报告期销售额，两者之差就是由于销售量的增加而增加的销售额。

数量指标综合指数的同度量因素所属时期，也有人主张采用报告期，后面介绍派氏指数时我们再作说明。但相对来说，只有把价格这个同度量因素固定在基期，才能纯粹地反映销售量的综合变动。

三、质量指标综合指数的编制

根据质量指标编制的综合指数称为质量指标综合指数，它是包含在两个因素的综合指数中，固定数量指标因素，只观察质量指标因素的变化情况。

编制质量指标综合指数的一般原则是采用报告期的数量指标作为同度量因素。这一原则也有两层含义：一是编制质量指标指数应以数量指标作为同度量因素，二是需将同度量因素固定在报告期。

编制质量指标综合指数的一般原则是将作为同度量因素的数量指标固定在报告期。

其计算公式如下：

相对数：
$$\bar{K}_p = \frac{\sum\limits_{i=1}^{n} q_{1i}p_{1i}}{\sum\limits_{i=1}^{n} q_{1i}p_{0i}}$$

绝对数：$\sum\limits_{i=1}^{n} p_{1i}q_{1i} - \sum\limits_{i=1}^{n} p_{0i}q_{1i}$

式中：$\bar{K}_q$ 表示质量指标综合指数，q 是数量指标的标记符号，p 是质量指标的标记符号，下标 1 和 0 分别表示报告期和基期。

【例11-2】现以商品价格总指数的编制为例，来说明质量指标综合指数编制的一般原则和方法。资料见表11-1。要求计算三种商品的价格个体指数和总指数。

解：因为价格个体指数的计算公式为 $K_p = \dfrac{p_1}{p_0}$，所以三种商品的价格个体指数分别为：

$$K_{p甲} = \frac{p_{1甲}}{p_{0甲}} = \frac{100}{100} = 100\%$$

$$K_{p乙} = \frac{p_{1乙}}{p_{0乙}} = \frac{55}{50} = 110\%$$

$$K_{p丙} = \frac{p_{1丙}}{p_{0丙}} = \frac{25}{20} = 125\%$$

三种商品的价格总指数为：

相对数：
$$\bar{K}_q = \frac{\sum\limits_{i=1}^{n} q_{1i}p_{1i}}{\sum\limits_{i=1}^{n} q_{1i}p_{0i}}$$

$$= \frac{1\ 150 \times 100 + 2\ 200 \times 55 + 3\ 150 \times 25}{1\ 150 \times 100 + 2\ 200 \times 50 + 3\ 150 \times 20} = \frac{314\ 750}{288\ 000} = 109.29\%$$

绝对数：$\sum\limits_{i=1}^{n} q_{1i}p_{1i} - \sum\limits_{i=1}^{n} q_{1i}p_{0i} = 314\ 750 - 288\ 000 = 26\ 750$（元）

计算结果表明，三种商品的价格综合增长了 9.29%，并且由于价格的提高而使销售额增加了 26 750 元。

用综合指数形式计算价格总指数，不仅表明了价格的综合变动程度，而且还从绝对量上分析了由于价格的变动所带来的对销售额的影响。

质量指标综合指数的同度量因素所属时期，也有人主张采用基期来编制，后面介绍拉氏指数时再作说明。但通过本例我们不难发现，用不同时期的销售量作同度量因素，虽然两者均可反映价格的综合变动程度，但从绝对量上看，则有着完全不同的意义。用报告期销售量作同度量因素计算的两个销售额（$\sum q_1 p_1$、$\sum q_1 p_0$），可以理解为是观察报告期所销售的商品由于价格的变动而增加了多少销售额；而如果用基期销售量作同度量因素计算销售额（$\sum q_0 p_1$、$\sum q_0 p_0$），则其意义是观察在过去的时期（基期）所销售的商品，由于价格的变化而带来的销售额的变化。显然，在计算质量指标综合指数的时候，采用报告期的同度量因素更具有现实意义。

四、综合指数的其他编制方法

在统计指数实践中，根据不同的目的和任务，还可以采用其他的一些编制综合指数的方法，主要有以下几种：

（一）拉氏指数

拉氏指数是德国经济学家拉斯贝尔（Laspeyre）于 1864 年首先提出的，称为拉斯贝尔公式，他主张不论是数量指标（物量总）指数还是质量指标（价格总）

指数都应采用基期的同度量因素, 其质量 (价格) 指标指数和数量 (销售量) 指标指数的编制方法如下:

$$拉氏质量 (价格) 指标总指数 \; \overline{K}_L = \frac{\sum\limits_{i=1}^{n} q_{0i}p_{1i}}{\sum\limits_{i=1}^{n} q_{0i}p_{0i}}$$

$$拉氏数量 (销售量) 指标总指数 \; \overline{K}_L = \frac{\sum\limits_{i=1}^{n} q_{1i}p_{0i}}{\sum\limits_{i=1}^{n} q_{0i}p_{0i}}$$

（二）派氏指数

派氏指数是德国经济学家派许 (Paasche) 于 1874 年首创的, 称为派许公式, 他主张不论是数量 (销售量) 指标指数还是质量 (价格) 指标指数都采用报告期的同度量因素, 其质量 (价格) 指标指数和数量 (销售量) 指标指数的编制方法如下:

$$派氏质量 (价格) 指标总指数 \; \overline{K}_P = \frac{\sum\limits_{i=1}^{n} q_{1i}p_{1i}}{\sum\limits_{i=1}^{n} q_{1i}p_{0i}}$$

$$派氏数量 (销售量) 指标总指数 \; \overline{K}_P = \frac{\sum\limits_{i=1}^{n} q_{1i}p_{1i}}{\sum\limits_{i=1}^{n} q_{0i}p_{1i}}$$

应用拉氏指数和派氏指数两种方法计算的结果不同, 这在西方指数理论中被称为偏误, 拉氏指数主要受基期商品 (产品) 结构的影响, 派氏指数主要受报告期商品 (产品) 结构的影响。其实, 前面我们所介绍的数量指标综合指数和质量指标综合指数的一般编制原则, 就是分别选择了派氏指数和拉氏指数的形式。

（三）费雪理想指数

费雪理想指数是由美国统计学家费雪 (Fisher) 于 20 世纪 20 年代提出来的, 通过对拉氏综合指数和派氏综合指数进行简单几何平均得到的。其数量 (销售量) 指标总指数和价格总指数的具体编制方法如下:

$$费雪理想公式数量 (销售量) 指标总指数 \; \overline{K}_q = \sqrt{\frac{\sum\limits_{i=1}^{n} q_{1i}p_{1i}}{\sum\limits_{i=1}^{n} q_{0i}p_{1i}} \times \frac{\sum\limits_{i=1}^{n} q_{1i}p_{0i}}{\sum\limits_{i=1}^{n} q_{0i}p_{0i}}}$$

$$费雪理想公式质量 (价格) 指标总指数 \; \overline{K}_p = \sqrt{\frac{\sum\limits_{i=1}^{n} q_{1i}p_{1i}}{\sum\limits_{i=1}^{n} q_{1i}p_{0i}} \times \frac{\sum\limits_{i=1}^{n} q_{0i}p_{1i}}{\sum\limits_{i=1}^{n} q_{0i}p_{0i}}}$$

五、综合指数的具体应用

【例 11-3】以表 11-2 中的数据资料为例, 分别计算该粮油零售市场三种商品拉氏综合指数、派氏综合指数及费雪理想指数形式的销售量总指数和价格总指数。

表11-2　　　　　　　　　　　　　　**某粮油零售市场销售情况表**

产品名称	计量单位	销售量		单价（元）	
		基期 q_0	报告期 q_1	基期 p_0	报告期 p_1
甲	台	120	150	2 600	3 000
乙	件	150	200	2 300	2 100
丙	套	1 500	1 600	9.8	10.5

【解】以表11-2中的数据资料为例，计算的该粮油零售市场三种商品拉氏综合指数、派氏综合指数及费雪理想指数形式的销售量总指数和价格总指数如下：

$$拉氏价格总指数\ \overline{K}_L = \frac{\sum_{i=1}^{n} q_{0i}p_{1i}}{\sum_{i=1}^{n} q_{0i}p_{0i}} = \frac{690\ 750}{671\ 700} = 102.84\%$$

$$拉氏物量总指数\ \overline{K}_L = \frac{\sum_{i=1}^{n} q_{1i}p_{0i}}{\sum_{i=1}^{n} q_{0i}p_{0i}} = \frac{865\ 680}{671\ 700} = 128.88\%$$

$$派氏价格总指数\ \overline{K}_p = \frac{\sum_{i=1}^{n} q_{1i}p_{1i}}{\sum_{i=1}^{n} q_{1i}p_{0i}} = \frac{886\ 800}{865\ 680} = 102.44\%$$

$$派氏物量总指数\ \overline{K}_p = \frac{\sum_{i=1}^{n} q_{1i}p_{1i}}{\sum_{i=1}^{n} q_{0i}p_{1i}} = \frac{886\ 800}{690\ 750} = 128.38\%$$

$$费雪理想公式物量总指数\ \overline{K}_q = \sqrt{\frac{\sum_{i=1}^{n} q_{1i}p_{1i}}{\sum_{i=1}^{n} q_{0i}p_{1i}} \times \frac{\sum_{i=1}^{n} q_{1i}p_{0i}}{\sum_{i=1}^{n} q_{0i}p_{0i}}}$$
$$= \sqrt{128.88\% \times 128.38\%} = 128.63$$

$$费雪理想公式价格总指数\ \overline{K}_p = \sqrt{\frac{\sum_{i=1}^{n} q_{1i}p_{1i}}{\sum_{i=1}^{n} q_{1i}p_{0i}} \times \frac{\sum_{i=1}^{n} q_{0i}p_{1i}}{\sum_{i=1}^{n} q_{0i}p_{0i}}}$$
$$= \sqrt{102.84\% \times 102.44\%} = 102.64\%$$

第三节　平均指数

一、平均指数的概念及与综合指数的关系

平均指数作为总指数的另一种计算形式，是个体指数的加权平均数。它与综合

指数之间既有区别又有联系。从区别看，一是解决复杂总体不能直接同度量问题的思路不同。综合指数是通过引进同度量因素，先计算出总体的总量，然后进行对比，即先综合后对比；而平均指数是在个体指数的基础上计算总指数，即先对比后综合。二是运用资料的条件不同。综合指数需要被研究总体的全面资料，对起综合作用的同度量因素的资料要求也比较严格，一般应采用与指数化指标有明确经济联系的指标，且应有一一对应的全面实际资料，如计算产品实物产量综合指数时，必须一一掌握各产品的实际价格资料；而平均指数则既适用于全面资料，也适用于非全面资料。例如，根据一部分代表规格品的价格资料，便可用平均指数形式计算价格总指数。对于起综合作用的权数资料，只要在正确评价各要素重要性的前提下，对资料的要求也比较灵活，不一定非用全面资料不可。三是在经济分析中的具体作用不同。综合指数的资料是总体的有明确经济内容的总量指标，因此，总指数除可表明复杂总体的变动方向和程度外，还可从指数化指标变动的绝对效果上进行分析；平均指数除作为综合指数的变形加以应用的情况外，一般只能通过总指数的形式表明复杂总体的变动方向和程度，而不能用于对现象进行因素分析。

平均指数和综合指数的联系主要表现为，在一定的权数条件下二者具有变形关系。

从理论上讲，任何一种综合指数形式均可变形为相应的加权算术平均指数和加权调和平均指数形式。这里，我们着重讨论根据一般原则确定的数量指标综合指数和质量指标综合指数的变形情况。可以证明，其对应关系如表 11-3 所示。

表 11-3　　　　　　　　　**平均指数和综合指数的对应关系**

指数名称	综合指数公式	加权算术平均 指数公式	加权调合平均 指数公式
数量指标总指数	$\dfrac{\sum q_1 p_0}{\sum q_0 p_0}$	$\dfrac{\sum k_q q_0 p_0}{\sum q_0 p_0}$	$\dfrac{\sum q_1 p_0}{\sum \dfrac{1}{k_q} q_1 p_0}$
质量指标总指数	$\dfrac{\sum q_1 p_1}{\sum q_1 p_0}$	$\dfrac{\sum k_p q_1 p_0}{\sum q_1 p_0}$	$\dfrac{\sum q_1 p_1}{\sum \dfrac{1}{k_q} q_1 p_1}$

表中：K_q 表示数量指标个体指数，即 $K_q = \dfrac{q_1}{q_0}$；K_p 表示质量指标个体指数，即 $K_p = \dfrac{p_1}{p_0}$。

虽然理论上讲，表 11-3 中所列四种平均指数均可作为相应的综合指数的变形形式使用，但在实际应用中，通常情况下从掌握资料的可能性看，能真正应用的只有两种形式，即数量指标指数的加权算术平均形式和质量指标指数的加权调和平均形式。只有这两种形式所需要的权数资料是某一时期的实际的总量指标，这种资料相对比较容易取得，而其他两种形式，即数量指标指数的调和平均形式与质量指标指数的算术平均形式，则需要分别掌握两个不同时期的数量指标和质量指标的资料才能计算。这在实际工作中常常难以做到。

二、平均指数的编制

平均指数按使用的权数不同，可以分为综合指数变形权数的平均指数和固定权数的平均指数，下面就分别加以介绍。

（一）综合指数变形权数的平均指数

如上所述，平均指数在一定的权数条件下，可作为综合指数的变形形式使用。当掌握的资料不能直接用综合指数形式计算时，则可用它的变形的平均指数形式计算，这种条件下的平均指数与其相应的综合指数具有完全相同的经济意义和计算结果。

1. 加权算术平均指数。

正如前面分析，加权算术平均指数只适用于数量指标综合指数的变形情况。公式如下：

$$\bar{K}_q = \frac{\sum\limits_{i=1}^{n} K_{qi} q_{0i} p_{0i}}{\sum\limits_{i=1}^{n} q_{0i} p_{0i}}$$

下面举例说明具体的计算过程。

【例 11-4】根据某厂有关资料（见表 11-4），计算产量总指数。

表 11-4　　　　　　　　**两种商品的销售量和个体产量指数资料**

商品	计量单位	产量（基期）	产量（报告期）	个体产量指数（%）	基期产值（元）
—	—	q_0	q_1	$K_q = q_1/q_0$	$p_0 q_0$
甲	台	800	1 000	125	6 400
乙	件	50	80	160	150
合计	—	—	—	—	—

【分析】因为，$\bar{K}_q = \dfrac{\sum\limits_{i=1}^{n} q_{1i} p_{0i}}{\sum\limits_{i=1}^{n} q_{0i} p_{0i}}$，又因为，$K_{qi} = \dfrac{q_{1i}}{q_{0i}}$，所以，$q_{1i} = K_{qi} \times q_{0i}$，

即 $\bar{k}_q = \dfrac{\sum\limits_{i=1}^{n} K_{qi} q_{0i} p_{0i}}{\sum\limits_{i=1}^{n} q_{0i} p_{0i}}$ 。

【解】产量总指数：

$$\bar{k}_q = \frac{\sum\limits_{i=1}^{n} K_{qi} q_{0i} p_{0i}}{\sum\limits_{i=1}^{n} q_{0i} p_{0i}} = \frac{1.25 \times 6\,400 + 1.6 \times 150}{6\,400 + 150} = \frac{8\,240}{6\,550} = 125.8\%$$

$$\sum_{i=1}^{n} K_{qi}q_{0i}p_{0i} - \sum_{i=1}^{n} q_{0i}p_{0i} = 8\ 240 - 6\ 550 = 1\ 690\ （元）$$

计算结果表明，甲、乙两种产品的产量报告期比基期平均增加了 25.8%，由于产量增加而增加的产值为 1 690 元。

2. 权调和平均指数。

加权调和平均指数只适用于质量指标综合指数的变形情况。公式如下：

$$\overline{K}_p = \frac{\sum_{i=1}^{n} q_{1i}p_{1i}}{\sum_{i=1}^{n} \frac{1}{K_{pi}}q_{1i}p_{1i}}$$

下面也举例说明具体的计算过程。

【例 11-5】根据某商场有关资料（见表 11-5），计算价格总指数。

表 11-5　　　　　　　两种商品的销售价格和个体价格指数资料

商品	计量单位	价格（基期）（元）	价格（报告期）（元）	个体价格指数（%）	报告期商品销售额（元）
—	—	P_0	P_1	$K_P = P_1/P_0$	$p_1 q_1$
甲	件	8	10	125	10 000
乙	千克	3	5	166.67	400
合计	—	—	—	—	10 400

【分析】因为，$\overline{K}_p = \dfrac{\sum_{i=1}^{n} q_{1i}p_{1i}}{\sum_{i=1}^{n} q_{1i}p_{0i}}$，又因为，$K_{pi} = \dfrac{p_{1i}}{p_{0i}}$，所以，$p_{0i} = \dfrac{p_{1i}}{K_{pi}}$，

即 $\overline{K}_p = \dfrac{\sum_{i=1}^{n} q_{1i}p_{1i}}{\sum_{i=1}^{n} \dfrac{q_{1i}p_{1i}}{K_{pi}}}$。

【解】价格总指数：

$$\overline{K}_p = \frac{\sum_{i=1}^{n} q_{1i}p_{1i}}{\sum_{i=1}^{n} \frac{1}{K_{pi}}q_{1i}p_{1i}} = \frac{10\ 000 + 400}{\dfrac{10\ 000}{1.25} + \dfrac{400}{1.67}} = \frac{10\ 400}{8\ 240} = 126.2\%$$

$$\sum_{i=1}^{n} q_{1i}p_{1i} - \sum_{i=1}^{n} \frac{1}{K_{pi}}q_{1i}p_{1i} = 10\ 400 - 8\ 240 = 2\ 160\ （元）$$

计算结果表明，甲、乙两种商品报告期的价格比基期的价格平均上涨了 26.2%，由于价格上涨而增加的商品销售额为 2 160 元。

（二）固定权数的平均指数

固定权数的平均指数形式，在国内外的指数实践中得到了广泛的应用。我国的

零售商品价格指数、农副产品收购价格指数、职工生活费指数（居民消费指数）以及西方国家的工业生产指数、消费品价格指数等都是用固定权数的平均指数形式编制的。

固定权数的平均指数形式应用起来比较方便，权数资料一经取得，便可在相对较长的时间（五年甚至十年）内使用，这就大大减少了工作量；同时，在不同时期内采用同样的权数，可比性强，有利于指数数列的分析。固定权数资料可以根据有关的普查、抽样调查或全面统计报表资料调整计算确定，并且采用相对数的表现形式，在平均的形式上往往采用算术平均。

固定权数的平均指数计算公式如下：

$$\bar{K} = \frac{\sum Kw}{\sum w} = \sum K(\frac{w}{\sum w})$$

式中：$\bar{K}$ 为固定权数的平均指数；K 表示个体指数或类（组）指数；w 表示相对数（比重、权数）。

第四节 指数体系及因素分析法

前面我们介绍了指数编制的一般方法。而在实际应用中，我们不仅要确定单个指数的计算方法，更重要的是要确定由若干个指数组成的指数体系，以便对社会经济现象作更深入的分析。

一、指数体系的概念与作用

（一）指数体系的概念

指数体系的概念有广义和狭义之分。从广义上说，指数体系是由若干个经济上具有一定联系的指数所构成的一个整体。例如，为反映工业经济总体的变动情况，可以利用一系列的工业经济指数，如工业产品质量指数、工业劳动生产率指数、工业消耗指数、工业成本指数、工业品出厂价格指数、工业销售指数及产品库存指数等。这些指数从不同侧面反映了工业经济总体的变动情况，存在一定的内在联系，因此，可以说这一系列指数就组成了一个工业经济指数体系。

从狭义上说，指数体系是指不仅经济上具有一定联系，而且数量上具有对等关系的三个或三个以上的指数所构成的一个整体。显然，这里强调了指数间的数量对等关系。

例如：

商品销售额＝商品价格×商品销售量

个体指数：$\frac{p_1 q_1}{p_0 q_0} = K_{pq} = K_p \times K_q = \frac{p_1}{p_0} \times \frac{q_1}{q_0}$

$K_{pq} = K_p \times K_q$ 或 $\frac{p_1 q_1}{p_0 q_0} = \frac{p_1}{p_0} \times \frac{q_1}{q_0}$

总指数或综合指数：$\overline{K}_{pq} = \dfrac{\sum\limits_{i=1}^{n} q_{1i}p_{1i}}{\sum\limits_{i=1}^{n} q_{0i}p_{0i}}$

商品销售额综合指数：$\overline{K}_{pq} = \dfrac{\sum\limits_{i=1}^{n} q_{1i}p_{1i}}{\sum\limits_{i=1}^{n} q_{0i}p_{0i}}$

这时得到：$\overline{K}_{pq} = \dfrac{\sum\limits_{i=1}^{n} q_{1i}p_{1i}}{\sum\limits_{i=1}^{n} q_{0i}p_{0i}} = \dfrac{\sum\limits_{i=1}^{n} q_{1i}p_{1i}}{\sum\limits_{i=1}^{n} q_{1i}p_{0i}} \times \dfrac{\sum\limits_{i=1}^{n} q_{1i}p_{0i}}{\sum\limits_{i=1}^{n} q_{0i}p_{0i}} = \overline{K}_{p} \times \overline{K}_{q}$

商品销售额指数＝商品价格指数×商品销售量指数

上述两个指数体系都包含三个指数，可以看出，指数体系要能具有类似上述的数量对等关系，至少要由三个指数构成。指数体系中各指数间数量对等关系的依据是现象间客观上存在的经济联系，这种经济联系表现为指标间的数量对等关系。上述两个指数体系的依据是如下两组指标间的关系：

商品销售额＝商品价格×商品销售量

总成本＝单位成本×生产量

我们把上述两个等式中等号左边的现象或指标称为对象或对象指标，把等号右边具有乘积关系的多种现象或指标称为因素或因素指标，与之相对应的指数则分别被称为对象指数和因素指数。构造指数体系应满足对象指标等于各因素指标的连乘积、对象指数等于各因素指数的连乘积的要求。指数体系也正是利用指数间具有的这种数量对等关系的联系，来反映对象现象与因素现象在变动中的联系。

（二）指数体系的作用

指数体系在指数方法论中占有重要的地位，其基本作用表现在对现象进行因素分析方面。因素分析就是根据指数体系，从数量方面研究现象的综合变动中，各个因素变动对其影响的方向、程度和绝对效果。

指数体系对单个综合指数的编制也具有指导意义。在应用综合指数形式编制总指数的时候，确定同度量因素的时期，应考虑指数体系的要求。例如，从现实的经济意义出发，在编制质量指标指数时，确立了以报告期数量指标为同度量因素，那么，考虑到指数体系的要求，编制数量指标指数，则应选择基期的质量指标作为同度量因素。

指数体系还应用于指数的推算。例如，在由三个指数形成的指数体系中，只要已知其中的任意两个指数，便可以依据指数体系的联系，推算出未知的第三个指数。

二、指数因素分析法的意义及种类

（一）指数因素分析法的意义

指数因素分析法是利用指数体系，对现象的综合变动从数量上分析其受各因素影响的一种分析方法，有时简称为指数分析法或因素分析法。

事物现象是普遍联系、相互作用的。一种现象的变动往往会引起其他一些现象的变动，而它本身的变动，却可能又是另一些现象变动的结果。事物现象间的这种普遍联系、相互作用的关系是因素分析的客观基础。因素分析就是要从数量上分析被研究对象的变动中，分别受各因素影响的方向、程度及绝对数量。在经济研究及经济管理中，这种分析对揭露现象发展变化中的矛盾和问题，挖掘进一步发展的潜力，分析现象发展变化的特点及规律等都有着重要的意义。

（二）指数因素分析法的种类

1. 按分析对象的特点不同，可分为简单现象因素分析和复杂现象因素分析。前者如某种产品产量变动中，受投入劳动量及劳动生产率变动影响的分析；后者如多种商品销售额变动中，受价格变动及销售量变动影响的分析。

2. 按分析指标的表现形式不同，可分为总量指标变动因素分析和平均指标、相对指标变动因素分析。总量指标可分解为水平型和数量型因素指标；平均指标和相对指标可分解为水平型和结构型因素指标。相对指标一般表现为无名数（强度指标除外），因素影响的涵义比较抽象，因此，应用时要慎重，注意影响量涵义的具体阐明。

3. 按影响因素的多少不同，可分为两因素分析和多因素分析。与两因素分析相对而言，多因素分析在方法上有一些特殊的问题要注意，下面将详述。

三、指数因素分析法的步骤与方法

进行指数因素分析，大体有如下步骤与方法：

1. 在定性分析的基础上，确定要分析的对象及影响因素。这要从研究的目的和任务出发，依据有关科学理论的知识确定。例如，对产品生产问题变动的分析，既可以从劳动要素角度，确定劳动量和劳动生产率两个影响因素，也可以从物的要素角度，确定设备投入量和设备利用效率两个影响因素；既可以确定两个因素，也可以确定三个或更多的因素。如何确定影响的因素，关键取决于分析的目的、任务和分析对象的性质。

2. 根据指标间数量对等关系的基本要求，确定分析所采用的对象指标和因素指标，并列出其关系式。对象指标和因素指标都可以有多种的指标表现形式。例如，劳动量可用职工人数、实用工时或实用工日等指标表示；劳动生产率又有不同人员范围指标、不同时间单位指标、不同产量表现形式指标的区别。如果要从劳动要素角度分析诸因素对产品生产总量的影响，就需要确定劳动量因素和劳动生产率因素具体采用什么指标进行分析。选择指标的要求是，对象指标必须等于各因素指标的连乘积。

3. 根据指标关系式建立分析指数体系及相应的绝对增减量关系式。

4. 应用实际资料，根据指数体系及绝对量关系式，依次分析每一个因素变动对对象变动影响的相对程度及绝对数量。

四、指数因素分析法的应用

由于分析对象及分析目的和任务的多样性，指数因素分析法的应用形式也多种多样。这里只讲述几种常用的形式。

（一）总量指标变动的两因素分析

因素分析的对象可以是简单现象，也可以是复杂现象。在简单现象的条件下，总量指标的变动可以从总体单位数和总平均水平两个因素的影响进行分析，因素指数可以直接计算，即总量指标直接表现为两个因素指标的乘积。

【例 11-6】根据表 11-1 中三种商品的资料计算销售额的变动，并对其进行因素分析。资料及计算见表 11-6。

表 11-6   三种商品的销售量和销售价格资料

商品	计量单位	销售量（基期）	销售量（报告期）	价格（基期）（元）	价格（报告期）（元）	销售额（基期）（元）	销售额（报告期）（元）	销售额（假定）（元）
甲		1 000	1 150	100	100	100 000	115 000	115 000
乙		2 000	2 200	50	55	100 000	121 000	110 000
丙		3 000	3 150	20	25	60 000	78 750	63 000
合计	—	—	—	—	260 000	314 750	288 000

【解】三种商品销售额的变动：

相对数角度分析：

销售额综合指数：$\overline{K}_{pq} = \dfrac{\sum p_1 q_1}{\sum p_0 q_0} = \dfrac{314\ 750}{260\ 000} = 121.06\%$

绝对数角度分析：

增加的销售额：

$\sum p_1 q_1 - \sum p_0 q_0 = 314\ 750 - 260\ 000 = 54\ 750$（元）

其中：（1）受销售量变动的影响为：

相对数角度分析：

销售量综合指数：$\overline{K}_q = \dfrac{\sum p_0 q_1}{\sum p_0 q_0} = \dfrac{288\ 000}{260\ 000} = 110.77\%$

绝对数角度分析：

增加的销售额：

$\sum p_0 q_1 - \sum p_0 q_0 = 288\ 000 - 260\ 000 = 28\ 000$（元）

（2）受销售价格变动的影响为：

相对数角度分析：

销售价格综合指数：$\overline{K}_p = \dfrac{\sum p_1 q_1}{\sum p_0 q_0} = \dfrac{314\ 750}{288\ 000} = 109.29\%$

绝对数角度分析：

增加的销售额：

$\sum p_1 q_1 - \sum p_0 q_1 = 314\ 750 - 288\ 000 = 26\ 750$（元）

（3）综合影响：

相对数角度分析：121.06% = 110.77% × 109.29%

绝对数角度分析：54 750（元）= 280 000（元）+ 26 750（元）

由以上计算可知，由于商品销售量综合提高了 10.77%，使销售额增加了 2.8万元；由于价格上涨了 9.29%，使销售额增加了 2.675 万元，从而总的使三种商品的销售额增长了 21.06%，共增加 5.475 万元。

第五节 平均指标变动的因素分析

一、平均指标变动因素分析的定义

平均指标是表明社会经济总体一般水平的指标。总体的一般水平决定于两个因素：一个是总体内部各部分（组）的水平，另一个是总体的结构，即各部分（组）在总体中所占的比重，总体平均指标的变动是这两个因素变动的综合结果。平均指标变动的因素分析，就是利用指数因素分析法，从数量上分析总体各部分水平与总体结构这两个因素变动对总体平均指标变动的影响。例如，一个企业工人平均工资水平的变动决定于企业内各类工人工资水平和各类工人在全部工人中所占比重两个因素，通过因素分析，可以弄清楚这两个因素各自对其影响的方向、程度和数量，从而对企业工资水平的变动能有一个全面深入的认识。

二、平均指标变动因素分析的方法

在总体分组的条件下，总体平均指标可用加权算术平均公式计算：

$$\overline{X} = \frac{\sum_{i=1}^{n} X_i f_i}{\sum_{i=1}^{n} f_i} = \sum_{i=1}^{n} X_i \left(\frac{f_i}{\sum_{i=1}^{n} f_i} \right)$$

式中：$\overline{X}$ 表示总体平均指标；X_i 表示各组的水平值，也就是表示第 i 组的水平值；f_i 表示各组的单位数，也就是表示第 i 组的单位数。

上述计算公式表明了总体平均指标与其两个影响因素（各组水平与总体结构）之间的联系。

依据指数因素分析法的一般原理，便可列出平均指标变动因素分析的指数体系。按绝对权数形式，其指数体系为：

$$\frac{\sum_{i=1}^{n} X_{1i} f_{1i}}{\sum_{i=1}^{n} f_{1i}} : \frac{\sum_{i=1}^{n} X_{0i} f_{0i}}{\sum_{i=1}^{n} f_{0i}} = \left(\frac{\sum_{i=1}^{n} X_{0i} f_{1i}}{\sum_{i=1}^{n} f_{1i}} : \frac{\sum_{i=1}^{n} X_{0i} f_{0i}}{\sum_{i=1}^{n} f_{0i}} \right) \times \left(\frac{\sum_{i=1}^{n} X_{1i} f_{1i}}{\sum_{i=1}^{n} f_{1i}} : \frac{\sum_{i=1}^{n} X_{0i} f_{1i}}{\sum_{i=1}^{n} f_{1i}} \right)$$

$$\frac{\sum_{i=1}^{n} X_{1i} f_{1i}}{\sum_{i=1}^{n} f_{1i}} - \frac{\sum_{i=1}^{n} X_{0i} f_{0i}}{\sum_{i=1}^{n} f_{0i}} = \left(\frac{\sum_{i=1}^{n} X_{0i} f_{1i}}{\sum_{i=1}^{n} f_{1i}} - \frac{\sum_{i=1}^{n} X_{0i} f_{0i}}{\sum_{i=1}^{n} f_{0i}} \right) + \left(\frac{\sum_{i=1}^{n} X_{1i} f_{1i}}{\sum_{i=1}^{n} f_{1i}} - \frac{\sum_{i=1}^{n} X_{0i} f_{1i}}{\sum_{i=1}^{n} f_{1i}} \right)$$

按相对权数形式，其指数体系为：

$$\sum_{i=1}^{n} X_{1i}\left(\frac{f_{1i}}{\sum\limits_{i=1}^{n} f_{1i}}\right) : \sum_{i=1}^{n} X_{0i}\left(\frac{f_{0i}}{\sum\limits_{i=1}^{n} f_{0i}}\right)$$

$$= \left[\sum_{i=1}^{n} X_{0i}\left(\frac{f_{1i}}{\sum\limits_{i=1}^{n} f_{1i}}\right) : \sum_{i=1}^{n} X_{0i}\left(\frac{f_{0i}}{\sum\limits_{i=1}^{n} f_{0i}}\right)\right] \times \left[\left(\sum_{i=1}^{n} X_{1i}\left(\frac{f_{1i}}{\sum\limits_{i=1}^{n} f_{1i}}\right) : \sum_{i=1}^{n} X_{0i}\left(\frac{f_{1i}}{\sum\limits_{i=1}^{n} f_{1i}}\right)\right)\right]$$

$$\frac{\sum\limits_{i=1}^{n} X_{1i} f_{1i}}{\sum\limits_{i=1}^{n} f_{1i}} - \frac{\sum\limits_{i=1}^{n} X_{0i} f_{0i}}{\sum\limits_{i=1}^{n} f_{0i}} = \left(\frac{\sum\limits_{i=1}^{n} X_{0i} f_{1i}}{\sum\limits_{i=1}^{n} f_{1i}} - \frac{\sum\limits_{i=1}^{n} X_{0i} f_{0i}}{\sum\limits_{i=1}^{n} f_{0i}}\right) + \left(\frac{\sum\limits_{i=1}^{n} X_{1i} f_{1i}}{\sum\limits_{i=1}^{n} f_{1i}} - \frac{\sum\limits_{i=1}^{n} X_{0i} f_{1i}}{\sum\limits_{i=1}^{n} f_{1i}}\right)$$

$$\sum_{i=1}^{n} X_{1i}\left(\frac{f_{1i}}{\sum\limits_{i=1}^{n} f_{1i}}\right) - \sum_{i=1}^{n} X_{0i}\left(\frac{f_{0i}}{\sum\limits_{i=1}^{n} f_{0i}}\right)$$

$$= \left[\sum_{i=1}^{n} X_{0i}\left(\frac{f_{1i}}{\sum\limits_{i=1}^{n} f_{1i}}\right) - \sum_{i=1}^{n} X_{0i}\left(\frac{f_{0i}}{\sum\limits_{i=1}^{n} f_{0i}}\right)\right] + \left[\left(\sum_{i=1}^{n} X_{1i}\left(\frac{f_{1i}}{\sum\limits_{i=1}^{n} f_{1i}}\right) - \sum_{i=1}^{n} X_{0i}\left(\frac{f_{1i}}{\sum\limits_{i=1}^{n} f_{1i}}\right)\right)\right]$$

$$\overline{X}_n = \frac{\sum\limits_{i=1}^{n} X_{0i} f_{1i}}{\sum\limits_{i=1}^{n} f_{1i}} = \sum_{i=1}^{n} X_{0i}\left(\frac{f_{1i}}{\sum\limits_{i=1}^{n} f_{1i}}\right)$$

令

$$\overline{X}_1 = \frac{\sum\limits_{i=1}^{n} X_{1i} f_{1i}}{\sum\limits_{i=1}^{n} f_{1i}} = \sum_{i=1}^{n} X_{1i}\left(\frac{f_{1i}}{\sum\limits_{i=1}^{n} f_{1i}}\right)$$

$$\overline{X}_0 = \frac{\sum\limits_{i=1}^{n} X_{0i} f_{0i}}{\sum\limits_{i=1}^{n} f_{0i}} = \sum_{i=1}^{n} X_{0i}\left(\frac{f_{0i}}{\sum\limits_{i=1}^{n} f_{0i}}\right)$$

则平均指标变动因素分析的指数体系可用如下简明形式表示：

$$\frac{\overline{X}_1}{\overline{X}_0} = \frac{\overline{X}_n}{\overline{X}_0} \times \frac{\overline{X}_1}{\overline{X}_n}$$

$$\overline{X}_1 - \overline{X}_0 = (\overline{X}_n - \overline{X}_0) + (\overline{X}_1 - \overline{X}_n)$$

上面列示的指数体系中包括了三个指数，依次被称为可变构成指数、结构影响指数和固定构成指数。

三个指数之间的关系为：

可变构成指数=结构影响指数×固定构成指数

这三个指数各自的计算方法不同，数值表现不同，经济内容不同，在分析中的作用也不同。

下面分别加以介绍。

（一）可变构成指数

简称可变指数：

$$\bar{K}_{可变} = \frac{\bar{X}_1}{\bar{X}_0} = \frac{\sum\limits_{i=1}^{n} X_{1i} f_{1i}}{\sum\limits_{i=1}^{n} f_{1i}} : \frac{\sum\limits_{i=1}^{n} X_{0i} f_{0i}}{\sum\limits_{i=1}^{n} f_{0i}} = \sum\limits_{i=1}^{n} X_{1i}\left(\frac{f_{1i}}{\sum\limits_{i=1}^{n} f_{1i}}\right) : \sum\limits_{i=1}^{n} X_{0i}\left(\frac{f_{0i}}{\sum\limits_{i=1}^{n} f_{0i}}\right)$$

它是根据报告期和基期总体平均指标的实际水平对比计算的，包含了总体各部分（组）水平和总体结构两个因素变动的综合影响，它全面地反映了总体平均水平的实际变动情况。在结构影响较大的情况下，可变构成指数的数值有可能超出各个部分的变动程度范围。

（二）结构影响指数

简称结构指数：

$$\bar{K}_{结构} = \frac{\bar{X}_n}{\bar{X}_0} = \frac{\sum\limits_{i=1}^{n} X_{0i} f_{1i}}{\sum\limits_{i=1}^{n} f_{1i}} : \frac{\sum\limits_{i=1}^{n} X_{0i} f_{0i}}{\sum\limits_{i=1}^{n} f_{0i}} = \sum\limits_{i=1}^{n} X_{0i}\left(\frac{f_{1i}}{\sum\limits_{i=1}^{n} f_{1i}}\right) : \sum\limits_{i=1}^{n} X_{0i}\left(\frac{f_{0i}}{\sum\limits_{i=1}^{n} f_{0i}}\right)$$

它是将各部分（组）水平固定在基期条件下计算的总平均指标指数，用以反映总体结构变动对总平均指标变动的影响。

（三）固定构成指数

简称固定指数：

$$\bar{K}_{固定} = \frac{\bar{X}_1}{\bar{X}_n} = \frac{\sum\limits_{i=1}^{n} X_{1i} f_{1i}}{\sum\limits_{i=1}^{n} f_{1i}} : \frac{\sum\limits_{i=1}^{n} X_{0i} f_{1i}}{\sum\limits_{i=1}^{n} f_{1i}} = \sum\limits_{i=1}^{n} X_{1i}\left(\frac{f_{1i}}{\sum\limits_{i=1}^{n} f_{1i}}\right) : \sum\limits_{i=1}^{n} X_{0i}\left(\frac{f_{1i}}{\sum\limits_{i=1}^{n} f_{1i}}\right)$$

它是将总体构成（即各部分比重）固定在报告期计算的总平均指标指数。该指数消除了总体结构变动的影响，专门用以综合反映各部分（组）水平变动对总体平均指标变动的影响。因而，在其数值表现上，它总是介于各部分（组）指数的范围内。

现举例来说明平均指标变动因素分析方法的具体应用。

【例11-7】已知某企业技工和徒工的工资水平占全部工人比重的资料如下表11-7所示。试分析该企业总平均工资水平的变动，受各组工人工资水平及各组工人占全部工人比重变动的影响。

【解】企业的平均工资水平：

$$\bar{X}_0 = \frac{\sum\limits_{i=1}^{n} X_{0i} f_{0i}}{\sum\limits_{i=1}^{n} f_{0i}} = \frac{640}{1} = 640(元)$$

$$\bar{X}_1 = \frac{\sum\limits_{i=1}^{n} X_{1i} f_{1i}}{\sum\limits_{i=1}^{n} f_{1i}} = \frac{927}{1.5} = 618(元)$$

表 11-7　　　　　　　　　　　　三种商品的销售量和销售价格资料

工人组别	工人人数（万人）		各组工人所占比重（%）		平均工资（元）		工资指数（%）	工资总额（万元）		假定工资总额（万元）
	基期	报告期	基期	报告期	基期	报告期		基期	报告期	报告期
	f_0	f_1	$f_0 \div \sum f_0$	$f_1 \div \sum f_1$	x_0	x_1	$K_x = x_1 x_0$	$x_0 f_0$	$x_1 f_1$	$x_0 f_1$
甲	（1）	（2）	（3）	（4）	（5）	（6）	（7）=（6）÷（5）	（8）=（5）×（1）	（9）=（6）×（2）	（10）=（5）×（2）
技工	0.6	0.63	60	42	800	850	106.25	480	536	504
徒工	0.4	0.87	40	58	400	450	112.50	160	392	348
合计	1	1.5	100	100	640	18	96.56	640	927	852
平均								640	618	568

$$\overline{X}_n = \frac{\sum\limits_{i=1}^{n} X_{0i} f_{1i}}{\sum\limits_{i=1}^{n} f_{1i}} = \frac{852}{1.5} = 568（元）$$

所以，全部工人平均工资的变动为：

$$\overline{K}_{可变} = \frac{\overline{X}_1}{\overline{X}_0} = \frac{618}{640} = 96.56\%$$

平均工资的变动额：

$$\overline{X}_1 - \overline{X}_0 = 618 - 640 = -22（元）$$

其中：（1）受各组平均工资水平变动的影响为：

$$\overline{K}_{固定} = \frac{\overline{X}_1}{\overline{X}_n} = \frac{618}{568} = 108.8\%$$

由于各组平均工资水平的提高而增加的平均工资：

$$\overline{X}_1 - \overline{X}_n = 618 - 568 = 50（元）$$

（2）受各组结构变动的影响为：

$$\overline{K}_{结构} = \frac{\overline{X}_n}{\overline{X}_0} = \frac{568}{640} = 88.75\%$$

由于各组工人所占比重的变动而增加的平均工资：

$$\overline{X}_n - \overline{X}_0 = 568 - 640 = -72（元）$$

（3）综合影响：

$$96.56\% = 108.8\% \times 88.75\%$$

$$-22 元 = 50 元 + （-72）元$$

从以上计算可知，该厂总平均工资水平下降了 3.44%，降低了 22 元，这是由于该厂各组工人工资水平提高而使总平均工资水平提高 8.8%，共增加 50 元，和各组工人所占比重的变化而使总平均工资水平下降 11.25%，降低 72 元两个因素共同作用的结果。

网上测验考试

1. 课堂内的网上测验考试

在 15 分钟内，通过中国数字大学城东北财经大学全程互动统计学及其实验——基于 Excel 和 SPSS 软件课程的考试平台，完成课堂内的网上测验考试。

2. 课堂外的网上测验考试

课后，通过中国数字大学城东北财经大学全程互动统计学及其实验——基于 Excel 和 SPSS 软件课程的考试平台，完成课后网上测验考试。

第十二章 多元统计分析

〔**本章学习目标**〕通过本章学习，初步了解并掌握多元统计分析的相关理论与方法，掌握借助 Excel 数据分析工具中的回归模块进行初级的多元统计分析的操作过程。

〔**本章重点难点**〕重点是初步了解并掌握多元统计分析的相关理论与方法，掌握借助 Excel 数据分析工具中的回归模块进行初级的多元统计分析的操作过程。难点一是对多元线性回归方程的评价；难点二是借助 Excel 数据分析工具中的回归模块进行初级的多元统计分析时，对输出结果的解读。

〔**建议学时**〕4 学时

多元统计分析（multivariate statistical analysis）是研究多个随机变量之间的相互依赖关系以及内在统计规律性的一门统计学科，是现代统计学应用十分活跃的一个分支。常用的多元统计方法主要有：多元数据图表示法、主成分分析、因子分析、聚类分析、判别分析、对应分析、多元回归分析、典型相关分析、路径分析等。从某些意义上讲，多元分析是一些方法的"混合体"，我们难于给出其确切的概念和对其所有方法进行归类，但是它可以同时展示和处理多个变量间的各种关系，且不损失原有的信息量，所以多元统计分析方法是进行多变量、深层次经济分析的一种有效工具。多元统计分析的每一种方法都有丰富的内容，也涉及较多的数理统计知识。本章主要的目的是简要介绍一些常用的多元统计方法和实际应用思路，对于理论推导部分，有兴趣的读者可参考多元统计分析的相关专著，这里不再论述了。

第一节 多元线性回归分析

第九章主要介绍了涉及一个自变量和一个因变量的简单线性回归模型。实际生活中，客观现象非常复杂，现象之间的联系方式和性质各不相同。影响因变量变化的自变量往往不止一个，而是多个，因此有必要对一个因变量与多个自变量联系起来进行分析。本节将重点介绍多元线性回归模型及其基本假设、回归模型未知参数的估计及其性质、回归方程及回归系数的显著性检验等。

一、多元线性回归模型

（一）多元线性回归（multiple linear regression）模型的一般形式

$$Y = \beta_0 + \beta_1 x_1 + \beta_2 x_2 + \cdots + \beta_p x_p + \varepsilon \tag{12.1}$$

式中：β_0，β_1，$\cdots$，β_p 是 $p+1$ 个未知参数，β_0 称为回归方程截距，β_1，$\cdots$，β_p 称为回归方程系数。Y 称为被解释变量（因变量），而 x_1，x_2，$\cdots$，x_p 是 p 个可以精确测量并可控制的一般变量，称为解释变量（自变量）。$P=1$ 时，（12.1）式

即为一元线性回归模型，p≥2 时，我们就称（12.1）式为多元线性回归模型，这里 ε 是随机误差。与一元线性回归模型一样，对随机误差项我们常假定其服从正态分布 N（0，σ^2）。

对一个实际问题，如果我们获得 n 组观测数据（x_{i1}，x_{i2}，$\cdots$，x_{ip}；y_i），i=1，2，$\cdots$，n，把这些观测值代入（12.1）式可得样本（形式的）多元线性回归模型。

$$\begin{cases} y_1 = \beta_0 + \beta_1 x_{11} + \beta_2 x_{12} + \cdots + \beta_p x_{1p} + \varepsilon_1 \\ y_2 = \beta_0 + \beta_1 x_{21} + \beta_2 x_{22} + \cdots + \beta_p x_{2p} + \varepsilon_2 \\ \cdots\cdots\cdots\cdots \\ y_n = \beta_0 + \beta_1 x_{n1} + \beta_2 x_{n2} + \cdots + \beta_p x_{np} + \varepsilon_n \end{cases} \tag{12.2}$$

写成矩阵形式为

$$Y = X\beta + \varepsilon \tag{12.3}$$

$$\text{其中：} Y = \begin{pmatrix} y_1 \\ y_2 \\ \vdots \\ y_n \end{pmatrix}, \quad X = \begin{pmatrix} 1 & x_{11} & \cdots & x_{1p} \\ 1 & x_{12} & \cdots & x_{2p} \\ \vdots & \vdots & \vdots & \vdots \\ 1 & x_{n1} & \cdots & x_{np} \end{pmatrix}, \quad \beta = \begin{pmatrix} \beta_0 \\ \beta_1 \\ \vdots \\ \beta_p \end{pmatrix}, \quad \varepsilon = \begin{pmatrix} \varepsilon_0 \\ \varepsilon_1 \\ \vdots \\ \varepsilon_n \end{pmatrix} \tag{12.4}$$

（二）多元线性回归模型的基本假定

为了对模型参数进行估计和推断，常常要对回归模型（12.3）做如下基本假定：

1. 解释变量 x_1，x_2，$\cdots$，x_p 不完全线性相关（即不存在完全共线性），样本容量的个数应大于解释变量的个数。

2. 随机误差项具有零均值和同方差，即：

$$E = (\varepsilon_i) = 0, \quad i=1, 2, \cdots, n, \tag{12.5}$$

$$\text{Cov}(\varepsilon_i, \varepsilon_j) = \begin{cases} \sigma^2, & i \neq j \\ 0, & i = j \end{cases}, \quad i, j = 1, 2, \cdots, n \tag{12.6}$$

3. 正态分布的假设条件：

$$\varepsilon_i \sim N(0, \sigma^2), \quad i=1, 2, \cdots, n \tag{12.7}$$

由上述假定和多元正态分布的性质可知：$Y = N(X\beta, \sigma^2 I)$ （12.8）

我们以二元线性回归模型为例，在建立中国城镇居民现金消费支出的预测模型时，把中国城镇居民现金消费支出（元）用 Y 表示，用 x_1 表示中国城镇居民可支配收入（元），x_2 表示中国国内生产总值（亿元），则可建立二元线性回归模型

$$Y = \beta_0 + \beta_1 x_1 + \beta_2 x_2 + \varepsilon \tag{12.9}$$

$$E(Y) = \beta_0 + \beta_1 x_1 + \beta_2 x_2 \tag{12.10}$$

（12.10）式的第一式对 x_1 求偏导得 $\dfrac{\partial E(Y)}{\partial x_1} = \beta_1$，即 β_1 可解释为中国国内生产总值 x_2 保持不变时，中国城镇居民可支配收入 x_1 每变动（增加或减少）1 元，对中国城镇居民现金消费支出 E（Y）的影响程度。一般来说，随着中国城镇居民可支配收入的增加，中国城镇居民现金消费支出是增加的，因此 β_1 应该是正的。

二、建立多元回归方程

建立多元线性回归方程的方法与建立一元线性回归方程的方法一样，也是根据最小二乘法，使得回归方程估计值 $\hat{y}_i$ 与观测值 y_i 之间的残差平方和在所有样本点上达到最小，即使 $Q(\beta_0, \beta_1, \cdots, \beta_p) = \sum_{i=1}^{n}(y_i - \beta_0 - \beta_1 x_1 - \cdots - \beta_p x_p)^2$ 达到最小。也就是使用最小二乘法，求出 $\hat{\beta}_0, \hat{\beta}_1, \cdots, \hat{\beta}_p$，使得

$$Q(\hat{\beta}_0, \hat{\beta}_1, \cdots, \hat{\beta}_p) = \min_{\beta_0, \beta_1, \cdots, \beta_p} Q(\beta_0, \beta_1, \cdots, \beta_p)$$

$$= \min_{\beta_0, \beta_1, \cdots, \beta_p} \sum_{i=1}^{n}(y_i - \beta_0 - \beta_1 x_1 - \cdots - \beta_p x_p)^2$$

$$= \sum_{i=1}^{n}(y_i - \hat{\beta}_0 - \hat{\beta}_1 x_1 - \cdots - \hat{\beta}_p x_p)^2 \tag{12.11}$$

即

$$\sum_{i=1}^{n}(y_i - \hat{y}_i)^2 = \sum_{i=1}^{n}e_i^2 = e^T e = (Y - X\hat{\beta})^T (Y - X\hat{\beta})$$

$$= \min_{\beta_0, \beta_1, \cdots, \beta_p} \sum_{i=1}^{n}(y_i - \beta_0 - \beta_1 x_1 - \cdots - \beta_p x_p)^2 \tag{12.12}$$

由多元函数求极值的方法可求得回归系数的最小二乘估计值为：

$$\hat{\beta} = (X^T X)^{-1} X^T Y \tag{12.13}$$

另外，未知参数 σ^2 的一个无偏估计为 $\hat{\sigma}^2 = \dfrac{\sum_{i=1}^{n}(y_i - \hat{y}_i)^2}{n - p - 1} = \dfrac{SSE}{n-p-1}$，实际就是均方误差（MSE）。由此，可得多元回归模型标准误差的计算公式

$$S_y(x_1 x_2 \cdots x_p) = \hat{\sigma} = \sqrt{\dfrac{\sum_{i=1}^{n}(y_i - \hat{y}_i)^2}{n - p - 1}} \tag{12.14}$$

这里的 $n-p-1$ 是自由度，因为 p 元回归模型有 $p+1$ 个参数，求解该回归方程时将失去 $p+1$ 个自由度。

三、对多元线性回归方程的评价

（一）拟合优度检验

在多元线性回归分析中，总离差平方和的分解公式依然成立，即：

总离差平方和（SST）= 回归离差平方和（SSR）+误差离差平方和（SSE）

我们同样可以用判定系数或称可决系数 R^2，来评价多元线性回归模型的拟合程度。即

$$R^2 = \frac{SSR}{SST} = \frac{\sum_{i=1}^{n}(\hat{y}_i - \bar{y})^2}{\sum_{i=1}^{n}(y_i - \bar{y})^2} \tag{12.15}$$

由判定系数的定义可知，R^2 的大小取决于回归离差平方和 SSR 在总离差平方和 SST 中的比例。在样本容量一定的条件下，总离差平方和与自变量的个数无关，

而回归离差平方和则会随着方程中自变量个数的增加而减小。因此，R^2 是自变量个数的非递增函数。在一元线性回归方程中，由于所有方程中包含的变量个数都相同，判定系数便可以直接作为评价一元线性回归方程拟合程度的尺度，而在多元线性回归方程中，各回归方程所包含的变量个数未必相同，所以 R^2 的大小作为衡量拟合程度的尺度是不合适的。因此，在多元线性回归分析中，通常采用"修正自由度判定系数"来判定现行多元回归方程的拟合优度，即

$$R_a^2 = 1 - (1 - R^2) \times \frac{n-1}{n-p-1} \tag{12.16}$$

其中：p 是解释变量的个数，n 为样本容量。可以看出，对于给定的 R^2 值和 n 值，p 值越大 R_a^2 越小。在进行回归分析时，一般总是希望以尽可能少的自变量去达到尽可能高的拟合程度。R_a^2 作为综合评价这方面情况的一个指标显然比 R^2 更为合适。但要注意：当 n 为小样本时，解释变量数很大时，R_a^2 为负。

（二）多元线性回归模型的显著性检验

多元线性回归模型的显著性检验包括两个方面的内容：一是对整个回归方程的显著性检验（F 检验），另一个是对各回归系数的显著性检验（t 检验）。在一元线性回归方程的检验时，这两个检验是等价的，但在多元线性回归模型的检验时两者却不同。

1. 整个回归模型的显著性检验。

整个回归模型的显著性检验步骤如下：

（1）提出假设：H_0：$\beta_1 = \beta_2 = \cdots = \beta_p = 0$，$H_1$：$\beta_i$，$i = 1, 2, \cdots, p$ 不全为 0。

（2）选择统计量：$F = \dfrac{MSR}{MSE} \sim F(p, n-p-1)$。 $\tag{12.17}$

（3）给定显著性水平 α，查临界值 $F_\alpha(p, n-p-1)$。 $\tag{12.18}$

（4）计算检验用的统计量值。

构建计算统计量的方差分析表，见表 12-1。

表 12-1　　　　　　　　　　**多元线性回归模型的方差分析表**

方差来源	平方和	自由度	均方和	F 值
回归	SSR	P	$MSR = \dfrac{SSR}{p}$	$F_0 = \dfrac{MSR}{MSE}$
误差	SSE	n-p-1	$MSE = \dfrac{SSE}{n-p-1}$	
总计	SST	n-1		

（5）对比分析，做出结论。

若 $F_0 > F_\alpha(p, n-p-1)$，则拒绝原假设，接受备择假设，说明总体回归系数 β_i，$i = 1, 2, \cdots, p$ 不全为零，即回归方程是显著的，反之，则认为回归方程不显著。

2. 单个回归系数及截距的显著性检验步骤。

（1）提出假设：H_0：$\beta_i = 0$，H_1：$\beta_i \neq 0$。$i = 0, 1, 2, \cdots, p$。

（2）选择检验用统计量。

检验用统计量为 t 统计量，其表达式为：

$$t_i = \frac{\hat{\beta}_i}{se\ (\hat{\beta}_i)} \tag{12.19}$$

其中 $se\ (\hat{\beta}_i) = \sqrt{Var\ (\hat{\beta}_i)} = \hat{\sigma}\ \sqrt{c_{ii}}$ 是回归系数标准差，C_{ii} 是 $(X^TX)^{-1}$ 中第 $i+1$ 个主对角线元素，t 值有 $p+1$ 个，对每一个 $i = 0, 1, \cdots, p$ 可以计算一个 t 值。

（3）给定显著性水平 α，检出临界值 $t_{\alpha/2}\ (n-p-1)$。

（4）计算检验用统计量值。

假设原假设成立，计算检验用统计量值 $t_{i0} = \dfrac{\hat{\beta}_{i0}}{se\ (\hat{\beta}_{i0})}$。 $\tag{12.20}$

（5）对比分析，得出结论。

若 $|\,t_{i0}\,| > t_{\alpha/2}\ (n-p-1)$，则拒绝假设，接受备择假设，即总体截距和回归系数 $\beta_i \neq 0$。有多少个回归系数，就要做多少次 t 检验。$i = 0, 1, 2, \cdots, p$。

类似于一元线性回归方程，通过检验后的多元线性模型也可以用来进行预测，下面我们举例说明。

【例 12-1】根据国家统计局网站下载整理后的数据见统计表 12-2。请根据该表中的数据，以城镇居民家庭人均现金消费支出（元）为被解释变量，城镇居民家庭平均每一就业者负担人数（人）、城镇居民人均可支配收入（元）、人均货币和准货币（M2）供应量（万元）为解释变量，在给定显著性水平为 0.05 条件下，推算城镇居民人均可支配收入为 28 540 元，城镇居民家庭平均每一就业者负担人数 2.1 人，人均货币和准货币（M2）供应量为 8.65 万元时，城镇居民家庭人均现金消费支出为多少元？

表 12-2   **城镇居民家庭人均现金消费支出等数据**

指标	城镇居民家庭人均现金消费支出（元）y	城镇居民家庭平均每一就业者负担人数（人）x_1	城镇居民人均可支配收入（元）x_2	人均货币和准货币（M2）供应量（万元）x_3
2012 年	16 674.30	1.9	24 564.70	7.194465895
2011 年	15 160.90	1.9	21 809.80	6.320487624
2010 年	13 471.50	1.9	19 109.40	5.413128398
2009 年	12 264.60	1.9	17 174.70	4.542712701
2008 年	11 242.90	2	15 780.80	3.578007861
2007 年	9 997.50	1.9	13 785.80	3.053396378
2006 年	8 696.60	1.9	11 759.50	2.629203868
2005 年	7 942.90	2	10 493.00	2.284833583
2004 年	7 182.10	1.9	9 421.60	1.954849678
2003 年	6 510.90	1.9	8 472.20	1.711893025

资料来源：中国国家统计局网站

【解】（见"全程互动统计学及其实验——基于 Excel 和 SPSS 软件"文件夹"引例 1. xls"的"第十二章多元统计分析"工作表的 A1：P25 单元格区域。）借助 Excel 数据分析工具中的回归模块，可以完成上述求解过程，操作结果如下：

SUMMARY OUTPUT

回归统计	
Multiple R	0. 99967524
R Square	0. 999350586
Adjusted R Square	0. 999025879
标准误差	107. 9118255
观测值	10

方差分析

	df	SS	MS	F	Significance F
回归分析	3	107 519 083. 4	35 839 694. 47	3 077. 7	5. 99E-10
残差	6	69 869. 7725	11 644. 96208		
总计	9	107 588 953. 2			

	Coefficients	标准误差	t Stat	P-value
Intercept	743. 0546688	1 823. 176523	0. 407560464	0. 6977393
城镇居民家庭平均每一就业者负担人数（人）	264. 8963122	995. 0137247	0. 266223777	0. 7989792
城镇居民人均可支配收入（元）	0. 627353084	0. 063654447	9. 855604919	6. 292E-05
人均货币和准货币（M2）供应量（万元）	26. 80542389	182. 9043235	0. 146554348	0. 888284

根据数据分析工具中的回归模块分析表所提供的计算显示，多元线性回归模型为：

$$Y = 743. 0547 + 264. 8963x_1 + 0. 6274x_2 + 26. 8054x_3 \tag{12.21}$$

修正自由度判定系数 $R_a^2 = 0. 9990$，检验统计量值为 3 077. 7，其对应的概率 $P_0 = 5. 99 \times 10^{-10}$，由于给定的 $\alpha = 0. 05$，所以拒绝 H_0，即方程是有意义的。

将 $x_1 = 2. 1$（人）、$X_2 = 28\ 540$（元）、$x_3 = 8. 65$（万元），代入方程（12. 21），可得 $y = 19\ 435. 86$（元），即在城镇居民人均可支配收入为 28 540 元，城镇居民家庭平均每一就业者负担人数 2.1 人，人均货币和准货币（M2）供应量为 8. 65 万元时，城镇居民家庭人均现金消费支出为 19 435. 86 元。

但请注意：$t_{\beta_0} = 0. 4076$（对应概率 $P_{\beta_00} = 0. 6977$），$t_{\beta_1} = 0. 2662$（对应概率 $P_{\beta_10} = 0. 7989$），$t_{\beta_3} = 0. 1466$（对应概率 $P_{\beta_30} = 0. 8883$），由于给定的 $\alpha = 0. 05$，所以 t 检

验是接受 H_0，即回归方程截距 $\hat{\beta}_0$、回归系数 $\hat{\beta}_1$ 和 $\hat{\beta}_3$ 是无意义的。只有 t_{β_2} = 9.8556（对应概率 $P_{\beta_2 0} = 6.292 \times 10^{-5}$），在给定 $\alpha = 0.05$ 条件下，t 检验是拒绝 H_0，也就是说，只有回归系数 $\hat{\beta}_2$ 是有意义的。

　　上述检验结果表明，即使多元线性回归方程检验是有意义的，但是，其具体的回归方程截距、回归方程系数也有可能是无意义的。这就使得使用回归方程进行预测变得无意义。要想让其变得有意义，需要更深入的多元统计分析知识，这里就不再介绍了。

第二节　非线性回归模型

　　我们讨论的线性回归模型 $y = \beta_0 + \beta_1 x_1 + \varepsilon$ 的结构特点：（1）被解释变量 y_i 是解释变量 x_i 的线性函数，即解释变量线性；（2）被解释变量 y_i 也是相应的参数 β_i 的线性函数，即参数线性。但在复杂的现象中，根据实际分析建立的模型往往不符合上述线性特点，这类模型称为非线性模型。我们熟悉的柯布–道格拉斯生产函数（即C–D函数）$Y = A L^\alpha K^\beta$ 就是典型的非线性模型。

　　处理这类模型的基本思想是把非线性关系转化为线性关系，然后再运用线性回归的分析方法进行估计。非线性模型转换成线性模型的常用方法有：直接代换法和间接代换法。

一、直接代换法

　　直接代换法适用于变量之间关系虽然是非线性的，但因变量与参数之间却是线性关系的非线性模型。这时可以利用变量的直接代换法将模型线性化。

　　1. 多项式模型。

　　$y = \beta_0 + \beta_1 x^2$

　　令 $Z = x^i$，即上述模型可化为线性模型 $y = \beta_0 + \beta_1 Z$。

　　2. 双曲线模型。

　　$\dfrac{1}{y} = \beta_0 + \dfrac{\beta_1}{x}$

　　令 $U = \dfrac{1}{y}$，$V = \dfrac{1}{x}$，即上述模型可化为线性模型 $U = \beta_0 + \beta_1 V$。

　　3. 对数模型。

　　$y = \beta_0 + \beta_1 l_n x$

　　$\ln y = \beta_0 + \beta_1 \ln x$ 对于上述两式，令 $U = \ln y$，$V = \ln x$，即可化为线性模型

　　$y = \beta_0 + \beta_1 V$，$U = \beta_0 + \beta_1 V$

　　4. S 形曲线。

　　$y = \dfrac{1}{\alpha + \beta e^{-x}}$

　　对于上式先求倒数 $\dfrac{1}{y} = \alpha + \beta e^{-x}$，然后令 $U = \dfrac{1}{y}$，$V = e^{-x}$，即可化为线性模型

$U = \alpha + \beta V$。

二、间接代换法

间接代换法是先通过方程两边取对数后再进行变量代换，转化为线性形式。

1. 指数函数。

$y = \alpha e^{\beta x}$

对上式两边取自然对数，得 $\ln y = \ln \alpha + \beta x$，令 $y' = \ln y$，则得

$y' = \ln \alpha + \beta x$

2. 幂函数。

对上式两边取自然对数，得 $\ln y = \ln \alpha + \beta \ln x$，令 $y' = \ln y$，$x' = \ln x$，则得

$y' = \ln \alpha + \beta x'$

C–D 生产函数也是用这种方法转换的，试试看。

需要注意的是，有一部分非线性模型不能通过任何变量变换转化为线性回归模型，此时不能使用 OLS（线性最小二乘法）估计原模型，而要使用非线性最小二乘法（NLS）或最大似然估计法进行估计。

网上测验考试

1. 课堂内的网上测验考试

在 15 分钟内，通过中国数字大学城东北财经大学全程互动统计学及其实验——基于 Excel 和 SPSS 软件课程的考试平台，完成课堂内的网上测验考试。

2. 课堂外的网上测验考试

课后，通过中国数字大学城东北财经大学全程互动统计学及其实验——基于 Excel 和 SPSS 软件课程的考试平台，完成课后网上测验考试。

主要参考书目

[1] 栗方忠，冯叔民，满向昱，等．统计学原理[M]．5 版．大连：东北财经大学出版社，2014.

[2] 贾俊平，何晓群，金勇进．统计学[M]．5 版．北京：中国人民大学出版社，2013.

[3] 贾俊平．统计学[M]．2 版．北京：清华大学出版社，2013.

[4] 冯力．统计学实验[M]．2 版．大连：东北财经大学出版社，2012.

[5] 冯力．统计学[M]．大连：东北财经大学出版社，2011.

[6] 于洪彦，刘金星，张洪利．Excel 统计分析与决策[M]．北京：高等教育出版社，2011.

[7] 茆诗松，程依明，濮晓龙．概率论与数理统计教程[M]．北京：高等教育出版社，2010.

[8] 卢纹岱．SPSS for Windows 统计分析[M]．3 版．北京：电子工业出版社，2007.

[9] 肖智，钟波，高波．应用统计学实验[M]．重庆：重庆大学出版社，2007.

[10] 周爽，朱志洪，朱星萍．社会统计分析——SPSS 应用教程[M]．北京：清华大学出版社，2006.

[11] 沃拉克．统计学：在经济和管理中的应用[M]．王琪，等，译．北京：中国人民大学出版社，2006.

[12] 林德，等．商务与经济统计技术[M]．易丹辉，等，译．北京：中国人民大学出版社，2005.

[13] 赵振伦．统计学[M]．北京：经济科学出版社，2005.

[14] 王吉利，何书元，吴喜之．统计学教学案例[M]．北京：中国统计出版社，2004.

[15] 董逢谷，朱荣明．统计学案例集[M]．上海：上海财

经大学出版社，2002.

　[16] 徐建邦，冯叔民，孙玉环．统计学［M］．大连：东北财经大学出版社，2001.

　[17] 安德森，等．商务与经济统计［M］．张建华，等，译．北京：机械工业出版社，2000.

　[18] 埃维森，等．统计学基本概念与方法［M］．吴喜之，等，译．北京：高等教育出版社，2000.